怒發衝冠
憑闌處
瀟瀟雨歇
抬望眼
仰天長嘯
壯懷激烈
三十功名塵與土
八千裏路雲和月
莫等閒
白了少年頭

王曾瑜 著

河南大学出版社

滿江紅

[肆] 转战湖汉

图书在版编目(CIP)数据

满江红. 转战湖汉/王曾瑜著. —郑州:河南大学出版社,2014.9
ISBN 978-7-5649-1622-0

Ⅰ.①满… Ⅱ.①王… Ⅲ.①长篇历史小说-中国-当代
Ⅳ.①I247.5

中国版本图书馆 CIP 数据核字(2014)第 222440 号

责任编辑　王四朋
责任校对　陈广胜
封面设计　王四朋

出　版	河南大学出版社
	地址:郑州市郑东新区商务外环中华大厦 2401 号　邮编:450046
	电话:0371-86059701(营销部)
	网址:http://www.hupress.com
排　版	郑州市今日文教印制有限公司
印　刷	开封智圣印务有限公司
版　次	2014 年 10 月第 1 版　　印　次　2014 年 10 月第 1 次印刷
开　本	710mm×1000mm　1/16　　印　张　22.5
字　数	324 千字　　　　　　　　　定　价　229.00 元(7 册)

(本书如有印装质量问题,请与河南大学出版社营销部联系调换)

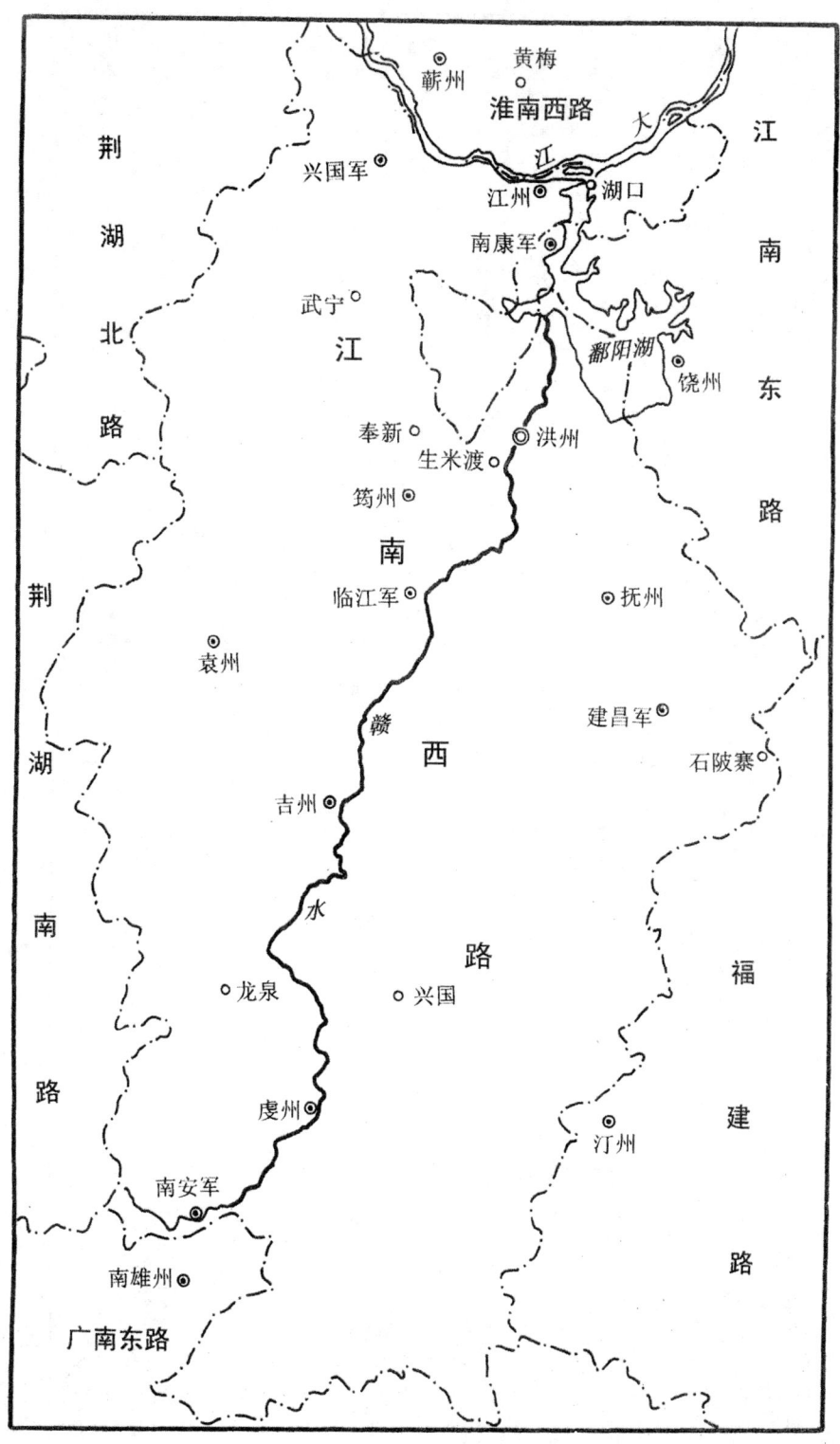

江南西路形势图

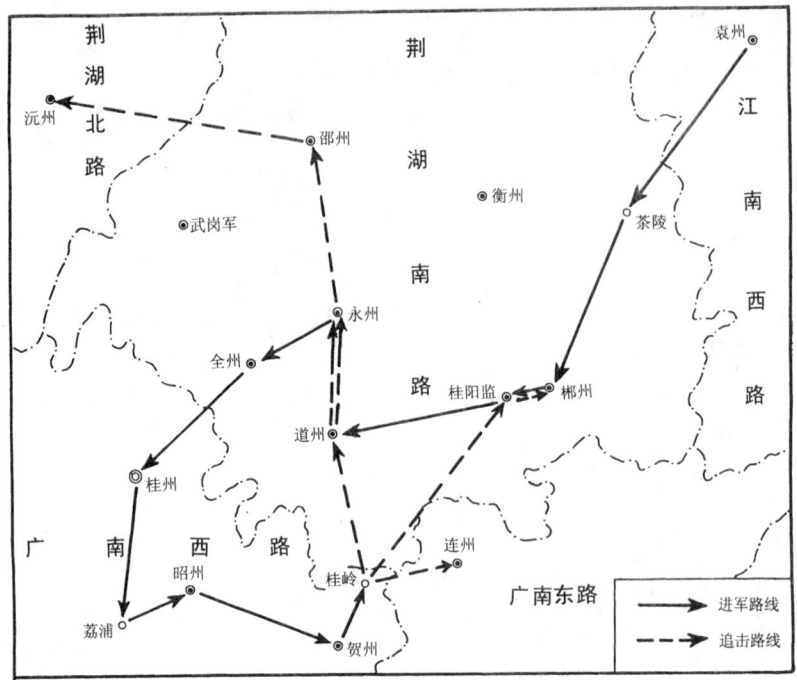

岳家军进击曹成军路线图

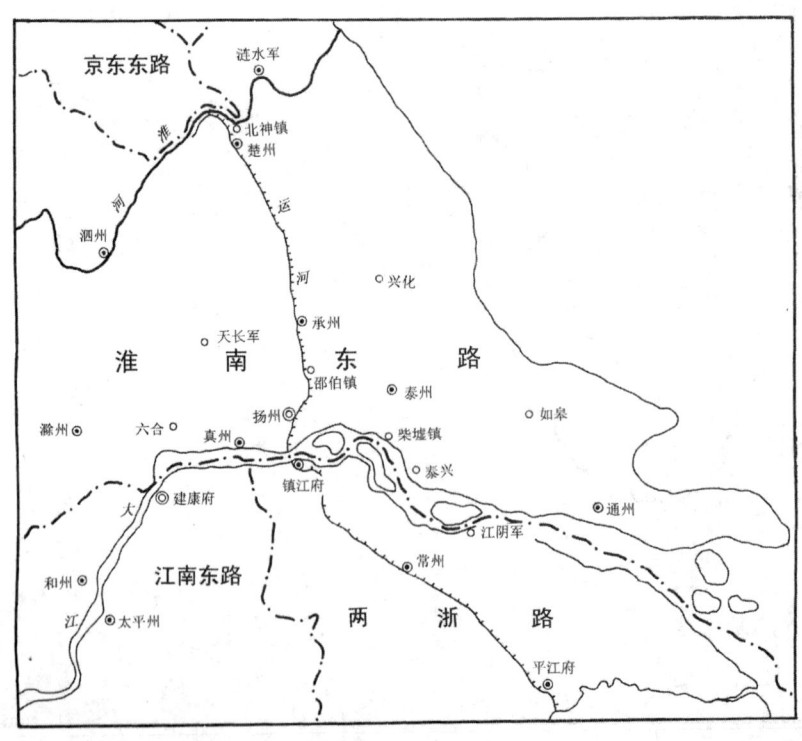

淮南东路形势图

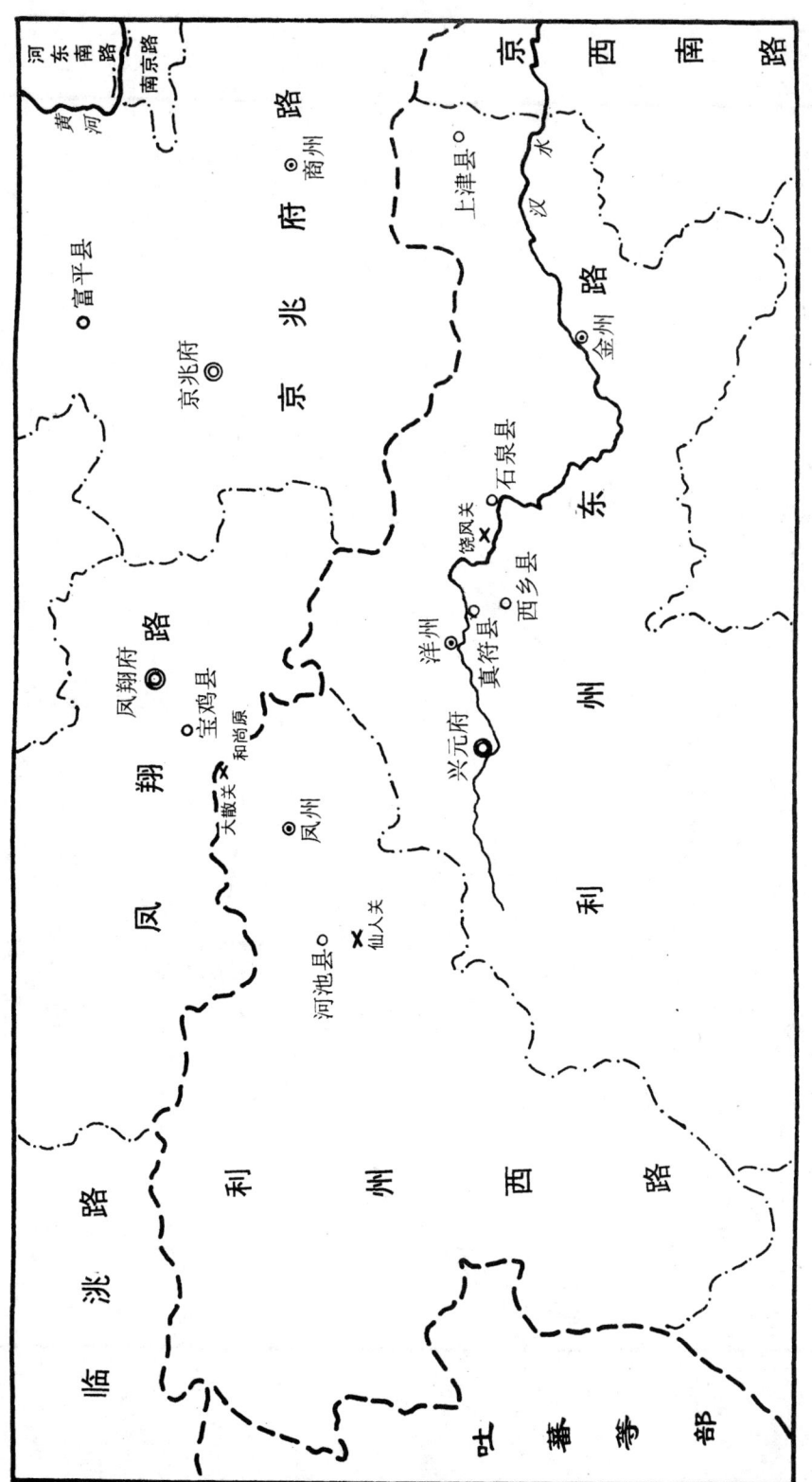

川陕交界形势图

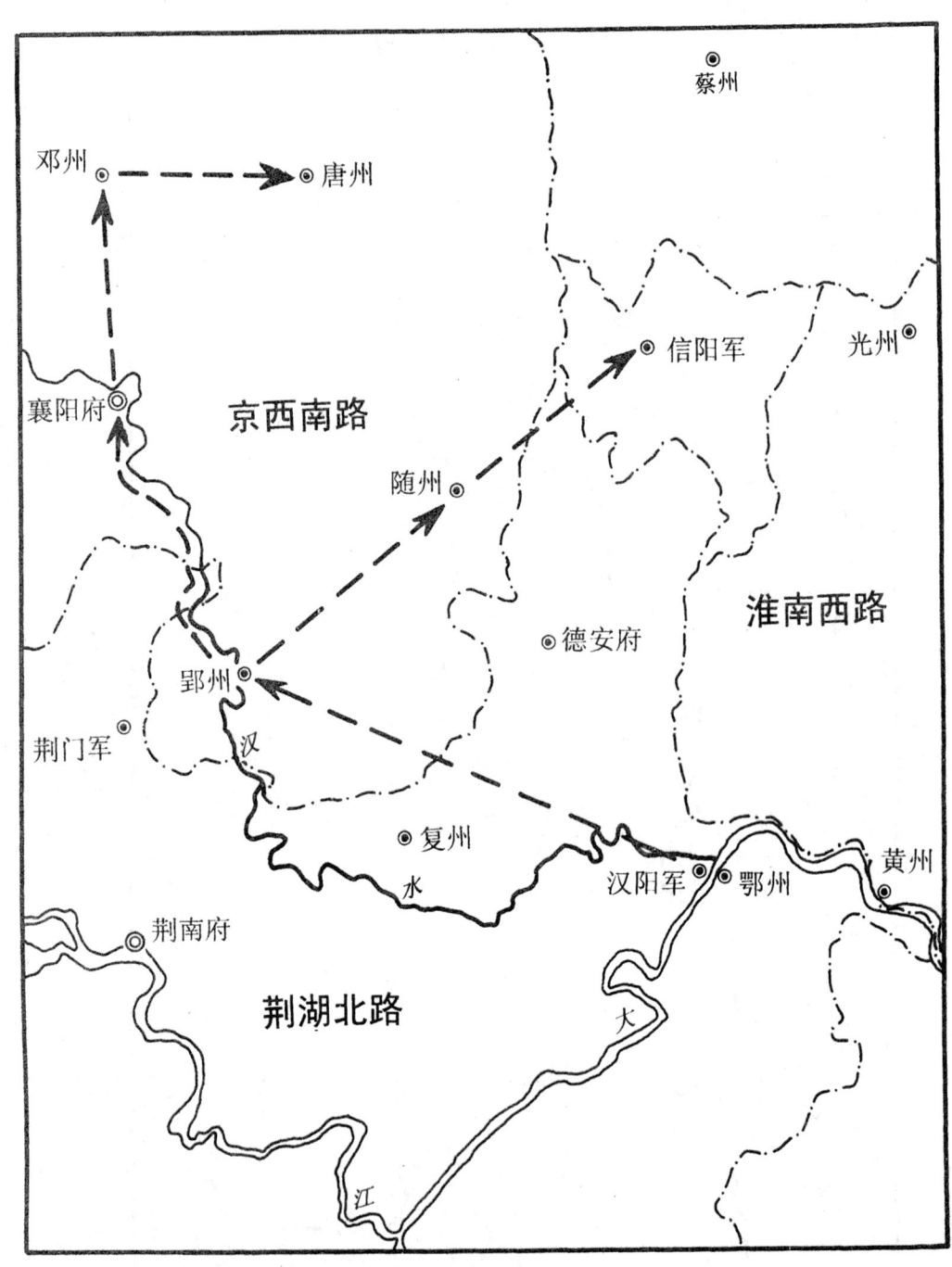

岳家军克复襄汉图

重要人物表

岳飞　御营司统制,通、泰州镇抚使,后任宣抚使,为南宋方面军统帅。

姚氏　岳飞母。

李娃　岳飞后妻。

岳翻　岳飞弟。

芮红奴　岳翻妻。

岳银铃　岳飞姐。

高泽民　岳银铃子,岳飞军中主管文字。

岳雲　岳飞长子。

岳雷　岳飞次子。

巩岫娟　岳飞义女,后为岳雲妻。

傅庆　岳飞所属统制。

王贵　岳飞所属统制,后任岳家军都统制等。

徐庆　岳飞所属统制。

张宪　岳飞所属统制,后任岳家军副都统制等。

高芸香　张宪后妻。

王经　岳飞所属统制。

寇成　岳飞所属统制。

郭青　岳飞所属统制。

姚政　岳飞所属统制。

庞荣　岳飞所属统制。

王万　岳飞所属统制。

张应　岳飞所属正将。

李璋　岳飞所属正将。

孙显　岳飞所属正将,后为岳家军统领。

舒继明　岳飞所属正将。

沈德　岳飞所属正将。

董荣　岳飞所属正将。

韩清　李娃表弟,岳飞所属正将。

牛显　岳飞所属正将。

张峪　岳飞所属正将。

王敏求　岳飞亲将,岳家军干办公事。

于鹏　岳飞亲将,岳家军干办公事,后任幕僚。

李廷珪　岳飞亲将,岳家军干办公事。

霍坚　岳飞所属正将、都训练。

赵九龄　前河北西路招抚司干办公事。

赵鼎　签书枢密院事,后任宰相。

张俊　两浙西路、江南东路制置使,后任宣抚使,为南宋方面军统帅。

宋高宗赵构　宋徽宗第九子,南宋开国皇帝。

范宗尹　右相。

张去为　宦官。

冯益　宦官。

杨沂中　张俊部将。

田师中　张俊部将。

完颜兀术　汉名宗弼,金太祖子,人称四太子。

完颜挞懒　汉名昌,金朝元帅左监军。

秦桧　宋御史中丞,降金后任参谋军事。

郑亿年　秦桧亲戚,宋朝降金官员。

王癸癸　秦桧妻。

薛庆　承州、天长军镇抚使。

赵立　楚、泗州、涟水军镇抚使。

蒋婷　民女。

李彦先　海州、淮阳军镇抚使。

刘光世　两浙西路安抚大使,后任宣抚使,为南宋方面军统帅。

王德　刘光世部将。

郦琼　刘光世部将。

孙革　岳飞幕僚,岳家军干办公事。

完颜突合速　金朝皇族,号龙虎大王。

曲端　宣抚处置使司都统制。

吴玠　宣抚处置使司中军统制,后任宣抚使,为南宋方面军统帅。

吴璘　吴玠弟,后任都统制、宣抚使。

李彦仙　陕州知州。

刘锜　泾原路经略使。

王庶　兴元知府,后任枢密副使。

隆祐太后孟宝红　宋高宗伯母。

柔福帝姬赵嬛嬛　宋徽宗第二十女,封福国长公主。

高世荣　柔福帝姬丈夫,右监门卫将军、驸马都尉、贵州刺史。

潘瑛瑛　宋高宗贤妃。

张莺哥　宋高宗婕妤,后为婉仪。

吴金奴　宋高宗才人,后为皇后。

赵瑗　宋太祖七世孙,宋高宗养子,后为宋孝宗。

赵璩　宋太祖七世孙,宋高宗养子。

王继先　医官。

李清照　女诗人,号易安居士。

张荣　民间抗金义军首领。

完颜讹里朵　汉名宗辅,金太祖子,右副元帅,人称三太子。

宋徽宗赵佶　被金朝所俘的北宋皇帝。

宋钦宗赵桓　被金朝所俘的北宋皇帝。

乔媚媚　宋徽宗贵妃。

景王赵杞　宋徽宗第六子。

朱慎妃璇　宋钦宗妃。

郑庆雲　宋钦宗才人。

狄玉辉　宋钦宗才人。

金太宗完颜吴乞买　金朝第二代皇帝。

完颜粘罕　汉名宗翰,金朝左副元帅、国论移赍孛堇,人称国相。

完颜谷神　汉名希尹,金朝元帅右监军。

完颜蒲鲁虎　金太宗长子。

完颜斡本　汉名宗幹,金太祖庶长子,国论孛堇。

完颜合剌　汉名亶,金太祖嫡长孙,后为谙班孛堇、皇帝,庙号熙宗。

赵秉渊　江南西路兵马钤辖,后任岳家军统制。

李成　叛军首领,自称李天王,后为伪齐与金朝将领。

李若虚　原李纲幕僚,江州司户参军,后任岳飞幕僚。

慧海　庐山东林寺住持僧。

张用　舒、蕲州镇抚使。

王燕哥　张用妻,封新兴郡夫人,绰号一丈青。

郭进　张宪亲兵,后升将领。

杨再兴　曹成部将,后为岳飞部将。

王兰　曹成部将,后为岳飞部将。

高林　曹成部将,后为岳飞部将。

罗彦　曹成部将,后为岳飞部将。

姚侑　曹成部将,后为岳飞部将。

李德　曹成部将,后为岳飞部将。

张节夫　祁阳县丞,后为岳飞幕僚。

李纲　前宰相,荆湖、广南路宣抚使。

张宗本　张所之子。

吕颐浩　宰相。

朱胜非　宰相。

王伦　宋使。

朱弁　宋使。

耶律余睹　契丹人,姓耶律,金朝元帅右都监。

完颜撒离喝　汉名杲,金朝陕西经略使。

王彦　金、均、房州镇抚使,兼宣抚处置司同都统制。

杨政　吴玠属下统制,后为都统制。

刘豫　金朝所立伪齐子皇帝和臣皇帝。

刘麟　伪齐皇子。

胡寅　主管江州太平观。

朱梦说　岳家军干办公事。

李启　岳家军回易官。

黄彦节　宦官。

牛皋　岳家军统制。

董先　岳家军统制。

李道　岳家军统制。

傅选　岳家军统制。

李山　岳家军统制。

苏坚　岳家军统领。

刘洪道　鄂州知州、荆湖北路安抚使。

崔邦弼　荆湖北路安抚使司统制，后为岳飞部属。

颜孝恭　荆湖北路安抚使司统制，后为岳飞部属。

赵不尤　即海澄法师，宋朝皇族，后为岳飞部属。

宋金时代语汇简释

樗蒲　古代一种赌具,后又成为赌博的代称。
首揆　宰相的别名。
脚色　类似现代履历表。
失律　战败。
根勘　追究和审讯。
尽底　全部。
开府　开府仪同三司简称。
观察　观察使简称。
招讨　招讨使简称。
安人　安人是外命妇,即宫外贵妇的一种称号。对年老的安人习惯加一"太"字。
待阙　官员等待吏部等分配新的实职。
铨选　指吏部分配官员工作等。
宫祠　只领俸禄,不理政务的宫观官。宫观官是宋代特有的,以管理道观命名。
路岐人　说书人。
作场　献艺。
窠阙　空缺的实职差遣。
倚阁　搁置。
内翰　翰林学士简称。

反背　背叛。

诣实　从实。

供通　招供。

漕司　转运司简称。

回易　做买卖。

斡旋　经营。

教阅　训练。

将官　南宋初,将为军以下的一级军事编制单位,其统兵官有正将、副将、准备将,合称将官。

员外　员外郎简称,或为富人的尊称。

中丞　御史中丞简称。

保义　保义郎简称。

制置　制置使简称。

安抚　安抚使简称。

犄角　以牛犄角比喻军队协同配合作战。

寺丞　司农寺丞、光禄寺丞等的简称。

大 事 记

建炎四年正月,金军破陕州,宋将李彦仙牺牲。

五月,岳飞初次朝见宋高宗。

完颜兀术退到江北,会见完颜挞懒。追随完颜挞懒的秦桧会见降金的亲戚郑亿年。

六月,岳飞降服盗匪戚方。

七月,岳飞出任通、泰州镇抚使。

八月,宋将薛庆战死扬州。赵立死守楚州求援。

八月至九月,岳飞率军渡江,进援承州和楚州。

九月,赵立牺牲,楚州被金军攻破,岳飞孤军回撤泰州。

因张浚轻率决策,宋军在富平之战大败。张浚文过饰非,杀宋将赵哲和曲端。

十一月,岳飞率军民自通、泰州渡江,痛心南撤。

隆祐皇太后、柔福帝姬等返回行在越州。柔福帝姬与高世荣成婚。

完颜挞懒纵奸细秦桧归宋,抵达行在越州,与医官王继先勾结,提出对金求和。柔福帝姬向宋高宗揭露秦桧的底细。

绍兴元年二月,岳飞发兵,前往江南西路,参加讨伐盗匪李成。

三月,张荣率抗金义军在缩头湖大败金军,收复淮东。

三月至四月,完颜挞懒退至东平府,伪齐子皇帝刘豫失礼,得罪完颜挞懒。完颜挞懒到东北五国城,看望宋徽宗等宋俘。金廷为立皇储,发生争执。

宋军击败李成，将他逐至淮西。岳飞在庐山东林寺结识高僧慧海。

四月，隆祐皇太后死，临终前劝丧失生育能力的宋高宗另立宋太祖後裔为皇子。

五月，宋军渡江，收复淮西，李成转降伪齐。

六月至八月，岳飞至武昌县金牛镇，收编张用与一丈青军。张用与一丈青退隐。

八月至九月，宋高宗命吕颐浩和秦桧为左、右相。

十月，吴玠军在和尚原大败完颜兀术金军。

绍兴二年正月，宋高宗将行在迁至临安府。

三月，岳飞出兵荆湖，讨伐盗匪曹成。

四月，岳家军救援桂州，破莫邪关。敌将杨再兴杀岳飞弟岳翻。

闰四月，岳家军在贺州等地破曹成。岳飞强忍悲痛，录用投降的杨再兴。

五月，宋高宗收养宋太祖七世孙赵伯琮，後改名赵瑗。

六月，李清照与後夫张汝舟办理离婚，秦桧因涉及医官王继先的关系，拒绝帮助。

七月，岳飞等在衡州参见李纲，又至平江县吊祭张所坟，并收留与厚待张所之子张宗本。

八月，吕颐浩与秦桧政争，秦桧罢相。

九月，金人放宋使王伦回行朝，以开与宋和谈之门。金朝杀辽降臣耶律余睹等人。

岳飞驻军江州，结识名士胡寅，胡寅与东林寺僧慧海等帮助岳家军度过断粮无衣之困难。

十二月至绍兴三年二月，金将完颜撒离喝攻宋，吴玠军败于饶风关，但金军因後勤不继而退兵，败回关中。

绍兴三年夏，岳家军往吉州和虔州平叛。

六月，宋高宗派韩肖胄、胡松年等使金，李清照为韩肖胄和胡松年赠诗。

九月，岳飞往临安府第二次朝见宋高宗。其属官朱梦说抨击朝政，宋高宗勒令岳飞辞退。

十一月至十二月,金朝初次向南宋遣使和谈。

冬,岳飞向宋廷请求出兵襄汉。完颜兀术率金军占领和尚原。

绍兴四年二月至三月,吴玠军在仙人关大败完颜兀术金军。

五月至七月,岳家军第一次北伐,克复襄汉六郡。

七月,岳家军移驻鄂州。

八月,岳飞官拜节度使,赋《满江红》词。

目　录

[壹]　岳飞初次朝见　1
[贰]　官贼之间　9
[叁]　承、楚之战　15
[肆]　富平之战　49
[伍]　痛心南撤　62
[陆]　秦桧归宋　72
[柒]　缩头湖之战　85
[捌]　希冀和争议　89
[玖]　讨伐李成　99
[壹零]　巾帼退隐　121
[壹壹]　和尚原之战　131
[壹贰]　吕秦并相　138
[壹叁]　旌旗下广南　149
[壹肆]　回师途中　169
[壹伍]　枉费心机　177
[壹陆]　秦桧罢相　186
[壹柒]　通和、立储与叛变　194
[壹捌]　饶风关之战　206
[壹玖]　饿杀不打虏　214

[贰零]　吉州平叛　224
[贰壹]　虔州平叛　231
[贰贰]　币厚词益卑　血泪寄山河　239
[贰叁]　岳飞二次朝见　247
[贰肆]　金使初到临安　257
[贰伍]　仙人关之战　267
[贰陆]　慷慨请缨　280
[贰柒]　出师前后　292
[贰捌]　克复襄汉　303
[贰玖]　移驻鄂州　322
[叁零]　壮怀激烈　328

经历建炎三年冬到四年夏的艰难鏖战，金军尽管在江南造成了惨绝人寰的破坏，而终于被驱逐到江北，南宋皇朝开始了真正意义上的重建。然而苟安与抗战两种不同的方针，却依然持续着明争暗斗。本书接第三卷《大江风云》之后，叙述建炎和绍兴之交的历史故事。

[壹]
岳飞初次朝见

建炎四年（1130年）五月十六日，岳飞的凯旋之师返回常州宜兴县的张渚镇。百姓们不顾盛夏烈日的炙烤，从几十宋里，甚至上百宋里外赶来，箪食壶浆，香花鼓乐，迎劳这支雄师。欢迎者见到，军兵们个个面皮黧黑，虽然带着久战的疲劳和伤痛，身上柔脆的丝质军衣也显得破旧褴褛，却仍保持着旺盛的士气。

岳飞在欢迎的行列里，一眼就见到了以母亲姚氏为首的亲属，还有傅庆、王万、姚政和韩清四将，心里更感到放心和宽慰。他连忙下马，还等不到他拜见母亲，岳雲、巩岫娟和岳雷就抢先向他行礼，五岁的岳雷更是紧紧搂住岳飞的左腿，仰着小脸，不断喊"阿爹"，表示自己的思念和亲热。岳飞给母亲叩头请安以后，就招呼眷属们回家，自己由王万陪同，首先来到刘经的军中。

原来刘经自从朝廷改命为岳飞一军的统领后，内心一直不服和不快。一天，他在醉后吐真言，准备向朝廷诬告，谋杀岳飞，并吞他的部伍。在场的正将王万本是汤阴人，与岳飞有同乡之谊，他听后大吃一惊，就通过韩清，向李娃密报。李娃嘱咐韩清，立即秘密派人驰报岳飞，而自己却不露声色，只是私下告诉了岳翻一人，教他不要惊动姚氏等眷属，连对芮红奴也暂时保密。

正是在克复建康府城的翌日,岳飞接到了韩清的密报,他马上找王贵、傅庆、张宪、徐庆等人商议。傅庆说:"待我率马军回张渚镇,先下手为强,有不服底,都与剿杀!"岳飞说:"不可,刘经部下皆是忠义将士,自锺山退兵南下,与自家们共患难。他虽有谋害之意,亦是醉后言语,待我回军之后,与他推心置腹,教他回心转意。"徐庆说:"岳统制不得有妇人之仁,当断不断,反受其害。军兴时节,祸难或是出于呼吸之间,间不容髮。当马家渡之战时,便是戚方放冷箭,射死刘衍,招致前军溃败。"王贵也说:"明枪易躲,暗箭难防。刘经不服岳统制已久,其实亦是尽人皆知。"

众人纷纷附议,唯有张宪没有说话,岳飞的眼光又转向张宪,示意请他发表意见。张宪说:"我以为刘经不除,必为后害,然而切不可伤害部属忠义将士。"岳飞说:"此说正合我意。"他当即命令姚政带二十骑,秘密赶回张渚镇,而傅庆率领第一将骑兵,也接踵启程。

姚政到达张渚镇,径自来到岳家借住的张大年家,求见李娃。李娃已经加强戒备,由于刘经日常就在张家附近的统制司坐衙,她教韩清带领二十名亲兵,暂时搬到岳家住宿。李娃与姚政、韩清、岳翻商议后,立即采取行动,由韩清私下通报和联络王万。

翌日,刘经在统制司坐衙,岳翻进入唱喏,对刘经说:"妈妈请刘统领前去叙话。"刘经正闲着无事,就起身说:"待我前去拜见姚太孺人。"他带着两名亲兵,随岳翻步行不过几十步路,就进入张家大宅。早有两名军兵上前,拜见刘经,并且招呼刘经的两名亲兵另外去一间小屋,而岳翻领着刘经来到一间不大的厅堂,这是岳家人平时吃饭和聚集的所在。刘经只见姚政迎上前来,颇感意外,说:"姚正将,你甚时到此?"话音刚落,埋伏的军士突出,一名军士执刀从背后将刘经的人头砍落。

姚政和岳翻当即率领埋伏的军兵出厅堂,说服了刘经的两名亲兵,又来到统制司,向刘经的部属宣布事情原委。早有准备的王万拔剑在手,说:"刘经图谋杀害岳统制,今日伏辜,正当其罪。自家们从今以后,当服从岳统制,共杀番人,北进中原,与故乡父老团聚,立功受赏!"刘经的部属大多是心服口服,也有个别人内心有所不服,口头上也不敢不服。当傅庆率第一将骑兵到达时,张渚镇上其实已经平安无事了。

现在岳飞有意不带兵器和亲兵,只与王敏求、王万两人来到原刘经军中,抚慰全体将士,他说:"自家们克复建康,亦有你们忠义将士屯驻张渚镇,守护老小之功,功不可没。此回杀刘经,委是事出无奈,万不得已。不论服与不服,恢复故土,乃是至高无上底大计。若有私隙,亦是至轻至小,自家们当不分彼此,共赴国难!"岳飞的侃侃正论,使原来小部分内心不服的将士们,也转而心悦诚服,大家纷纷表态:"唯愿追随岳统制,收复故土,戡平祸难!"岳飞见到军心可用,又宣布将刘经一军改为本军第九将,由王万任正将,王敏求任副将,他另外还特意选了八名军兵充当自己的亲兵。

岳飞处理了刘经的善后事宜,回到统制司,不料已有两位客人在那里等候。一位是赵九龄,另一位是宣州文士邵缉,他是赵九龄的朋友。岳飞素来敬重文士,他见到邵缉只是一身麻布服,长得眉清目秀,颧骨颇高,气宇轩昂,就更加喜欢。他说:"下官一介武弁,百事粗率,幸得赵丈与邵丈前来军中。岳飞处事若有不是,便请直言无隐,自家当洗耳恭听教诲。"

赵九龄熟知岳飞的性格,他望着邵缉,似乎在用眼睛说话:"今日便知我所言非虚。"邵缉笑着说:"岳统制此回处死刘经,煞是当机立断!"岳飞说:"实不相瞒,自家亦是不忍心,经众将力劝,方得下此狠心。"邵缉说:"此是区区小事,不须再说。我到宜兴,博访田夫野老,端的是有口皆碑。岳统制为国家夺取形胜咽喉之地,使逆虏扫地而去,大功非细。"岳飞站立起来,用沉重的语调说:"惭愧!我不能营救千万建康百姓,又不得全歼四太子大兵,愧对朝廷,愧对世人,岂得言功!"

岳飞简短的一段话,已经使邵缉感到心满意足,他望了望赵九龄,就站起身来告辞,说:"今日得见岳统制,便是不虚此行,贱子告退。"赵九龄也跟着起身,岳飞恳切地挽留说:"下官不肖,唯愿恭请赵丈与邵丈留在军中,以便朝夕就教。"岳飞自从独自成军以来,迫切地感到军中需要有满腹经纶的文士,他虚怀若谷,求贤如渴,希望赵九龄和邵缉留在军中。邵缉笑着说:"贱子是山野之人,不求闻达于世。如今虽是国步艰难,然而有岳统制为国家干城,亦是大不幸中之大幸。贱子请就此告辞。"

岳飞无可奈何地送赵九龄和邵缉出统制司,他深情地执着两人的手,说:"既是赵丈与邵丈不愿在军中共事,下官亦岂敢强留。如蒙二丈不弃,唯愿日后常到军中,下官当恭听二丈教诲。"

岳飞谦虚诚恳的态度,使两人深为感动,赵九龄感叹说:"我当年激于正方底报国大义,随他前去北京大名府。与岳统制一见,便知岳统制异日决为中兴名将,名标青史。自从正方被贬,黎阳失守之后,我委是心灰意懒。如今驱逐虏人过江,我方得安心,归隐故里。岳统制麾下多智勇之将,足以济事,军中舞文弄墨之辈,可有可无,不须挂心。依岳统制底忠义智勇,虏人虽强,亦不足畏。然而朝廷中若有如黄潜善、汪伯彦之流,却是深可畏惧,足以败坏中兴大计,切恐岳统制尚需循正方底旧辙。请岳统制切记此言!"经历了建炎四年间的变故,赵九龄把世事看得很透,他不能说出口的,就是对当今皇帝完全缺乏信心,凭他的经验和直觉,他认为皇帝不会不起用如黄潜善、汪伯彦一流人物。

岳飞听赵九龄提到自己的故帅张所,就说:"下官正拟上奏朝廷,请张招抚到自家军中,主持军事。"他还不知道张所已经在几个月前死于非命。赵九龄说:"难得岳统制对正方如此深情,依我之见,你不须为此上奏。"赵九龄不愿说明自己的理由,就与邵缉一同告辞。

几天之后,岳飞接到宋廷发来的一份省札,命令他押解战俘,到行在越州朝见。岳飞进行了一些准备,与于鹏率领二百名军士,启程前往。他们在五月下旬来到了目的地。宋高宗航海归来,驻跸越州不过两月,在兵火离乱之余,城市显得荒凉和萧条。子城里的州衙临时成为行宫,而众多官署或是设在佛寺道观,或是临时租用民房。自从范宗尹出任右相后,行朝正依他的建议,酝酿两项制度的变动,一是撤销御营司,恢复宋朝枢密院掌管军事的旧制;二是相应地将原来的御前和御营各军军号改名为神武。岳飞虽然只能暂时沿用御营司统制的头衔,但他参拜的上司,却是签书枢密院事赵鼎和两浙西路、江南东路制置使张俊。张俊部队的军号行将改名为神武右军。

岳飞带着于鹏来到枢密院,进入正堂,判定坐在正中的必是赵鼎,而坐在赵鼎左侧的张俊则早已相识。岳飞唱喏,说:"小将参见赵枢相与张制置。"于鹏也接着唱喏。赵鼎本着宋朝尊文卑武的祖宗之法,正襟危坐,神情严肃,只是回答了两个字:"免礼!"张俊反而显得亲切,他说:"岳统制一举收复建康,杀敌辛苦,功劳不小。"

岳飞叉手站立,说:"小将只是禀承朝旨,又未得及时营救众多百姓,委是不敢言功。"赵鼎对岳飞的回答感到满意,他问道:"你此回斩馘了多少番人?"岳飞回头望了望于鹏,示意由他汇报。于鹏说:"岳统制率本军人马先后在常州、镇江府与建康府,共计斩馘耳戴金银环底虏人首级三千五百一十四,今以戴金银环左耳为凭。又杀得虏人万夫长当海孛堇、术列速孛堇,俘虏万夫长少主孛堇,得金牌三面;斩杀与俘虏千夫长留哥孛堇等二十八人,得银牌二十八面;斩杀与俘虏百夫长、五十夫长一百四十七人,得木牌一百四十七面。此回押解虏人统兵官三十六人到行在。恭请赵枢相与张制置案验。"

赵鼎望了望张俊,用眼神示意说:"明州之战,你唯有二级戴环首领,便报了大功,又当何说?"张俊明白对方的意思,却巧妙地用话岔开,说:"岳统制乃是自家部属,请赵枢相躬自案验。"赵鼎马上吩咐吏胥十人,随于鹏前去审查。

最后,有一名主事向赵鼎报告说:"男女等案验,岳统制所报斩馘之数确实无误。今将金、银牌呈上,恭请赵枢相阅视。所有俘虏,计有万夫长乌古论少主、千夫长阿里侃留哥、李渭等三十六人,亦已验明正身,恭请赵枢相处分。"说完,就将一个麻布袋的金、银牌倾倒在赵鼎的几案上,赵鼎的内心不由发出深长的感叹:"自宣和末用兵以来,首尾六年,尚未有如岳飞建康之捷。诸将若得人人用命如岳飞,大宋又何愁不能中兴!"他尽管心里赞许岳飞,但嘴上却不肯说一句褒嘉的话,而只用平淡的口吻对岳飞说:"建康只是小胜,岳统制日后尚是任重道远。"

张俊说:"虏人虽是炎夏退兵,秋冬须是卷土重来。江南东、西路自去冬今春以来,残破已甚,圣上颇忧虏人出兵江东、西路,威胁行在。昨日与宰执大臣聚议,欲命岳统制屯兵饶州,防托两路。"岳飞说:"小将以为,江东、西路地僻,又多山泽,虏人轻入,必有断后之忧。若能守淮,江东、西路便不须忧。如是丧失淮南,大江天险与虏人共有,首尾数千里,又岂得寸寸而守?唯有增兵守淮,方得拱护腹心。"张俊不由赞赏说:"岳统制所言极是!"

岳飞准备告退,但有一句话憋在心里,还是骨鲠在喉,不吐不快:"小将底故帅前河北西路张招抚，煞是忠肝义胆，智勇足备。不幸遭黄潜善与汪伯彦陷害而罪废，有志不得伸，有才不得施。若蒙朝廷叙复，委以守淮重任，小将愿追随张招抚，共图中兴大业。"不料赵鼎却用严肃的口吻训诫说："国朝祖宗之法，此等事自有圣上与大臣共议，你身为武将，须遵守制度，循规蹈矩，不得轻议国政。"

岳飞怀着满腹的不平和委屈退下，他长吁一声，对于鹏动情地说："赵丈煞是有先见之明，然而文武一体，国耻深重，自家们虽是官位卑微，议论国政，又有何不是？"于鹏感叹说："国朝自来崇文抑武，恐不是自家们所得改变。"

宋高宗在便殿召见宰执们聚议，右相范宗尹所念念不忘的，是自己提出在淮南等地设置镇抚使，统辖小军区的方案，强调是当前的"救弊之道"。赵鼎口奏说："岳飞自驻兵宜兴，收复建康以来，甚得士人称誉，如今有二十余封上书，举荐岳飞。其中以宣州士人邵缉上书，最是得朝廷之体，臣愚谨恭请陛下圣览。"他说完，就把邵缉的上书递交给张去为，张去为又把这份上书摊在皇帝的御案上。

宋高宗粗略地浏览一下，说："岳飞新立大功，在偏裨之中委是不可多得，自当不次拔擢。"赵鼎说："臣愚以为，邵缉荐书中言道，驾驭武将，譬如养鹰，饥则为用，饱则飞扬。方今诸大将强梗难御，未尝擒得狐兔，先已饱肉。岳飞位为偏校，如饥鹰侧翅，不可教他饱肉，便可为国显立战功。此说最得驭将之道。如今朝廷不可不予岳飞进官，又不可升迁太峻。"宋高宗问道："卿等以为当怎生升迁？"范宗尹说："臣等窃拟，岳飞目今官居武德大夫、英州刺史，依奇功例，本拟转七官，今可自武德大夫升半官为武功大夫，刺史超转二官，升防御使。"

宋高宗说："便依卿等所拟。然而岳飞立功，朕不可不亲自召见。"范宗尹说："陛下召见，似当以戒励为主，褒嘉为次。如今盗匪戚方流窜江浙，颇为猖獗。不如命岳飞平定戚方，然后褒功。"宋高宗说："卿等所议，深得朝廷之体。"

君臣商议已定，岳飞被宣召入殿。尽管他从北宋末年以来，已经效命疆场、奋身血战了五年，直到今天，宋廷才正式承认了他在军界的地位。皇帝的初次召见，就是一个标志。岳飞叩头完毕，口称："微臣岳飞叩见陛下,恭祝圣躬万福!"宋高宗说:"少礼!"

岳飞起立后,宋高宗见他那副标准的雄赳赳武士身材和气概,心里有几分喜欢,他随便发问说:"岳飞,闻得你在东京时已有战功,不知你何时从军?"岳飞说:"臣在靖康末,曾在河东平定军杀敌,后又回故土相州,追随刘浩。陛下开大元帅府时,臣便在帅府服役。宗元帅率兵南下,救援开封,臣又随刘浩隶属宗元帅麾下。"

宋高宗高兴地说:"不料卿原是朕元帅府时底故人。朕亦依稀记得,当年在元帅府中,卿颇负敢死之勇名。汪伯彦命刘浩到磁州迎朕,卿当亦在军中。"岳飞说:"臣当时尚未在刘浩军中,未得去磁州迎请陛下。"

岳飞据实回答增加了皇帝的好感,宋高宗说:"卿此回在建康小捷,粗立军功,朕心不忘。然而二圣在远,国步维艰,尚需卿等戮力效命,内平寇盗,外攘金虏,以成中兴之功。"岳飞激动地说:"臣自国家变故以来,时刻以复仇雪耻,恢复故土,迎还二圣为念。只因杜充措置乖谬,臣等未得在马家渡逐退虏人,致使陛下航海播迁,江浙百姓涂炭,便是收复建康,又岂得补过于万一!臣敢不深自惕励,以图后效。"

宋高宗的谈话本是依照范宗尹"戒励为主,褒嘉为次"的原则,而岳飞的陈词不免使他吃惊,他心里想:"岳飞煞是有古名将之风!"但嘴上当然不能说出来,他又转换话题说:"朕待杜充至厚,自庶官拜右相,不料他竟甘心降虏。朕闻得他投拜之后,累日不怿。然而闻得卿是杜充爱将,杜充虽是失臣子之节,而尚有知人之明。"岳飞听到"爱将"之说,内心感到不舒服,他说:"杜充苛酷专恣,臣不是杜充爱将。杜充不听众将苦劝,擅弃东京。已故都统制陈淬与臣等议,只为臣等人微言轻,便寻访御史台,备述杜充劣迹,又寻访故秘阁修撰赵明诚,赵明诚亦曾扶病上劾奏。"岳飞虽然涉足官场不深,但这段话还是说得比较委婉,他当着范宗尹和赵鼎的面,不好说穿陈淬当时正是找赵鼎反映情况,而只是笼统地说御史台,而"可惜朝廷未能听取"一句话也不便说出口。

宋高宗感到话题已涉及信用杜充的失误,为了维护自己和大臣们的尊严,就不愿继续再说,他感到应当打发岳飞下殿,就说:"目即戚方荼毒一方,朝廷已命张俊统兵,与卿并力剿除。卿退朝之后,便返回宜兴,统兵策应张俊。待事成之后,朝廷当另议功赏。卿另有甚说?"岳飞说:"臣朝见之前,张俊已晓谕臣屯守饶州,以备虏人侵扰江东、西路。臣以为虏人若再次渡江,必以两浙为先,臣乞益兵守淮,拱护行在。"宋高宗说:"赵鼎已转陈卿议。朕自当与宰辅处分,卿只须听候朝命。"

岳飞退殿后,宋高宗说:"治世求相,乱世求将。朕今日初见岳飞,此人煞是将才。日后待他显立功名,渐次迁擢。"赵鼎说:"陛下今日待岳飞,深得祖宗之法。"范宗尹补充说:"臣等唯是叹服圣明!"

宋高宗问:"岳飞献俘,其中可有虏人?"赵鼎说:"岳飞押解虏军统兵官三十六人到行朝,其中有女真万夫长少主孛堇等八人,其余皆是契丹、奚、渤海与汉儿。"宋高宗说:"如今国步维艰,不得行太庙献俘之礼。然则二圣与母后北狩,朕朝夕伤心思念,恨不得一见,今日当躬亲译问。可召女真人入见,其余汉儿等分隶诸军。"

以乌古论少主为首的八名女真军官,被押上便殿。他们这次渡江作战的首要目标,本是活捉宋高宗,现在却必须跪在他的面前,行汉人的叩头礼,乞求饶命。宋高宗问:"父皇、兄皇、母后等今在何地?可安好否?"乌古论少主回答:"南朝赵皇父子等今在东北韩州,位于御寨西南数百里,甚是平安。"阿里侃留哥说:"南朝官家若是放自家们回归,官家底父兄亦当回归南朝。"宋高宗听到这句话,不免动心,他望了望范宗尹和赵鼎,说:"且将他们押下。"

八名女真人被押走后,宋高宗脸上显出哀不自胜的表情,说:"二圣、母后等远处寒苦荒野,朕心一日未得遑安。若能将八名虏人为质,以求息兵祸,迎请二圣回归,此亦是一说。"赵鼎说:"若是掳得四太子为质,尚有可议。窃恐一个万夫长,尚不足以使虏人洗心革面。"范宗尹说:"臣愚以为,留此八人为质,无补大局,杀了他们,尚可激励士气。"宋高宗到此才下了决断,下令说:"明日便将他们磔于市中,以振国威。"

[贰]
官贼之间

岳飞返回宜兴县张渚镇后，立即整饬军伍，准备讨伐戚方。戚方匪军攻宣州失败，又重新流窜到广德军。岳飞召集众将说："目即炎夏，自收复建康以来，军中伤病颇多。杀鸡焉得用牛刀。自家们尚需驱驰江北，与虏人厮杀。"他吩咐王贵、张宪和徐庆三人负责留守，休整和操练人马，自己率傅庆、舒继明第一将，庞荣、张应第八将和王万、王敏求第九将出战。岳飞统兵又一次来到广德军，而戚方匪军这次并没有在广德军停留，又转掠湖州安吉县。岳飞鉴于以往曾与戚方捉迷藏的教训，就率军前往与湖州交界的苦岭扎寨，先阻截戚方回窜广德军的来路。苦岭上有东、西两峰，宛如两虎相对，所以又名虎岭。

戚方抵达湖州地界，却得到了张俊大军自临安北上的消息。他当然不敢与张俊大军交战，又决定率军北撤。这支匪军来到两州军交界地带。前锋郑安亨十分骁悍，是仅次于戚方的头目，人称"三哥哥"。他率领队伍走过一条小河上的木桥，只见桥柱上有一支箭，插着一张纸条。郑安亨不识字，召识字的部属前来识读，原来纸条上写着"戚方前来受死。统制岳飞"十个大字。此时，戚方也骑马过了木桥，郑安亨连忙向戚方报告，戚方颇为惊慌，说："若是岳飞，自家们便难以抵敌。"郑安亨说："我只是闻得，兵家底事虚虚实实，纸上所说，岂不是诈伪？"戚方说："自家们宁可信，不可不信。"他当即下令退兵，并且把那座木桥拆毁。

不料匪军刚把木桥拆毁，岳飞亲统军马竟从西侧杀来。戚方见到一面"岳"字旗，旗下一将，手持丈八钢枪，认出是岳飞，就用手弩向岳飞射一箭,这支箭射中马鞍,却没有伤着逐电骠。匪军们不敢恋战,争相逃窜。岳飞的军马追杀一阵,暂且收兵。

王万问岳飞说:"戚方匪军既已溃败,岳统制何不进军穷追?"岳飞说:"此回奉命与张制置南北夹攻,必收讨灭之效。我唯恐戚方匪军如鸟兽散,十百为群,四出流窜,为害百姓。不如教他们集合,缓缓进逼,以便聚歼。"他取出一支箭,指着箭上的"戚方"刻字说:"不料交兵之初,戚方那厮竟射我一箭。待日后擒获,必是命他寸寸折断,然后斩首,为刘衍、扈成二统制报仇。"

张俊率大军北上后,首先进驻安吉县城,从东、南两个方面截断了戚方匪军的逃路,而岳飞又率军从广德军界自西北进逼,戚方此时已经陷入宋军的合围之中。戚方几次企图向西北方向夺路而逃,每一次都被岳飞的军马杀败,包围圈很快紧缩。

戚方对郑安亨说:"岳飞追逼,自家们屡战不胜,如今委是上天无路,入地无门。若教岳飞捉获,必死无疑。闻得张俊贪财,他部下有一个亲将田师中,与我同乡,亦是贪财。不如前去安吉县投拜,可免一死。"郑安亨表示赞成,说:"目即唯求一线生路,待日后有机可乘,另谋他图。"戚方与郑安亨商量后,自己亲自带五十名匪军和大量金银珠宝,飞奔安吉县城,而郑安亨率领大队匪军,也随后进发。

戚方进城,通过田师中打通关节以后,果然得到张俊的召见。戚方由田师中带领,进入县衙大堂,长跪在地,叩头不止,说:"小底犯了弥天大罪,张制置相公位高势尊,只手便堰得黄河。如今张制置相公贳得小底一命,小底来世便是做牛做马,亦须回报张制置相公底天地大恩。"说完,就伏在地上大哭。张俊说:"然而你杀害朝廷多少命官,若非显立功名,唯恐我亦是救你不得。"戚方急中生智,说:"小底可以立功。"他说明了情况,张俊笑着说:"既是如此,尚有可说。"

戚方和杨沂中、田师中等将出城,把近三千匪徒、六百匹马全部移交,接受改编。他本人和郑安亨再一次到县衙,参拜张俊。张俊对长跪在地的两人说:"国家多难,尔们从今当以忠义报国家,不可负朝廷。"两人俯伏在地,说:"小底们自今再也不敢负国家,负朝廷。"张俊又说:"尔们自今须一心效忠主上,不得再有二心。"两人又说:"小底们不敢再有二心。"

张俊突然拍着几案说:"且将这厮叫三哥哥底擒获!"军兵们一拥而上,把郑安亨捆绑起来。郑安亨只能不断惊呼哀叫,说:"小底与戚方同心受朝廷招安,切望张制置相公宽饶!"张俊说:"你实欲反覆,我贳你不得!"郑安亨说:"小底岂敢反覆!"戚方说:"你言道:'待日后有机可乘,另谋他图。'岂不是欲反覆?"郑安亨如梦方醒,叹息说:"不料竟是你出卖了自家兄弟!"张俊再也不容郑安亨分辩,下令说:"将这厮推出,斩首示众!"军兵们当即把郑安亨押出县衙,劈下他的脑袋,用长竿挂在衙门口。

岳飞率军也很快赶到了安吉县城。他得知戚方受招安的消息,就命令傅庆统兵驻在城外,自己和于鹏进城。他们进入县衙,参见张俊,唱喏完毕,叉手而立。张俊下令说:"速搬交椅来,请岳统制与于干办就座叙话。"岳飞和于鹏谢过张俊,然后就座。杨沂中、田师中等将也一起陪坐,由军兵们献茶。

张俊对岳飞显得格外亲热和客气,他一面呷茶,一面说:"岳统制屡破戚方,致使戚方穷蹙,自家大军兵不血刃,而坐收招安之利。我当禀白朝廷,为岳统制报功请赏。"岳飞说:"小将感荷张制置底厚意。戚方秉性凶狠,当马家渡之战时倒戈,杀害统制刘衍,致使虏人渡江南犯。此后又流窜各地,无恶不作,杀害了多少官员与百姓,虽是力屈受招,窃恐罪在不赦。"

张俊说:"方今天下盗贼无数,朝廷有命,须以招安为上,剿戮为下。我自当遵行朝旨。"岳飞说:"招与讨既有朝命,小将固当禀从。如今匪徒既已受招,正宜诛杀元恶,而儆戒与宽贷胁从。戚方罪大恶极,尤非诸凶贼可比,他人可贳,此人不可贳。"张俊笑着说:"此事亦由不得我做主,待日后押赴行朝,恭请圣上与宰辅处分。"他吩咐说:"且与岳统制置酒庆功。"

岳飞颇有几分不自在,却又无法拒绝长官的盛情。他在酒席上还是遵守母亲的训诫,婉言谢绝了张俊与杨沂中、田师中等人的劝酒。在觥筹交错之中,张俊乘着酒兴,下令说:"将戚方带来!"于是戚方进入厅堂,跪在众将面前,口称:"前准备将、罪人戚方拜见众太尉!"张俊厉声喝道:"还不拜见岳统制!"戚方又单独向岳飞叩头,说:"小底冒犯岳太尉虎威,乞岳太尉贳罪。"

岳飞已经完全明白张俊的用意，又不便公开拂逆上级，到此地步，他已不能不给张俊保留体面。于是他逐一罗列戚方的罪行，戚方跪在地上，不断口称"小底伏罪"。岳飞最后从自己的箭箙里取出一支箭，厉声说："戚方，你在官桥下施放冷箭，幸得皇天护佑，你又有何说？"戚方吓得全身颤抖，汗流遍体，不敢仰视，张口结舌，说不出话。张俊大喝道："戚方，你尚不谢罪！"戚方在地上捣蒜般地叩头，连称"死罪"。岳飞将箭扔在戚方面前，威严地说："此箭当如何处置？"戚方在地上爬了两步，捡起这支箭，把箭寸寸折断。张俊哈哈大笑，说："且将戚方押下！"

岳飞在第二天就辞别张俊，率兵返回张渚镇。张俊也率大军返回临安，又命令田师中带戚方前去行在越州。通过不断的贿赂，不过几天时间，田师中和戚方已经十分亲密。他们来到行朝，第一件事就是拜见冯益、张去为等众宦官。田师中首先带了戚方的两千两黄金和五千两白银作为见面礼，于是戚方才得到允准，入见众宦官。

戚方还是按照旧例，长跪在地，说："前准备将、罪人戚方拜见众大官！唯是乞众大官施天地之恩，小底来世便是做牛做马，亦须回报众大官。"接着又是不断叩头。冯益笑着说："戚方，你有何能，胆敢冒犯朝廷？"戚方说："小底无能，只是乘乱作乱，妄求在乱世一博。"冯益听说一个"博"字，就随便问道："莫非你亦精于樗蒲。"戚方说："小底胡乱理会得一二。"

众宦官除了在宫中侍奉皇帝以外，也闲着无事，总是想寻找一些新鲜的玩艺，娱乐消遣。于是小宦官搬来一套当时盛行的打马博戏，由戚方陪着冯益和张去为赌博。打马戏具有骰子三枚，骰子用正方小木块，同现在的骰子一样，六面分别刻一到六点。三枚骰子掷在盆里，依不同的组合命名，例如同是四点称为"堂印"，同是六点称为"碧油"，同是三点称为"雁行儿"，一、四、五称为"银十"，都是"赏采"，而如三、四、五点称为"花羊"，三、一、三点称为"川七"，二、三、二点称为"夹七"，都是"罚采"。博戏者每人有二十匹犀角雕刻的小马，在一张画有六十四个方格的图经上，依掷骰子的各种点数和规则下马和进马，也可以把他人的马打出图经，或是本人的马与他人的马被一同被打出图经。图经上有所谓十一窝、堑、函谷关、飞龙院、尚乘局等关口。飞龙院和尚乘局是宋时的养马机构。

戚方陪两个大宦官打马,他输了一局,就当场取出四块裹黑漆的马蹄状物品。然后用火烧去黑漆,里面竟是黄灿灿的马蹄金。冯益和张去为顿时笑逐颜开,各人伸手抓了两块。田师中笑着说:"戚十九,你已是败下图经,难道胆敢再与二位大官交锋?"戚方说:"小底不敢计胜负,唯是愿博得二位大官欢心。"冯益赌兴正浓,说:"戚十九煞是快人快语!"

戚方与冯益、张去为又赌了五盘,竟每盘皆输,总共奉送了二十块马蹄金。冯益高兴,就亲自出资,举办夜宴,招待田师中和戚方。在吃喝嬉笑之中,戚方竭力奉承,很快成了宦官们的酒肉朋友。

两天之后,冯益带着皇帝的手批,来到都堂。他唱喏完毕,对右相范宗尹和签书枢密院事赵鼎说:"戚方虽有过恶,官家念他尚能悔过自新。如今四方盗贼如麻,剿不胜剿,当以招安为上策。官家今特与戚方迁武翼大夫,以开四方盗贼招安自新之路。"范宗尹和赵鼎相对而望,一时说不出话。他们本来已经拟定,准备免戚方一死,将他刺配海南岛,严加看管。他们做梦也没有想到,皇帝竟亲下手批,并且将戚方升官。

冯益对待宰执大臣,完全是看人行事的,他可以侮慢黄潜善和汪伯彦,也可以畏惧李纲,而对待范宗尹和赵鼎,又介乎两类人之间,表面上保持相当礼貌,实际上又并不示弱。他望着两名宰执的神情,就说:"我已知二位相公底心意。然而官家圣断宏远,切恐二位相公尚需仰遵圣算。"范宗尹到此只能勉强说了一句:"请冯大官回奏圣上,下官恭领圣旨。"冯益的眼光又投向赵鼎,赵鼎说:"下官叨冒执政,敬陪末座,自当恭依圣旨,随首揆措置。"冯益露出笑脸,说:"我当依二位相公底言语,回奏官家。"说完,又恭敬行礼告退。

戚方的免罪和升官,自然成了行在的一则政治笑料,越州人很快为他编了一首民谣,并且传遍全城。戚方按新的官位,每月六次参加早朝。他初次赴朝会,特别准备了一身簇新的朝服,头戴三梁冠,上身朱衣,下身朱裳,腰系涂金铜革带、玉佩和黄狮子锦绶,带着四名仆人,骑马行进。他们还没有进入子城,就有一群儿童跟在马后,唱起了越州人为他编的民谣:

要高官,杀人放火受招安;欲得富,奸淫掳掠须胡做。

一时之间,跟随的儿童愈来愈多,他们一遍又一遍地唱着这首民谣,更招来了许多行人围观。戚方并不恼怒,相反,他还为自己有这首民谣而自鸣得意。以他为前导的这支民谣队伍最后竟达几百人,一直行进到行宫前,才被越州知州派吏胥轰散。行宫门还没有打开,草创之际,宫门前也不可能有什么待漏院,百官只是散乱地集合在门前空地上,等待入朝。有一名吏部员外郎手持一份脚色,即履历表,找到戚方,说:"武翼戚大夫,你书填底脚色意思不好,莫须另写?"原来戚方并不识字,他命令书吏为他填写脚色,倒是照直书写,说自己两次做盗贼,又两次接受招安。

戚方问:"当如何改写?"吏部员外郎说:"我意以为,武翼戚大夫不如将'盗贼'改为'过犯'。"戚方想了一下,说:"下官粗人,识不得字,然而以为不须改得。"吏部员外郎不免惊愕,说:"怎生底?"戚方随口编了一首打油诗,回答说:

> 戚方有言献员外,
> 官贼看来总一般。
> 众人做官却做贼,
> 戚方做贼却做官。

那名吏部员外郎和一些官员听后,不免一个个带着恼羞之色,离戚方而去。

[叁]
承、楚之战

完颜兀术渡江北撤，来到真州六合县城。盛夏时节，女真人本来就耐不住南方的炎热天气，在江南败亡之余，他们更渴望着早日返回北方避暑。不料金军准备沿运河北上，却在扬州、承州（治今江苏高邮）和楚州（治今江苏淮安）等地受到宋军的阻击。斜卯阿里的前锋部队与兀林答泰欲的部队会合，却无法北上。完颜兀术深知，自己的军队已不可能继续作战，就下令在六合县一带屯驻和休整，延捱着夏季的最后一月。当时，三太子、右副元帅完颜讹里朵正在奉圣州望雲县（今河北赤城北）的望国崖避暑，而主持淮南战场的元帅左监军完颜挞懒也暂时退回京东的潍州（治今山东潍坊）。直到七月初秋，完颜挞懒才亲自赶到大江以北的六合县，与完颜兀术会面。

女真人不讲究辈分，但既然族叔官居元帅左监军，而侄子又吃了败仗，退到江北，完颜兀术就不免低人一头。完颜挞懒用讥诮的口吻问道："兀术此回下江南，损折了多少儿郎与军马？"完颜兀术脸色难堪，吞吞吐吐地说："儿郎们损折近四分，军马损折七分，亡失了五个忒母字董，然而掳掠得驱口与财物无数，大兵所经之地，悉与焚荡，寸草不留。"完颜挞懒说："闻得你乘船航海，又在黄天荡与韩世忠相持，幸得死里逃生。"完颜兀术只能低头不语。

完颜挞懒见侄子垂头丧气的模样，就说："目即已是秋高气爽，郎主底意思，尚须用兵江南，你有甚说？"完颜兀术说："我士马疲弊，唯须北上休息，你欲下江南，便自带人马渡江。"完颜挞懒有意紧逼，说："此回我与你同共下江南,如何?"完颜兀术说:"下江南便如入地狱,我已去得一回,岂得再去!"完颜挞懒哈哈大笑,说:"兀术常是自诩敢战,去得江南一回,便已亡魂丧胆!"说得完颜兀术面红耳赤,又一次羞赧地低下头。

完颜挞懒把侄子无情地奚落了一通,才转入话题,说:"江南之地虽是未得轻下,淮南之地却是不可不取。南房据守扬、承、楚三州,负隅顽抗,楚州赵立尤是骁勇善战。自家们须先取此三州,平定淮南,然后再议与康王和战。"完颜兀术不解地问:"难道你要与康王议和?"完颜挞懒说:"大金用兵,自来便是以和议佐攻战。与康王通和,此正是兵机,又有甚不可?"于是两人很快确定了用兵的新方案。

在两名女真酋领商议用兵的同时,随同完颜挞懒前来的秦桧,也终于见到了亲戚郑亿年,两人各有辛酸,在会面之初,都不免伤心落泪。郑亿年对金朝内情的了解当然远不如秦桧,还须听秦桧的介绍和分析,秦桧对自己的亲戚也不须隐瞒。郑亿年说:"闻得大金欲立刘豫为齐国子皇帝,四太子教我与李邺、陈邦光等前去伏侍。"秦桧说:"刘豫原与我同在挞懒监军麾下,曲意逢迎,颇得挞懒监军底欢心。今年二月,大金人马破得东京,挞懒监军便命信使上奏大金郎主,建议立刘豫为子皇帝。不料西朝廷底粘罕国相与谷神监军闻讯,抢先下手,命高庆裔到河南,扬言要询访贤人建国。各州县迎合,同共推戴刘豫。西朝廷底意思,无非是教刘豫感恩戴德,日后听命于他们。如今大金已是定议,刘豫于本月便将在北京大名府即位,受大金册封。"

郑亿年说:"我自到大金军中,亦闻得有东朝廷、西朝廷之说,不料彼此明争暗斗,亦与江南官场相仿。四太子招降杜充时,曾依允他做子皇帝,如今看来,却是赚得一场空欢喜。"秦桧叹息说:"自古以来,有官场便有争斗,无争斗便无官场。我与刘豫共事,处处退让,他犹自容我不得。杜充亦极是可怜,他投拜以后,便遭挞懒监军冷遇,刘豫尤是恨不能将他置于死地而后快。挞懒监军将他发付粘罕国相,闻得粘罕国相又甚是鄙薄,然而亦不教他侍奉刘豫。如今杜充只是屏居西京大同府,啖得一口闲饭。你日后在子皇帝殿下,须是深谙保全之道。"

郑亿年反问说:"你难道不须前去伏侍子皇帝?"秦桧脸上略露喜色,说:"挞懒监军不教我去伏侍刘豫,而是有意将我放回江南,做一个通和底耳目。"郑亿年说："难道大金从此便欲休兵？"秦桧说："此亦是相机行事。挞懒监军以为，依大金势力，若难以擒捉康王，不如暂以大江为界。监军常言道，当年开封赵氏少主上降表时，青城突降大雪，城里万民云集，迎请少主，至有燃顶炼臂，足见灭赵氏不祥。日后便是占得江南，亦可封赵氏一个小州，以奉宋国香火，不绝遗祀。"

郑亿年听说秦桧不久可以南归，又动了自己南归之情，他说："实不相瞒，我整日唯是思乡思亲，若得与秦十同归，便是因投拜而受罚，亦是甘心。敢烦秦十为我缓颊。"秦桧说："使不得！我是挞懒监军底人，你是四太子底人，监军与四太子并非亲密无间，我又如何为你缓颊？"郑亿年听后，只得无可奈何地长叹一声。

停顿了一会儿，郑亿年又问："王十三姐安否？"秦桧说："她在燕京，甚能周旋，颇得大金贵妇底欢心。挞懒监军既是定议，日后当召她前来军中，放自家们夫妇同归。"他指着自己的头顶说："郑十八，你不见我已是重新蓄髪，以便南归。"郑亿年见到秦桧头顶削髪的部位，果然已经留起了一二寸的新髪。他对秦桧夫妇的好运气更是羡慕不已。

郑亿年认为正题已经说完，就转而闲谈，他用略带调侃的语调说："王十三姐在北方已是五年，自当一改故态。秦十独身在军中，亦当自由自在。"关于自己和王癸癸的夫妻关系，秦桧对郑亿年无须隐瞒，他用略带叹息的口气坦白说："江山易改，秉性难移。大宋江山已属大金，而家中妻尊夫卑，却是依然如故。我在军中，亦是稍得自由，偶见得村妇或驱口中稍有姿色底，亦望他们为我生一个子嗣，却是未得如愿。"

郑亿年知道秦桧求子心切，就交待说："秦十被俘北上之前，力恳姐夫寻觅亲骨血林一飞。然而兵荒马乱之际，难得如愿。姐夫亦有一个女使受孕，被姐姐逐出，由王氏伯父抚养。姐夫念及秦十夫妇远去，便将此儿为秦十立嗣，依秦十临行所嘱，取名熺。屈指算来，孩儿今已有十三岁。"秦桧被俘时对妻舅王晥的嘱咐，在本书第一卷已经交待。王晥的妻子正是郑亿年的姐姐，也与王癸癸同样悍妒。秦桧听郑亿年提到妻舅王晥的庶生子，依稀记得，自己曾去妻子的伯父王仲薿家，见过一面，还因为这个孩子与林一飞命运相仿，而有所同情。他动情地说："自家曾与这个孩儿有一面之交，五舅子为我立后，足见我与这个孩儿因缘前定，他便是我底儿子,更不待论,唯是感荷五舅子底厚意。待我与夫人南归后,便去相认。"在他看来,既然找不到亲骨肉,为自己解决后嗣,总是天大的喜事。

郑亿年和秦桧谈论得差不多了,就一同饮酒吃食,乘着酒兴,又召来两名稍有姿色的江南女驱口。尽管郑亿年在金军中厮混不久,对这种生活已经相当熟悉,他搂着一个女子,乜斜着醉眼,对秦桧说:"人生苦短,得欢娱处且欢娱。军中百事不得如意,唯是女子,尚可稍开心颜。"秦桧也搂住了另一女子说:"饮食男女,便是天下第一大伦。"两人同时哈哈大笑起来。

秦桧和郑亿年相处不过两天,金人就把郑亿年等南宋降官遣送北京大名府,参加伪齐刘豫的建国庆典。秦桧还须在完颜挞懒军中等一段时期,他与郑亿年依依话别。郑亿年临别时交待说:"秦十,若是大宋不灭,你日后在江南有出头之日,切望不忘助我归乡,亦不枉自家们是至亲情谊。"秦桧说:"我亦是浪迹天涯,未有归依。若得平安回归江南,他日得志,岂得忘却自家们底情谊。"

依照范宗尹的主意,淮南被宋廷划分为若干镇抚使司防区。拱卫大夫,福州观察使,承州、天长军镇抚使薛庆骁勇敢战,人称薛大刀,在淮东一带屡胜金军,并袭击完颜兀术的归师。他在八月上旬得到探报,说完颜兀术与完颜挞懒将合兵进击淮南各镇,就派人向各镇通报情况。真、扬州镇抚使郭仲威很快回报薛庆,说金方大军行将进攻扬州,本镇难以抵御,请求薛庆支援。薛庆是个非常豪爽的人,他当即召部属兵马钤辖王林说:"本镇北邻楚州,南傍扬州,委是唇齿相依。既是郭镇抚召我并力御敌,我不可不去。你可率军兵固守城池。"他选拔和率领二千精兵,其中包括亲骑一百,马上启程。

扬州城经历了去年的劫难,至今还是疮痍满目,市面萧条,人口稀少,城垣残破。薛庆的军队沿运河来到城北镇淮门,郭仲威亲自到城门口出迎,把薛庆接到镇抚司,准备了酒宴款待。薛庆见到筵席如此丰盛,也不客气地大吃大嚼,他说:"扬州虽是屡经兵燹,终究是繁庶底所在,非承州可比。郭镇抚若是到得承州,切恐自家无此酒筵厚待郭镇抚。"郭仲威原是京东的一个强盗，带着一支队伍辗转来到淮东，接受了宋廷的招安。他说："朝廷授予自家们官封，唯愿日日有此快活。我整日忧虏人相逼，切恐难以支捂。"薛庆说："虏人亦非天神鬼怪，郭镇抚不须忧，自家们既已并力，亦足以抵御。"

两人酒兴正浓，有军士进入报告说："今有虏人约五千军马，已到城西十里下寨。"薛庆站立起来，高声说："乘虏人立足未稳，自家们今夜便去斫营。"郭仲威说："虏人挞懒郎君与四太子合兵，兵马厚重，岂可轻敌，不如据守城池。"薛庆说："扬州城池屡经兵祸，城壁楼橹未得修缮，难以固守。自家们出战，正是以战为守。"郭仲威坚决拒绝，说："你要劫寨，便引本部兵马前去，我底兵马尚须守城。你得胜回城，我当为你举杯祝酒。"

薛庆不再答话，他径自离开酒席，前去西城，登上通泗门，察看地形。他发现由通泗门往南，城墙有好几处坍塌，没有修整。就在半夜率领承州的二千精兵。从城墙的几处缺口出击。金军的前锋部队由大挞不野和王伯龙指挥，两人也是老于行阵，防备宋军劫营。薛庆率领军队绕道到金营后背，发动奇袭。薛庆挥舞一口长六宋尺、重二十宋斤的大刀，奋勇冲锋，所向披靡，一夜之间，接连杀敌二十多人。尽管大挞不野和王伯龙仍然组织抵抗，但金军不惯夜战，终于溃败。薛庆在天明时得胜收兵回城。一夜鏖斗，金军损失一千余人，而宋军也损失七百多人。

次日正午，又有金军一猛安，约七百多骑，到通泗门下挑战。郭仲威和薛庆登上城楼，薛庆指着城下的敌军说："你且看我下城，破得虏人！"郭仲威眼看敌兵不多，就说："我当统兵继援。"经过昨夜战斗的损折，薛庆的亲骑只剩八十一骑，他率亲骑为前锋，其余步兵随后，出通泗门应战。薛庆跨下一匹白额暗红色骏马，取名白额骝，手持大刀，不顾敌人的乱箭，第一个突入敌阵，连劈三个敌骑。部兵们也鼓勇直前，很快击败金军。

薛庆杀得痛快，就率军追杀金骑。其实，这支金军不过是饵兵，宋军追击不过几宋里，完颜挞懒和完颜兀术亲统大军左右侧击，将薛庆的孤军合围。薛庆所带的步兵在优势敌军的攻击下，全部牺牲，而薛庆还能率亲兵五十八骑，杀透重围，逃到通泗门下。不料郭仲威不但没有率军出城救援，反而紧闭城门，他在城楼上对薛庆说："薛镇抚，我若是开城门，切恐房人便因此透漏入城,你不如且回承州。"薛庆到此地步,已是英雄末路,他高喊说:"郭镇抚,不料你竟是如此无情无义!"他将大刀一挥,就率亲骑北逃。

大批金骑源源不绝地拥来,围掩这支孤军。薛庆眼看无法逃遁,就把大刀一举,大喊道:"自家们今日不能战胜房人,便当为国尽节!"说完,就第一个驰马迎战金军。在这场众寡悬殊的苦战中,五十八名骑士杀敌一百几十人,最后全部英勇殉难。薛庆连劈八个敌军,却身中十多箭,最后落马被擒。然而他骑乘的白额骝,却空鞍直奔承州,在城下哀鸣长嘶。守城的军兵都认识这匹宝驹,他们说:"白额骝空还,必是薛镇抚战死!"大家流着眼泪,把白额骝牵回城里,交付王林。

再说薛庆被金军押到完颜挞懒和完颜兀术马前,依然傲岸不屈。完颜挞懒由秦桧担任通事,说:"薛太尉,你屡次与大金军马为敌,今日被擒,当怎生底?"薛庆说:"我既已被执,唯有就死,以报朝廷!"完颜挞懒说:"我怜惜你是一个好汉。如今大金已册封刘豫为齐国皇帝,你便是不愿投拜大金,亦可依旧蓄髪,投拜齐国。"完颜挞懒进中原已久,明白许多汉人对髠头辫髪最为反感,所以强调可以蓄髪。

薛庆说:"自家是大宋臣子,岂忍投拜刘豫那厮乱臣贼子!"完颜兀术说:"薛庆斩杀了自家们多少儿郎,既是他矢志不降,尤须成全了他!"他吩咐自己的合扎亲兵说:"速与我洼勃辣骇!"一名女真兵上前,摘下薛庆的头铠,另一名女真兵举棒向他头部猛击。完颜挞懒望着薛庆倒地的尸身,感叹说:"薛庆亦是好汉,死了可惜,可免于斩首号令,将他厚葬。"

金军消灭了薛庆军,就大举进攻扬州。郭仲威不敢抵抗,率兵逃出扬州城,退到兴化县。金军又乘胜北进承州,王林也率部放弃州城,退往兴化县。于是,完颜挞懒和完颜兀术又举兵直扑楚州。

右武大夫,忠州刺史,楚、泗州、涟水军镇抚使赵立也是一员闻名的勇将。他是徐州人,今年三十七岁。赵立在宣和年间投军。建炎三年,徐州失守,赵立组织乡兵,一举收复本州,后又奉命率军救援楚州。他指挥四千人马,七战七胜,终于在当年十二月抵达楚州城。在第七战中,金军一支流矢正中赵立的双颊。赵立几次用力拔箭,这支箭紧钉在舌根之下,下颚牙骨之间，牢不可拔。他无法说话，只能挥动手里的浑铁枪，用手指挥，麾兵血战，杀退金军，进入城里。

赵立进城后，就召来医生拔箭。蒋明宜是本城有名的疡科医生，按宋时的医学分科，疡科医疗包括疮肿、伤折、金疮等类疾病。他仔细观察了赵立的伤势，不由落下眼泪，说："赵太尉煞是英豪！"赵立只是用眼神和手势示意，请他及早拔箭。蒋明宜说："非是我不能拔箭，切恐赵太尉忍不得痛。"赵立用眼神和手势示意他只管拔箭。蒋明宜取来一团粗麻绳，说："拔箭极是痛楚，请赵太尉就缚，以免我难以措手。"赵立又用眼神和手势示意说："我忍得痛楚，蒋大夫便可拔箭。"蒋明宜叫来一个助手，就是他十九岁的女儿蒋婷。蒋婷颇有姿色，她端来一个木盆，其中盛放了铁锤、铁凿、铁钳、止血药之类。

赵立坐在交椅上，蒋明宜开始做拔箭手术。当时的伤科水平当然很低，蒋明宜只能十分费劲地用铁器拔牙凿骨，好不容易才把那支足有六七宋寸长的箭镞拔出，而赵立的衣襟上流下了一大滩鲜血。围观的官员和军士都看得毛发直竖，不时掩面或扭头，蒋婷还不时掉泪，而赵立却强忍疼痛，神色不变。蒋明宜为赵立用丝绵擦血，并敷药之后，赵立起身拜谢，说："感荷蒋大夫！"他吩咐取来十贯铜钱，说："军兴之际，府库空虚，些少钱财，不足酬谢。"蒋明宜感动地说："赵太尉真是我平生所见第一英雄，你为国奋身血战，不顾重伤，我岂得要你钱财，可将此钱犒军。赵太尉尚须静养数日，方得痊愈。"

由于失血过多，赵立平时黑红色的脸庞显得异常苍白。然而他听到金军逼城的报告，又立即带兵出战。赵立纵马抡枪，直取敌人，所向披靡，部兵们也鼓勇直前，一举杀退了金军。

赵立收兵回城时，天色断黑。他到州衙，蒋明宜带着女儿蒋婷送来了一碗鸡蛋羹和一盆米粥。赵立受到感动，他没有文化，平日沉默寡言，讷于言词，一时之间，简直说不出话，只是张口结舌地僵立着。蒋明宜说："自家底小妮子念得赵太尉重伤之后，必难于吞咽，须进软食，故为赵太尉置办晚膳。军兴时节，军民艰食，未得有山珍海味，尚须请赵太尉海涵。"赵立的眼睛湿润了，他只是向父女俩长揖，表示自己的衷心感谢。

望着赵立勉强吞食的模样，蒋明宜说："小妮子自幼读诗书，习书札，闻得赵太尉军中尚无人书记,女儿愿备任使。"赵立连忙放下碗筷起立,说:"赵立粗陋,岂敢委屈小娘子。"不料蒋婷立即跪在赵立面前,流泪说:"奴不幸生于乱世,眼见得万民涂炭,只恨一个女流,不得执干戈卫国保家。今日唯愿伏侍赵太尉,稍尽报国底心意。"赵立连喊几声"使不得",却尴尬地站在蒋婷面前,按古时男女授受不得相亲的原则,又不能伸手扶她。蒋婷却用十分坚决的口吻说:"赵太尉不允,奴家便长跪不起。"经蒋明宜父女的苦劝,赵立最后只得答应。

从建炎三年十二月到四年正月,完颜挞懒率领三万多大军,对楚州进行围攻。金军动用了所有的攻城利器,包括鹅车、对楼、石炮、火炮之类,专攻州城南门。金军甚至有好多次冲上城墙。赵立指挥的徐州和楚州军总计只有七千人,但他率领全城军民英勇抗敌,双方相持了四十多日。完颜挞懒最后发起总攻,集中石炮和火炮,摧毁了南门的敌楼,不顾将士大量死伤,夺据了一部分南城墙。不料赵立早在里面加修了月城,又用槐木做成鹿角,堵塞缺口。金军进攻月城,赵立指挥军队用烧熔的金属汁浇敌人,金军死伤了数百人,赵立乘胜反攻,又重新夺回南城墙。他又连夜挥兵从楚州四门杀出,终于击退了金军。完颜挞懒只能退兵渡淮,屯驻孙村浦。他一时无法再次大举,只是利用骑兵的优势,不时派遣一两猛安,到楚州城外抄掠骚扰,断绝楚州的粮道。

就在楚州暂时解围之后,徐州陷落的消息传到了楚州,赵立的妻儿也全部死难。赵立悲痛得三天不吃饭。蒋婷心忧如焚,她在第四天清晨,就跪在赵立面前,泪流满面,说:"楚州全城军民底存亡,系于赵太尉一身,赵太尉欲复仇报国,又如何不饮不食?"经过近两个月的相处,赵立虽然为人木讷,也已完全明白那个女子对自己极深挚的爱情,而她表达爱的唯一方式,只是精心侍奉。但赵立愈是明白对方的感情,就愈加与对方保持距离,相敬如宾。他到此地步,不免英雄气短,落下了两滴泪珠,说:"小娘子请速起,我当应命进食!"蒋婷马上起身,为他端来了早饭。

这是一对乱世的特殊情侣,特别是在赵立妻儿丧亡之后,蒋婷更不能对赵立有任何表示。蒋婷作为一个妙龄少女,蒋明宜曾经几次三番要打发她出嫁,却一概被她拒绝。然而自从为赵立拔箭的那天开始,她才初次看上了一个意中人,并且暗自立誓,要把自己的一切献给这位英杰。她每天早晚在观音大士像前烧香,为赵立的妻儿在阴间祈福,祈求战祸早日平息,自己得以与赵立结成美满姻缘。众人都已看出两人之间的特别关系,但且不说他人,就是蒋明宜,也不便提出任何婚姻的建议。赵立与蒋婷除了偶尔眉目之间有所传情之外,也从不说一句情话。笼罩在他们心头的,主要还是悲痛和忧虑。

楚州城里的军民有二万几千人,而最使赵立操心的问题就是粮食。宋时农业技术的一项重要进展,就是在江南,甚至在淮南,逐渐推广了冬麦和晚稻的复种制。淮南以往也是北宋的一个富庶地区。但经历去冬今春的战乱,冬麦几乎绝收。赵立指挥军民种春麦和早稻,由于金军不断抄掠,也收获不多。楚州军民只能依赖野生的菽麦、水泽的凫茨之类。赵立屡次向宋廷请求粮食,却得不到供应。

延捱到八月初,一天,赵立对蒋婷说:"我思忖再三,如今唯有先取京东陷没州郡,断虏人后路,取各处粮食,方得有济。我已下令,明日出师。小娘子不得随军,即日便请归家。待我回城之后,再请小娘子回衙。"蒋婷并不答话,她呆愣了一会儿,就流出两行酸楚的泪水,然后用衣袖掩面,逃到屋外。赵立见到这种情景,只是长吁短叹,他在理智上力图排遣自己的儿女情,却怎么也无法排遣。

第二天早晨,蒋婷为赵立端来一碗麦饭,几茎咸菜,赵立见她双目红肿,知道她一夜啼哭,心里愈加哀怜,然而愈到这种地步,木讷的赵立更是张口结舌,说不出话。蒋婷完全理解对方的性格和心理,她只是用平静的口吻说:"此是赵太尉出兵之前,奴家最后伏侍太尉一回。太尉切须保重,奴家静候捷报。一碗麦饭,太尉尤须细嚼慢咽,切莫伤牙。"说完,竟掩面大哭,逃出屋外。赵立呆呆地起立,却说不出话。他重新坐下吃饭,几滴泪水忍不住落在麦饭里。赵立举起筷来,很快就发现饭里原来有一只金钗。他连忙把金钗取出,用衣袖把金钗反复擦拭,然后小心地放在自己贴身的一个袋里。

赵立离城前,蒋明宜也随众官员相送,他说:"女儿已回家中,自家父女唯愿赵太尉早日凯旋。"赵立只是结结巴巴地说:"我唯是感荷蒋大夫父女!"说完,就挥兵出城。

赵立的军队沿运河北进,正准备渡过淮河,却得到了承州薛庆的急报,只能收兵返回楚州。接着,又得知薛庆牺牲,扬州和承州失守,就接连向宋廷告急。

尽管赵立离开楚州城,前后不过三天,而蒋婷的相思之苦,已经到了无以复加的程度,赵立回城,对全体楚州军民而言,决不是一个好消息,而蒋婷却是喜出望外。她立即返回州衙,重新尽侍奉的职责。她为赵立端来了麦饭,还特别加了一碗酒,表示庆祝。赵立发现,蒋婷今天有一种因喜悦带来的特殊的妩媚。但他不好意思多看,只是低头喝酒吃饭。蒋婷平时怀着一种少女特有的羞怯,从不敢长久地用目光盯着对方。但今天却再也无法克制自己,她深情地盯着赵立。赵立浓眉大眼,一把络腮胡须,仪容并不俊美,却颇有英武男子气概。在蒋婷的心目中,他是天下无双的伟丈夫。蒋婷望着他脸颊上的左右两处红色箭疤,又很快联想起拔箭的情景,当时赵立强忍疼痛,又给她带来钻心剔骨般的痛楚。

赵立下意识地抬头,四目相望,彼此都羞赧地低下头。蒋婷几次三番欲语又止,她最后还是鼓足勇气说:"赵太尉,奴家思念太尉,委是度日似年,望眼欲穿。"赵立完全懂得最后八个字的分量,他想了一会儿,举碗喝了最后一口酒,然后起身,结结巴巴地说:"小娘子底恩情,赵立没齿不敢忘。然而目即军情紧迫……"蒋婷插断了赵立的话,说:"赵太尉不须说,奴家理会得。赵太尉尚须为姐姐与儿女守丧,奴唯是将心交付太尉。"她敏捷地收拾碗筷,擦净桌子,又取来文房四宝,在赵立的授意下起草奏札和公文。

完颜挞懒和完颜兀术的大军再次兵临楚州城下,屯兵南门外。完颜挞懒对完颜兀术说:"楚州赵立极是善战,非等闲之辈,不可强攻。自家们可用当年粘罕破太原之策,长围久困,城中粮食不济,必是不战而亡。"完颜兀术听说赵立善战,心中不服气,说:"待自家明日与他挑战,便有分晓。"完颜挞懒说:"你既不听我言语,可自去挑战。"正说话间,有军士进入报告,说有伪齐刘豫派赵立的故人前来,向赵立劝降。完颜挞懒说:"既是恁地,自家们且歇兵二日。"

刘豫派来的劝降者是前沂州进士刘偲,新任伪齐工部郎中。刘偲拜见了两个女真酋领后,当即带着刘豫的诏书,到楚州城下叫喊。城上放下粗麻绳,把刘偲拉上城头。刘偲见赵立正在城上,就上前作揖,赵立并不还礼,问道:"刘进士到楚州是甚意思?"刘偲摊开刘豫的诏书,说:"我奉齐国皇帝诏书,特来请赵太尉去北京做殿前都指挥使,共享富贵。赵太尉忠义,天下共知,然而大金军马已临,必是屠一城生灵,唯愿赵太尉为楚州生灵做主。"赵立愤怒地说:"你熟知诗书道理,今日却是甘心卖国求荣。且将他押赴市中焚了!"刘偲大喊:"我乃是赵太尉底故友,切望太尉听我忠告,我此来只为救得全城生灵。"赵立悲愤地说:"我唯知忠义报国!你甘愿做卖国牙郎,便与我恩断义绝!"刘偲当即被押往闹市,缠上油麻布,活活烧死。

刘偲烧焦的尸体被挂上长竿,高悬城头。完颜兀术亲自带兵挑战。赵立只率六骑出南城,他手持两枝浑铁枪,骑一匹雄骏的白马奔驰在前,大喊道:"我便是大宋楚州赵镇抚,谁来接战?"完颜兀术环视众军官,千夫长完颜石哥里是一个完颜氏宗室,他举铁蒜头骨朵上阵。赵立飞马直奔敌将,用右手虚晃一枪,完颜石哥里举骨朵架格,却被赵立左手一枪刺中小腹,完颜石哥里跌下马来,赵立又对准其咽喉补刺一枪。

赵立当即回马,金军的百夫长女奚烈七斤和女奚烈八斤是两兄弟,他们同时持手刀出马,企图偷袭赵立。两匹马逼近时,赵立突然回马大喝,将两人一并刺死。他牵着两匹敌马回阵。金军又有五十骑驰出。赵立将两匹马交付部属,自己单骑迎战,在一场混战中用双枪接连刺倒八名敌人,其余的敌人再也不敢恋战,纷纷溃逃。

完颜兀术见赵立英勇无敌,心里也不免赞叹。他回寨后,对完颜挞懒感叹说:"赵立直是天神下凡,若非今日亲见,端的难以置信。"完颜挞懒说:"大金进兵中原六年,赵立便是自家所遭逢底第一劲敌。"完颜兀术说:"你亦莫忘了宗爷爷与岳飞。"两人正说话时,有军士进入报告说:"赵立又带兵出城,焚运河船队。"金军沿运河北上,船队装载着抢来的金银财宝和粮食之类,完颜兀术听说自己的船队被焚,就气急败坏地带兵前去。

负责管押运河船队的,是新提拔的万夫长、渤海人高召和式。上一卷已经交待,他是在黄天荡之战立功,而得到完颜兀术的赏识。赵立乘得胜的锐气,率精兵奇袭金军船队,发射火箭,一共焚烧了六十多艘敌船。高召和式率部抵抗,也被赵立军击败。等完颜兀术率大军赶到,赵立军已经乘胜撤退。金军被烧死、溺死和杀死的共有七百多人,千夫长、渤海人李药师等五十人被宋军俘虏。

完颜兀术十分恼怒,回寨之后,命令高召和式下跪,亲自用柳条狠狠抽打他的背部。其他万夫长只是面面相觑,大家知道完颜兀术的脾气,不敢求情。完颜挞懒见高召式失已经被抽打了好几十下,才开口道:"兀术且休,此亦是赵立善于用兵。"完颜兀术却仍不肯罢休,他不理睬族叔的劝告,继续抽打。有军士报告说:"今有龙虎大王率生兵前来。"完颜兀术才停止了抽打。

龙虎大王完颜突合速是金朝宗室,他率领二万生力军前来淮东战场,是负有特别的使命。原来金方西朝廷的完颜粘罕沉溺酒色,懒于亲自统兵作战,他把陕西战场全权交付完颜娄室。然而完颜娄室的用兵并不顺利,或进或退,与宋军形成拉锯战的势态。金廷为扭转陕西战局,同时为了削弱完颜粘罕的权势,决定任命三太子、右副元帅完颜讹里朵主持陕西战场,实际上也就罢免了完颜粘罕对所辖大部分兵力的指挥权。完颜讹里朵要求与亲弟完颜兀术同去陕西。于是金廷派遣完颜突合速前来接替完颜兀术。按金廷的命令,完颜兀术把自己的部队交付完颜突合速,而带领新组建的二万军队前去陕西。

完颜突合速传达金廷命令后,经过商议,完颜兀术带了万夫长韩常、斜卯阿里和乌延蒲卢浑西行,而留下了大挞不野、王伯龙和高召和式三名万夫长的部队,归完颜突合速指挥。完颜兀术很快率军前去陕西。完颜挞懒又与完颜突合速进行分工,他命令完颜突合速率军对楚州实施长围,而自己却主动放弃扬州,统兵驻扎承州,抵挡宋朝援军。

完颜突合速按照完颜挞懒的命令,只是对楚州合围,紧守寨栅,而不挑战或攻城。赵立派人四出求援。海州、淮阳军镇抚使李彦先曾与赵立互相刺臂,结为义兄弟,他率舟师进援,却在北神镇被高召和式军所阻截。完颜挞懒的计策果然利害,楚州军民在围城之中,粮食愈来愈困难,只能吃树皮草根之类充饥。

七月,宋高宗与大臣得到岳飞戡平戚方的捷报,才正式发表岳飞升官武功大夫、昌州防御使,并出任淮东的通、泰州镇抚使。由于淮东的大部分州军已经分封给赵立等将，只剩下了沿海一隅的泰州和通州，作为岳飞的防区。

八月，宋廷同时接到了薛庆等人的败报，赵立的急报和岳飞上申三省、枢密院的公牒。高宗召范宗尹和赵鼎面对，他说："自军兴以来，大宋官员逃窜与投拜底颇多，而守死节底甚少。薛庆为国捐身，理当优加褒恤，表彰忠荩。如今淮东告急，卿等以为当怎生措置？"赵鼎说："臣与范相公议论，楚州地处要冲，所以屏蔽两淮，若失楚州，则国势可忧，须发大兵救援。"

宋高宗说："岳飞言道，愿以母、妻与二子为质，乞一淮东重难任使，收复本路，伺便进军京东等路。"范宗尹说："臣等以为，岳飞虽是收复建康有功，然而以孤军掩杀虏人，亦是不量己力。须是命一大将，统淮南诸镇，同共救援，方得有济。"

宋高宗说："韩世忠新败，莫须委张俊统兵前去？"赵鼎说："臣已与张俊面议，张俊以为，挞懒郎君善于用兵，非四太子可比。楚州危在旦夕，若统兵过江，譬如徒手搏虎，与赵立同亡，而无益国事，不如专守大江。"

宋高宗说："此亦是一说。"在范宗尹看来，如果各镇抚使相继败亡，自然是标志着自己新政的失败，他听出皇帝多少倾向于张俊的意见，连忙说："依目今国力，自不可轻率出师京东等路。然而淮南屏蔽江、浙，亦不可不救。"赵鼎说："去年虏骑侵逼，陛下航海之时，亦是求划江自守而不可得。然而虏人若是占得淮南，便与我共有大江之险，年年侵略江南，陛下又如何奠居？若是张俊畏避，臣愿与他同去。救孤危底楚州，矫治诸将玩寇养尊，在此一举！"

宋高宗说："二卿之言甚是。然而张俊既自畏怯，又怎生用兵？朕驻跸在两浙，亦不可无大将宿卫。赵卿可去劝谕张俊，若是他执意力辞，不如另命刘光世移屯镇江府，教他统率诸镇，渡江救援。"范宗尹和赵鼎禀命而退。

宦官们把这次面对的情况，通过田师中转告了张俊。张俊知道皇帝的意向，就有恃无恐，任凭赵鼎说得唇焦舌敝，他还是一口回绝说："赵枢相若要出兵，便径自引兵前去，下官不敢奉命。"于是，宋廷在无可奈何之中，又很快发表刘光世出任两浙西路安抚大使、兼知镇江府，并且加官开府仪同三司,命他统率各镇兵马,救援楚州。

刘光世自去冬今春以来,并未与金军有过一次交锋,却招降了一批盗匪。其中相州临漳县人郦琼得到了刘光世的信用,成为他的助手。刘光世带兵进驻镇江府城后,立即召集王德、郦琼和两名心腹幕僚私下商量对策。他取出皇帝的手诏和宋廷省札,给众人传看,说:"御前已是两次降金字牌,递到圣上手诏,命我速渡大江,以身督战,使诸镇用命,急解楚州之围,枢密院亦下得六札。你们以为当如何措置?"

一名幕僚早已摸准了刘光世的脾胃,他说:"圣上既已下手诏,刘相公便须奉诏出师。目即虏军麇集淮东,刘相公乃是国家重臣,身系社稷安危,又岂可轻涉险地。莫如以大军持重,据守镇江,以固根本,轻兵渡江,择利而进,方是万全之策。"尽管此说无非是阳奉阴违,抗拒圣旨,并且说得相当直率,因为拐弯抹角或含蓄提示,没有文化的刘光世就不容易领会。刘光世对此议感到满意,圣旨是至高无上的,但刘光世决无亲自带兵渡江的勇气,他把眼光移向了王德和郦琼,说:"你们以为当怎生用兵?"

郦琼把刘光世的所有偏裨都看成酒囊饭袋,唯独对王德却相当畏忌,他倒愿意带兵渡江立功,却不敢在王德面前抢先,只是用眼睛望着对方。王德到此地步,只能说:"小将愿统兵渡江。"郦琼听后,就不再说话,他不愿意与王德同行,受王德的颐指气使。但刘光世却下令说:"你可与郦统制选精兵六千,择日渡江,见机行事。"郦琼只得与王德一起受命。

王德打探到对岸并无金军,才与郦琼率骑兵一千、步兵五千,在八月二十四日早晨乘船到对岸瓜州镇。他们得知扬州并无金军,又耀武扬威进入州城。王德在州衙为众将设置酒筵,他乘着酒兴问郦琼:"此处是空城,闻得虏人重兵屯守承州,又当如何?"郦琼屈居王德之下,心想:"自家们唯有六千人马,刘相公另有大军近四万人,却在镇江按兵不动,又如何与虏人大兵厮杀?便是杀敌立功,亦是王德底军功第一。"他说:"若是自家们统兵出城径直北上,须是与虏人大兵一决胜负。承州以西便是天长军,与承州、楚州之间,有白马、樊良、甓社、新开等湖阻隔,亦是稳当。然而军中底事须是王统制做主。"郦琼比王德狡猾,他只是提出方案,实际上又倾向于后一方案,而本人不愿意承担任何责任。在天长军与承州之间,有一连串的湖泊,这当然是有利于宋军步兵,而不利于金军骑兵的地形。王德虽然豪勇,但对刘光世只让他们带领偏师出战,也不满意,他说:"既是恁地,自家们明日便取道前去天长军。"

翌日,王德和郦琼率军出扬州城北镇淮门。到达邵伯埭后,就带兵折向西北,进驻天长军。王德连着向刘光世谎报胜捷,说是在邵伯埭与金军发生遭遇战,杀敌三千多人,俘虏四百多人。此后又接连发了十多份捷报,说是军队已经杀到承州城西五里,斩首千级,俘敌数百人。刘光世也据此向朝廷虚报军情。

拖延到九月上旬,王德与郦琼商议说:"此间虽是稳当之地,若是挞懒监军窥知自家们军情,率大兵杀来,切恐难以支捂。"郦琼说:"一千马军尚得以及时撤退,唯是五千步军,步不敌骑,甚是可忧。"王德说:"莫须你率马军前去承州,杀取得几个女真人戴环首级,然后撤军,亦可与刘相公报功请赏,了却自家们底职事。"郦琼想不到王德也是粗中有细,让自己为他卖命,就推辞说:"我近日微有不适,左军刘统领甚是勇武,莫须叫他带兵前往。"

王德马上召来了左军统领刘镇,对他发令说:"你明日可率六百精骑,饱餐之后,进发承州,须是在城外杀得几个戴环首级,便回军见我。"刘镇说:"承州有挞懒郎君大军云集,小将只是六百马军,如何便能杀敌?王统制若是欲得戴环首级,尚须亲自带兵前去,方得济事。"王德听后,不由发怒,大声吼道:"我叫你去,你便去,你须听我言语!"刘镇说:"如今刘相公不听朝廷言语,王统制又不听刘相公言语,教我如何听你言语?"

王德大怒,他拔刀向刘镇砍去,在一道血光之下,刘镇身首分离而倒地。王德余怒未息,他问郦琼:"后事当如何?"郦琼说:"虽是杀取不得戴环首级,正可以部众不肯向前厮杀为由,渡江南归。"王德说:"便依你底计议,明日挪回镇江。"王德和郦琼带兵回到镇江府,就把一切责任都推在刘镇身上。

再说岳飞依旧驻兵张渚镇。浙西和江东地区经金军残酷杀戮之后,大量死尸未能及时掩埋,在夏天很快腐臭,于是以平江府为中心,发生了大瘟疫,当地居民在兵燹和瘟疫之余,只剩下了十分之一二的人口。瘟疫也传到了常州,张渚镇的军队和百姓发生感染,光是岳飞军中竟有近四千人得瘟疫而死。经过江南的历次战斗,另加这次可怖的瘟疫,岳飞的部队从二万人减员为一万三千多人。这虽然是一支得胜的军队,却不断发生使岳飞忧心的事。自从他降服戚方,回镇以后,整天与将士们调制药剂,参加救治伤病员。延捱到七月初秋,疫情才得到了控制。但由于朝廷的钱粮和布帛供应缺乏,军队自去冬以来,破旧衣装也未能更新。岳飞不断申报朝廷,请求钱粮,特别是衣装,却得不到答复。

七月下旬,岳飞得到了朝廷发表通、泰州镇抚使的新命,他对李娃说:"区区二州之地,僻处江海一隅,镇抚使又唯是在二州之地设防。孝娥须为我起草公牒,上申三省与枢密院,申明自家掩杀房人,光复故土之志,乞朝廷更改成命,另求一淮东重难任使,以尽臣子报国之节。"李娃说:"自从鹏举独自成军以来,公文往还,日益频繁,军中须设主管文字官。依奴家底意思,外甥泽儿今已十九岁,受高四姐与奴教习,颇通文墨,不如教他任军中主管文字,此亦是一说。鹏举底公牒不如教泽儿一试,奴家当为他修润。"岳飞说:"此说甚是。"

岳飞召来了高泽民,口授之后,高泽民就当场提笔草拟,李娃在旁边仔细观看,最后只是提笔更改了几个字,就交付岳飞。岳飞看了以后,十分高兴,说:"泽儿文才长进,不枉二姐辛苦教养,姐夫在泉下,亦当感慰。自今以后,你便任军中主管文字。"

由于朝廷并不更改前命,岳飞就必须尽早离开张渚镇,前往江北赴任。他与众将商议,把减员的军队重新编组,分设五军。傅庆和郭青分别任前军统制和副统制,张应和李璋任前军第一和第二正将;王贵和寇成分别任右军统制和同统制,孙显和舒继明任右军第一和第二正将;张宪和王万分别任中军统制和副统制,沈德和董荣任中军第一和第二正将;徐庆和姚政分别任左军统制和副统制,霍坚和韩清任左军第一和第二正将;王经和庞荣分别任后军统制和副统制,牛显和张峪任后军第一和第二正将。岳飞过去是一军统制,现在升任镇抚使,他部属的军队编制单位也相应由将升格为军。十将之中,唯有前军第一将是骑兵。于鹏、王敏求和李廷珪作为岳飞的亲将,担任通、泰镇抚司干办公事。

傅庆还是不改刘光世部下的旧习,他自恃勇武,居功自傲,常对人说:"自马家渡之战以来,岳镇抚得以主张本军,全是我底气力。"他喜欢召部下将士赌博,然后克扣他们的军俸。有一次,他又看中镇上一个姑娘,就找来两个媒人,往女家强行下聘礼,准备在移屯江北之前成婚。那个姑娘的父亲无可奈何,只能找到岳飞告状。

岳飞马上召来郭青,询问情况,郭青就逐一报告傅庆的各种不法行为,他说:"我已劝谕他多少回,他无视岳镇抚底军纪,竟与我翻目成仇。"岳飞想了一想,就亲自找傅庆谈话,他首先提到了聚众赌博,克扣军俸的事,傅庆只能狡辩说:"岳镇抚,此亦是军中穷苦,傅庆没钱使。"岳飞严肃地告诫说:"当年在宗留守麾下,委是执法如山,我只为不遵都统制王彦底命令而问罪,宗留守原情恕罪,亦是将我贬官二十三阶。你底所作所为,军纪所不容,你不得再犯!你聚赌克扣得将士多少钱财?"

傅庆尴尬地说:"共聚敛得三十五贯。"岳飞取出了五十贯铜钱,说:"我当为你还钱,另有十五贯供你使用。日后没钱,不妨与我直言。然而此钱亦是朝廷底俸禄,平日百般撙节,只为供应军中急用。你若是胡乱使钱,必是百坛美酒,供不得一个漏卮。"傅庆无言以对。

岳飞又取出女家退还的聘礼,责备说:"自家们自驻扎张渚镇以来,民间直是秋毫无犯。你却是强娶民女,违犯军纪!"傅庆说:"你们皆有家室,唯有我底妻儿陷没北方。"岳飞说:"我日后自当为此事留心,然而你亦万不可强纳民女。自家们为民间做些好事,切不可在临行之际,胡作非为!"傅庆又无话可说。

岳飞召来了郭青和寇成,对傅庆宣布说:"郭统制屡次劝谕,你竟不能从善如流。我今命寇统制与郭统制对移,自今以后,你须与寇统制和衷共济。"傅庆明白,寇成在军中与王经地位相当,王经任统制,只为军职有限,寇成只能担任同统制,却显示了他与其他四军副统制地位的差别。他实在不愿意有一个更强硬的人出任副手,约束自己,却只好表示接受,说:"谨遵岳太尉底命令!"

岳飞处理完傅庆的事,回到家里,正好是晚饭时间。全家人还是以姚氏为中心,一同吃饭。最受姚氏关照的,当然还是李娃和高芸香,她们又要给岳安娘和张敌万两个婴儿喂奶,而同时又怀着身孕,两人其实是照管着六人的营养。每逢姚氏照顾这两个女子吃食时,岳飞和张宪总是深感不安,姚氏作为全家的尊长,当然不容这两对夫妻辞避。

岳雲在席间提出了自己的要求，他说："我在童儿队中已是训习二年，如今泽哥已是在军中主管文字，我亦愿去军中服役。"李娃说："祥祥仅是十二岁，待四年之后，方得从军。"岳飞不说话，他与妻子并非没有同感，但他也屡次听张宪说起，儿子在童儿队中能够吃苦耐劳，各方面的表现都很出色，武技超群，认为不妨让儿子在军中服役训练，而不上战阵。李娃见丈夫不表态，就把目光移向姚氏，用求援的目光问道："阿姑以为如何？"姚氏说："祥祥年幼，须听你妈妈底言语。"既然母亲说话，岳飞就不便另提异议。

　　岳雲当场不再说话，只等饭后，李娃回房休息，就跪在姚氏面前，说："孙儿虽是年幼，亦约略理会得保家卫国，与亲人报仇底道理，煞是从军心切。婆婆不允，孙儿便长跪不起。"巩岫娟似乎与岳雲早有商量，她在一旁帮腔说："婆婆，莫须依得祥祥，孙女自当用心侍奉婆婆与妈妈，关照发发。"

　　姚氏禁不住两人的再三苦劝，略为动心，她望着侍立一旁，却一言不发的岳飞，说："祥祥在童儿队如何？"岳飞说："张统制言道，尚是差强人意。"姚氏说："此事你以为如何？"岳飞说："若是祥祥到军中训习，数年之后，再上战阵，此亦是一说。"姚氏说："此事须得五新妇依允，五新妇怜爱祥祥，胜似亲子。"

　　岳雲和巩岫娟终于越过了祖母的关口，就一起拉着岳飞，回房找李娃。不料李娃对这件事却十分固执，她对岳飞说："奴家熟知妇道，自到得你家，百事由你做主，夫唱妇随。然而祥祥从军一事，却是依不得鹏举与儿女，既是阿姑教奴家做主，奴便须做主。"岳飞对儿子从军的事本来也是模棱两可，并不坚决，到此也无话可说。

　　岳雲还是跪在李娃面前，苦苦哀求，他说："儿子报仇心切，恨不能立即上阵杀敌，切望妈妈依儿子一回，教儿子在军中熟习数年。儿子在家中闲住，目睹天下百姓受难，委是难以安心。"站立的巩岫娟搂住坐着的李娃，以女孩子特有的方式，撒娇撒痴，为岳雲说话，两人苦缠了许久，李娃最后只能勉强答应，对岳飞说："祥祥参军，务须在五年之后，方得上阵。"岳飞说："下官便依孝娥底吩咐，命祥祥到张统制中军服役。"岳雲和巩岫娟欢天喜地，搂住了李娃，连声喊着"好妈妈"。

岳飞决定在离开张渚镇前,进行最后一次操练。镇里镇外的居民纷纷前来围观。参加检阅的,还有两个特别的客人赵九龄和邵缉,他们是前来为众将士送行的。岳飞的家属,以姚氏为首,也夹杂在围观的百姓之中。这支军队的破旧衣装虽然仍无法更新,但军容威严,队列整齐,还是显示了与众不同的军风。以五军和十将的旗帜为前导,军士们以五十人为一队,整齐步伐,手持各种兵刃,分批进入教场,然后依预定的方位,把教场围成了五角形。

接着,五军又分批进入教场,按旗、鼓、钲的指令,排列和变化各种军阵,操练进退、击刺等动作。每个军的两将又互相进行军阵的对抗动作。骑兵们表演了驰马劈刺和射箭,步兵们表演了弓弩射垛。一系列令人眼花缭乱的操演,赢得围观者的阵阵喝彩。赵九龄对邵缉低声赞叹说:"三官不缪,五教不乱,是谓能军。自宣和以来,王师失律,今日方见得上将底威权!"古代兵法称鼓、金、旗为三官,称军士的目、耳、手、足、心为五教。邵缉也说:"军兵们武艺娴熟,极是难得。"

操演的最后一个节目,则是中军附属的三百五十人童儿队操演队列和击刺,他们的年龄在十二岁到十六岁之间,而队列的齐整,动作的熟练,居然不比五军差,加上他们身穿清一色崭新的绯红色麻布军装,更与五军的破旧军装形成鲜明反差,引起了人们的啧啧称赞。

岳雲在童儿队中也充当普通一员。按照张宪的选拔和安排,岳雲等二十名童儿队还须进行骑马劈刺和射箭的表演,作为全部操练的收场。为了接近实战,岳雲还特别挑选了一副重铠,由于十二岁孩子的体形矮小,尽管这副重铠还是尺寸最小的,穿在身上,仍嫌过大。他骑着一匹四尺一寸的小马,手持父亲的三十六斤丈八钢枪,第一个飞马上坡,然后由陡坡俯冲而下。不料那匹马突然被一个木桩所绊而踣倒,把岳雲掀翻在地。岳雲强忍跌倒的伤痛,提枪追上坐骑,又重新跃上马背。人们在惊慌之余,又为岳雲松了口气。

岳雲飞骑上前,举枪接连刺倒了二十个木偶牌,没有一枪落空。接着,又弯弓搭箭,用直射、盘马左右侧射、背后左右射,接连五箭射中箭垛。人群中顿时爆发出雷鸣般的欢呼声。众人无不交口赞誉:"岳衙内年幼力大,竟使得如此重枪!武艺绝伦,煞是将门出虎子!"以姚氏为首的岳家人虽然不便自吹自夸,也个个感到光彩和自豪。

操练结束后,岳飞下令说:"叫岳雲见我!"岳雲来到父亲面前唱喏,说:"参拜岳镇抚!"岳飞厉声说:"你马蹶人踣,若是前临大敌,又怎生迎战?"岳雲说:"我自今当引以为诫!"岳飞吩咐军兵说:"岳雲练习不精,须责一百臀杖!"张宪第一个出来说:"此事亦是下官教习无方之过,岳雲击刺骑射,尚是武技精湛,恭请岳太尉免于杖责。"徐庆也说:"一百臀杖,便数月不能骑马,乞岳太尉权寄杖责,以观后效。"众将也都纷纷求情,唯有傅庆冷眼旁观,一言不发。

岳飞本来也希望经众将说情,而使儿子免于或减轻杖责,但见到傅庆面带揶揄的冷笑,就说:"教子不严,便是自家底过错,岳雲今日岂得免于杖责!"军兵们奉命将岳雲按倒在地,赵九龄和邵缉及时赶来,大喊道:"且缓用杖!"赵九龄对岳飞说:"自国家丧乱以来,军中执法不严,但务姑息,上行下效,以致动辄溃败,国祸深重。岳太尉以严治宽,正得其宜。然而今日岳衙内虽有过失,却已是及时补过。愚意以为,岳太尉治军,尚需宽严得宜,方得有济,将士们亦必是口服而心服。"邵缉说:"岳太尉责子严于治军,亦是好事,然而不可过峻。闻得虏人军中,只是以柳条挞背,不妨骑马。今日岳太尉不如鞭岳衙内一百柳条,以为儆戒,便是宽猛得宜。"

岳飞说:"便依赵丈与邵丈所言!"他吩咐军兵说:"可用柳条鞭背,重挞一百。"军兵们不敢违令,他们说:"岳衙内,得罪!"就用柳条在岳雲背上抽打了一百下。他们其实还是手下留情,抽打并不太重,而当着岳飞的面,也不敢太轻。心情难过的张宪并不说话,只是上前把岳雲扶起,解开衣服,见到才十二岁的岳雲背上的条条伤痕,忍不住落下几滴泪,当即为他敷药。岳雲忍着伤痛回家。

当岳飞准备责打岳雲时,岳家人仍在教场边围观。姚氏听说孙子要受罚,就愤愤不平地说:"待老身前去,代祥祥受杖!"李娃连忙拉住姚氏,说:"阿姑,军中底事须是鹏举做主,万万使不得!"经过李娃、高芸香等人的苦劝,姚氏又不忍心看孙子承受杖责,只得回家。岳雲一回到家里,姚氏和李娃就抱住他大哭,其他家人陪着落泪,岳雲也泪水潸然而下。

岳飞和张宪回家,只听得屋里哭声一片,心情益发沉重,两人互相望了望,只能硬着头皮进屋。见到众人痛哭流涕,岳飞鼻子一酸,也几乎落泪。他勉力克制自己,走到姚氏面前下跪,说:"儿子今日不挞祥祥,便无以治军,然而教妈妈伤心,亦是罪过,恭请妈妈严责!"姚氏生气地说:"五郎如今是一军之主,老身岂敢责罚!"李娃尽管也是满腹委屈和伤心,但到这个地步,又不得不出面圆场。她跪在姚氏面前说:"鹏举教阿姑伤心,亦是奴底罪过,恭请阿姑责罚!"姚氏连忙把儿媳扶起,说:"五新妇大贤大德,又有甚底过失?"她吩咐岳雲说:"还不将你底阿爹扶起!"岳雲上前,巩岫娟也同时抢步上前,两人一起把岳飞扶起。

家庭内的紧张空气得以稍稍缓和,却仍然沉闷,且不说姚氏和李娃,就是岳银铃、岳翻和芮红奴也不同岳飞交谈。连张宪和高芸香都感到相当尴尬,他们很想缓解那种气氛,却找不到适当的言语。懂事的巩岫娟拉着岳雷,给岳飞和张宪献茶。

巩岫娟见到岳雲簇新的军衣已有好几处破绽,这是岳雲从马上跌落时磕破的,而背上又是一片血痕,不由产生一种特别的伤心感。她上前对岳雲低声说话。岳雲随巩岫娟悄然离开,岳雷也跟着他们。岳雲换下了军衣,巩岫娟见到岳雲背上的伤痕,不由落下一串泪珠,她一面不住抽泣,一面为岳雲缝补。这件军衣是岳银铃和芮红奴照顾李娃,特别为岳雲赶制的。岳雲穿上合适的军服,照着铜镜,手舞足蹈,乐不可支。全家人都啧啧称赞这件军衣做得精致。巩岫娟作为一个未成年的少女,又突然萌生了一种连她自己也莫名其妙的爱情。她觉得,如果自己也能穿着一件红绢衣,哪怕是红麻衣,站在岳雲的身边,让众人一同赞叹,真是第一乐事。

岳雲见到巩岫娟落泪,反而劝解说:"娟儿须理会阿爹底苦心,今日是我骑术不精,阿爹不打儿子,又怎生统率五军?"巩岫娟说:"自家们底阿爹是好阿爹,我又岂是理会不得。"五岁的岳雷亲昵地取出手帕,为巩岫娟拭泪,说:"姐姐莫哭!"巩岫娟望着岳家兄弟怜爱的眼光,突然又感到一种爱的羞怯,不由得红了脸。

岳家紧张的气氛一直持续到晚饭时,姚氏用和缓的口气吩咐说:"祥祥,与你阿爹盛米饭!"岳雲双手捧着一碗饭,恭恭敬敬地递给站立的岳飞,深情地说:"阿爹操练兵马辛苦!"岳飞激动地抚着儿子的头,几滴泪水落在岳云的身上,说:"儿子煞是识道理!"李娃又把岳云拉到自己身边,亲热地抚摸几下。大家又重新以一种和睦的气氛用膳。

岳飞全军在八月十八日启程,连同家属共七万多人,二十二日抵达大江南岸的江阴军。在战乱之余,江岸渡船稀少。军队好不容易找到了四艘渡船,而一次大约只能渡八十人。岳飞吩咐王贵等四军统制和副统制继续寻找舟船,部署军队和家属分批渡江,自己和傅庆、寇成、于鹏、王敏求、高泽民带兵首先渡江。岳飞刚登上渡船,有军兵报告:"今有东京孙干办求见。"岳飞听说孙革到来,急忙和寇成、于鹏、王敏求下船,吩咐傅庆统率前军渡江,不得延误。

孙革总共带着二十七个开封壮丁,辗转流离,沿途乞食,终于找到了岳飞。岳飞和众将已经得知开封陷落的消息,但一直不知孙革的下落,今天见到了孙革,都不由悲喜交集。孙革等人衣衫褴褛,蓬头垢面,岳飞安排他们洗涤、换衣和吃食,然后交谈。

原来权东京留守上官悟在艰难时刻,还是克尽己责。他上任之后,特别录用孙革,协助守城,并且屡次杀掉刘豫派遣的劝降者。但是,开封最大的困难是没有粮食,大批的坊郭人户或是饿死,或是逃走。最后,城里发生叛乱,上官悟出奔,而被杀害。金军终于在二月十四日占领开封城。城里只剩下了几万人口,而壮年男丁已不足一万。孙革躲藏在城里,又设法组织起义反抗。二月二十五日夜,孙革等人发动全城民众,袭击了城里的一猛安金军,重新占领城市。金朝一时也无法调动大军,直到三月二十五日,渤海人大迪里所率金军才攻破了开封城,孙革只能率领军民退出城外。他原来打算率领一万多军民南下,不幸被追击的金军杀散。

岳飞与众将听完孙革的叙述,都十分感动和悲愤。岳飞说:"孙干办在东京时,便任留守司干办公事。我久欲请孙干办到军中,只因杜充那厮阻挠,此回便是天从人愿。"孙革激动地说:"东京失守,我本无偷生之念,所以历尽磨难,流离到此,亦唯是愿追随岳太尉,复仇雪耻,共图中兴大业!"岳飞辟任孙革为本镇抚司干办公事,命他在江南暂时休息,日后随王贵等一起渡江。自己又与于鹏、王敏求率先乘船到江北。

岳飞到达泰兴县的江岸,得到金军攻破扬州和承州,进攻楚州的消息,立即吩咐傅庆继续在江北接应北上的军队,自己和寇成、于鹏、王敏求、高泽民、张应率前军第一将骑兵急速前往泰州赴任。

岳飞一行在八月二十六日半夜二更,来到泰州城下,临时叫开了城门。岳飞当即到州衙,接管了知州印。翌日,又马上带领众人视察仓库和军营。在频年战乱之余,泰州城里只剩下少量临时招募的效用、敢死士等三百人,而仓库更是空虚无物。见到这种情形,岳飞不禁倒抽一口凉气,心忧如焚,且不说如何救援楚州,就是全军连同家属的饭食,首先就是一个大难题。岳飞立即派于鹏前往自己的另一辖区通州,了解当地钱粮和军队的情况,结果也同样令人失望。高泽民已经为岳飞起草了若干飞报朝廷的札子,特别强调了钱粮的困难,以及军队缺乏冬衣,面临赤露失所的严重状况。但朝廷能否支拨急需的物品,却仍是一个未知数。

岳飞到教场检阅本州仅剩的三百军伍,发现竟有相当比例的老弱残疾,根本不能胜任战阵,其中不少人只是通过各种关系混入军队,领取一份俸禄,以作维生手段。岳飞当场对众人训话:"我此回出任镇抚使,须是率你们与虏人交战,出生入死,以报国家。若有不能上战阵,或是不愿上战阵底,须即日离军。你们愿否从军,可立即申状,以待拣选。"最后,岳飞亲自挑选了自愿从军的一百名壮士,而淘汰了其他的二百人出军。他把这一百人作为自己的亲兵,这是岳飞军队里第一次成批录用南方战士。他将这一百人作为亲兵,旨在表示对本地人的信用。古代的地方观念是很重的,泰州人很容易把岳飞的军队看成是外来的异己者。岳飞用这个行动表明,自己对本军的北方人和本地人并无亲疏厚薄之分。这一百泰州兵高高兴兴地充当了岳飞的亲兵,后来也果然随他艰难搏战,没有二心。

尽管军马和家属全部渡江尚需时日,岳飞在八月末还是召集全军统制和正将们会议,讨论援救楚州的问题。徐庆说:"楚州赵镇抚忠义,天下少有,如今困守孤城,日夜盼望救援。何况楚州与泰州亦是唇齿相依,朝廷已下省札,自家们岂可不救。"傅庆说:"救援楚州,自不待论,然而目即钱粮缺乏,又怎生出兵?不如且屯兵泰州,待朝廷应副得钱粮,然后出军。"王贵说:"救楚州如救焚拯溺,刻不容缓。"众人纷纷发表意见,除了傅庆一人以外,都主张马上发兵。傅庆冷笑说:"你们要去厮杀,便去厮杀,我且在此守城!"

岳飞和众将明白,傅庆其实还是因为不守军纪,受到制裁,而心怀怨恨。岳飞当即严肃地说:"自家们身为大宋臣子,救援楚州,自是责无旁贷。傅统制骁勇,亦当以国事与大义为重!然而自家们钱粮缺乏,不可舍近求远,须是先攻承州,后救楚州。镇抚司五军,除张、王二统制率中军守城,看觑老小外,其余四军当在近日进兵承州。"

王经说:"若是径攻楚州龙虎大王㪇军,此亦是出奇制胜。"岳飞说:"㪇人于楚州城四围扎立硬寨,官兵前去,必是顿兵在硬寨之下。承州挞懒郎君出兵截我后路,自家们便陷入腹背受敌,进退失据。不破承州㪇军,便不得救援楚州。"于是众将再无异议。

九月二日,岳飞就率傅庆前军和王贵右军出屯泰州城外,并且派舒继明率三百骑到承州附近侦察。九日,全军将士和家眷都抵达泰州。除张宪和王万的中军留守外,岳飞统率四军人马,总计有一万多人,向承州进发。晚秋的天气,全军将士还是穿着破旧的单衣,迎着萧瑟的秋风行进。全军来到承州以东四十宋里的三墩扎寨。

岳飞在出兵的同时,命令于鹏和孙革前去镇江府联络,期望与刘光世军配合,共同攻击承州之敌。于鹏和孙革从江阴军出发,直奔镇江府城。刘光世的安抚大使司就临时设在府衙,于鹏和孙革一路风尘,在下午赶到使司,他们一面用衣袖擦拭脸上的汗珠,一面到安抚大使司前,通报说:"今有通、泰镇抚司干办公事于鹏、孙革携带紧切公牒,要参拜刘开府相公。"守门的武官听说来者不过是镇抚司的属官,就随便应答说:"刘相公目即处置紧切军机,无暇受你们参拜,且待来日上午坐衙时参拜。"于鹏和孙革都熟悉官场的风气,他们马上取出两贯钱,说:"只因镇抚司钱粮缺乏,请二太尉笑纳。"武官得到钱财后,就立即换了一副面孔,转身进去通报。不一会儿,通报者出门,说:"刘相公教你们明日坐衙时参拜!"于鹏和孙革只能带着失望的神情退下。

比于鹏和孙革早几个时辰,王德和郦琼也正好带兵撤回镇江府。刘光世听了他们的汇报,只是简单地说:"你们用兵辛苦,且回去与家人团聚歇息。刘镇既不服军令,便是罪有应得。我当奏报朝廷,为你们请功受赏。"将两人打发走以后，刘光世又按每天的惯例，与妻妾们宴饮。在刘光世看来，既然王德等已到江北走了一圈，就足以向朝廷报功和搪塞了。

翌日上午，刘光世坐衙时，于鹏和孙革方得以拜见。于鹏和孙革事先估计到此行的各种困难，并且已经连夜打听到王德一军进退的实情。两人唱喏后，刘光世首先指责说："我奉圣上与朝廷指挥，命王德与郦琼率精兵渡江，进军承州，数次移文催促岳镇抚前来会师，何以迁延不行？如今王德等杀敌数千，得胜而归，你们又有甚说？"于鹏说："岳镇抚已数次用公牒回申刘开府相公，备述钱粮缺乏，渡船不足，如今已全师渡江，即日出兵承州。岳镇抚遣自家们前来，恭请刘相公发兵，督促郭、王二镇抚同共进兵，破承州虏军，然后急解楚州之围。"按照岳飞与于鹏、孙革事先商量，决定不谈刘光世应当依圣旨亲自带兵渡江，只求刘光世发一部分军马，接济若干粮食。

孙革说："今有岳镇抚申状，恭请刘相公阅视。"这份申状是由孙革为岳飞起草，岳飞为表示郑重起见，亲自用楷书誊写。然而一字不识的刘光世，自然根本无法理解岳飞的苦心，他只是对站立身后的侍妾意真使个眼色，意真接过申状，对刘光世宣读。于鹏和孙革还是初次见到这种场面，心中不由感慨万端。岳飞的申状写得相当婉转和恳切，其中说：

> 窃念飞以行伍贱隶，辱知朝廷，蒙被厚恩，殒没难报。每以为国家之难，虽非所命，犹当戮力；矧承、楚之事，危迫如许，累准朝廷指挥催督，此正飞等捐身徇义之秋。唯是新复建康之后，所有士马疮痍尚新，羸弊方甚，兼自到任未及一旬，刍茭、糗粮一一窘乏。本未能即从王事，重以承、楚之急，甚于倒垂，不可以顷刻安居，理宜前进。欲望钧慈捐一、二千之众，假十余日之粮，令飞得以激厉士卒，径赴贼垒，解二州之围，扫犬羊之迹。下以禆相公之盛烈，上以宽主上之深忧，不胜幸甚。

刘光世听后，感到再也无法用巧辞诡辩，就用眼神望着王德和郦琼，王德和郦琼各有自己的牢骚，都不愿再次出兵，他们只是低下了头。刘光世想了一下，就对于鹏和孙革说："于、孙二干办可急速回报，王德与郦琼虽已回师，我不日当发兵渡江，与岳镇抚等会合，并力破敌。"于鹏用征询的目光望着孙革，孙革用激昂的语调说："刘开府相公乃是国之干城，受圣恩深重,承、楚二州底危难,便是国家底危难。若是二州失守,国家又怎生在江南立足,刘相公亦不得奠安于镇江。岳镇抚目今隶属刘相公底麾下,若是救得二州,亦是刘相公底功业第一。大丈夫处世,必以忠义为本。自家们朝夕延颈而望,期盼刘相公早日发兵借粮。刘相公请受自家们一拜!"他与于鹏向刘光世长揖,然后告退,当即返回。

　　刘光世找两名心腹幕僚密谈,一名幕僚说:"我观王、郦二统制底意思,便是教他们再次出兵,亦不能立功。"刘光世说:"我亦为此忧心,然而不出兵,朝廷亦须怪罪,楚州失守,便危及江南。"另一名幕僚说:"访闻四太子返回江北以后,言及渡江艰危,死里逃生,时或伤心落泪。人称四太子乏谋而粗勇,挞懒郎君多谋而怯战,他便是占得楚州,必不敢渡江。刘相公自可在此高枕无忧。王、郦二统制既是杀敌数千而归,便足以回报朝廷。若是楚州有失,刘相公自可上奏,归罪于岳飞、郭仲威、王林等人逗遛不进,抵拒朝廷会合指挥。"刘光世高兴地说:"便依你们底计议!"于是他下定决心,不发一个兵士、一石粮食过江。

　　完颜挞懒屯兵承州,注重修缮城防,他听到岳飞发兵前来的消息,就对部下说:"用兵不仅善攻,亦须善守。闻得岳飞此人善战,若与他交锋,便是得胜,亦须损折多少儿郎。我依凭城守,迁延时日,他粮食不济,亦须退兵。楚州乏粮,岂得持久,一、二月之内,突合速必破楚州。"金朝宗室、千夫长完颜阿主里新近从东北到前沿,此人缺乏战场经验,却是年少气盛,他说:"自大金用兵以来,南虏们常是望风而逃,我不信岳飞便是三头六臂,愿统本部人马与他一决胜负。"

　　完颜挞懒笑着说:"你只有四百正军,四百阿里喜,怎生与他一万人马决胜负?"完颜移剌古如今已提升为万夫长,他说:"我曾在江南与岳飞交锋,你切不可小觑岳飞。"万夫长兀林答泰欲说:"南虏惯于夜间劫营,自家们不如依南虏底战法,前去劫营,此亦是一计。"完颜阿主里说:"如是劫营,我愿为前锋,斩得岳飞,献于挞懒监军。"大家正在七嘴八舌地议论,有军士报告:"南虏今在城东列阵挑战。"

　　完颜挞懒说:"固守城池,不须应战。"兀林答泰欲说:"大金军马自来野战则冲锋陷阵,攻城则树炮填濠,并无守城不战底道理。自家们不如且去东城,观望敌势,相机行事。"完颜挞懒说:"你且与移剌古去城东观望,不得轻易迎战。"于是兀林答泰欲和完颜移剌古来到承州东城,登上城头。

岳飞到承州之后,当然是破敌心切,他下令说:"明日徐、姚二统制率左军守寨,其余三军当随我出战。"傅庆说:"我身体不适,不能上阵,愿留守营寨。"岳飞的眉头一皱,他发现傅庆的情绪愈来愈坏,竟发展到以个人小小的私憾而妨废大事的地步。但岳飞还是强压自己心头的不快,说:"自家们底马军全数编入前军第一将,明日马军不可不上战阵,你可与寇统制率前军第二将与后军第一将守寨。"岳飞只能临时把前军与后军拆散混编,命令王经和庞荣指挥前军第一将和后军第二将。

三军人马兵临承州城下,岳飞部署右军和左军在前布阵,而自己亲统王经一军作为后备队。他对众统制和正将说:"此处地势平旷,正便于虏骑驰突,尤须用心作战。"岳飞在城东约四宋里列阵,却不见敌人出战,就对舒继明面授机宜。舒继明单骑直驰城下,面射和背射两箭,射死了两名金军的旗头,两面三角形的白日黑旗跌落城下。等金军乱箭齐发之时,舒继明早已驰出箭的射程之外,胜利归阵。

舒继明的行动当然旨在激怒金军,岂但兀林答泰欲,就是完颜移剌古也感到愤怒,兀林答泰欲说:"岳飞军力不多,而欺人太甚,自家们不可不战。你且出城布阵挑战,我率军去城北绕出南虏之后,然后腹背夹击。"完颜移剌古说:"会得!"他们一面出兵,一面又派人报告完颜挞懒。

这两支金军的正兵以女真骑兵为主,约有八千人,另有汉儿等充当阿里喜。完颜移剌古带兵出城后,立即向宋军发起冲锋。王贵、郭青和徐庆、姚政指挥右、左两军,接连击退了敌骑两次冲锋。当金军发起第三次冲锋时,兀林答泰欲以完颜阿主里的一猛安骑兵为前锋,向宋军阵后夹攻。岳飞及时调动王经和张峪的后军第二将预备队,抵抗敌骑。他本人亲率一百泰州亲兵,还有庞荣和张应的前军第一将骑兵,向兀林答泰欲的骑兵发起侧击。岳飞和王敏求、李廷珪三骑当先,一举击溃了金军。宋军接着又向完颜移剌古军发起反攻。战败的金军并不退入承州城东门,而是沿城南北逃跑。完颜挞懒得到报告后,就亲驻城东,严密防守。岳飞只能及时收兵。承州的第一战,总计杀敌一千四百多人,而宋军也战死近七百人。

完颜移剌古和兀林答泰欲逃回城里,完颜挞懒说:"我曾言道,你们不须应战,枉自损兵折将。"兀林答泰欲战败之后,心中更加不服,他说:"今夜前去劫寨,必可得胜。"完颜挞懒说:"劫寨人马不须多,你带自家底兵马前去。"兀林答泰欲连夜部署军队,命令完颜阿主里率本猛安军马从正面佯攻,自己率军马绕道到三墩以东,直捣宋军后背,两军都准备了火箭,打算烧宋军的营寨。

完颜阿主里的军队距离三墩不过几宋里路,就遭到王贵和郭青所率右军的伏击。兀林答泰欲的军队还未绕到三墩以东,也遭到岳飞亲率左军和后军的伏击。不惯夜战的金军遗弃了八百多具尸体,落荒而逃,完颜阿主里身中三箭,竟当了俘虏。

天明之后,岳飞亲自审讯战俘。完颜阿主里左肩带着一箭,右腿带着两箭,一瘸一拐地被押到岳飞面前,他首先用汉语发问说:"谁是岳爷爷?"岳飞想不到对方竟尊称自己"爷爷",说:"我便是岳飞。"完颜阿主里说:"我今日端的是心服口服,唯求岳爷爷放我回归。我是大金宗室郎君,自当劝谕两国休兵。"岳飞说:"你且作书,若是挞懒郎君底大军撤出承、楚二州,我当放你回去。"完颜阿主里只能用女真文写了一封书信,岳飞另外命高泽民也起草一封书信,又命令李璋率一百骑到承州城下,把书信射到城里。

完颜挞懒当然不会因此而撤兵,他只是坚持原定的策略,坚守州城,任凭岳飞怎么挑战,就是不出城应战。于鹏和孙革来到三墩,向岳飞报告情况,岳飞问:"依你们底忖度,刘相公可得增援兵马粮食?"孙革叹息说:"只恐未必如愿。"岳飞忧愁地说:"官兵虽是两回小胜,挞懒郎君固守州城,我曾绕城探伺,无隙可乘。官兵不及虏军厚重,若是强攻,伤亡必重。军中粮食行将告竭,最是可忧。"

正说话间,有探报说,一支金军押解粮食,取道天长军前往承州。岳飞当机立断,他依旧命令傅庆和寇成率前军的李璋第二将、后军的牛显第一将守寨,自己统其他各军各将迅即出兵。

金军千夫长颜盏白打里和斡准蒲速里率领本部军马,在各处掳掠以后,押着六千多石粮食,还有一大批汉人驱口,取道天长军,准备回承州城。他们到达新开湖以南,遭遇宋军的伏击。北有王贵和孙显所率的右军第一将,西有郭青和舒继明所率的右军第二将,南有徐庆和霍坚所率的左军第一将,东有姚政和韩清所率的左军第二将,实行四面合围。岳飞和王经、庞荣统另外两将作为预备队,准备抵挡承州方面的增援之敌,而承州方面并无援兵。在两军混战之中,王贵见到有一名敌骑,十分悍勇善斗,就驰马上前,一鞭把他打落马下,原来此人正是斡准蒲速里。

  战斗很快结束,宋军最大的收获是抢到了六千多石粮食,并且解救了大批汉人驱口。金军大部被歼,少数逃窜,而两名千夫长都成了俘虏。被解救的汉人自愿为宋军运粮,当六千多石粮食完全运抵三墩寨中,岳飞方得以稍开愁颜。岳飞与众人商量今后的战斗部署,王贵说:"楚州危急,我愿率本军固守三墩营寨,岳镇抚可统三军人马迅即救援。"岳飞明知兵家最忌分兵,而楚州的金军营垒也难以攻打,但到此地步,万不得已,也只能听从王贵的建议。他下令休兵一天,准备翌日进军楚州,却为时已晚。

  九月中旬,楚州城被围已经三十多天,在粮食告竭的艰难形势下,赵立忍痛决定,宰杀军中仅有的二百多匹军马。赵立骑乘的那匹白马也被牵到主人面前。赵立望着白马干瘦的身躯,忍不住滴下泪来,白马也向他哀鸣长嘶。赵立本拟亲自把白马刺倒,到此地步,也实在不忍心下手,他伤心地吩咐说:"且将此马牵出作食。"白马被牵出以后,赵立只听到一阵惨厉的马嘶,不由心中一酸,又落下了两串泪珠。

  金军已经看准楚州城到了最后关头,完颜突合速把重兵集中在北城,亲自指挥,接连发动攻击,而大挞不野、完颜聂耳与王伯龙三名万夫长则分别围困东、南、西城,也不时进行辅助性攻击。赵立经常坐镇北城,指挥战斗。他听说金军又在东城发起攻击,又跑步赶往东城。赵立在城上只见金军已经搭上一个云梯,就下令用火把焚云梯。当时正刮着东风,风势不顺,云梯着不了火。眼看几名金军飞速登城,赵立亲自抢枪,把上城的金兵刺下城头,又下令用金属汁浇云梯,这时风向突然一转,金军的已经附城和接近城墙的五座云梯同时着火。

  赵立兴奋地说:"此是苍天助我!虏人今日已无能为力!"他当即沿磴道下城,准备再回北城。不料一块炮石飞来,正中赵立头部。几名军士立即把赵立抬到附近的三圣庙。蒋明宜和蒋婷父女急忙赶来时,奄奄一息的赵立突然用激昂的声调说:"我终不能为国家殄灭贼虏!"说完,就瞑目而逝。

众人大哭,而感情上受打击最惨重的,当然是蒋婷。她和赵立相处不到一年,但爱恋之深,却是无以复加,尽管按照古代的礼法,两人的男女关系是玉洁冰清的。但至此地步,蒋婷已顾不得礼法,伏在赵立尸身上,哭得死去活来。她的哭声又给众人带来了撕心裂肺般的痛楚。她解开死者的衣服,发现在贴身的袋里,放着一只自己定情的金钗,更使她悲痛欲绝。蒋婷把金钗依旧放在赵立胸前的袋里,然后起身,乘众人不备,用凄厉的声音大喊:"奴家生不得与赵太尉做夫妻,唯愿同穴而葬!"说完,就持剑自刎。蒋明宜见女儿自尽,也大喊道:"我唯有一个小妮子,爱如掌上明珠。如今自家又何须活在人世!"他取过女儿的剑,也准备自刎。众人急忙夺下他的剑,再三劝说:"蒋大夫要为赵太尉与小娘子报仇,城中伤病底人尚需蒋大夫医治。"众人流着眼泪,把赵立和蒋婷合葬,并且树立合葬的墓碑。

赵立的死耗传遍楚州城,城里一片哭声。军民推举参谋官程括摄镇抚使,继续坚守城池。金人也打听到赵立的死耗,却怀疑赵立诈死,而另有奇谋,居然罢攻三日。在罢攻期间,秦桧奉完颜挞懒之命,来到楚州劝降。既有刘锜的前戒,他当然不敢进城观察和劝降。秦桧对完颜突合速说:"如今之计,唯有作书劝谕。"完颜突合速说:"会得!"于是秦桧就取来笔墨。完颜突合速有个弟弟,名叫室撚,此人很喜欢汉文化,他好奇地站在一边,看秦桧写作。秦桧的劝降书中有一段指斥宋高宗,几乎是照搬金朝封刘豫为子皇帝的册文:

> 康王为宋国罪余,赵氏遗孽,家乏孝友,国无忠勤。衔命出和,已作潜身之计;提兵入卫,反为护己之资。忍视父兄,甘为俘虏,方在殷忧,乐于僭号。

完颜室撚对汉文半通不通,怀着好奇心发问,秦桧又将劝降书逐句作了解释。完颜突合速命令军士将劝降书射入楚州城里,却得不到任何回音。于是金军又继续发起进攻。

楚州军民坚持到九月二十九日,完颜突合速指挥金军终于突入州城。

这是楚州城的末日，却又是壮烈的末日。全城军民不分男女老少，按照赵立生前的部署，在每个巷口都设立砖垒，与金军展开激烈的巷战。到处是火光冲天，很多妇女抱着敌人，投水投火，同归于尽。程括英勇战死。蒋明宜也抱住一个敌人，一同溺水而死。也有一批将士杀出重围。金军在破城的战斗中竟支付了约五千人的伤亡。

完颜突合速占领楚州城后，又马上发兵增援高召和式，向顿兵北神镇的海州、淮阳军镇抚使李彦先部发动进攻。完颜突合速命令完颜聂耳和大挞不野两军绕出李彦先军的背后，阻截其退路，然后进行夹攻。金军最后包围了李彦先的座船，李彦先宁死不降，下令焚烧座船，他和全家人，还有部属都在烈火中殉难。

楚州失守的消息传到了行在越州，范宗尹和赵鼎立即要求面对。两人在便殿拜见宋高宗，赵鼎的神色尤其显得哀痛和愠怒。宋高宗命张去为转传刘光世的上奏，他说："刘光世奏唯是将楚州失守，诿过于岳飞等抵拒会合指挥，迁延时日。"范宗尹看了一下，说："刘光世此奏亦是在臣等意料之中。岳飞虽因渡船与钱粮缺乏，赴援稍迟，而出兵承州，尚是尽职。"

赵鼎说："自刘光世到镇江以来，陛下五回降金字牌御札，枢密院连下十九札，前后两月，刘光世坚拒明诏，未尝一涉江北，唯是遣偏师渡江一回，虚报战绩，以致楚州孤立无援。臣日前曾作书与刘光世，诋责他听幕僚底浅谋，滋长贼势。方今国步艰难，刘光世所作所为，委是辜负陛下厚恩。臣以为当下御札，诘问刘光世违命不救楚州之罪。"他说完，就呈上了为皇帝草拟的手诏稿。

宋高宗看了一遍，说："卿所草中言道：'逐官但为身谋，不恤国事，且令追袭虏人过淮，以功赎过。'语言太峻。如今刘光世受朝廷委任非轻，统率大军，责备太峻，朕恐其心不安。卿须改拟。楚州既失，岳飞孤军，亦不可顿兵承州。卿等可下省札，命他急速挪回泰州。教刘光世与岳飞协力，保守通、泰二州，若无疏虞，更与优异推恩。"

赵鼎虽然对皇帝姑息纵容刘光世的态度有所保留，但只能与范宗尹同时说："臣等领旨！"范宗尹说："赵立坚守楚州，虽是唐朝张巡、许远，亦不能过。陛下当优加追恤,以激励天下忠臣义士。"宋高宗说:"卿等可拟定恤典,奏与朕知。"

在这次面对以后,一道省札立即发往岳飞军。接着,宋廷又宣布追赠赵立为奉国军节度使、开府仪同三司,赐谥忠烈,命令行在的寺院和道观为赵立等楚州阵亡将士做仙佛斋醮,为他们祈求冥福。

再说岳飞正准备带兵前去楚州,却得到了楚州失守的探报。他黯然神伤,多时说不出话,最后用悲愤的语调下令说:"赵镇抚与楚州军民忠勇殉国,岂可不祭!"军中临时为赵立设置灵位,岳飞与众将戴上首绖和腰绖,在灵位前长跪不起,岳飞痛心地说:"楚州失守,岳飞救援不及,罪责难逃!唯求赵镇抚与众军民在天之灵,佑我破敌。"

吊唁结束,岳飞立即命令王经和庞荣说:"食粮是军中第一珍宝,你们可率后军押解食粮,先返回泰州。其余三军且留十五日粮。"他又对其他将领说:"龙虎大王占得楚州,必与挞懒郎君并力,自家们须殊死一战,然后撤兵回泰州。"

完颜突合速在楚州和北神镇得手以后,又率兵南下承州。完颜挞懒亲自为完颜突合速设宴庆功。宴会还是女真人的肉盘子、油炸茶食之类。心高气傲的完颜突合速特别喜欢吃肉盘子,他用右手抓起三块肥肉,说:"第一便是赵立。"接着就把一块肥肉咽下,又说:"第二便是李彦先。"又把第二块咽下,又说:"岳飞便是第三。你们言道,岳飞善战,我视岳飞便似此肉。"又把第三块一气吞下。

完颜挞懒笑着说:"切恐猪肉易吞,岳飞难咽。"完颜突合速环视众万夫长,说:"你们以为岳飞吞得吞不得?"在场的万夫长都有与岳飞交战的经验,一个个低头不语,唯有高召和式说:"我明日愿随龙虎大王出战。"完颜挞懒说:"此回虽是破得楚州,然而儿郎们损折甚多,不如休兵三日,徐议破岳飞。"完颜突合速说:"不须,我明日便去扫灭岳飞。"

完颜突合速第二天就率领二万人马,径奔三墩,有一猛安探骑回来报告,说宋军营寨偃旗息鼓。完颜聂耳说:"岳飞用兵,多是诡诈,龙虎大王须慎重,不得轻敌。"完颜突合速说:"自家们且到南房寨前,再作计议。"

金军径奔宋军营寨,只见寨中仍然并无动静。完颜突合速心生一计,他下令高召和式带本部三千精骑,准备火箭,向敌寨发射放火。三千精骑向宋军营寨奔驰,不料他们还未到达箭的射程之内,就遇到大批陷马坑,连人带马跌入坑里,坑里的断枪残刀之类杀伤了人和马。前面的人马跌落,而后面的人马却无法立即收敛,于是形成自相践踏的局面,乱成一团,总计死伤了二百多人。等混乱停止后,完颜突合速再派一百阿里喜步兵,一面用刀剑戳地,挑开陷马坑上的顶盖,一面前进,终于发现原来已是一座空寨。原来岳飞得到朝廷命令之后,已经撤退。

完颜突合速怒不可遏,下令紧追宋军。金军追到承州与泰州交界,地名北炭村时,已是傍晚。北炭村西有一条河,河上有座木桥。高召和式前部的一猛安金兵,约有七百多人,一半正兵骑马,另一半阿里喜步行,刚过木桥。埋伏的宋军开始发动突击,分东、南、北三面进攻。他们向那座木桥发射火箭,原来木桥上早已浇了油,只消一支火箭,整座桥就立即燃烧起烈火。河东的一猛安金军被全歼,宋军还夺到了一批战马。完颜突合速大怒,下令金军隔河放箭,宋军也在东岸对射。由于宋军的弓弩斗力强,金军反而有几百人死伤,只能后退。

天色已黑,完颜突合速只能下令:"且退军十里!"金军燃起篝火,开始进食。不料李璋率一百骑兵,身穿金军的重甲和黑衣,向金军袭击,又很快退走,金军一番惊扰,在黑夜里又乱打一通。当夜,孙显、霍坚和韩清又各率一百骑发动三次袭扰,弄得金军相当疲劳。

尽管岳飞不断派小部队袭扰,完颜突合速还是率金军穷追不舍。在北炭村一战中,宋军最大的收获是得到三百匹战马,岳飞将战马全部分拨给左、右两军。岳飞自己率前军回泰州城,而命令王贵和徐庆两军引诱金军前往泰兴县柴墟镇。柴墟镇位于沿江,最初曾是县城所在,县城后来虽然迁徙,但柴墟镇却保存了不大的却又完好的城墙。岳飞因为泰州城残缺,临时来不及修缮,特别选择了柴墟镇作为理想的战场。

完颜突合速率金军来到柴墟镇,王贵和徐庆两军凭恃坚城,严密防守。金军猛攻了三天,伤亡颇重,眼看无法攻取。高召和式也颇感气馁,他对完颜突合速说:"大金军马粮草不济,莫须回兵,日后再议进军。"完颜突合速说:"待明日再攻一日,若是占城不得,便即日挪回。"

不待金军发动最后攻击,岳飞亲率前军张应第一将骑兵,与张宪中军、王经后军就在当夜劫营。宋军分三路向金军突击。岳飞亲自向夜空发射三支火箭,作为与城里联络的信号。于是王贵和徐庆也率本军出城夹攻。在五支宋军的猛烈攻击下,完颜突合速全军溃败,逃回承州,而在柴墟镇遗弃了一千五百多具尸体,宋军最大的战利品是缴获了约二百五十匹战马。岳飞率军凯旋回泰州,将战马全部分配给中军和后军,而将完颜阿主里、颜盏白打里和斡准蒲速里三名战俘押往行在越州。

[肆]
富平之战

除东南以外,陕西是宋金战争的另一重要战场。上一卷已经交待,知枢密院事、宣抚处置使张浚在建炎三年七月与杜充话别以后,径奔陕西,全权主持陕西战区。自从北宋中期以后,由于宋和西夏之间连绵不断的战争,陕西号称天下精士健马的集中地。宋时的陕西比现代的陕西省大得多,与西夏接壤有鄜延、环庆、秦凤、泾原、熙河五路,其实是五个军区,时称陕西五路,而关中地区则是以京兆府(治今西安)为中心的永兴军路。

张浚西行所倚重的一个重要将领,就是曾任河北西路招抚司都统制,后来领导八字军抗金,又在诱杀范琼时起了重要作用的前军统制王彦。张浚刚到汉中,就召集众将会议。他说:"虏人进逼东南,我势必在陕西大举,以分虏人兵势。"众人都表示赞成,唯有王彦力持异议,他说:"陕西兵将,上下之情尚未相通,若少有不利,切恐五路皆失。不如屯兵据险,以固根本。虏人犯境,便命诸将互相应援。必无大失,徐议进取,方保得万全。"王彦是张浚属官中唯一一员老于行阵的宿将,然而幕僚们却你一言,我一语,群起讥斥说:"提兵数万,何须如此畏怯。如依王统制底计议,又何日可以成中兴之功。"张浚喜欢专断独行,最不能容忍异议。于是立即把王彦调任金、均、房三州安抚使,让他离开自己的宣抚处置司。

张浚调离王彦后,不得不在陕西军中另觅战将。尽管陕西军在救援开封等战斗中受到相当大的损失,但经过重新整编,仍然保存了相当强的实力,其中在战斗中涌现了三员名将,第一是坚守陕州(治今河南三门峡市西)的右武大夫、宁州观察使、陕州知州李彦仙,第二是泾州防御使曲端,第三是右武大夫、忠州刺史吴玠。吴玠是曲端的部属,但已显示了军事才能。

张浚到达陕西后,很多人向他告发,说曲端有谋反的意图。张浚将宣抚处置司设在邠州(治今陕西彬县),亲自找曲端谈话,他开门见山地说:"人说曲防御藐视朝廷,有谋反之意。"曲端也率直回答:"下官藐视不知兵底文臣,确有其事,然而决非藐视朝廷。山河破碎,曲端身为大宋臣子,唯知与社稷共安危,同兴亡,大丈夫难道甘心辫发左衽,下穹庐之拜?"张浚听他议论慷慨,非常高兴,起身用双手握着曲端的双手,说:"下官当上奏朝廷,以全家百口保曲防御决无谋反底事!"曲端也感动地说:"难得张枢相如此知己,下官唯愿受张枢相驱策!"

张浚又说:"我自到陕西,闻得人称'有文有武是曲大,有谋有勇是吴大'。不知吴玠如何?"曲端听到吴玠居然与自己并列,心中有几分不悦,但表面上还是装出满不在乎的样子,说:"吴玠是下官底部曲,端的是勇敢,然而亦是谨遵我发踪指示,而立战功。"张浚说:"我闻得你治兵有方,军律严整。你叔父为偏将,战败而斩,又亲自发丧,为叔父撰写祭文,所以全军畏服。下官今日愿一睹军容。"曲端说:"下官当引领张枢相检阅本军。"

曲端陪同张浚和一行宣抚处置使司属官来到教场。令众人感到奇怪的,是教场竟不见一支军队。曲端骑着一匹黑色骏马,名叫铁象,手擎铁树,以军礼上前,高喊道:"恭请张枢相依军籍点视。"有一名小校步行上前,手捧五军的兵籍,呈送给张浚。张浚将信将疑地接过兵籍,说:"我愿先点阅前军。"于是五名提鸽笼的小校之一,马上放出一只鸽子。顷刻之间,前军整齐步伐,进入教场,排成严整的队列。张浚又依次点了其余右、中、左、后四军,其他四只鸽子先后出笼,四军也随之而到。面对着戈甲焕灿、旗帜鲜明的队伍,张浚和属官们无不啧啧赞叹,张浚低声说:"陕西军马端的非东南御营军可比!国家中兴,须仰仗此军。"

建炎三年九月,张浚按宋高宗圣旨登坛拜将,任命曲端为威武大将军、宣州观察使、宣抚处置使司都统制。一个正方形的土坛,正南方有八阶,四周有三十二名军士执着红旗。张浚正中站立,身边有两名属官,分别捧着宝剑和铁树。在鼓角声中,曲端健步登坛,接受张浚颁赐宝剑和铁树,一时坛下军士欢声如雷。张浚说:"曲观察既为本司都统制,便身系陕西底安危,而陕西底安危便是天下底安危。曲观察为朝廷立功,自当不次建节。"建节就是当节度使,这是宋代武人最重要的荣誉虚衔。曲端目前的观察使虽然距离节度使只有两阶,但要超升这两阶却非比寻常。曲端兴奋地说:"下官敢不效命!"

张浚还亲自找吴玠和他的兄弟吴璘谈话。吴玠字晋卿,德顺军陇干县人,今年三十七岁,吴璘字唐卿,今年二十八岁,他只是个无品的进武副尉。张浚与两人谈论后,也十分器重,他任命吴玠为本司中军统制,而吴璘掌管自己的帐前亲兵。

当时宋金两军争战的焦点是在陕州,陕州扼守着关中的门户,金军不能夺取陕州,就无法突入关中。金朝先锋都统、同陕西路行军都统完颜娄室为此倾注全力,专攻陕州。李彦仙虽然屡破金军,但毕竟势孤力单,不得不向张浚求援。

张浚召见曲端,出示了李彦仙的公牒,他说:"李观察求我三千精骑,愿直捣河东各郡,号召红巾军,反客为主,此亦是一说,曲都统以为如何?"曲端的一大缺点正是唯我独尊,心胸狭窄,忌功害能。在他看来,吴玠只是自己部下一个统制,虽然已有威名,还不足以与自己相颉颃,唯有李彦仙独当一面,威望和才能不在自己之下,在这种心理的驱使之下,他微笑着说:"三千精骑,如何成此大事?"张浚同意他的说法,又说:"然而陕州是兵家必争之地,不可不发兵救援。"曲端想了一下,说:"我三日后便统前、后、左、右四军前去,中军须留于张枢相处,以为护卫。"曲端所以把中军撤开,正是为了把吴玠撤开,以免碍事。张浚当然没有猜透曲端的心意,当即同意。

曲端带兵抵达京兆府,就以金朝陕西路行军都统蒲察石家奴的军队阻绝,兵势甚盛为由,不再进兵。其实,当时陕西金军的主力集中于攻打陕州,而蒲察石家奴的兵力不多。

李彦仙扼守孤城,日夜盼望援兵,却得不到一兵一卒的支援。在激烈的攻防战中,宋金两军伤亡都很大。坚持到建炎四年正月,完颜娄室下令发动强攻,凡是后退者立即敲杀。金军在严刑的驱迫下,不顾死伤,终于践尸登城。李彦仙不愧是一员勇将,他到了最紧急的关头,仍然率领全城军民巷战。他拍马抢刀,冲锋在前,金军的密集箭矢射中他的前胸,身如刺猬,还是死战不屈。在短兵格斗中,李彦仙的左臂中刀断骨,他还是强忍剧痛,拖着那条尚有皮肉沾连的左臂,用右臂继续杀敌。李彦仙在军中有极高的威信,他的部兵们舍死搏战,救护他突围而出。金军在陕州城里大纵屠戮,而军民们也奋死抗击。这是与楚州城同样壮烈的保卫战。

李彦仙率领几百名勇士,突破敌人的包围后,来到一条河边,稍事休息。他远望着陕州城,无比悲愤地说:"虏人屠城,全城男女老幼血战而死,我有何面目苟活人世?"竟纵身投河自尽。

完颜娄室虽然在陕州得手,但在此后的战斗中,仍与宋军处于拉锯战的势态,特别是吴玠率兵一度击败了完颜娄室和完颜撒离喝军。但在此后有一次小衄,吴玠和曲端互相指责,吴玠指责曲端未能及时增援,曲端指责吴玠违背节制,并且罢免吴玠。张浚却以陕西最高长官的身份,重新起用吴玠。于是张浚和曲端的关系发生龃龉。

在金朝右副元帅完颜讹里朵和完颜兀术增援陕西的同时,张浚和曲端又发生新的争执。由于宋朝的情报不灵,张浚竟还不知道金军增援的事,他召见曲端说:"曲都统常忧陕西五路兵势不合,钱粮不足。如今五路人马已归属宣抚处置司,四川底钱粮亦聚集关中。娄室孛堇唯是孤军深入,宣抚处置司所辖五路军,有马军六万,步军十二万,便足以破娄室。若是粘罕率军前来,与娄室并力,不知又怎生措置?"

曲端说:"兵法须先度量彼己底势力。虏军精锐,娄室虽然兵少,却是善于用兵。王师虽是众多,然而将士士气,与前并无大异。若是轻举浪战,未必便得决胜。虏人进犯,抢掠粮秣,此便是我常为客,彼常为主。如今须是反其道而行之,教虏人为客,官兵为主。"张浚问道:"你有甚么反客为主底计议?"

曲端说:"王师以重兵据险要而持守,不时以轻兵偏师袭扰河东、京西,须是十年之后,虏军困弊,官兵训练既精,然后可以一战而胜。"张浚无论如何也不肯有十年的等待,他说:"十年为期,我底鬓发皆白,如何报主上深恩?曲都统以国之长城自命,又何以如此怯战?"曲端被激怒了,他愤愤然地说:"下官底荣辱得失,何足计较,唯是张枢相若是用兵,必败无疑,又如何报主上深恩?"

张浚听到"必败无疑"四字,也动了肝火,他为了表示涵养,笑着说:"我若是不败,曲都统便当如何?"曲端说:"若是张枢相大兵不败,曲端便伏剑而死。"张浚问:"曲都统甘立状词否?"他一面说,一面就示意吏胥取来文房四宝,曲端本来也不过是说些过激的话,然而到此地步,已不容他不写。他提笔写完简单的状词,就回问张浚说:"若是用兵有失,张枢相又当如何?"张浚用平和的语调说:"下官亦当以头颅奉送将军。"

张浚第二天就下令罢免曲端,随即以过去战败的罪名,将他贬官,安置在四川。张浚自然想到另一名将吴玠,在他的心目中,自己有恩于吴玠,而吴玠又与曲端有颇深的嫌隙,当然是取代曲端最合适的人选。他把吴玠召来,再次将自己的战略意图重复一遍。吴玠当然已经得知曲端罢官的原委,也明白张浚的用意,但他对军事问题,其实却与曲端持相似的看法,委婉地说:"下官以为,高山峻谷,官军便于驻队,敌马却是不便于驰突,虽是强悍,不能据我尺寸之地。唯有善守,然后可徐谋收复失地,中兴王室。"张浚想不到吴玠的议论与曲端相同,面露不悦之色。吴玠无可奈何,只能恭谨地告退。

张浚眼看不能任用吴玠为都统制,只好另外物色人选。有幕僚为张浚介绍了熙河路经略使刘锡和他的兄弟刘锜,张浚当即引见。兄弟俩是秦州成纪县人,其父是北宋大将刘仲武,刘锡字禹珪,刘锜字信叔。刘锜今年三十三岁,箭术极精,他少年时代随父从军,在一只木斛里满装水,第一支箭射穿木桶,教军士拔箭之后,当然水流如注,他又在百步之外再射一箭,正好将水流堵住,全军惊叹为神射。

张浚见到两人仪表堂堂,而刘锜更是雄武美男子,声如洪钟,十分高兴。他又复述了自己的战略意图。刘锜说:"张枢相须慎于用兵,若是不得已,下官不才,愿为前驱。"张浚对他的话还比较高兴,说:"圣上驻跸东南,陕西不能分圣上之忧,又何以尽臣子底职事?"刘锡的态度却与兄弟不同,他说:"官军若以众击寡,可以成功。"张浚与他一拍即合,立即发表刘锡出任都统制,刘锜任泾原路经略使,作为一路军的主将。

八月下旬,宋军准备向耀州富平县进发,进行决战。远离战场的张浚先在邠州视师。五路军的十二万步兵和六万骑兵整齐排列,刘锡手擎铁树,陪同张浚骑马检阅。张浚还是第一次见到如此众多的军队,军装和旌旗组成一片连绵不绝的、浩荡的绯红色,不由满心欢悦。检阅结束后,他在马上对刘锡说:"自军兴以来,我尚未见王师如此雄盛。刘都统此回决战成功,我当为你授旌节。"按照宋制,当节度使要授予一整套仪仗,统称旌节。刘锡说:"下官自当尽心竭力,以报主恩。"

宋军很快抵达富平县。富平虽是位于关中平原,却是有平原,有山岗。都统制刘锡与众将一起视察地形,准备扎寨。吴玠此时任永兴军路经略使,他说:"虏骑利于平旷,王师以步兵为主,利于高山。自家们当分据高阜,扎立硬寨,便可立于不败之地。"刘锡环视众将,说:"尔们以为如何?"环庆路经略使赵哲说:"官兵数倍于敌军,何惧虏人,此处虽是平旷,而前有苇泽,正宜驻扎步军,亦便于马军绕道出战。"众将纷纷同意赵哲的意见。唯有秦凤路经略使郭浩赞成吴玠的意见,说:"虏军秋高马肥,兵锋方锐,自家们不如先分兵据守高阜,俟隙而动,以保万全。"刘锡其实并无主见,他说:"便依众太尉底意思。"

吴玠见刘锡不肯采用自己的建议,又另外提出方案,说:"虏人之长,在于铁骑奔冲,王师之长,在于强弓劲弩,以遏敌骑。王师底马军虽不敌虏人底马军,若是将五路底马军合为一军,另命一将统率,亦可在缓急之际驰援,或侧击虏骑。"他那种单独集中骑兵的设想,无异于剥夺各路经略使的部分兵权,更是遭到一致的反对。

于是五路军各自设立大寨,大致组成一个五角形。刘锡有意把自己的弟弟刘锜所率泾原路军和赵哲所率的环庆路军部署在前部,又借用曲端的威名,在前部树立了曲端的大将旗。吴玠所率的永兴军路军和郭浩所率的秦凤路军部署在中部,而自己亲统的熙河路军部署在后部。刘锡其实无非是亲近赵哲和自己的兄弟,旨在让他们打头阵立功。吴玠当然明白刘锡的用意,但也只能听从指挥。他怀着一种矛盾和惶惑的心理,一方面厉兵秣马,积极备战,另一方面却又不时喝闷酒,借酒浇愁。

对阵的另一方,九万金军也集结到了与富平相距八十宋里的华州下邽县。金军这次行动颇为诡秘,尽管临阵易将,由地位高的完颜讹里朵主持全局,却并不对外张扬。完颜讹里朵正在主持军事会议,有合扎亲兵报告:"今有南虏张浚前来下战书。"完颜讹里朵笑着说:"将下书人逐走,不须回书!"性急的完颜兀术说:"讹里朵何以不与南虏约日厮杀?"完颜讹里朵说:"自灭赵氏以来,尚未有南军如此众盛,若得一举扫荡,江南便不难夺取。南人步军既已集结,大金凭恃马力,不愁南军逃脱。早动不如迟动。我要攻便攻,何须与张浚约定时日。"老将完颜娄室说:"三太子所言有理。"

又有探军报告说:"张浚在南虏军中发榜,言道有能生擒娄室孛堇底,虽是白身,亦授予节度使,赏银、绢一万两、匹。"韩常出来说:"男女以为,三太子亦可大字明示榜帖,言道若能活捉张浚,便赏驴一头、布一匹。"韩常这种羞辱敌人的鬼点子,粗豪的女真人是想不出来的。完颜讹里朵、完颜兀术、完颜娄室和完颜撒离喝四名最高将帅听了,都哈哈大笑,完颜讹里朵说:"便依韩十八底意思,大字出榜!"

于是宋金双方营寨都用麻布互相高挂榜帖,形成鲜明对照,而又具有讽刺意味。宋军几次三番派人下战书,金军又改变花招,同意宋方所定的日期,但到时就是不出战。远离战场的张浚感到焦急,有幕僚建议向完颜娄室送妇女衣裳,作为羞辱式的挑战,而金军还是按老例行事,违约不战。但另一方面,却又不断派遣游骑,进行侦察。

十八万军人,六万匹军马,粮秣供应是个大问题。张浚调集陕西各州县的民夫,前往富平运送粮草。民夫愈聚愈多,纷纷在五路军的大寨旁边另立小寨。老将完颜娄室亲自带兵侦察,发现了这种情况,回营对完颜讹里朵说:"南虏人马虽多,壁垒不固,千疮万孔,此正是兵机,极易攻破。"急不可耐的完颜兀术说:"讹里朵,尚不出兵,更待何时。"完颜讹里朵当机立断,下令明天出击,以完颜兀术为左翼,完颜娄室为右翼,各自统兵三万,他本人和完颜撒离喝统兵三万,作为后备队。九月二十四日黎明,饱餐的金军向富平县进发。

张浚和刘锡只是一厢情愿地与金军约日决战,从未考虑过主动向下邽县出击的方案,对于金军主动向富平县发动进攻,也无足够的思想准备。刘锡同意众将的意见,认为大寨前有苇泽,就是阻挡金军骑兵的天然屏障。不料金军却很快用薪柴和泥土填平了苇泽,向宋军营寨发起冲击。

金军左翼完颜兀术首先攻击的正是刘锜的泾原军。刘锜事先的准备相当充分,宋军先用密集的弓弩几次击退敌骑,然后发动反击。他身先士卒，指挥部队从三面夹攻金军，在战斗过程中，宋军凑巧包围了完颜兀术亲率的合扎猛安。在猛烈的箭雨攒射下，完颜兀术的亲骑大部被射死，完颜兀术虽然自恃骁勇，竟无法突围。在危急关头，韩常率援兵及时赶来，他跃马当先，手持破阵刀，杀透重围，救完颜兀术脱离了险境，而自己却受伤多处。金军的优点是顽强性，他们利用骑兵的机动性退出战斗，却又重整旗鼓，再次反扑。完颜讹里朵也命令完颜撒离喝率后备军二万，前往支援。

完颜娄室的右翼军进攻赵哲的环庆军却是另一种情形。金军骑兵首先突入运粮的乡民寨内，惊慌失措的民夫四出逃窜，很多人逃到了环庆军的寨内，指望得到宋军的保护。然而民夫的逃入却冲乱了寨内的防御。赵哲擅离所部，军中纷纷传言："赵经略先走！"金军乘势突入环庆军寨内，环庆一军举军溃败。环庆军的溃败又影响和牵动了其他各军。当溃散的环庆军纷纷逃到永兴军路军的寨内，又使吴玠难以指挥本军，进行有效的抵抗，吴玠军也跟着溃败。完颜娄室又挥兵先后突破刘锡亲自统率的熙河军和郭浩的秦凤军寨内，宋军大溃。刘锜军本来还在顽强抵抗完颜兀术和完颜撒离喝军的反扑，却又遭受完颜娄室军的夹攻，也跟着溃败。

天色已黑，不惯夜战的金军只能乘胜收兵。宋朝的粮秣、钱币、布帛、军械之类委弃满地，堆积如山，使金军夺得非常丰厚的卤获。战后，完颜讹里朵特别大设筵席，为完颜娄室庆功，他说："娄室扶病鏖战，力破大敌，今日之胜，全是娄室底大功。"他把自己的犀、玉、金、银器赏赐给完颜娄室，还赠送他七匹良马。完颜兀术也举酒杯上前，说："娄室，我今日委是心服口服！"其他金将也纷纷祝贺。然而完颜娄室毕竟已经年老多病，富平一战成功后，他就回东北休养，很快病死。完颜讹里朵不久也离开陕西，而陕西战场从此由完颜兀术和完颜撒离喝负责。

富平之战只是一次击溃战，宋军的人员伤亡并不大，但物资的损失却很大，川陕数年的辛苦积聚，弃于一旦。远驻邠州的张浚，得到前沿的败报，急得他一夜不能合眼。但张浚也有他的长处，他在危难时刻并不完全惊慌失措，而且认为应当显示自己处变不惊的大臣风度。他经历了一夜的苦苦思考。在对付金军方面，既然孤注一掷失败，他根本想不出挽回败局的奇谋妙策,他想来想去,无非是能守则守陕西,不能守陕西就只得退到老家四川。然而在掩饰和推卸罪责方面,张浚想得更多,他当然想到了自己与曲端互相以人头打赌,他也果然思考出一个眉目。张浚翌日接见部属时,刻意地装扮出镇定闲雅的姿态。吏胥报告:"昨夜有无名子张贴小榜,诋毁张枢相,莫须追究?"张浚笑着说:"不须,且将小榜取来。"吏胥将那张榜帖呈上,张浚只见上面写道:

  娄室大王传语张老,谢得送到粮草,斗秤不留一件,怎生见得多少?

张浚心里恼羞成怒,却装出满不在乎的模样,自我解嘲说:"我今年三十四岁,如何便叫我张老?"他说完,就环视部属们,其目的当然是希望他们出来帮腔。但今天部属们却都沉默不语,即使是平日喜欢奉承者,此时此刻,也想不出什么能够讨张浚喜欢的言语。张浚见部属们不说话,只能自己收场,他用严肃而激昂的语调说:"此回富平之败,委是出乎我底预料,然而我不在富平,不知战场真情,尚需诸公为我追查实情。不用命底,须严惩不贷,不得整肃军律,又何以教将士效力,转败为胜!"

宣抚处置司的属官们对张浚的意图当然心领神会,纷纷向败兵败将们调查。两天之后,张浚升堂,败将和部属们站立两边。张浚的神情显得极其严厉,却没有给人以丝毫气馁、惊慌或沉痛之感。不等张浚开口,刘锡首先抢步走出行列,跪倒在地,说:"罪官富平失律,罪在不赦,乞张枢相处分。"张浚说:"你不能用吴经略与郭经略底计议,驻兵于高山,以为形势,又不能依仗兵众之势,先发制人,反被虏人所制,而临阵慌乱,可贬官海州团练副使,去合州安置。"刘锡说:"罪官叩谢张枢相不斩之恩。"他叩头之后,垂头丧气地走出大堂。

张浚又厉声问众将:"败坏国家大事,谁当任其咎?"众将面面相觑,谁也无法说话,张浚又用更严厉的声调重复问道:"败坏国家大事,谁当任其咎?"吴玠只能在班列中说:"环庆一军在前,我永兴军路军在后,环庆军先乱,逃入本寨,致使永兴军路军底强弓硬弩不得施放,以至于败。"刘锜、郭浩等将也纷纷指责环庆军,赵哲还想强辩,张浚说:"今已案验得赵哲临阵先逃,致使环庆军溃败,将他推出斩首!"

赵哲此时慌忙走出行列,跪倒在地,说:"罪官乞张枢相念我曾追随相公勤王复辟,免我一死,容我戴罪立功。"张浚却说:"不斩赵哲,又何以重整军威?"军兵们一拥而上,将赵哲捆绑,赵哲死到临头,还想喊叫,却被一名军士用铁挝猛击他的嘴,顿时牙齿打落,满嘴鲜血直流,大家只听得他含糊地乱叫,却被押出堂外斩首。张浚事先布置,已不容赵哲在行刑前指责自己。

张浚处理了赵哲以后,又对众将说:"此回虽是失律,然而官兵军马尚众,你们可各归本路,用心守御。我当用黄榜放众将士战败之罪。"众将只能说:"谢张枢相放罪之恩。"

张浚根本没有与众将仔细商量军事对策,就命令他们回到本路,各自为守。金军乘胜进攻陕西各路,宋军在新败之余,士气不振,一部分曲端的部将投降金朝,于是陕西的大部分地区很快丧失。张浚本人也从邠州狼狈逃到秦州(治今甘肃天水市),接着又逃到四川兴州(治今陕西略阳)。

张浚此时已完全丧失信心,以至对属官们也无法保持镇定闲雅、处变不惊的风度。部属们人心惶惶,大家建议继续南逃,有人甚至提议逃窜到川东的夔州(治今重庆市奉节),他说:"为今之计,唯有退保夔州,下官恐此外别无良策。"一筹莫展的张浚也不置可否,他的内心处在极度矛盾中,如果退守夔州,自己简直就没有脸面活在世间,然而不退守夔州,也不知道怎么防守。

有吏胥进来报告:"今有兴元王知府求见张枢相。"朝议大夫、兴元知府王庶是陕西庆阳府(今属甘肃)人,字子尚,他曾受宗泽委派,任陕西制置使,与曲端有很深的嫌隙。张浚到陕西后,改命新任。张浚下令:"请朝议王大夫进入叙话。"

王庶参见张浚礼毕,坐下,张浚问道:"朝议王大夫何以来本司?"王庶也开门见山地说:"只为保川陕底大计,我不得不来。"张浚说:"朝议王大夫有甚底计议,且道来。"王庶用极其严肃的语调说:"军败之后,贵在坚忍。自古称蜀道天险,难于上青天,张枢相若能守得蜀道,尚可恢复陕西,如是退遁,便成千古罪人。宣抚处置司岂可过兴州一步,唯有驻节兴州,方得系关陕百姓之望,而安四川军民之心。"

他的一席话,说得张浚额头出汗,张浚说:"我非不知守蜀口底利害,然而又如何可守？"王庶说："房骑利在平旷，蜀道山险，若是用心守御，房骑必不能超越蜀口，而进犯成都。"话虽如此，张浚的内心还是缺乏信心，他问道："众将之中，谁能守得蜀口？"王庶说："如今不倚仗吴经略，又倚仗甚人？曲端有才，却有谋反之念，他底部曲便投拜了房人，不宜信用。众志成城，兵败之后，张枢相尤须哀死问伤，录善咎己，收拾人心。"

正好有吏胥给张浚呈上一份吴玠的公文，张浚看后，脸上稍露宽慰之色，他把吴玠的公文递给了王庶，王庶站立起来，举手加额，神情慷慨，用激昂的声音说："吴经略敢以数千败兵，死守蜀口要隘和尚原，如此忠义，直是天赐大宋社稷！然而张枢相尤须收集散亡，增援吴经略，决保成功！"张浚此时才下定了死守蜀口的决心，他也站立起来，用双手执着王庶的手，感动地说："今日听子尚底忠言，胜读十年书！"

王庶很快回兴元府。张浚一面上奏待罪，一面按照王庶的主意办事，军事形势趋向稳定，人心渐安。宋廷也无意于将他罢免。张浚的地位稳固以后，想起了王庶说曲端有谋反意图的话。他深深地后悔用人头与曲端打赌，感到曲端不论从公从私，对自己都构成威胁。

再说曲端谪官川东万州（治今重庆市万县），郁闷不乐。一天，一个部属面带喜色，前来找曲端，说："闻得张枢相大军败于富平，曲太尉既以人头与他决胜负，且看他如何见你？"曲端感叹说："用人头决胜负，只是一时戏言，岂得当真。张枢相心胸褊狭，若是战胜，尚可容我，既是战败，我便无出头之日！只是可惜陕西山河，必是落入房人之手，他年他月，又如何恢复？"

事态的发展果然不出曲端的预料，陕西各路失守的消息不断传来。建炎四年过后，宋高宗改元为绍兴元年（1131年）。新年伊始，曲端却是在家独酌闷酒，到了半醉半醒之时，感到自己的感情再也不能克制，就提笔写下了一首诗：

破碎江山不足论，
何时重到渭南村？
一声长啸东风里，
多少未归人断魂。

他阁笔之后，竟恸哭一场。不料当年四月的一天，突然来了一群吏胥和军兵，为首的一名小武官进屋向曲端唱喏，说："男女们奉宣抚处置司底命令，请曲太尉移住恭州。"曲端明白，这无非是张浚战败之后，要进一步贬谪自己，他长吁一声，也不再答话，当即收拾行李，随着这群人前去。

恭州就是现在的重庆市。曲端骑着他那匹铁象战马，刚进入州城，那名为首的小武官说："请曲太尉前去提点刑狱司，参见康提刑。"宋代提点刑狱是主管一路刑法的官员，曲端大吃一惊，说："我有过犯，已是贬谪，何以去提刑司？"那名武官说："男女只是奉命行事，曲太尉要知原委，尚需自去。"曲端到此已是身不由己，他下了铁象，被押入堂内。

由张浚新近委任的夔州路提点刑狱康随，原来是一个知军，因为盗用库金，曾遭曲端鞭挞。曲端见到康随，才明白自己肯定是凶多吉少，他不向康随行礼，只是站立堂中，康随却恶狠狠地直呼对方的名讳，说："曲端，你身犯重罪，须去狱中根勘。"曲端悲愤地说："我忠心为国，无愧于天地，又有何罪？"康随厉声说："你拥兵逗遛，妄报军情，坐视陕州陷没，岂得言无罪！难道你不愧对陕州右武大夫李观察底亡灵？"

谈到就义的李彦仙，曲端确实也是无言以对，康随又取出曲端的一纸诗稿，指着其中的两句说："你诗中言道：'不向关中兴事业，却来江上泛渔舟。'岂非是指斥乘舆？"指斥乘舆，即是骂皇帝，罪在十恶不赦之列。曲端到此已怒不可遏，他大声疾呼："深文周纳，一至于此！"随即扑向前去，把康随击倒在地。众吏卒一拥而上，把曲端擒捉捆绑。康随从地上爬起，他不再说话，只是把手一挥，吏卒们就把曲端押往狱中。

曲端被押出堂外，见到了自己心爱的铁象战马，他再也无法克制自己，当即涕泪满面，悲愤地仰天大呼："岂是天不欲复中原？铁象可惜！铁象可惜！"铁象见到主人被缚，也发出哀鸣长嘶。

曲端到了狱中，自以为必死无疑，不料狱官却上前唱喏，状貌恭谨，说："男女参见曲太尉。"接着又端来好酒好菜，盛情接待。曲端感到奇怪，认为自己反正是死到临头，干脆大吃大嚼。接连三天，狱官与他逐渐建立了感情。到第四天，那个狱官开始对曲端进言："曲太尉是功臣，张枢相岂得擅杀，尚须奏禀朝廷，官家必是明察。然而牢狱岂是曲太尉久留之地。曲太尉不如上书张枢相，言道自家得病，求他放还家居，此亦是一说。"曲端感到此说有理,就说:"有劳官人取纸笔。"那名狱官取来纸笔,曲端马上给张浚写了一封上书,恳求他宽恕,并且说自己有病,希望出狱,狱官立即把那份书信拿走。

不一会儿,狱官又端来了比以前更丰盛的酒菜,陪曲端饮食,并且不断向曲端斟酒。他说:"料得曲太尉不日便当出狱。"曲端的心境也比较高兴,就痛饮起来,曲端大醉之后,就倒在床上熟睡。待他惊醒,才发现自己已经被捆缚在一个铁笼里,而铁笼又很快被一群狱吏抬到一个火坑上,用炭火炙烤,而周围则由那个狱官指挥一群狱吏,不断向火里投入薪炭。

腾腾的热焰,滚滚的热气,把曲端烤得全身大汗,口渴难忍。他此时已经明白,自己上了那个狱官的当,已经到了英雄末路,就闭着眼睛,不再说话。但极端难忍的口渴,最终又迫使曲端高喊:"自家与你们无怨无仇,要杀便杀,何必如此!"狱官回答:"曲太尉不须怨恨,自家们只是奉命行事,待曲太尉死后,我当为曲太尉烧纸钱,去寺观做道场。"曲端说:"我唯求一杯水。"狱官置之不理,大家也不再理睬曲端的呼号。他们等待曲端被炙烤到一定火候,又突然把铁笼抬到火坑之外,向他大量灌酒。曲端剧饮之后,终于惨叫一声,七窍流血而死。

康随封锁曲端被害的真情,对外只是说他得病,死于狱中。但曲端惨死的真相还是不胫而走,传遍川陕,进而传遍天下。很多有识之士都感到愤怒,也招致了一些曲端旧部的叛变。直到四年之后,宋高宗一度将张浚罢官,才追谥曲端"壮愍"。但是,宋廷并不追究康随等人杀害曲端的罪责。

[伍] 痛心南撤

再说岳飞退回泰州以后,不能不考虑泰州的防御问题。在淮东各郡失守的情势下,自己所辖的通、泰二州成了宋朝仅存的地盘,而泰州又是无险可守,无粮可恃,赵立苦守孤城的失败,成了自己的前鉴。岳飞当即召集众将会商,讨论对策。多数人主张把家属和百姓转移到江南,而军队留在江北,与金军决一死战。正商议间,有军士报告说:"今有浙西大安抚刘相公麾下王、郦二统制带兵前来,离城不过数里。"岳飞原来根本不指望刘光世会派兵增援,听说王德和郦琼前来,不由喜出望外,他说:"待我亲自出城迎接。"傅庆说:"岳镇抚在城门外迎候,已是礼意甚重,待小将出城迎接。"岳飞当即命令傅庆和张宪带一百骑兵出城。

傅庆和张宪在半路上与王德相逢,傅庆与王德当然是老熟人,而张宪与王德也在当年比武时相识,王德又为他们介绍了郦琼。于是王德和傅庆并马在前,郦琼和张宪并马在后,一同前行。傅庆和王德谈一些隶属江、淮宣抚司后的经历,他突然压低声音说:"请王统制回禀刘相公,我愿重新伏侍刘相公。"王德问:"难道你不愿在岳镇抚属下?"傅庆说:"我在此不快活。"王德说:"既是恁地,刘相公自当为你做主。"两人的谈话声音虽低,不料张宪完全听见。

王德和郦琼到泰州城外,岳飞出迎,他见到两人只带了五百骑随从,就猜透了刘光世的用意。岳飞把王德和郦琼接到州衙,置酒宴招待。王德和郦琼见到席上的酒菜并不丰盛,根本无法与刘光世的酒宴相比,但他们也明白,岳飞在军食艰难的形势下,置办这样的酒宴已经是盛情了。

岳飞亲自为两人斟酒,他开门见山地说:"二统制只是率五百骑到此,非是为援助泰州,只是为回报朝廷。然而自家与王统制相识既久,与郦统制虽是初见,却有乡亲之谊。我知得二统制亦是英雄好汉,岂得甘心江北底山川,拱手让与虏人,难道不思率重兵来此,与自家们并力,厮杀得一回?"郦琼面对岳飞激昂的语调,慷慨的音容,不免动情,但他明白自己在军中的地位,只是用眼睛望着王德,王德也率直回答:"岳镇抚当知得刘相公底兵机,数万大兵,便是刘相公安身之本,他岂肯冒险,以重兵与虏人决战。江北亦非岳镇抚安身之地,不如退回江南,且待日后恢复之机。我当为岳镇抚缓颊,劝谕幕僚们为刘相公上奏,申述岳镇抚底艰难。朝廷知岳镇抚勇武,必能体谅。"

武人之间爽直的对话到此结束,倔强的岳飞也不愿再次央求。众将见岳飞不说,也都不便再说这个话题。岳飞和张宪回家以后,张宪就把傅庆和王德在路上的谈话转告岳飞,岳飞气愤地说:"我不过教傅庆守军纪,他竟然如此!此事你知我知,切勿泄漏。"张宪说:"会得!"

王德和郦琼第二天就辞别岳飞,渡江回镇江府。等王德和郦琼走后,岳飞再次召集众将会商,大家七嘴八舌议论过后,岳飞最后用沉痛的声调说:"小敌之坚,大敌之擒,自家们须先筹划老小与百姓渡江。孙干办可为我草奏,申禀朝廷,乞三省与枢密院降指挥。"

岳飞想到这次承州之战虽然不成功,但众将士还是奋勇死战,必须赏功。特别挑选一个天气清朗的好日子,在教场中操演军队。接着,他又取出老师周同所赠的硬弓,命令众将进行射远比赛。不出他的所料,还是傅庆射得最远,连射三箭,都超过了一百七十步,其中最远的一箭竟达一百七十四步,而其他人都不超过一百五十步,号称金刚的舒继明也不超过一百六十步。岳飞亲自为傅庆斟酒三杯,傅庆都一饮而尽,岳飞说:"傅统制煞是好身手,然而须在战阵出生入死,为朝廷效力。大丈夫当有涵容天地底气度。若是唯愿追随他人,只图放纵宴乐,不以国耻家恨为重,便不是丈夫汉。"众将都以为,这是针对傅庆近期不肯上战阵而发,惟有张宪明了还有更深一层的意思。傅庆虽是粗人,也听懂了岳飞的含意,他并不答话,只是瞅了张宪一眼。

岳飞接着取出了宋高宗颁赐的手诏和一领红袍、一条金带、两只金碗、十只金盏。这是官位不高的岳飞初次接到的皇帝御笔,无疑是前所未有的荣耀。手诏上还嘉奖岳飞"节义忠勇","所至不扰,民不知有兵也;所向必克,寇始畏其威也"。岳飞说:"我蒙圣上亲赐物事。然而此回承州之战,乃是众将士出力,我岂得一人受赐。此回须论功分赏众太尉。右军王统制战功第一,可受战袍一领、金带一条。"

王贵走步上前,说:"感荷岳镇抚。"话音刚落,傅庆也飞步上前,仗着醉意,拦阻王贵,说:"当赏傅庆!"岳飞反问:"你有甚功?"傅庆说:"傅庆在清水亭有功!"岳飞大怒,叱责说:"你不得无理取闹,且退下!"傅庆也不肯退让,他顺手抓过那条金带,扔在地上,用脚踩踏。

岳飞大喝道:"不斩傅庆,何以示众!"一群军士上前,企图捆绑傅庆,傅庆摆开一个打架的招式,说:"我武艺第一,谁敢擒我!"张宪喝道:"我敢擒你!"就扑了上去,众将一拥而上,把傅庆制伏。岳飞喝道:"将傅庆斩首!"于是一群军士把傅庆押入教场中心,傅庆此时方感到后悔,大喊道:"岳丈留我一命,我当在军中效力!"张宪拔剑上前,把傅庆的人头砍落。

岳飞下令,张宪和王万改任前军统制和副统制,寇成改任中军统制,又把其他的宣赐物品分赏众将。回家之后,岳飞懊恼未消,沉默不语。张宪劝解说:"今日我所以拔剑上前,只为将他留在军中,必生患害,岳镇抚亦难以统率众将士。"岳飞长叹说:"傅庆勇武,杀了煞是可惜,然而亦不得不杀。"

十一月初,岳飞接到朝旨,命令他可战则战,可守则守,如果不能,可率军民退到江南。岳飞同时还接到一个坏消息。原来有梁山泊渔人张荣,号称张敌万,他率领一支民间抗金武装,辗转来到淮东。在鼍潭湖一带用菱草建成一个营寨,抗击金军。金军现在利用天寒地冻的良机,踏冰向菱城发动进攻。张荣的队伍难以抵挡,败退到岳飞所辖的通州以北。

岳飞意识到江北仅存自己一支孤军,他当机立断,立即召集众将发令:"此回由徐统制左军与王统制后军护送本军眷属与通、泰二州百姓渡江,前往江阴军,我亲率其余三军断后。渡江须二州百姓在前,本军军兵老小在次,本军将领老小在后。"徐庆说:"李十安人与高四姐身怀六甲,临盆在即,莫须姚太安人与他们先次渡江?"原来吏部司封司新近来公文,将姚氏和李娃的封号由孺人升安人。按照宋制,臣僚母妻的封号一般应当在皇帝举行郊礼时,或封赠,或加封。宋廷对岳飞母妻的加封算是皇帝的特恩。岳飞斩钉截铁地说:"不可,自家底眷属须与众将底眷属共患难。"张宪说:"我自改任前军统制后,童儿队依旧随我,莫须改隶。"岳飞说:"可改隶后军王统制。"徐庆与王经得令而退,两人商量分工,由王经的后军负责渡船和渡江后的安置,而徐庆的左军则在江北保护百姓和军队家眷。

岳飞处置完军务,与张宪一同回家用膳。他特别对张宪表示歉意,说:"此回委是有负高四姐。"张宪说:"岳镇抚底苦心,我岂得不知,唯是如此,方得教军兵尽死苦战。"两人进入后屋,见到两个大腹便便的妻子,心里不由感到酸楚。岳飞首先向母亲下跪,说明情况,他动情地说:"唯愿妈妈恕儿子不孝之罪!"姚氏当即把儿子扶起,说:"五郎主张一军,极是不易,若是百姓与军中老小渡江,老身便是死在江北,亦是甘心!"众人听到姚氏说一个"死"字,都认为不吉利,心头更蒙上一重阴影。岳飞又向两个孕妇长揖,表示自己由衷的歉意,然后着重叮嘱了岳翻和高泽民。

岳飞处置家事已毕,正想与全家人共餐,不料岳雲问道:"阿爹,此回童儿队待怎生底?"岳飞说:"我已命童儿队改隶后军王统制,你须听王统制底军令。"岳雲说:"儿子愿追随阿爹,同留江北。儿子虽是日夜习武,然而不见战阵,日后又如何厮杀?"李娃拦阻说:"祥祥年幼,须听阿爹底军令,不得胡做。"岳雲跪在姚氏和李娃面前,说:"恭请婆婆与妈妈依我一回。"巩岫娟又为岳雲求情,她一会儿搂住姚氏,一会儿搂住李娃,撒娇撒痴,李娃说:"我弯腰不得,你且将祥祥扶起,从长计议。"巩岫娟对岳雲使个眼色,然后把岳雲拉起。

姚氏认为,在这个问题上必须首先尊重儿媳,她望着李娃,向她示意,由她作主。李娃终于想通了。岳雲虽然只有十二岁,不但弓马娴熟,而且天生神力,能把父亲那条三十六宋斤钢枪抡动如飞。既然迟早要去战场,也不妨早去。但这件事还须由丈夫作主,她问岳飞说:"鹏举,你以为如何?"岳飞说:"祥祥虽是年幼,随我上战阵,亦可长一番见识。"岳雲正式从军的事就决定下来。岳雲和巩岫娟兴高采烈,一会儿搂住姚氏,一会儿搂住李娃,连声叫"好婆婆"、"好妈妈"。姚氏、李娃等人虽然同意,却还是对岳雲千叮万嘱。

岳银铃和芮红奴为全家端来了饭食。由于粮食缺乏,全家人只是米粥加咸齑,惟有李娃和高芸香受到特殊优待,每人各有一碗米饭。由于姚氏为照顾孕妇,早有这类安排,两人也已习惯于服从,而不再推让。

在徐庆和王经的组织和部署下,十多万百姓和军属迅速收拾细软,有序地向江北转移。岳飞统率三军,最后离开泰州城,南撤柴墟镇,这是他和众将早已选定的退守地点。

再说完颜挞懒和完颜突合速乘着破张荣苳城之威,率领大军南下,在十一月初扑向泰州城。此时,泰州已是一座空城,但完颜挞懒还是派兵小心翼翼地搜索城池内外,唯恐另有伏兵。完颜突合速高兴地说:"岳飞虽善于用兵,此回亦慑于大金军威,若不乘机追击,切恐岳飞逃回江南,痛失兵机。"完颜挞懒说:"虽是如此,用兵亦不可不慎。自家们不如在城南扎得硬寨,然后再议进兵。"金人用兵的规矩,凡是占领一座城市,往往另外在城外扎寨,以便防守。

金人探听到宋军仍然驻守柴墟镇,决定发兵南下。完颜挞懒对完颜突合速说:"岳飞用兵坚守柴墟镇,用以掩护南虏渡江。自家们须避实击虚,用精骑迂道扫灭江北南虏老小,然后包围柴墟镇,柴墟镇便是楚州第二,岳飞必能成擒。"完颜突合速说:"挞懒煞是神机妙算!"于是两人率精骑二万,迂道西南,直奔大江北岸。

金军迂回到柴墟镇以西二十宋里,地名南霸塘,这是一个小塘泊,一条小河东流,连接塘泊,横亘在金军前面。小河上原有一座木桥,已经拆毁。完颜挞懒下令,临时搭三座木桥,木桥造成,金军就源源不绝过河。然而金军过河只有三分之一,岳飞就指挥宋军发起突击。张宪和王万所率的前军在左,王贵和郭青所率的右军在右,而岳飞与寇成亲统的中军居中,宋军先用强弓硬弩射击,接着又与金军展开白刃战。

南霸塘一带是平原,有利于金骑,而不利于以步兵为主的宋军。只为掩护江岸上的百姓和家属,宋军只能进行殊死战,并且由于兵力少,也无法节约兵力,保留后备队。完颜突合速已经过河,在小河以南指挥作战,而完颜挞懒则在河北挥兵急速过桥增援。但是,处在一个不大的地域,金军受到宋军的密集围掩,也无法展开兵力,发挥骑兵驰突的长技。

在两军猛烈的混战中,岳飞抢铁锏突入敌骑群中,由于冲锋过猛,竟陷入敌骑包围之中。他接连击毙十多名敌骑,自己的右大腿也中了一枪。一名金骑举枪向岳飞后背刺来,岳飞已经警觉,急忙闪避,一枪正中岳飞左肩。此时正好岳雲赶来,向那名金兵的腰眼里斜刺一枪,那名金兵立即落马毙命。这是岳雲第一次参战,岳飞本来只是让他见习,不准他上阵,而到此地步,已不容岳雲不参战,他在这次恶战中刺死了三名敌骑。于鹏和王敏求也率亲骑杀到,营救了岳飞。

一场硬仗从下午一直持续到傍晚,金军终于不支。张宪率领本军横插到河岸,用火箭燃烧三座木桥。这使金军更加慌乱,完颜突合速只能冒着烈火,飞马过桥,逃到北岸。大批金军被掩拥入河,这条小河一时被鲜血染成丹红。完颜挞懒和完颜突合速经过这次败仗,再无斗志,只能收兵退回泰州城南大寨。

岳飞利用暮色的掩护,命令全军急速打扫战场,除了收拾一千三百多具宋军战尸外,宋军所急需的战利品,一是马匹,不论死马或活马,死马可供充饥,二是干粮,三是军械。然而金军留在河南岸的二千二百多具战尸只能弃之不顾。

七日天色微熹,岳飞得知全体百姓和军队家属已经渡江,立即召集众将,下令放弃柴墟镇,前往大江北岸,他说:"此回由前军在前,将官兵底战尸运送江南。中军其次,右军又其次,我率二百骑殿后,依次济渡。"他有意命令张宪一军居前,是考虑到高芸香临盆的问题,寇成说:"岳镇抚受伤,我愿率本军断后。"王贵和张宪也作同样表态,岳飞不允,说:"些少伤痛,何足挂齿,你们须依我军令,不得有违。"岳雲说:"儿子愿随阿爹断后。"岳飞说:"你须随前军济渡,看觑婆婆、妈妈等人,不得违令!"岳雲只能说:"儿子听令!"

宋军在南撤过程中保持了严格的戒备,以防金军袭击。抵达江岸后,王经和庞荣早已安排船只,接应前军渡江。前军刚渡江完毕,有探骑报告,金军已在后追袭而来,岳飞命令寇成说:"寇统制可率中军依旧渡江,我与王统制、郭统制在此严阵以待。"于是右军和岳飞的亲骑在江边列阵。

前来追袭者是兀林答泰欲率领的四千骑兵。原来完颜挞懒得知宋军撤出柴墟镇的消息,还是将信将疑,害怕岳飞有诈,只是命令兀林答泰欲率轻骑作为硬探。他在兀林答泰欲临行前叮嘱说:"困兽犹斗,何况是岳飞。你率兵前去,便是逼逐岳飞过江,亦是立功,万不可轻易交锋,以致有失。"兀林答泰欲带兵接近江岸,远远望见宋军列阵以待,就下令军队就地驻马,不再前进。

宋金两军相持了约一个时辰,岳飞得到报告说:"中军已渡江完毕。"他心里明白,现在已到了渡江最关键、也是最困难的时刻,在江北的军队愈少,被金军消灭的可能性就愈大。他望着天色,对王贵、郭青、孙显和舒继明说:"虏人慑于南霸塘一战,不敢轻易交锋,若是相持到夜,虏人必是退兵,王师方得渡江。然而自家们不可按兵不动,自示其弱,须是先去掠阵挑战,挫伤虏军底兵威。尔们且在此驻守,待我率五十精骑前去。"孙显说:"岳镇抚有伤,待我出马。"舒继明也说:"杀鸡焉用牛刀,待我去!"众人再三劝说,岳飞才同意孙显前往。

孙显率五十名骑士急驰敌阵,他一马当先,看准执三角白日黑旗的旗头,引弓一发,那名旗头当即落马毙命,大旗一倒,金军中引起一阵慌乱,其他五十骑也乘机直前射击,又射死了几名敌人。孙显率五十骑安然返回。兀林答泰欲说:"此是南虏故要激怒大金军马,不须理会得。"下令金军依旧列阵。岳飞望见金军的阵势不乱,就命令舒继明另率五十骑发起第二次冲锋。舒继明望见金军也张弓以待,认为尤须先发制人,他用硬弓巧射一箭,射倒一名金人,五十骑随后攻击,又射倒了几个敌军。待金军回击,舒继明的五十骑已退到敌人弓箭的射程之外。有几名金兵企图驰马追击,却被兀林答泰欲下令制止,他说:"我奉挞懒监军底命令,不得轻易交锋。"他下令全军后退一宋里。

岳飞望见敌人后退,就当机立断,下令说:"郭统制可率步兵渡江,我与王统制,孙、舒二正将在此殿后。"到日落黄昏时,兀林答泰欲下令金军再后退十宋里。岳飞也命令王贵率右军骑兵渡江,自己断后,孙显和舒继明却坚持要与岳飞共同断后。由于金军并不侵袭,岳飞与孙显、舒继明最后统二百骑也安然渡江。

岳飞到大江南岸后得到的第一个消息,就是李娃和高芸香在江岸平安生产,李娃产下了岳飞三子岳霖,而高芸香则产下了女儿张仇娘。岳飞转念两名产妇竟在寒冬的露天生产,当然忧心忡忡,他恨不能飞到妻子的身边。江岸上到处是军人和百姓燃烧的篝火,岳飞策马前行,却听到左方传来了凄厉的哭声,原来战死军人的家属就在江边为死者修筑一个大坟,在那里嚎啕恸哭。岳飞又不得不骑马来到大坟前,他下马后,长跪在大坟前,接连叩头九次,然后起身,抚慰众家眷说:"将士们为国捐躯,浩气长存,我如今一无钱,二无粮,唯存此心,岂但为死者致哀尽敬,自今以往,尤须与你们同饥渴,共患难,誓不相负!我当申禀朝廷,厚赐褒恤。"

岳飞慰问死难将士的家属后,已是深夜,他方才得以去寻找自己的亲人。在患难时期,分离的家人当然是互相牵挂的。以姚氏为首的岳家人见到平安归来的张宪和岳雲,特别是岳雲战场立功,更是一则以喜,一则以忧,直到得知岳飞与将士全部平安渡江,才卸掉了压在心头的千斤重石。岳家人也与众百姓、军属们同样,在凝寒时节露天起居,只是烧旺了篝火,静候亲人。岳飞下马首先拜见姚氏,又与其他亲人叙话,姚氏指着身边的一顶麻布帐说:"五郎可速去见五新妇与高四姐!"

在十分艰难的环境中,两个产妇和四个婴儿能住在一顶帐篷里,已算是最好的照顾。在当天生产时,李娃生子在前,而高芸香生女晚了一个时辰,幸好张宪已及时赶来。李娃对高芸香的处境真是羡慕不已,张宪的到来,使她愈发对丈夫牵肠挂肚。直至听到丈夫平安渡江的消息,她方才在众人的劝说下静养安卧。岳飞钻进这顶简陋的矮小帐篷,里面点着一盏油灯,只有黄豆大的火苗,而地上则铺满了极厚的稻草,李娃和高芸香安静地躺着,只有张宪和巩岫娟在旁侍候。岳安娘、岳霖和张敌万、张仇娘四个婴儿睡着了,没有哭闹。

岳飞首先向高芸香问候说:"高四姐安否?产女时不曾受风寒否?"高芸香当然明白岳飞的忧心所在,产妇最忌受风寒,就说:"岳镇抚且安心,幸得姚太安人与众人护持,奴与李十姐俱未曾受风寒。"岳飞到此才放下一颗忐忑不安的心,他坐在李娃身旁,亲切地握着她的手。两人尽管彼此无比思念,而到此时竟都说不出一句话,然而紧握的双手又使两人的感情完全交融,而诉说了彼此所要讲的一切。巩岫娟只是轻声说:"阿爹万福,女儿煞是思念!"岳飞也轻声说:"女儿极是辛苦,阿爹端的思念!"

他伸出左手,把巩岫娟搂在怀里。张宪和岳飞只是互相望了一眼,也都不说话。岳飞仔细地端详了两个新生儿女,然后轻声对巩岫娟说:"女儿且在妈妈身边安卧!妈妈由我伏侍。"巩岫娟说:"奴愿伏侍妈妈与阿爹。"李娃伸手把巩岫娟拉到身边,说:"娟儿须听阿爹晓谕!"于是巩岫娟就挨着李娃躺下。

困乏的巩岫娟很快熟睡,而岳飞、张宪和两个产妇还须不时应付新生儿的哭闹。岳飞和张宪尽管也相当疲劳,只能坐着打盹。天将拂晓,岳飞轻轻钻出帐篷。他仰眺暗天的细月,听着远处细微的江涛声,翘首北望,想到几个月前还怀着扫平淮东的雄心,向朝廷慷慨请缨,现在却只能放弃通、泰两州,不免落下了几滴泪。但岳飞又随即用袍袖抹去泪水,他低声而激昂地说:"一息尚存,此心此志,岂可自摧自灭!"

天明以后,江阴军派民夫送来了不多的粮食和草料。岳飞和众将急于处理的事,就是疏散江北难民,安顿军队的眷属。岳飞对众人说:"我须与于干办、孙干办去军城一回,求知军安存老小,屯驻本军。孙干办尚须为我草待罪奏,上申官家与朝廷。"

岳飞和于鹏、孙革正准备出发,不料赵九龄却骑马带着一个仆从,及时来到江边。众人纷纷上前,欢迎"赵丈",恭敬作揖,赵九龄还礼后说:"你们孤军苦战江北,我已尽知。我料得江阴军粮草鲜薄,难以应付,今奉常州知州与宜兴钱知县底书信,请一军老小前往安居。"这个消息对岳飞与众将自然是天大的喜讯,岳飞说:"遇危难时节,全是赵丈悉心周全,雪中送炭,全军将士与老小端的感激不尽。"赵九龄说:"全军老小尽是在此忍饥受冻,不如速速启程。"岳飞当即下令,由徐庆和姚政的左军护送全军家属,立即前往宜兴县。

赵九龄说:"我亦不便久留,当与徐统制同行。临别之际,须有一言相赠。胜负乃兵家常事,何况岳镇抚以孤军力战,屡挫虏人。如今虽是退守江南,切不可因此气馁。"岳飞说:"赵丈底赠言,下官与众将士自当铭记在心。"赵九龄对众人提议说:"趁老小收拾行装之际,你们且与我同去江岸,我亦久不曾观望江景。"岳飞等人陪同赵九龄骑马抵达江岸,赵九龄望着浩浩荡荡、奔流不息的大江,发出了深沉的感慨:"大江东去,浪淘尽,千古风流人物。唯愿江神广源王大发慈悲,助成今日底英雄事业!"

赵九龄感慨一番,就陪同徐庆的左军,连同全军家属前往宜兴县,而岳飞去江阴军城拜会知军之后,也按朝廷的命令,统率其他四军,防守江阴军一带的江岸。

[陆]
秦桧归宋

以上叙述了宋金在东、西两路的战事,以下再回到宋廷。宋高宗在越州定居之后,就专派辛企宗等官员,去虔州迎接隆祐太后等人。隆祐太后一行从虔州途经残破的洪州时,首先就想到了邵成章。她听说邵成章已得重病,就亲自和柔福帝姬到铁柱观探望。邵成章此时已只剩皮包骨头,躺在病床上,奄奄一息。他见到隆祐太后和柔福帝姬,两串泪珠从眼角流下,却已经说不出话来。隆祐太后强忍悲痛,只能用好言劝慰:"邵九且安心静养,待痊愈之后,老婆当教官家接你回行在。"邵成章突然使尽气力,半仰着身体,用右手向北方伸出两个指头,然后倒下咽气。他的眼睛依然睁开,右手的两指依然伸直。隆祐太后和柔福帝姬忍不住抚尸恸哭,隆祐太后说:"邵九,邵九,老婆已知你底心意,临终之时,尚是念念不忘北狩底二帝,如此忠心,少有其比!"她吩咐铁柱观为邵成章厚葬,做道场,然后启程。

由于大江南北还在交兵,隆祐太后一行只能陆行。她有一件心事,沿路已不能不对柔福帝姬私下谈论。隆祐太后说:"徐官人底丧期已过三年,大祥之后,二十姐自须依礼制,免居丧之礼,从吉改换红妆。"柔福帝姬说:"然而徐郎底大恩难报,奴情所不忍,雠不复则服不除。"隆祐太后说:"二十姐不得固执,身为长公主,尤须恪守礼制,垂范天下。自今之后,遇徐官人忌日,尚得为他底亡魂修斋行香。"柔福帝姬经隆祐太后再三规劝,方才改换了常服。

隆祐太后一行在建炎四年八月抵达越州,宋高宗率领新封为婕妤的张莺哥、新封为才人的吴金奴等，出行宫门外奉迎。宋高宗虽然早已得知七名国夫人和大批宫女散失的消息，然而见了脱险归来的众宫女，内心还是不免有一种凄凉的失落感，使他格外感到惊异的，则是贤妃潘瑛瑛，虽然还是青春的年龄，却显得相当憔悴，姿色大衰。宋高宗自忖道："徐娘半老，尚是风韵犹存，潘娘子年未半老，却已无风韵。"聪明的张婕妤和吴才人还是照旧抢先向潘贤妃恭敬行礼，说："贤妃娘子万福！奴家拜见贤妃娘子。"潘贤妃到此地步，再也不敢任性，向两个得宠的宫女还礼，说："二位娘子侍奉官家，历经险难，大功非细，尚须受奴家一拜。"她心里明白，如今自己虽然保留了贤妃的尊号，而在宫中的实际地位不但低于张婕妤，还低于吴才人。

隆祐太后感到行宫狭窄，自己住在后宫，会影响皇帝的起居。就以喜欢清净为由，和柔福帝姬搬到了道家的天庆观居住，天庆观里正好安放着宋朝列祖列宗的御容。乖巧的张婕妤和吴才人经常代表皇帝，前来探望和请安。隆祐太后不久得了一次感冒，更是有劳两人穿梭般地来回于行宫和道观。等病体痊愈后，隆祐太后终于抓住了与柔福帝姬单独谈心的时机，她说："老婆与二十姐同是历尽患难，后宫女子虽多，如张娘子、吴娘子等皆是颇有心机，老婆唯是与他们酬酢而已。老婆底知己唯是二十姐一人，二十姐底知己亦唯是老婆一人。然而人固有一死，待老婆百岁后，二十姐又与甚人为知己？"

柔福帝姬说："伯娘康强，何须说死。"隆祐太后说："老婆自料得阳寿无几，何须讳言。劫后余生，尚得安死牖下，与尔底阿爹、大哥等在北方受辱受苦，岂非有天壤之别。老婆身后别无遗憾，而二十姐形孤影单，委是不得安心。二十姐尚须得一知己。"她的话确是打动了柔福帝姬的心。

隆祐太后见柔福帝姬沉默不语，又说："老婆以为，得一知己不难，然而得失全在二十姐底一念。"柔福帝姬虽然聪明，但对隆祐太后突如其来的话，却不能马上猜透，她说："伯娘所言底知己是甚人？"隆祐太后说："此人在危难时节，与自家们相濡以沫，二十姐岂有不知？"柔福帝姬到此才明白，隆祐太后说的是目前已升官宣义郎的高世荣。她与高世荣相处，虽然已有好感，却从未想到过婚姻的事，不由羞红了脸。

隆祐太后恳切地说："二十姐若得与高宣义有终身之托，老婆便是死而无憾。"柔福帝姬说:"奴既已立誓,与徐郎亡灵相伴终身,如何得轻改誓约。"隆祐太后说:"徐官人在地之灵,必能谅解老婆底苦心,亦必能为二十姐底姻缘而含笑于九泉。"经过隆祐太后屡次苦劝,柔福帝姬终于同意了这门亲事。

柔福帝姬其实也有一件心事,她趁机对隆祐太后说:"伯娘,九哥唯有一子,不幸殇逝,皇储不立,煞是国家底大忧。"隆祐太后说:"九哥正当盛年,料得尚能诞育皇嗣。"柔福帝姬说:"自维扬事变后,九哥得了此病,虽有王医官用药调理,至今后宫又有甚人受孕?依奴家底意思,须在宗室中另选储嗣,以安天下人心。此事他人不得说,唯有伯娘得言,理直而气顺。"隆祐太后说:"你非不知九哥底性情,他事可说,唯有此事,老婆亦不敢说。"柔福帝姬笑着说:"奴家已是思得一计,伯娘只须放心直言。"她说出了自己的计谋,说:"虽是诳言祖宗,然而祖宗在天之灵,必是赞助。"隆祐太后也高兴地说:"二十姐多谋善断,委是老婆底智多星。"

隆祐太后找了一个吉利的日子,坐轿来到行宫。她命令屏退左右,然后对宋高宗说:"老婆夜来得一异梦,须是密奏九哥。"宋高宗说:"甚底梦?"隆祐太后说:"老婆梦中参拜天庆观列祖列宗,只见太祖官家指责太宗官家,言道:'朕死之后,你便独据天下,故后嗣不昌,若要大宋国运否极泰来,尚需教朕底后嗣为皇储。'太宗官家唯唯称是,又将此言语,教老婆告知九哥。老婆醒后,正值三更。故今日特来说与九哥。"隆祐太后按照柔福帝姬的设计,胡编乱造了这段异梦情节,其实无非来自久已流传的"太祖之后,当再有天下"的迷信谶言。宋高宗并非没有听到过这种传闻,但今天面对着隆祐太后郑重其事的诉说,也不由他不信。

宋高宗的额头流下了汗珠,心想:"朕有子而夭逝,如今千方百计,求医问药,王继先医术虽是精深,却仍无子嗣,此必是祖宗底圣意。"他急忙说:"小子臣构敢不仰遵祖宗底圣意!"

隆祐太后明白,话只能到此为止,言多必失,可能露出破绽,就适时转换话题说:"此事尚须九哥做主。老婆思忖,二十姐为徐官人服丧,如今已过大祥。二十姐孤孑一身,亦须另议婚嫁。"宋高宗感叹说:"二圣与诸兄弟姐妹在远,唯余一个胞妹,朕岂不顾怜,然而二十姐刚决,恐不得勉强。便是择国婿,亦须选才俊之士。"隆祐太后笑着说:"老婆今已为二十姐选得才俊之士。"她把高世荣的情况说了一通。

宋高宗高兴地说:"此便是天赐良缘。朕须为二十姐主婚,虽是艰难时节,而这回婚事却不可苟简。"隆祐太后说:"二十姐历尽患难,甚是体恤国家。老婆与她已是定议,二圣与宗族在远,婚事宁简毋繁,以表九哥与二十姐底孝思。"宋高宗更加高兴,说:"二十姐如此贤德,亦足以远慰二圣。"

宋高宗下令,按制度将高世荣的文官改换为武官,封为右监门卫将军、驸马都尉、贵州刺史。宋时的驸马可以享受优厚待遇,却不得问政。十一月,高世荣和柔福帝姬在选定的吉日成婚。

就在他们成婚的当天,另有一个宋廷中谁也不曾料想到的人,来到了行在越州,此人就是秦桧。在金军攻破楚州城后不久,按完颜挞懒的安排,王癸癸带着在燕京的金银、财宝、细软之类和仆从,千里迢迢,来到城下。秦桧事先已接到通报,出城迎接。王癸癸见到分别多时的丈夫,第一句还是老话:"秦十,你离奴家甚久,可曾在女驱口中寻欢作乐?"秦桧也早有思想准备,回答说:"下官岂敢忘却与夫人底誓言。"王癸癸又把眼光转向砚童,砚童用眼神应答,王癸癸到此才得以放心。其实,秦桧已经设法用钱财和女子疏通了砚童,砚童当然帮着秦桧撒谎。

完颜突合速按照完颜挞懒事先的命令,就在残破不堪的楚州城里,为秦桧夫妻匆匆举办了一次告别宴会,然后就把这对夫妻送走。秦桧夫妻除了带砚童和兴儿一对仆婢及其他仆从外,金人又特别为他配置了一个燕京人高益恭,名义上也是仆人,其实是充当金人的耳目。完颜突合速和他的弟弟完颜室㧑亲自将他们送出城外,秦桧夫妻自然是千恩万谢,而完颜突合速的临别言语却十分简单:"秦中丞,你此去江南,若是宦运亨通,切莫忘了大金底厚恩。"不等秦桧回答,王癸癸凭藉她在家中无须争议的权威抢先说:"便是秦十忘却,奴家亦当教他不得忘!"秦桧慑服于家里的雌威,这在燕京住过的女真贵族群中是无人不知的,完颜突合速和完颜室㧑当即哈哈大笑。

秦桧夫妻一行按事先商定的计划,乘了一艘小船,沿淮河前往涟水军(今属江苏)沿海的一个宋军水寨。他们一行很快被乡兵们押往寨将丁桧跟前。秦桧向丁禩抢先作揖,说:"我乃是大宋前御史中丞秦桧,虽是被虏人所俘,然而心不忘大宋,今特与家人逃归,唯求寨主救我归朝,我决不忘寨主底大德。"丁禩听说是前御史中丞,连忙作揖还礼,说:"原来是秦中丞,小将端的是有眼不识泰山。"

秦桧又向丁禩介绍说:"此是自家底王硕人。"丁禩对王癸癸作揖,王癸癸还礼道"万福"。一名将领随便说:"秦中丞千里归来,委是不易。"王癸癸说:"奴家自燕京到楚州,跋涉二千八百里,甚是艰难。"秦桧知道妻子的话露出破绽,却已来不及制止,只能顺着编造谎话,说:"我被虏人押在军前,硕人百般打通关节,方得来楚州,与我相聚。自家们乘监视底虏人醉酒,杀得三人,方夺舟逃来,端的是九死一生。"

丁禩对秦桧夫妻恭敬有礼,为他们安排住宿。几名部将却纷纷向他献言说:"自家们见秦中丞底形迹,甚是可疑,自虏人军中逃归,却是仆从甚众,行囊丰厚。莫不是虏人底细作,要来坏大宋底江山。不如将他们勘问,如得招供,便就地处斩,以绝后患。"丁禩不同意,说:"秦中丞是朝廷命官,自家们官卑职小,不得胡做。楚州失守后,自家们区区一个小寨,难以立足,不如拥秦中丞泛海南归。若是朝廷重用秦中丞,自家们日后亦得迁官。"众将经他一说,就不再有异议。

两天之后,丁禩的军队放火烧了水寨,分乘十多艘船,护送秦桧一行航海南下。他们在明州上岸,来到行朝。事有凑巧,王癸癸的哥哥王晚正好在越州暂住,等待着吏部分配新的官场差遣。他作为故相郑居中的女婿,已经升官到从五品的中散大夫,加之丰厚的家财,临时租了城里的上好民房。第三卷已经交待,他的父亲、前抚州知州王仲山和伯父、前袁州知州王仲嶷曾投拜西路渡江的金军,因而受到贬黜。王晚还正在打通关节,争取朝廷减轻或取消对两个长辈的处分。秦桧夫妻北俘四年,一旦回来,首先就找到了王晚,特别是王癸癸与亲兄之间,免不了有一番悲喜交集的重新相会的场面。

王晚当夜设置盛宴,把越州城里的亲友尽可能招来相聚。秦桧本人也有兄弟,但此时都不在行朝,倒是王癸癸家的亲戚,顷刻之间,简直就踏破了门槛。秦桧夫妻随王晚频繁出迎。第一个前来的,是王癸癸的表弟王时,排行十六,秦桧称他为"十六舅子",而王癸癸称他为"十六弟"。王时此行,特地为他们带来了王晥的庶子,现在已改姓换名秦熺。王时笑着对王癸癸说:"十三姐,秦十,我为你们收养得儿子,乃是奇功第一。"秦桧说:"五舅子与十六舅子底厚恩,自家委实铭感在心。"

王时把手一招,十三岁的秦熺怯生生地走到秦桧夫妻面前,跪下叩头,说:"儿子拜见妈妈与阿爹。"秦熺按王时的吩咐,把"妈妈"放在"阿爹"之前,当然是体现了自己行将来到的家庭,是母尊父卑。秦桧夫妻初次听到有人自称"儿子",都喜不自胜。王癸癸毕竟与这个孩子有血缘关系,她一把将秦熺拉起来,就搂在自己怀里,连声说:"我知得儿子已成秦氏底后嗣,便喜不能寐。自今以后,儿子便是妈妈底心头肉,谁人敢欺!"她最后一句话有意提高嗓门,带着狮子吼的音调,其实是说给秦桧和嫂嫂郑氏听的。

王晥见到妹妹的雌威不减旧时,自己的庶生亲骨血总算有了一条出路,感到宽慰。秦桧完全明白,妻子是借此发出警告,教自己断绝把亲生庶子林一飞迎回秦家门的念头,不免暗自叫苦。但他在见面之初,对这个舅子的儿子还是颇有好感,至少暂时还是有所慰藉,自己已免于断子绝孙。郑氏虽然有宰相千金之尊,也是凶悍的泼妇,但不知怎么,遇到王癸癸,也时或畏缩一二分。她明白,王癸癸现在是要为被自己逐出家门的庶子出气,也不好说什么。

秦熺自从出生之后,一直在受虐待的环境中长大,这在他幼小的心灵里,留下了很深的伤痛,活到十三岁,他还不知道什么叫被人宠爱。他的生母已死,自己对幼时的情景,甚至连生母的模样,也记忆不清。然而目前对他虐待最烈的,正是那个王时。自从王晥将自己的庶子寄养到伯父家后,其他的表叔伯对这个孩子固然也说不上喜爱,但也说不上虐待,惟独王时,他却是把揉搓和欺负这个孤苦伶仃的孩子,当作一种乐趣。秦熺初次品尝到一种母爱的滋味,他喜极而泣,竟伏在王癸癸怀里大哭起来。

王癸癸以往也多少知道一点这个孩子受凌虐的情况,只是感到事不关己。今天却动了肝火,她掏出手帕,为心头肉拭泪,用软语哄着说:"儿子莫哭,儿子莫哭。"她随即又改用厉声对王时吼道:"十六,儿子恸哭,必是你欺凌所致!"王癸癸的雌威,在王氏宗族中堪称是打遍天下无敌手,王时熟悉表姐的脾气,马上陪着一张笑脸,说:"十三姐息怒!十三姐息怒!"王晚也及时出面圆场说:"今日是双喜临门,十三妹须是喜庆团圆。"经王晚劝说后,王癸癸终于又回嗔作喜。

最晚到的,是王癸癸的表姐李清照和表弟李远。前面第二卷已经交待,秦桧曾到赵明诚的青州故居,将他家的字画、书籍、古器等收藏,取走了整整十辆驴车。这些收藏运抵燕京后,又被秦桧夫妻用作对金朝有文化修养的官员的行贿手段,丧失了大半,而小半物件却又被他们带回南方。秦桧知道王癸癸有时喜欢饶舌,曾经叮嘱说:"见得李廿二姐,切不可有半句泄漏。"王癸癸说:"你放心便是,奴家岂得泄漏。"

现在秦桧夫妻只见李清照比过去苍老得多,赵明诚的丧期未满,她仍然戴着首绖、腰绖之类,神色悲恸而凄苦,除了与秦桧夫妻几句必要的寒暄之外,不多说话。倒是李远为姐姐说了最近发生的被偷盗案,他说:"廿二姐与我寄住钟氏民宅,不期忽有贼人穴壁夜盗,偷得姐姐五箱珍藏。"于是众人都恍然大悟,特别是在赵明诚死后,李清照与收藏更是相依为命,偷了她的收藏,就等于偷了她的半条性命。

王晚说:"李廿二姐何不为宝物立悬赏?"李清照并不回答,李远为姐姐说:"此必是王医官底所为,姐姐在建康府时,王医官便欲以黄金三百两,悉数买断书画古器。此回委是一计不成,另生一计,又何须悬赏。"众人听到李清照姐弟判断是王继先的所为,就不再应声。王癸癸好奇地发问:"王医官又是甚人?"于是大家又为初来乍到的秦桧夫妻介绍王继先的得宠和权势。王癸癸对这些闻所未闻的事,听得津津有味,而秦桧却沉默不语,众人的介绍又引起他另外一番思索。

李清照姐弟只是作礼节性的拜访,他们并不参加宴会,就告辞了。他们的告退并不能打消王家兄弟姐妹剧饮的豪兴。越州僻居浙东,自从成为行在之后,百物踊贵,而王晚的筵席上,还是罗列了各种山珍海味和本地的蓬莱名酒,使厌苦金朝吃食的秦桧夫妇初到之后,就饱了一次口福。王晚乘着酒兴,指着一盘兔肉问秦桧:"秦十,你可知行在一兔值几何?"秦桧说:"莫须值一贯。"王时笑着代为回答:"须值六贯!"岂但是秦桧,连王癸癸听后,也不免咋舌,说:"恁地贵重!"王晚又指着一只鹌鹑问道:"十三妹可知一个鹌鹑值几何?"王癸癸不肯回答,王时又笑着说:"一个鹌鹑亦须值四百!"秦桧再也不答话,通过这次宴会,他敏感地得到一个重要的行情,原来尽管国难当头,而达官贵人们在残山剩水之中,其灯红酒绿般的享受竟不减北宋末年。

当夫妻就寝后,秦桧对王癸癸再一次叮咛说:"自家们在北方底行藏,便是亲兄弟姐妹,亦不可乱道,以免败事。自明日始,我须与你两路分兵。"王癸癸不解地问:"怎生叫两路分兵?"秦桧笑着说:"我须去拜访故旧范相公等人,你须去拜访王医官等人。既是王医官喜爱李廿二姐底书画、字帖、古器,自家们囊中所有,正可投其所好。我已是理会得,唯是结识医官与宦官,自家们在南朝方得有立身之本,亦可为泰山与你伯父超脱罪籍。"王癸癸虽然在家蛮横,但对丈夫的老谋深算也还是十分欣赏,她笑着说:"奴早曾言道,便是奴底众兄弟数十人相加,亦是敌不得一个秦智囊。"

秦桧在北宋末年,并非没有听说过一些康王的传闻。他在金朝四年,也对南宋的朝政时有听闻。但只经过行在越州一天的生活和了解,他已对今后的行动确定了基本方针。秦桧深知,巴结王继先和众宦官正是自己在南朝的立身之本,但又不可形迹太露,这肯定会影响不少正直士大夫对自己的清誉。最好的办法,就是由王癸癸出马,而自己避免与王继先、众宦官往来。王癸癸在燕京与女真贵妇们周旋,已经积累了丰富的献媚之术,自己正好为妻子留下了一块施展拳脚的天地。

王癸癸第二天就拉着王晚,要他同自己一起去拜访王继先。王晚笑着说:"十三妹虽是女中丈夫,然而此事必是秦十底意思。"王癸癸说:"然而尚须奴家亲自出师。此亦是为阿爹与伯父早脱罪籍。"王晚和妹妹坐轿来到王继先家。王继先自从发迹之后,索贿受贿已成家常便饭。他最初听说王晚来访,还不打算接见,吩咐家仆说:"我今日并无闲暇,可教中散王大夫将礼品安顿,异日另行相见。"家仆不一会儿又来回报,说:"今有前秦中丞妻王硕人自北地逃归,携来书画、字帖、古器等,言道须亲见王防御。"原来由于王继先得到宋高宗的特恩,破格由医官改武官,官至从五品荣州防御使,故人称"王防御"。

王继先听到还有女子相访,特别是携带了自己喜欢的字画之类,才决定接见来客。但他的官位虽然不高,架子已经很大,轻易不肯接客,那怕来访者的官位高于自己。王晙和卸脱盖头的王癸癸进入厅堂,王癸癸只见对方正襟危坐,就抢先于哥哥,上前行礼,说:"奴家虽只是来行在一日,却是早闻王防御底高名,神术妙手,传闻异域,煞是国家柱石之臣。王防御万福,请受奴三拜!"

古时"柱石之臣"只用于形容大臣或名将,王继先听后,大笑说:"下官唯是一介医官,伏侍圣上,稍有薄效,王硕人底言语委是过当。"王癸癸说:"大宋国脉,系于官家圣体与圣嗣。圣体安康,圣嗣诞育,又系于王防御底一身。王防御不是柱石之臣,又有甚人是柱石之臣?"寥寥数语,犹如醒醐灌顶,说得王继先全身心舒畅,他脸上露出志得意满的笑容,一对小眼睛也发出异样的神采,他说:"世上底贵妇人犹如车载斗量,如王硕人底见识,便是天下第一!"王晙也不由暗自敬服妹妹的手腕。

王继先与兄妹俩分宾主坐下,一时之间,只有王癸癸和王继先絮絮叨叨地对话,王晙竟插不上几句。王继先与王癸癸话得投机,破例地叫妻子郭氏出来见客,并且特别设晚宴招待兄妹俩。当酒酣耳热之际,王癸癸突然提议说:"王防御,你姓王,奴家亦是姓王,五百年前本是一家。今日自家们虽是初次得见,却是一见如故,不如义结兄妹。"王癸癸今年已四十二岁,她明知王继先今年不过三十三岁,却故意用"兄妹"两字。王继先说:"不知王硕人贵庚几何?"王癸癸说:"奴家虚度四十有二。"王继先说:"既是如此,你当为义姐,我当为义弟。"他吩咐仆从取来香烛,立即与王癸癸称姐道弟,王继先依排行叫王癸癸"十三姐",而王癸癸称王继先为"八弟"。

回家之后,王晙不由对妹妹表示叹服:"与十三妹阔别数年,竟须刮目相看!"王癸癸得意地说:"奴家唯是女流,执掌不得朝政。若是执掌朝政,岂得逊于秦十!"

再说秦桧来到宰相范宗尹的府第,专门等候范宗尹退朝。在北宋末年,范宗尹主和,秦桧主战,曾几次三番争个面红耳赤,却不伤和气,反而增加了范宗尹对秦桧的好感。他回府下轿后,听说秦桧来访,就连忙上前迎接,两人互相用表字"觉民"和"会之"相称,手挽着手,进入厅堂。

秦桧依照早先的设计,编了一套南逃的谎话,最后说:"胡马依北风,越鸟巢南枝,今日得归,直是重睹天日!"说完,竟落下了两行泪水。范宗尹深受感动,他说:"会之历尽艰难,南归不易。不知何相公、孙枢相等又在异域如何?"秦桧听对方问到了何㮚、孙傅等人,他内心早有戒备,为免于露出马脚,只是简单地说:"自家与何相公等遭虏人拘押,各在一方,虽是百计打探,终无音讯。我不胜臣子犬马之情,意欲拜谒二圣,亦是未能如愿,唯是知得二圣安好。"说着,又落下了泪水。

范宗尹反而劝慰秦桧说:"会之在靖康时临大难而尽臣节,天下共知。且在此休息数日,我当奏明圣上,召会之入对。会之来自北方,当深知虏人情实,不知有何良策,可以安天下?"秦桧与范宗尹在表面上显得十分亲热,但在这个关键性的问题上,当然不能把自己的整套计划和盘托出。他对范宗尹的提问早有思想准备,只是模棱两可地说:"靖康时,自家与觉民徒事口舌之争,却是无补国事。方今虏强我弱,主战者专意于交兵,而不量彼己底势力;主和者专意于哀求,却是自沮军旅底锐志。唯有双管齐下,亦和亦战,设施得宜,因势利导,方得转弱为强,渐图中兴。"他的话带有试探性,只等范宗尹有了进一步表态后,再顺着对方的意思和政见,着重强调和或战。不料范宗尹却已对他喝彩,说:"会之底高论,深中事理!"

秦桧的回归当然成了一大新闻。当时正值赵鼎因为反对将辛企宗升官节度使,而上奏辞免了签书枢密院事。赵鼎向来对秦桧印象颇坏,他离开朝廷,正好去掉了秦桧入朝的一大障碍。尽管如此,在大批朝臣把秦桧当做再世的苏武欢迎的同时,也有少数官员却对秦桧表示怀疑。他们纷纷找范宗尹等宰执大臣,列举秦桧自述的种种疑点和破绽。有一个官员甚至激愤地说:"何相公等人被执于虏人军中,并无一人得归。唯独秦桧却是举家航海而归,必是虏人底细作,社稷底大奸!范相公若是将他下狱根勘,必得真情。"范宗尹笑着说:"你们不知秦会之,我却是深知会之。他在开封围城中冒死抗论,力请保存赵氏社稷,便是大忠,归朝之后,议论国计,深中事理,便是大智。如此忠智之士,我敢以全家六十口力保!"

经过范宗尹等宰执外朝的举荐,又有王继先和众宦官内廷的疏通,宋高宗决定亲自召见秦桧。秦桧完全懂得这次面对的分量,事先作了精心的准备。他到便殿叩见皇帝,高呼"圣躬万福"之后,只是站立在宋高宗面前,感恸得流泪呜咽,长时间内激动得说不出话,最后又结结巴巴地说:

"微臣九死一生之余，不意得入觐天光，获睹圣颜，直是万幸！"

宋高宗今天还是与秦桧初次相见相识，而给他的第一印象已是极好极深，心想："范宗尹等所言非虚，秦桧煞是朴忠过人。"他说："卿在北地守节不屈，今日得归，便是社稷之喜。虏人是国朝今日底第一大患，朕驻跸行在，无一日不以中兴为念。卿熟知虏人情实，有甚安天下底大计，自可悉心开陈，朕当虚心听纳。"

秦桧通过妻子王癸癸的关系，疏通了王继先等人，已经对皇帝的真实意图有相当的了解，他决定不转弯抹角，而是径情直遂，他说："方今虏人强盛，如是一意用兵，决无胜理。依臣愚之意，如欲天下无事，须是南自南，北自北，唯有讲好，方是安天下底至计。待他日国富民强，方得徐议恢复之计。"尽管是直抒己见，最后一句话还是不得不挂在口头，以便给自己留有余地。在当时的情势下，臣僚们明知"迎还二圣"遥遥无期，但这句话总须经常挂在口头，秦桧却有意只字不提。

秦桧的议论与宋高宗一拍即合，宋高宗说："朕自即位以来，唯以讲好是念，不惮屈己，亲致国书与虏人国相，屡次遣使，虏人却是执意用兵，拘押国使。故朕自航海归来，难以再议遣使。"秦桧说："臣在虏中，闻得人称东朝廷、西朝廷。西朝廷底粘罕国相狠悖，最以用兵为得计，不尊虏主；而东朝廷底挞懒监军却是主和，又与虏主兄弟情深。臣愚以为，陛下不如致书与挞懒，挞懒与虏主通情，必有所得。"

宋高宗听到秦桧的情报和建议，十分高兴，但他毕竟已经屡次求和碰壁，有了戒心，他想了一下，就说："自古以来，两国交兵，不废通使。然而依目今事势，朕已难于亲修国书。不如教刘光世致私书与挞懒，且观虏人底意向，再行计议。"

建议宋高宗亲自与完颜挞懒致书通和，这本是金人对秦桧的授意。现在秦桧见到皇帝不愿亲自修书，当然不便再作规劝，他改变话题说："臣此回来行在，惟愿及时奏禀两宫安好。今日蒙陛下赐对，臣底志愿已毕。臣自虏中脱身来归，理宜投闲，伏望陛下许臣依旧守本官致仕。"宋高宗说："朕与卿一见如故。卿乃是佳士，又熟知虏人底情伪，岂可多得，自当辅朕。朕今特授卿礼部尚书，可留朝供职。"秦桧并不虚情辞避，只是激动地说："臣愚荷陛下神圣之知，敢不尽智竭力，以图报称。"

宋高宗吩咐说："卿可为朕起草刘光世致挞懒私书。"当即有张去为为秦桧搬来桌椅，秦桧其实早备有一份皇帝致完颜挞懒国书的腹稿，他稍加改头换面，就挥笔而就，由张去为呈送皇帝。宋高宗看后，大为高兴，说："卿所草私书，深得朕旨。"秦桧深怕这封降低金人原定规格的书信不能起作用，会影响自己的前程，就补充说："如今交兵时节，臣深恐此书未得通达。不如教刘光世依此书誊录五本，十余日之间，分遣信使五辈前往，方得有济。"宋高宗说："卿底思虑甚是周全，便依卿议。"

秦桧的礼部尚书新命发表以后，柔福帝姬径入后宫，求见皇帝。她开门见山地说："闻得秦桧来自北地，建议与虏人讲好，九哥便授他礼部尚书。奴在虏中，曾见四太子设宴，秦桧时任挞懒底参谋军事，他与其妻王氏辫髪左衽，对虏人竭尽献媚之能事。依奴家之见，秦桧此人必是细作，此回南归，要暗坏九哥底江山社稷。九哥若将秦桧下大理寺狱根勘，必得情伪。"宋高宗说："秦桧在北地，随机应变，与虏人周旋，亦是常情。他不忘本朝，亦足以见忠心。朕底江山社稷，岂能教秦桧坏得。他便是细作，朕亦可将计就计，与虏人通一线路。"柔福帝姬见皇帝不听劝告，就说："奴家是女流，本不便干预朝政，江山社稷自须九哥做主。"宋高宗说："二十姐底好意，朕岂不知，二十姐放心便是。"

柔福帝姬这次求见，事先自然与隆祐太后、高世荣商议，高世荣赞成妻子的主意，而隆祐太后却感慨地说："九哥自执掌江山以来，唯是愿与虏人息兵讲好，故重用黄潜善、汪伯彦，罢黜李纲，终不复用。秦桧既是献议通和，老婆料得九哥必是信用，牢不可破，岂是二十姐一言，便得挽回。二十姐何苦徒劳唇舌。"柔福帝姬说："自家们是女流，本不得问政，然而岂忍教秦桧坏了国政。"隆祐太后最后不得不叮咛说："二十姐既是执意前去劝谕，若是九哥不听，万万不可强劝。老婆早曾言道，天下万事，自是天意，天意不可回，行事切不可逆天意。"

柔福帝姬遵照伯母的嘱咐，并不对皇帝苦劝或强谏，她在后宫寒暄一番，就回天庆观。她见到隆祐太后和高世荣，就感叹地说："此事果是不出伯娘底所料！然而伯娘何以知得，九哥信用秦桧，便是天意？"隆祐太后长吁一声，说："你阿爹、大哥与诸兄弟北狩，唯是留得九哥一人，此便是天意。当初邵九传你六哥底意思，言道不得立九哥为天下主。如今想来,立亦不是,不立亦不是。"

柔福帝姬不解地问:"伯娘此言是甚意思?"隆祐太后说:"若是老婆另立赵氏宗室,九哥以大元帅之重,兵权在握,岂得不争,而教虏人坐收渔利。然而九哥既是即位,便只是忍耻苟安底规模,大宋又岂有中兴之望!宦官冯益虽是小人,而尚知事理。老婆自江西回得行在,以为九哥历尽磨难,必能效法越王勾践,发奋图强。冯益却是对老婆一语道破:'我皇酷似上皇,社稷中兴无望。'此亦是直言无讳。"隆祐太后说着,竟落下泪来。

柔福帝姬问道:"然而九哥已知秦桧在北地并无名节,又怎生信用?"隆祐太后说:"九哥已是说破,唯求与虏人通一线路,便须重用秦桧。本朝自范仲淹等人以来,倡导名节,然而国家祸难之际,守名节底又有几何人?九哥既是甘愿忍父兄底仇耻,与虏人通和,又怎生重用有名节底士人?"

柔福帝姬也流下眼泪,说:"国家底仇耻,便是犁庭扫穴,犹有余仇余耻,难道天意竟不教大宋复仇雪耻?"隆祐太后说:"事到如今,二十姐与国婿唯当切记八字:'著衣唊饭,莫问国事。'九哥尚得保你们底富贵,问亦无用,不如不问。"

[柒]
缩头湖之战

再说完颜挞懒接到刘光世的求和书信,正值金天会八年,即宋建炎四年岁末,他终于知道秦桧已经在宋朝政治中起了作用。尽管书信在规格上不是由宋高宗本人出面,使完颜挞懒产生几分不快,但他亲历了与赵立、岳飞等军的搏战,仍然倦于军事。完颜挞懒对完颜突合速说:"如今大金人马虽是占得淮东,儿郎们亦是损折甚多。你且在江北休兵,我当择日前去东北御寨避暑,与郎主计议讲和事节。"完颜突合速却说:"如今江北南虏军虽是扫地无余,然而张敌万尚占据兴化县缩头湖。你须待剿灭了张敌万,方得北行。"完颜挞懒经完颜突合速劝说,就决定暂留淮东。

女真人本无节日的概念,在灭辽破宋的过程中,逐渐习惯于过汉人的节日。金天会九年,即宋绍兴元年(1131年)元宵过后,完颜挞懒和完颜突合速就带兵前往兴化县城屯驻。缩头湖就在县城以东约十宋里。完颜挞懒和完颜突合速率合扎亲骑沿湖巡视,只见湖面广阔,湖心深处全是芦苇丛,深阻难测,这正是张荣屯兵的水寨所在,时或有敌方的船只出没,而金军在沿湖竟抢不到一艘舟船。

回城之后,完颜挞懒命令众将说:"闻得张敌万蓄积粮食颇多,而水寨阻于湖水,急切难攻。尔们须在日近拘押泰州一带南人,到缩头湖打造舟船,以备日后大举。突合速可驻军湖岸,扎立大寨,监造舟船。"完颜挞懒本人懒得出城,由完颜突合速率领大挞不野、王伯龙、高召和式和另一名万夫长、完颜挞懒的女婿蒲察鹘拔鲁驻军在缩头湖边。蒲察鹘拔鲁不久前自燕京来到淮东前沿。被金军驱虏的汉人壮丁陆续被押到湖岸,开始造船。张荣所部发现情况后,就几次派人潜入船工的队伍,放火烧船。延捱到二月,淮东一带阴雨连绵,金军和汉人船工虽然苦于久雨,而七十二艘船却打造完工,避免被焚。

完颜突合速对金军乘船作战稍加训练,就在三月初发兵。这次由蒲察鹘拔鲁主动请缨,自愿担任主攻,他在各部选拔精兵五千人,准备乘船深入缩头湖,攻击张荣水寨,而完颜突合速率大挞不野、王伯龙和高召和式在湖岸分布军马,准备剿杀逃到湖岸的张荣抗金军。出兵之际,完颜挞懒从兴化县城亲自来到缩头湖,为女婿送行,在蒲察鹘拔鲁登船之际,完颜挞懒勉励说:"鹘拔鲁,你勇于请战,此次剿灭了张敌万,便是头功。功成之后,我当与你同回燕京,亦是不枉你此回南行三千里。"完颜突合速亲自为蒲察鹘拔鲁斟酒,蒲察鹘拔鲁却豪情满怀地说:"此盏酒须是待我得胜之后畅饮!"

五千金兵中约有三千女真人,而其他各族壮丁只占二千人。在波澜壮阔的大江上作战,女真人固然视为畏途,然而他们却并不担心在缩头湖上交兵。他们在东北的本土,常乐于骑马泅渡江湖,并非完全不习水性。金朝将帅对这次战斗的成功都信心十足,而蒲察鹘拔鲁更是年少气盛,认为这是自己初战立功的时机。担任前锋的千夫长完颜忒里是金朝宗室,今年只有二十一岁,由于他身材高大,膂力惊人,又精于射箭,特别被蒲察鹘拔鲁看重,作为自己的副手。

金军的七十二艘船中,有大舰六艘,各载有一百五十人和一百匹马,作为主力战舰。完颜忒里率领十艘船,其中有两艘大舰,摆开雁翅队形,划桨前行,而本人则站在第一艘大舰上,手执弓箭,警惕地望着四周的动静。直到临近湖心的芦苇丛,方才有张荣军的二十五艘小船迎战。完颜忒里望着站在船头的敌人,就射一箭,却被那人用盾牌挡住。完颜忒里催动两艘大舰直前,企图撞翻敌方小船。在后队的蒲察鹘拔鲁也亲率四艘大舰突出,增援前锋部队。

张荣义军方面眼看无法与金军大舰对抗,立即掉转船头,向芦苇丛深处逃跑。金军以六艘大舰为前导,紧追不舍,在芦苇丛中曲折前行。二十五艘抗金义军的小船钻到了芦苇丛中,义军们先后弃船登岸。金军的六艘大舰却先后搁浅。蒲察鹘拔鲁和完颜忒里指挥大小船舰上的金军登岸,望着敌方插旗帜的水寨,准备实施攻击。然而金军不知芦苇深处的地势,很快就陷入淤泥之中。他们只能踏着齐腰,甚至齐胸的沼泽,艰难地行进,六百匹战马也同样陷入泥潭。

张荣此时才发起反击,他将手里的剑一举,高喊道:"自家们此回可杀得棺材中底虏人!"义军们站在高处,远则用弓箭,近则用刀枪,向金军攒射或乱砍乱杀。乱成一团的金军大部被杀,而蒲察鹘拔鲁和完颜忒里受伤当了俘虏,最后只剩六百多金军乘船逃回湖岸。

抗金义军最后抓到二百多名战俘,押到寨里。义军首先以是否耳戴金银环为标志,将俘虏区分为女真人和非女真人,二百多名俘虏半数是女真人,半数是其他民族。义军又从蒲察鹘拔鲁和完颜忒里腰间的金牌和银牌,判明他们的万夫长和千夫长身份。以蒲察鹘拔鲁和完颜忒里为首的战俘们被义军用麻绳捆绑,押到了水寨的一片不大的空地上,将女真人的俘虏聚集在左边,而汉人等非女真人的俘虏则聚集在右边。由于义军不懂女真话,临时从俘虏中找到一个奚人,充当通事。

战俘们终于见到了闻名已久的张敌万。渔夫出身的张荣身材中等,貌不惊人,没有多少文化,却长着一双机智的眼睛,颔下一撮黑须,而全寨的义军却一致钦佩他智勇双全,水性出众。张荣对俘虏们说:"自家便是挞懒郎君悬赏捉拿底张敌万。然而我一人岂得与万人相抗,全是众兄弟出力,方得胜捷。只恨挞懒郎君与龙虎大王未曾前来送死,若是他们前来,我须亲自搠他们三十枪,方报复得心头大恨!"

蒲察鹘拔鲁和完颜忒里听完翻译,只能用汉礼下跪叩头,用女真话乞求饶命。其他战俘也纷纷跟着下跪叩头。张荣听了那名奚人的介绍,得知蒲察鹘拔鲁是完颜挞懒的女婿,就用俏皮的语调,对蒲察鹘拔鲁说:"自你们那厮入得中原,又杀戮了多少善良无辜。今日我须借你一个物事,祭奠自家们底父老乡亲。"他说完,就取来尖刀,往蒲察鹘拔鲁的胸前用力一剜,挖出了一个血淋淋的心脏,掷在地上,接着又对准完颜忒里的胸膛施行同样的手术。两颗心脏被供上了香案,张荣亲自带领众人祭奠。

祭奠完毕,张荣又吩咐众人说:"且将左边底番人尽行杀戮,不须留得一人。"于是众人一拥而上,把所有的女真战俘全部处死。张荣接着再吩咐众人说:"可将汉儿人等尽行放回,不得伤损他们一根毫毛。"于是一百多名非女真人战俘被松绑之后,押上了几艘舟船。张荣命令义军把蒲察鹘拔鲁和完颜㐰里的无头尸身也抬到船上,他亲自吩咐那名奚人通事说:"你且回去,将二人尸骨交付挞懒郎君与龙虎大王,且传我言语,二人底首级与众番人底首级,须留待我去朝廷请功。他们若有胆气,自可前来湖中就死!"

完颜挞懒见到两个无头的尸体,特别是自己的女婿,不由失声恸哭。完颜突合速劝解说:"张敌万虽是广有粮储,终有罄竭之时。自家们不如沿湖广布人马,严行封锁,张敌万那厮终当饿死于湖中。"完颜挞懒说:"目即已近炎夏,大金军马不耐暑热。若是南房乘机渡江,切恐难以取胜。"完颜突合速说:"刘光世胆小如鼠,岂敢发兵渡江。"完颜挞懒:"刘光世不敢,岳飞却是敢战,岂有暑月不战之理。且容我思忖数日,详思破张敌万底计策。"

几天之后,完颜挞懒还是想不出什么计谋,不料军中却发生了马瘟,三天之内,军马竟倒毙了十分之八。完颜挞懒再也不敢在淮东驻兵,他对完颜突合速说:"若不及时退兵,切恐自家们须是在此尽底丧命。"到此地步,完颜突合速也不再有异议。金军匆忙自兴化县逃奔楚州,然后渡过淮河。尽管并无宋军追击,金军却惶恐不安,甚至一夜数惊,直至抵达淮阳军宿迁县,方才惊魂甫定。

深藏缩头湖的张荣在几天之后,才得到金军撤退的消息。他率领四千余部兵乘胜北上,收复楚州,并且派人渡江,向刘光世报功。刘光世喜出望外,他添油加醋,向朝廷增饰战绩,又派王德、郦琼等率兵渡江,占据淮东。张荣改任刘光世部属忠勇军统制,升官右武大夫、忠州防御使,并兼任泰州知州。

[捌]
希冀和争议

完颜挞懒垂头丧气地北上,途经当时作为伪齐东京的东平府。原来伪齐在大名府建国后,就将都城迁到东平府。伪齐一批大员到城南薰风门外迎接,为首的是前宋太原知府张孝纯,他如今是伪齐宰相,郑亿年任尚书右丞,作为执政级高官,也在出迎者的前列。众官员在完颜挞懒马前用汉礼长揖。完颜挞懒见欢迎者中并无刘豫,感到吃惊。他摆起主子的架势,厉声喝道:"刘豫何以不出迎?"张孝纯身为宰相,只能用卑屈的语调转达说:"齐国皇帝言道,监军恩重如山,誓当报效,然而如今身为大金子皇帝,身不由己,不便躬自到外城出迎,今已恭自在宫门外迎候监军大驾。相见之时,依礼法恐不得行拜礼,切望监军海涵。齐国皇帝今已排办得十二车薄礼,恭请监军笑纳。自家们身为臣子,唯是奉齐国皇帝底指挥行事,尤须请监军恕不恭之罪。"张孝纯说完,只得与众官员不断作揖。

完颜挞懒本来就因战败而满腹气恼,他也早就听说,刘豫自从登基之后,竭力奉承的是金太宗、完颜粘罕和高庆裔三人。面对刘豫的无礼,他正想发作,然而见到众官员卑躬屈节的模样,也不想对他们发泄,就斥责说:"你们可回城传我言语,须教刘豫亲自出迎。他若不出迎,我便不受他底礼品,从此与他绝交。"

众官员无可奈何地回城传话。不一会儿,刘豫带着尴尬的表情,步行来到完颜挞懒的马前。他虽是从头到脚,穿戴整套皇帝的服饰,还是不免在马前首先唱喏。完颜挞懒并不回话,只是纵马入城,刘豫只好步行跟随。完颜挞懒和完颜突合速以主子的身份,进入庆礼殿。东平府原先不过是京东一个大府,刘豫临时改为京都,当然说不上气派,所谓庆礼殿,其实只是将原来的府衙稍加装修而已。完颜挞懒居中正坐,完颜突合速坐在他的右边,而刘豫只能率众臣在旁边难堪地叉手侍立。

完颜挞懒还是怒气未消,一语不发。刘豫不得不用最卑辱的语言,再三求情,他平时对臣僚们已习惯用"朕",此时却改变自称,说:"自家未能亲出外城迎候监军,有失子皇帝底礼节。刘豫遭遇监军天地大恩,感激图报之心,委实昼夜不敢稍息。乞监军涵容自家底过失。"完颜挞懒依然不理不睬,刘豫只得向完颜挞懒下跪,不断叩头,完颜挞懒最后才说了一句:"子皇帝免礼,我今日宽恕尔底罪过,此后不得如此无礼。"刘豫如得大赦一般,谢恩起立。

刘豫力图缓和关系,特别在庆礼殿设宴,招待完颜挞懒、完颜突合速和众万夫长,不但加倍贿赂,还进献了一批四方搜罗来的美女。他也多少有一点羞耻感,所以屏退了全体臣僚,只是与皇后钱氏、皇子刘麟陪酒。钱氏原是宋徽宗第二女、宋钦宗同母妹荣德帝姬赵金奴的陪嫁媵妾。金军攻破开封后,钱氏归完颜挞懒所有,后又由完颜挞懒转赐刘豫。钱氏熟悉宫殿礼仪,所以刘豫特别封她为皇后。刘豫把钱氏拉出来陪酒,当然也有讨好完颜挞懒的用意。

刘豫父子和钱氏不断起身,为每一个女真将帅斟酒。钱氏已经三十出头,徐娘半老,风韵犹存,她仍然凭藉女色,曲意逢迎。刘豫明知完颜挞懒等人是战败而归,却仍是不断称颂大金的军威。当酒酣耳热之际,刘豫还是说了自己急于想说的话:"江南底赵氏遗孽,虽然负隅顽抗,不服大金王化。唯是坚意用兵,不出数年,必是戡平。"完颜挞懒笑着说:"子皇帝,我已知尔底意思。如今唯有赵氏与你刘齐并立。待我底儿孙长大,方得与尔共图江南。"简单的一句话,说得刘豫父子和钱氏惊慌失色,却还不得不报以难堪的微笑。

由于刘豫的哀求,完颜挞懒最后还是留下兀林答泰欲、大挞不野等偏师,守卫淮北的淮阳军等地,自己带兵退回燕京。他得知三太子、右副元帅完颜讹里朵正在北方奉圣州望雲县(今河北赤城北)的望国崖避暑,就在燕京稍息数天,也带着家眷赶往望国崖。望雲县一带原是辽朝皇帝御庄所在地,遗存一些辽朝的行宫。完颜挞懒来到此地,感到暑热顿消,心境也轻松了许多。

除了淮东战场败绩外,金军新近另有两处大败。一是元帅右都监耶律余睹奉左副元帅完颜粘罕的命令,率二万精兵进攻漠北的可敦城。可敦城在辽朝称镇州,位于今蒙古鄂尔浑河上游哈达桑北,仍由辽朝贵族耶律大石占据。当时耶律大石已率部西征,另建西辽。为了这次北征,金朝强征了燕云和河东的大量民夫运粮。完颜粘罕认为,耶律余睹熟悉辽朝内情和漠北地理,是主持这次军事行动的最合适人选,却又害怕他叛变,竟将耶律余睹的妻儿扣押,当作人质,这当然更增加了耶律余睹的反感。结果是大部分军士和民夫都陷没在沙漠里。二是在川陕战场,金太宗从侄完颜没立与纳剌乌鲁、仆散折合率军两次进攻和尚原,都被吴玠军击败。完颜挞懒得知这两处败仗的消息后,更加心灰意懒,决心劝说完颜讹里朵赞助对宋议和。

他对完颜讹里朵说:"如今三路用兵,皆是不利。连年征战,儿郎们死伤甚众,不得休息。御寨有令,已将赵氏血属迁到五国城,闻得昏德公赵佶正妻郑氏等亦已病故。我在淮东时,放秦桧南归,促康王议和。如今康王已教刘光世来信求和。自家们不如姑且依允休兵,放归赵氏血属,以示和好,与康王划大江为界。待休兵数年,乘江南有隙,然后再议用兵。"完颜讹里朵不完全同意完颜挞懒的建议,他说:"一面举兵,一面和议,自是大金灭辽底旧例。近年以来,专意用兵,不与康王通和,如今须另行计议。然而赵氏血属不得放归。南房底礼法,子不得与父争,弟不得与兄争。若是江南兵势盛强,大金不能抵御,便教赵佶与赵桓坐守汴京。"

完颜挞懒说:"放回赵氏血属,须是索取淮南地界。"完颜讹里朵说:"此事须是去御寨,与郎主计议。"完颜挞懒与完颜讹里朵几经争议,决定前往东北会宁府御寨。在路途之中,完颜挞懒经过反复思考,又决定先去五国城,看望一下宋俘们,了解情况,以便回御寨商议。

五国城位于今黑龙江依兰县,即金朝胡里改路,在会宁府东北约六百三十宋里,为混同江和胡里改江(今牡丹江)交汇之地,离南方更加遥远。去年金朝立伪齐时,就将宋徽宗、宋钦宗一行从韩州流放到五国城。宋俘们主要是乘船浮行,由支流入混同江,来到此地。他们被禁闭到如此荒凉和苦寒的绝地,仍有胡里改路万夫长乌古论八葛打派兵监押,又有两条江河的阻隔,就更无逃跑的可能。

长期的俘虏生活,使这批娇生惯养的赵氏皇族学会了生活自理。他们聚居在一个木棚围裹的寨里,只能按女真人的习俗,用树干、木板和桦树皮建造房屋,房屋低矮,只有朝东南开一个小扉,要关闭小扉,只是用一把草塞住小扉与门框间的缝隙。睡的是土炕,严冬凝寒,全凭土炕取暖。夏日绢麻为衣,冬季则缝制羊皮或鼠皮、貂皮等各种兽皮袍,吃的无非是金人供应或自己栽种的粟、麦、稗子之类,无论是蔬菜和肉类都视为珍稀。唯独他们的髪型和服饰还是保留着汉人的旧俗。

宋俘们忍辱苟活,而在苟活中却不时企盼着南归或复仇。人事的代谢还是在继续着,宋徽宗新添了六子八女,其中只有三个儿子赵极、赵柱和赵檀活了下来。宋钦宗除了慎妃朱璇所生的赵谨外,才人郑庆云又生下了幼子赵训,而才人狄玉辉则生下一个女儿,又新近怀孕。另一方面,则是郑太后、郓王赵楷等人相继死亡。乔贵妃虽然再也不可能有皇太后的名分,却在事实上成为这群赵氏皇族的女尊长。在患难之中,她的所作所为固然赢得众人的尊敬,而幼子瀛国公赵樾却因无法忍受苦难和耻辱的煎熬,在不久前自杀。这又给乔贵妃增加了精神上的惨重打击。不料祸不单行,宋徽宗十五子沂王越楥和驸马刘文彦突然向金人告发,说宋徽宗谋反。

完颜挞懒一行沿着混同江前行,到达胡里改江岸,却按女真人的习俗,纵马泅渡过江。他来到乌古论八曷打的寨里,正好遇到乌古论八曷打在审问沂王和刘文彦,作为被告一方的宋徽宗则有景王赵杞陪伴。乌古论八曷打不懂汉话,由契丹人耶律庆哥任通事,来回翻译。

完颜挞懒不期而至,无论是乌古论八曷打,还是宋俘的原告和被告,都颇感惊讶。乌古论八曷打出迎,介绍情况,完颜挞懒笑着说:"昏德公在此绝地,又怎生谋反?必是诬告无疑。"乌古论八曷打说:"既是挞懒郎君到此,便由你案问。"两人进入厅堂,其实只是一间稍大的木屋,里面并无桌椅,而是三面围着土炕。完颜挞懒就正坐在土炕的一张狐皮上。四名宋俘当然都认识他,宋徽宗和景王只是冷淡地一揖,而沂王和刘文彦则是伏地叩头。

完颜挞懒的到来,立即使审讯的气氛为之一变,他首先用汉话说:

"请赵氏老主与景王坐炕上叙话。"显然,他是有意避免用污辱性的昏德公的称呼。沂王和刘文彦听后,马上脸面变色。宋徽宗将信将疑地望着儿子,景王说:"阿爹且坐炕上。"他扶着五十岁的父亲坐上土炕。完颜挞懒望着宋徽宗蹒跚的脚步,满头的白发,感觉只是几年不见,而宋徽宗已衰老许多。景王今年还只有二十八岁,他早在被俘后不久已经鬓发全白,而如今的面容却也像四十出头的人。

完颜挞懒又转向跪在地上的沂王和刘文彦,问道:"你们首告老主谋叛,有甚凭证?"沂王说:"阿爹与众兄弟唯是窃议,言道欲占夺胡里改寨,杀得八曷打字堇,然后南逃。"完颜挞懒再问:"寨中有赵氏血属几何?"沂王说:"五百余人。"完颜挞懒又问:"壮丁几何?"刘文彦说:"一百余人。"完颜挞懒笑着说:"一百余人,并无兵器,又怎生占夺得万户寨?"沂王再也不敢诡辩,伏地不断叩头,连声说:"小底端的是诬陷阿爹,以图富贵,阿爹并无谋叛底事节。"刘文彦见沂王屈服,也只得叩头求饶。

完颜挞懒对宋徽宗说:"此是赵氏底事,请老主处分。"宋徽宗虽然满腔怨愤,却反而心平气和地说:"老拙如今是大金底罪臣昏德公,岂得做主处分。此事尚需监军明断。"女真人毕竟文化低,做事不讲究转弯抹角,完颜挞懒当即吩咐:"今将两个不孝底人都与洼勃辣骇!"十多名女真人一拥而上,不管沂王和刘文彦如何挣扎和呼喊,当场将两人敲杀。宋徽宗和景王望着倒地的两个尸身,还是不免滴下伤心泪。

完颜挞懒处理完毕,就设宴招待宋徽宗父子。彼此分宾主盘坐在土炕上,不设几案。奴婢们端来了典型的女真食品,首先是空腹饮用酒味淡薄、颜色浑浊的醶酒,进酒九行之后,才端来各种野味、蜜煎茶食、肥猪肉的肉盘子之类,都乱七八糟堆放在土炕上。宋徽宗父子很少接触荤腥,根本没有吃肥猪肉的胃口,只是稍稍吃一点野味瘦肉,然而还是吃了不少茶食。

完颜挞懒始终面带微笑,他命通事耶律庆哥传话:"老主,尔思念江南否?"宋徽宗苦笑着说:"老拙思念甚久,却是益增烦恼,不如不思不念。"完颜挞懒说:"康王今在江南,虽不能与大金相抗,尚得在一方做主。我若是将尔们放归,尔们当怎生谢我?"宋徽宗用大惑不解的眼神望了望景王,在景王用眼色示意后,宋徽宗说:"老拙虽是归心似箭,然而亦不知如何谢得监军。"完颜挞懒说:"尔只消作书与康王,教他将淮南地界交付大金,尔们便得回归。"

宋徽宗父子在偏远的一隅之地,几乎与世隔绝,今天算是第一次得到了宋金仍在争夺淮南的消息。宋徽宗还是再次用大惑不解的目光望着景王,景王回报以坚决同意的眼色,宋徽宗就说:"若得回归,老拙父子当不忘监军底恩德。然而老拙久已荒疏笔砚,不如教儿子起草。"完颜挞懒吩咐奴隶端来一个矮脚几案,景王提笔起草之后,宋徽宗一字不改,照样誊录。完颜挞懒命令耶律庆哥用女真话给自己翻译一遍,感到满意,就令乌古论八曷打派人把宋徽宗父子送回宋俘寨。

宋俘们原先个个提心吊胆,见到宋徽宗和景王平安归来,并且带来了众人根本不能设想的消息,引起了一阵震动。大家喜忧参半,议论纷纭,也不知是祸是福。乔贵妃最是忧心忡忡,她用略带责备的口吻对景王说:"虏人诡计多端,你如何教太上官家写此书信?"宋钦宗却说:"如今第一便是得归江南,若是自家们到得江南,方可另谋他计。"宋徽宗说:"此便是六哥底意思。但愿昊天上帝与祖宗垂怜,自家们脱此劫难!"无论如何,完颜挞懒此种举动,还是给处于绝望状态的宋俘们带来了某种希冀。

三十一岁的宋钦宗与妻儿分住两间木屋,二十二岁的朱慎妃与儿子赵谨,还有死去的朱后所生太子赵谌和柔嘉公主住一间,二十一岁的郑才人、十九岁的狄才人与他们的子女另住一间。患难之际,三个女子和众子女的关系反而亲睦融洽,特别是十四岁的赵谌已经相当懂事。土炕之上,不可能再有什么丝织的帐幔,只是在夜晚挂上几个麻布帘,用以分隔男女长幼。过去宋宫不论生男育女,一律雇乳母喂养,如今却全凭母乳。三岁的赵训和比他大三个月的姐姐都已断乳。

宋钦宗和父亲、众兄弟议论了一阵,最后回屋,只见慎妃、两个才人和子女们都面带从未有过的兴奋之色。赵谌抢先说:"阿爹,三个妈妈计议,若是得归江南,不可全是衣著素布,须是为阿爹缝制一件绛罗袍。幸得二妈妈尚留有绛罗三匹。"按宋宫规矩,赵谌本应称朱慎妃等为"娘子",但在特殊的环境中,为了表示亲切,他与众弟妹一律称朱慎妃为"二妈妈",郑才人为"三妈妈",狄才人为"小妈妈"。

宋钦宗望着自己和众人身上的粗麻素色布服,长吁一声,惨笑着说:

"不须为我缝制。若是得回江南,我但求一个太乙宫主,与你们青灯黄卷,以度余年。便是虏人愿放,切恐九哥容不得自家们南归。便是南归,九哥岂容我复辟,做天下主。圣人在世时,早已与我定议,若要大宋中兴,须是六哥做天下主,然而此事甚难。"朱慎妃等三个女子虽然经历苦难,也增长了见识,却无法与死去的朱后相比,他们听了这番深通古代君主专制政治三昧的议论,不免吃惊。例外的倒是赵谌,深重的患难使他过早地成熟了,他不但听懂了父亲的话,并且对南归后的皇权格局,早就有了自己的想法。

宋钦宗说到死去的朱后,更是哀思涌动,又对子女们抽泣说:"你们底妈妈尽节全贞,已是四年,若得将她底遗骨归葬,便是我第一大愿。"按照古时礼俗,人们当然把丧葬看得极重。他的话激发了众人的仇忾,赵谌激动得扼腕起誓说:"我若是得归江南,自当辅助六叔,提兵重来此地,犁庭扫穴,以报父母底深仇,江山社稷底大恨!"显然,他心目中未来的皇帝人选是六叔景王,其次当然是自己。宋钦宗说:"此事尚未得眉目,儿子且将仇耻记挂心头。"

再说完颜挞懒又渡过胡里改江,来到会宁府御寨。他没有料想到,国论移赉孛堇、左副元帅完颜粘罕和元帅右监军完颜谷神也在早两天来到此地。原来金太宗的同母弟,作为皇储的谙班孛堇、都元帅完颜斜也在去年病死,要维持兄终弟及的世袭制已不复可能。金太宗的意思,当然是打算立自己的长子完颜蒲鲁虎。如果从中原汉人皇朝的传统看来,要办成此事当然是易如反掌,然而在有着深厚的贵族民主权的女真人那里,却是难上加难。完颜粘罕和完颜谷神此行的目的,就是为了反对完颜蒲鲁虎继任谙班孛堇。在完颜挞懒到达的翌日,右副元帅完颜讹里朵也来到御寨,如果说他与完颜粘罕、完颜谷神等人有不少龃龉,而在立皇储的问题上却结成同盟。另一个有力人物则是金太祖庶长子、国论孛堇完颜斡本,汉名宗幹。完颜斡本早有一个皇储人选,这就是金太祖的嫡长孙完颜合剌,汉名亶。完颜合剌的生父、金太祖嫡长子完颜绳果早死,按女真人的习俗,其妻蒲察氏成了完颜斡本的第六娘子,完颜斡本自然就成为完颜合剌的继父,父子情深。

乾元殿里，金太宗和众贵族围坐在大土炕上，开始议政。由于都元帅的职位暂时空缺，更增强了完颜粘罕的地位，他还不忙于讨论皇储问题，而是首先从金太宗私用国库过度进入议题。完颜粘罕高声说："郎主私用国库过当，公然违犯国初誓约，须下炕受杖。"他根本不容金太宗说话或分辩，就和完颜谷神、完颜讹里朵等人一拥而上，把皇帝拉下土炕，按倒在地，完颜斡本手执木棍，不管金太宗如何叫喊和挣扎，在他臀部重打二十。群臣接着又把他扶上土炕，然后集体行女真跪礼，口称："郎君们谢罪！"最后则是每人向金太宗献上一盏酒，表示压惊。金太宗熬着臀部的痛楚，坐在兽皮褥上，按照习俗，把群臣的每盏酒都一饮而尽。他最后喝得酩酊大醉，再也无法与群臣议政。

金太宗躺了三天之后，尽管伤痛未愈，又在乾元殿再次召集会议。由于金太宗幼时过继给完颜挞懒的父亲，完颜挞懒与他关系密切，就抢先发言："斜也与绳果先后逝世，依兄终弟及，若无弟弟，便立嫡长底旧例，须是教蒲鲁虎做谙班孛堇。"完颜斡本马上表示反对，说："合剌是阿爹底嫡孙，依大金底礼法，依次当做谙班孛堇。"

脾气暴躁的完颜蒲鲁虎再也无法忍耐，他带着怒意说："合剌十三岁，怎生做谙班孛堇？"完颜粘罕却用更高的声调压倒了他："便是三岁底孩儿亦当做。"金太宗此时也按捺不住自己的怒气，说："十三岁底孩儿，又如何做都元帅？"完颜谷神却用洪钟般的声音说："须教粘罕做都元帅。"完颜粘罕和完颜谷神所以同意完颜斡本的意见，正是看中了完颜合剌年幼，认为完颜合剌当谙班孛堇，就必然无法兼任都元帅，都元帅的位置自然非现任左副元帅的完颜粘罕莫属。

完颜挞懒立即反驳说："粘罕岂得做都元帅！"完颜讹里朵说："粘罕如何做不得都元帅？"他和完颜斡本作为金太祖的儿子，另有他们的想法，认为完颜粘罕当都元帅后，按照惯例，只能到会宁府坐镇，自己固然可以依次升任左副元帅，还可以让同母弟完颜兀术乘机夺取西朝廷的军权。

在四名权臣的逼迫下，金太宗难以再说什么反对的理由，他只好说："此事且缓缓底，待明年再议。"完颜粘罕说："自家们统兵在外，到御寨不易，岂得延误。"完颜讹里朵也说："此事已是延宕日久，不得到明年另议，须是郎主依礼法定议。"完颜挞懒也不肯让步，他说："若是要目即定议，尚需教蒲鲁虎做。"完颜粘罕斩钉截铁地说:"蒲鲁虎做不得谙班孛堇!"于是完颜挞懒与他们四人大吵起来。

金太宗被逼无奈,就说:"便依你们底计议,然而须是待合剌年过十四岁,然后下诏。"完颜蒲鲁虎眼看父亲让步,心中更加愤愤不平,他吼道:"阿爹做事极是不当!"他说完,竟拔出腰间的佩刀,完颜谷神也拔刀在手,吼道:"蒲鲁虎,你须不是我底敌手!"金太宗只能喝退儿子:"蒲鲁虎,你且退下!"完颜蒲鲁虎怏怏而退。金太宗心灰意懒,不愿再多费唇舌,只是重复说:"待来年,当授合剌谙班孛堇,你们不须再议。"

完颜粘罕等见郎主已经让步,也就不再说话。完颜挞懒又提出了以宋徽宗等交换淮南土地的问题,他说:"康王教大将刘光世致书通和。自家已去胡里改赵氏寨,教昏德公写信,命康王以淮南地界换取昏德公等南归。"说着,就把刘光世和宋徽宗的书信取出,完颜谷神首先把信取来,用女真话翻译一遍。完颜讹里朵说:"兀术已根刷诸道兵马,候今秋大举,攻和尚原。且待破得吴玠,再议换取淮南。"完颜谷神说:"昏德公老迈无用,可将他换取淮南,然而重昏候不得放归。"完颜粘罕却把宋徽宗的书信抢在手里,说:"康王有几个使节,今拘押在雲中,我观其中有一王伦,尚是晓事。与康王通和,须是显示大金底国威,待我见机而作。"完颜粘罕的意图,不论是战是和,必须由自己执掌主导权。

金太宗虽然与完颜挞懒感情亲密,但在对宋和议上,并无定见,说:"便依粘罕、谷神与讹里朵底意思。"完颜挞懒眼看自己的意见被否定,又得不到金太宗的支持,也有几分不悦,却也无可奈何。女真人的决策不像汉人那么啰苏,只消三言两语,乾元殿的会议就立即结束。

完颜挞懒会后找着完颜蒲鲁虎,说:"我观粘罕凶悖,又与谷神狼狈为奸,终生患害。"完颜蒲鲁虎说:"他们既留御寨数日,待我率五百儿郎,乘机将他们剿杀,以绝后患。"完颜挞懒说:"不可,他们有大功,岂得无故处死,郎主必是不允。依我底意思,不如候来年封合剌时,将粘罕与谷神升迁,教他们往御寨,不教他们回雲中,他们不得掌兵厮杀,便无患害。"完颜蒲鲁虎说:"此事待我教阿爹做。然而我做不得谙班孛堇,极是气恼!"

完颜挞懒说:"既是郎主被逼无奈,自家又岂得另议。合剌年幼,又怎生做谙班孛堇？待日后罢免粘罕等人，尚得再议。"完颜蒲鲁虎说："他日我若做得郎主，自当罢免讹里朵等人，教叔叔做都元帅，执掌大兵。"经过一番商量后，完颜挞懒和完颜蒲鲁虎从此结成一党。

[玖] 讨伐李成

在秦桧归宋的前后,正值金军破楚州的消息传到行在越州,又引起宋高宗的震恐,放散百司,准备再一次逃难。但延捱到建炎四年岁末,宋高宗君臣终于明白,这只是一场虚惊。江北的金军暂时并未直接威胁小朝廷,而盘踞淮西的李成却再次发动叛乱。他自称李天王,派都统领胡选由江北进犯池州(治今安徽贵池),副都统领马进率兵渡江,进攻江州、洪州等地,企图席卷江、淮。这支叛军顿时成为南宋小朝廷最直接的威胁。

绍兴元年正月十日,元宵佳节还没有过,宋高宗就与宰相范宗尹等人匆忙商议,发表神武右军都统制张俊出任江、淮招讨使。范宗尹为此找张俊谈话,然后回奏皇帝,说张俊颇有推托辞避的意思。于是,宋高宗不得不在两天后亲自召见张俊。张俊入见叩头,说:"臣张俊叩见陛下,恭祝圣躬万福。"宋高宗说:"张卿可起立,朕今日当与卿详议讨李成底兵机。"

张俊起立后说:"臣闻得李成连兵数十万,兵势甚盛。此人久有谋反之志,在滁州时,军容甚是整肃,官吏秀才皆得面陈利害。有人曾问:'天下何时得安?'李成言道:'凭君莫问封侯事,一将功成万骨枯。'可知那厮非是鼠窃狗偷底草寇一流,朝廷万万不可小觑。"

宋高宗严肃地说:"今日诸将唯独卿未曾立功。"张俊说:"微臣亦曾在明州破虏人,又降服戚方,何为无功?"宋高宗又笑着说:"如韩世忠擒得苗傅、刘正彦,卿岂得比韩世忠。"张俊无言以对。宋高宗又说:"卿若统率全军,为朕攻一郡,又当如何?"张俊说:"臣若是攻一州城,自当朝至而夕入。"宋高宗说:"李成竭力攻江州,两月尚不能下。朕以此知他军兵虽众，并无能为。卿放心前行，必当为朝廷立功。"

张俊明白，自己已不便再次推辞，就说："若是陛下与宰臣决计，臣自当亲临行阵，冲冒矢石，报效陛下底殊恩。然而臣底军马不多，切恐难以奏功，岂不辜负陛下。若要奏功，须是陛下命枢密院增拨人马。"宋高宗说："刘光世、韩世忠与辛企宗兄弟底军马不得增拨，其余各军皆可勾抽。"张俊说："臣须要岳飞一军同去。"宋高宗说："除岳飞外，朕当另拨神武前军统制王瓔与后军统制陈思恭二部，并受卿节制。朕朝夕在行宫延颈以俟，唯愿卿早日破敌，除目今心腹之患。"张俊摆出慷慨出征的架势，说："臣旌旗所指，必有捷报，以报陛下深恩！"

岳飞自渡江后，驻军在江阴军沿江一带不满三月，就接到宋廷的三省、枢密院札子，宣布他受张俊节制，即日率全军前往饶州（治今江西波阳），会合张俊等军，进讨李成。岳飞马上命令孙革起草公文上申，询问军队出征后，眷属应当怎么安置。宋廷又接着下令，让家属转移到徽州就粮。岳飞接到省札后，当即率前、右、中、后四军启程，来到宜兴县，与徐庆左军会合，并且拜谢了知县钱谌。岳飞全军与家属从宜兴县出发，往西南方向取陆路，经过广德军和宣州（治今安徽宣城），进入徽州地界。旖旎的皖南丘陵风光，固然使行军者留连，但军队由于家眷的拖累，在崎岖山路的行军速度相当迟缓。迟至二月七日，岳飞一军方才抵达徽州城。

徽州城不大，城周只有七宋里三十步。知州孙佑已接到朝廷命令，就将岳飞一军安顿在城东北原威果第二十八指挥和武雄第十九指挥的军营中，这两支禁兵原有编额共计六百六十七人。六、七百人连同家属的营房，根本无法安排六、七万人居住。岳飞见到这种情形，只能下令说："如今唯是老病底人居住军营，其余姑且露住。"好在军营附近还有大片空地，岳飞命令全军将士就在空地上临时建造窝栅、帐篷之类。他又命令前军统制张宪、副统制王万、第一正将张应和第二正将李璋说："如今是乱世，我率四军前去征讨，而张统制与李正将须率前军第二将将士留驻在徽州，守护老小。王统制与张正将率第一将马军当随我出征，王统制改任中军副统制。"

孙佑按照惯例，设宴招待岳飞和众部属。岳飞最关切的，自然是家属的安顿问题,他特别向孙佑介绍张宪和李璋说:"蒙孙知州厚待,不胜感激。自家们奉朝命,一军老小须留于本州。本州禁军营房狭隘,尚需建造,我留前军统制张宪等在军营守护,亦须仰赖孙知州看觑,应付钱粮等事。"孙佑说:"徽州不是江东大郡,自艰难以来,民生凋敝,应付六、七万人,岂是易事。然而既有朝命,岳防御自当安心前去征讨。"在宴会最后,岳飞与众部属向孙佑长揖,再次表示对安置家属的谢意。

  岳飞与众部属离开州衙,骑马前行,却有一人拦马告状,高喊道:"不知甚人是岳太尉?"岳飞下马上前,说:"下官便是岳飞。"那人是儒士打扮,看来有四十多岁,他用气愤的语调说:"闻得岳太尉治军严明,戒勒将士,不得侵犯百姓。然而你底舅父,却是强居自家底居室,是甚道理?"岳飞连忙作揖赔礼道:"下官委是不知舅父作过,敬请秀才恕罪,下官当立即严加究治。"

  原来由于住房的紧张,岳飞只安排姐姐岳银铃侍奉母亲姚氏,住在营房,连李娃、高芸香和婴儿们也只能暂住帐篷。不料舅父姚茂却看中军营以西的一所程氏大宅,强行进入。岳飞随程姓士人来到他家中,果然见舅父不但在那里居住,还强迫程家供应酒肉,狂饮大嚼。姚茂原来打算乘岳飞出兵行师之时,可以在徽州城里逍遥快活一阵,他见岳飞突然到来,不免吃惊,目瞪口呆,说:"五郎……"岳飞见他张口结舌,就严肃地说:"八舅,你底所作所为,岂但连累岳飞,亦是连累全军。便是岳飞能容,切恐军情与军法难容。"

  姚茂知道外甥的秉性,说:"五郎,我自当即刻搬叠出程氏大宅。"岳飞说:"你强入民宅,又强索酒肉,须与程秀才赔偿。"姚茂向程秀才长揖,表示道歉,却说:"我委是无钱赔偿。"岳飞说:"八舅岂得白吃白住,你须是尽数使钱。"姚茂被逼无奈,当场掏出身上仅剩的一贯六百文铜钱,岳飞又另加了四百文,再次向主人道歉,然后带着姚茂回营。

  岳飞余怒未息,他带着舅父找到姚氏,说明原委。姚氏规劝说:"五郎主张一军,极是不易。岳氏门中,尤须率先遵守纪律,如今八弟违犯作过,教五郎怎生约束全军?"由于姚氏平时疼爱弟弟,姚茂在姐姐面前,反而壮了几分胆气,他只是用无言表示对外甥的不满。姚氏见弟弟不说话,就叫岳银铃取出二贯铜钱,说:"老身知得八弟没钱使,今赔偿八弟二贯文,此后自当恪守军律,不得再犯。"姚茂也不推让,径自拿了二贯钱,气呼呼地离去。岳飞对母亲的做法也有些不满,却不愿说什么,倒是岳银铃说:"妈妈如此宽容,切恐八舅尤须有恃无恐。"姚氏说:"老身唯余一个弟弟,你们与他有长幼之分,料得他今后当改过自新。"

岳飞晚上在帐篷里对李娃说到此事,李娃说:"此是鹏举底不是。"岳飞说:"如何是我底不是?"李娃说:"八舅在三年前,曾违犯纪律,奴家当时教郭、张二统制处分。今日底事,鹏举自行处分,便是以幼凌长,不如教一统制官处分,却是理直气壮。教八舅到阿姑处,阿姑又岂得当尔们姐弟之面,训斥舅父。"岳飞不能不承认妻子言之有理,只得叹息一声。

由于朝廷新近调拨了一百匹从大理买来的战马。翌日天明,岳飞和王贵、张宪率领一百名军士,到城外遛马。王贵望着这群马说:"南马矮小,大抵不过四尺二寸上下,切恐难以披挂上阵。"张宪说:"闻得南马虽是低小,却是善于跋涉山林溪涧。"岳飞挑选了一匹最矮的马,准备试着骑乘登山,不意姚茂也背着弓箭走来。岳飞为缓和与舅父的关系,上前作揖,喊了声"八舅"。姚茂说:"我虽是年老,今日亦愿前来一试马力。"岳飞就把选中的那匹马让给姚茂,说:"八舅久不曾骑乘,须要小心。"

姚茂上马以后,慢步走了几圈,喊道:"五郎可上马驰逐。"岳飞又选了另一匹矮马,舅甥俩一前一后,向附近一座山上奔驰。姚茂突然张弓搭箭,回身向岳飞发射。岳飞毫无戒备,一箭正中鞍桥。岳飞此时才猛然醒悟,他大叫一声,纵马追逐姚茂。姚茂见一箭未中,慌忙之中,又连发两箭,都被岳飞挥佩剑打落地下。两匹马愈来愈近,姚茂只能回马,举弓打岳飞,岳飞用左手抓住弓弝,趁势把姚茂拉下马来。

此时,王贵和张宪率领军士也骑马赶到。岳飞满面怒色,却只是简单地吩咐说:"王统制、张统制,你们且捉住八舅底双手!"王贵和张宪并未完全领悟岳飞的意思,就上前抓住姚茂的手。姚茂被岳飞抓住后,一直不说话。他认为岳飞十分孝顺姚氏,姚氏也肯定会出面说情,所以有恃无恐。直到他眼看岳飞举剑向自己当胸刺来,才大喊一声:"五郎!……"后面的话还未出口,岳飞的剑已经刺进他的胸膛。

王贵和张宪都没有想到岳飞居然会动手杀死舅父,张宪更感尴尬,觉得自己从此没脸见姚氏。岳飞瞧着姚茂的尸体,也不由落下几滴眼泪,他劝慰王贵和张宪说："此是家事，与你们并无干系，待自家禀白妈妈。"他自己出资买一口棺材，将姚茂埋葬在徽州城郊。

岳飞杀死舅父的事，对岳家人而言，无疑成了晴天霹雳。岳飞回军营后，就跪倒在姚氏面前，不断叩头谢罪。姚氏伤心得无法说话，只是失声恸哭。其他家眷都只是呆立着，连平时最善调解的李娃也不敢劝说。过了许久，姚氏说："五郎，你明知妈妈最是钟爱八舅，何得遽然下此狠心！"岳飞说："儿子禀告妈妈，八舅底箭若是稍高半尺，儿子今日便见不得妈妈，此后妈妈又岂得有一日之安？今日八舅一箭中得鞍桥，此乃是天佑岳飞。儿子今日不杀八舅，他日必为八舅所杀，故事出无奈，不得不杀。请妈妈三思，为国家计，为岳氏门庭计，儿子死得死不得？"到此地步，姚氏也难以再责备儿子，就说："待明日全家老小与你八舅行祭礼。"

为了姚茂的丧事，岳飞又在徽州延误了好几天。但军队在安顿了家属后，就加快了行军速度。当岳飞率四军人马赶到饶州时，张俊本部的三万军马已经前去洪州。岳飞得到张俊的公文，就率军沿鄱阳湖南岸，直奔洪州城。

洪州在建炎三年遭金军洗劫后，城垣残破，而城周长达三十一宋里，共开了十六个城门，其实难于防守。张俊在二月初抢先到达洪州，主要是依托城西的章水（今赣江），与马进军相持。神武前军统制王𤫊曾经在马家渡之战率先逃跑，如今率领着所部水军，乘战船在章水中巡绰。马进连营在章水之西，几次派人下书挑战，张俊却对众将说："岳防御不到，便不得用兵！"他只是成天在城外章水东岸著名的滕王阁举行酒宴，等待岳飞一军到来。

三月初三，岳飞统率本部右、中、左、后四军抵达洪州。张俊在滕王阁设宴招待，作陪者有王𤫊、陈思恭以及张俊裨将杨沂中、田师中等人，岳飞和全体部属都应邀赴宴。张俊在酒席上向岳飞介绍一名本地的武将说："这个太尉便是江南西路兵马钤辖、拱卫大夫赵观察。"那人当即抢先向岳飞唱喏，说："下官姓赵，名秉渊，燕山府路易州易水县人。当辽国末年，自家起义归明，投奔大宋，曾任赤心队将。"岳飞听到对方的官位比自己高四阶，急忙唱喏还礼，说："下官是武功大夫、昌州防御使岳飞。"

宾主们大抵依官位高低坐定，但张俊为表示对岳飞的优礼，特别让岳飞和赵秉渊坐在自己的两边,三人居中共用一个食桌。菜肴是以章水所产的鲜鱼为主,酒是当地的金波名酒。岳飞还是按照母亲立下的规矩,用水代酒。他听说赵秉渊曾是赤心队将,不免起了好奇心,问道:"闻得赤心队是亡辽归明底劲兵。不知苗傅与刘正彦反叛时,赵观察做甚事?"张俊笑着代为回答:"自家起兵勤王时,曾与赵观察等对阵厮杀。然而赵观察毕竟是知逆顺底丈夫,又归朝廷立功。"

岳飞得知赵秉渊的来历,不免产生几分轻视,但出于礼貌,就改换话题说:"张招讨早到洪州,深谙敌情,不知有甚破敌良策,下官自当勉竭驽钝,以备驱策。"张俊却面带诡秘的微笑,说:"岳防御初到洪州,今日唯是饮酒吃鱼,不议军事。"岳飞就不再说话,只管低头吃鱼。

酒阑席终,众人又三二成群,来到阁外,倚着朱栏彩槛散心。滕王阁上有两个亭,南面的称压江亭,北面的称挹秀亭,这是相当独特的建筑。岳飞来到压江亭上,眺望远山,俯瞰江流,眼前的一派迷人景色,使他很快联想起唐朝王勃著名的《滕王阁序》,不免将王勃当年的诗略加改换,感叹说:"物换星移五百秋!"赵秉渊对岳飞却有几分好感,他走到岳飞身边,指着西山说:"马进如今便扎寨于西山,连下战书,教张招讨渡江决战。"岳飞说:"马进那厮背山面水,居高临下,妄图以逸待劳,教官兵背水一战。然而他何以不渡江攻打州城?"赵秉渊指着章水岸边的一排战船说:"神武前军王统制在江中摆布战船,贼兵又怎生过江?"

岳飞问道:"难道偌大底章水,马进便无处济渡?"赵秉渊指着西南方向说:"贼军不知地理,州城西四十里,相传是西山天宝洞底南门,有一渡口,叫生米渡,江水浅时,尚得涉水过江。"赵秉渊的话启发了岳飞,他望着日色,说:"目即不过未时,敢请赵观察与我同去生米渡,觇视动静。"

岳飞向张俊告退,他吩咐王贵和徐庆安顿全军,自己和寇成、王经两统制,还有于鹏、孙革、高泽民和岳雲率一百骑,赵秉渊也带了十名骑兵,他们不走江岸,而是另外取道前往生米渡。他们来到渡口,只见附近有一个集市,名叫生米市。岳飞亲自向市人询问,都说章水在这个渡口水浅可涉。

岳飞准备亲自骑逐电骠一试,却被岳雲拦阻,说:"阿爹不劳亲涉,儿子马低,待儿子涉江。"赵秉渊见岳雲人矮马小,却手持一对三十六宋斤的铁锥枪,不免夸赞说:"岳衙内端的是天生神力,然而渡江尤须小心。"岳云说一声:"会得!"就跃马泅渡。他从一处过江,到达对岸,又选择另一处回来,虽然江水与马胸齐深,却一举涉渡成功。

岳飞见儿子归来,高兴地说:"日色尚早,待自家们过江硬探。"赵秉渊却并无这份胆气,他说:"不如明日另命偏裨过江。"岳云对父亲说:"人多易于声张,儿子愿单骑过江觇贼。"王经拦阻说:"岳衙内胆气甚豪,然而不得轻敌,待我率二十骑过江。"寇成也抢着要渡江侦察。

岳飞完全明白寇、王二统制对儿子的一份爱心,但他今天还是想磨练一下儿子,就吩咐说:"单丝不成线,你须与二十骑前去。"他接着就问众骑兵:"谁人愿去?"众骑兵纷纷响应,岳飞挑选了二十人。王经却坚持说:"岳衙内年幼,须是下官与他同行。"岳飞对王经投以一瞥感谢的目光,吩咐岳云说:"你一路之上,须遵禀王统制底号令!"岳飞吩咐把各人随身的干粮尽量让给王经等二十二人,然后目送二十二骑涉江而去。

赵秉渊见到这种情形,真是别有一种滋味在心头,他心想:"我自宣和四年归宋,十年之间,官兵底情实,可谓了如指掌。大将子弟不上战阵,而虚报战功,比比皆是,不意尚有如岳飞。岳云年幼如许,竟教他充硬探。"他正在思忖着,岳飞却对他说:"赵观察辛苦,且回城歇息,自家今夜须在江头守候。"他接着又命令于鹏回营,调拨一些干粮前来。

岳飞和众人就在生米渡一带守候了一夜。事实上,岳飞对这次武装侦察也并非不担心,他时或坐在江岸,时或在岸边踱步,整夜未曾合眼。翌日拂晓,和煦的阳光照耀着鸟语花香的江岸,岳飞等人却没有那份雅兴,去欣赏如画的景色,寇成不耐烦地说:"待下官率三十骑过江接应。"岳飞说:"王统制老于行阵,料得他须是尽得敌情,然后回归。自家们且在此耐心等候。"话虽如此,岳飞的心情其实也相当紧张,他不断凝望对岸,却一言不发。

延捱到正午时分,爬在高坡一棵树上的高泽民终于下树,兴奋地对众人说:"我已见得对江有二十余骑前来!"不一会儿,一队雄赳赳的骑士终于涉江而来,众人忐忑不安的心才完全安定下来。王经和岳云这次侦察,不但详细地勘察地形,探明敌人的屯驻情况,并且活捉到一个俘虏。王经高兴地对岳飞说:"此人便是岳衙内亲自擒捉。"岳飞稍稍审讯了一下俘虏,就带着一百余骑,返回洪州城。

张俊听说岳飞亲自前往侦察,就召集众将会议。他开门见山地说:"岳防御已到生米渡硬探,必有所获,且道来。"岳飞说:"马进不知兵法,今有王统制亲往,探得贼军在生米渡一带并无把截,此正是天赐破贼良机。岳飞虽不才,愿为先锋,攻其不意,必可破贼。"他取出地图,上面标明了马进三军部署的位置,说:"贼军号称二十万,其实不过四万余人,不足畏惧。官军渡章水后,可自南而北,先破叛贼右军,次及中军,再攻左军。"

赵秉渊见岳飞并不提岳雲活捉俘虏的事,不免增加一重敬意,说:"岳衙内率先涉渡过江,又捉得贼兵,理当记功。"岳飞说:"儿子岳雲乳臭未干,只是追随王统制,奉命行事,何得言功。"张俊笑着说:"岳防御不必过谦,待破贼之后,自当奏禀朝廷。"

他又环视众将,说:"你们另有甚破敌良策?"杨沂中说:"事不宜迟,可依岳防御底计议,及早发兵。"众人再无异议,大家当场就商定了七日出兵的日期。张俊命令赵秉渊说:"你可率本州禁兵与厢兵守城。"岳飞说:"神武前军王统制底水军可依旧在章水屯泊,使贼军不知我虚实。"张俊马上赞成说:"此说甚是!除神武前军外,其余各军随我去生米渡。"

七日天色未明,张俊所率各军都饱餐一顿,依次离开洪州城。军队不走江岸,而是沿着岳飞等前往侦察的旧路行进,以免暴露目标。岳飞所部四军以后、右、中、左为序列,由于王经曾亲自侦察,他和副统制庞荣率后军在前。岳飞临时集中了前军第一将和各军骑兵一千五百人,归自己和张应、于鹏、王敏求、李廷珪统率,作为前锋,岳雲也在骑兵的队列之中。

部队抵达生米渡后,岳飞很快发现章水的江流较几天前大而急,就找生米市人询问,有一老人说:"章水水势,系于南方虔、吉二州上流,若是虔、吉州多雨,便水势汹涌。依目今水势,必是上流有大雨。"岳飞问:"依目即水势,可得涉水而渡?"那个老人说:"切恐难以涉江。"岳飞面对滔滔章水,凝视片刻,下令说:"军情紧迫,岂得延误,取长绳来!"

有军兵送来一条用好多条绳串连而成的长麻绳,岳飞当即用左手抓住麻绳的一头,右手执着马缰,仰仗着逐电骠的高大,第一个披挂重铠,跃马涉水。逐电骠四蹄劈波斩浪,最初还溅起阵阵水花,后来又在没过马胸的激流中泅渡，终于抵达对岸。岳云第二个下水，他左手牵着另一条长绳，右手抓住父亲牵连的那条长绳，虽然人小马矮，也一举涉江成功。

岳飞父子过江鼓舞了全军，于鹏和王敏求也紧接着持麻绳纵马过江。最后，生米渡上牵连了二十条长麻绳，岳飞亲统的骑兵，还有四军步兵，都攀缘而涉。张俊和杨沂中、陈思恭等众将也来到渡口，见到这种情形，都为之感奋，张俊高兴地说："岳防御煞是神将！"他的本部军马和陈思恭的神武后军也接踵涉江。

宋军来到西山，西山其实是一片方圆好几十宋里的山地，千峰竞秀，其中有一座著名的道观，名叫玉隆观，建筑宏伟壮丽。马进军的右翼部署在南面，就在这座名观附近扎寨，由孙建统领，所部约有一万人马。近正午时，岳飞命令本军在行军路上饱餐干粮，然后先南后北，首先向孙建部发动突击。

岳飞等人首先率领骑兵向玉隆观一带的敌寨发射火箭，乘着火势，突入寨中，纵横驰骋。王贵、寇成、徐庆和王经各率本军步兵投入战斗。张俊督大军也接踵而到。孙建军猝不及防，很快就被杀个落花流水。宋军乘胜北进，又一举击破马进中军大寨。马进军北面的左翼赵万所部不敢迎战，接着溃逃。

马进的败军向西逃奔筠州（治今江西高安）。岳飞身先士卒，率骑兵追击约二十五宋里，前面有一条小河，河上有一座狭窄的土桥。岳飞率骑士飞驰过桥，王敏求刚纵马过桥，土桥突然坍陷，后面一名骑兵连人带马跌落河里，幸好被后续部队营救。岳飞听到后面的喊声，不得不与已经过桥的四十三骑停止追击，他隔河大声命令于鹏说："速教后军王统制治桥！"王经命令后军副统制庞荣带领一大批步兵，很快赶来修桥。

不料逃奔中的马进得到报告，又亲率五千精兵，包括二百名骑兵和四千八百名步兵，向小河西岸的岳飞、王敏求等四十四骑进行反扑。岳飞听到前方的喊声自远而近，就对过河的骑士们说："今日底兵机，唯有向前厮杀，不得后退！"说完，就第一个跃马直前。他看准敌方为首的一个骑将，引弓一发，那个敌人立时中箭，落马毙命。王敏求与其他四十二骑也跟着奔驰迎战，向敌人射箭，又有十多个敌人或死或伤。但马进却挥刀督兵，骑兵在前，步兵随后，继续向宋军猛扑。

在小河东岸的岳云见到这种情形,就大喊一声,手持两枝铁锥枪,纵马跃入小河,尽管小河的水流相当湍急,岳云还是快速泅渡,直上西岸,投入战斗。于是将士们也纷纷仿效岳云,渡河参战。土桥还没有修缮完毕,马进军的反扑就被宋军击退。岳飞又率军追击了二十多宋里,方才收兵。

岳飞陪同张俊骑马巡视战场,张俊见到敌人遗弃的大量军械、粮草等,十分高兴,得意地说:"官兵缺乏粮草,马进此回端的是雪中送炭。"他又扭头对岳飞说:"岳防御大功非细,你骁勇敢战,临危而方寸不乱,不知有甚么用兵之术?"岳飞说:"下官既蒙张招讨下问,便不得避僭越。我用兵别无它术,唯是依《孙子兵法》,仁、信、智、勇、严,五者不可缺一。有功重赏,无功峻罚,军士便能用命,向前厮杀。"

于鹏问道:"《孙子兵法》言道:'将者,智、信、仁、勇、严也。'用兵唯是尚智谋,岳防御何以将'仁'置于第一,'智'置于第三?"岳飞正准备回答,有陈思恭押到八百多俘虏,张俊随便询问一下,原来都是江西路人,而被叛军抓来当兵。张俊见他们脸上都被刺上了"誓随天王,兴李灭赵"八字,不由大怒,说:"此等人岂可留得性命,都与斩首!"岳飞说:"自古佳兵不祥,用兵自是不得已底事,故须以仁义为本。'好生之德,洽于民心',唯愿张招讨以好生之德,留得此等无辜之人底性命,此便是为将之道,'仁'字第一。"张俊说:"既是岳防御求情,便放他们悉与逐便。"

宋军乘胜进抵筠州。筠河(今锦江)流经筠州城,曲折东向,最后流入章水。筠州城跨筠河分建南城和北城,其间用桥梁相连。马进整顿残部,督率孙建和赵万两军出城东,屯驻筠河东北向一段的东岸,而自己扎寨于西岸,并且在河上架设浮桥。他们抢先占据有利地形,准备负隅顽抗。宋军也在州城东四十宋里设立营寨。张俊命令岳飞和陈思恭两军为左、右翼,扎寨在前,而自己的大军驻营在后。

张俊在扎寨之后,就召集众将会议。杨沂中首先提议说:"贼军夹河为营,实是自取灭亡。下官愿率马军于今夜衔枚渡筠河,自西山绕出贼后。明日会战时,我当率奇兵夹攻贼军。"张俊望着岳飞和陈思恭,说:"你们以为如何?"岳飞说:"此计甚好,然而须设定会合底时刻。"杨沂中说:"以午时为期,如何?"众人都无异议。岳飞说:"贼军左翼孙建所部在玉隆观一战,已受重创,唯有右翼赵万所部却是全师而遁。下官明日愿以左翼军率先挑战赵万所部。"张俊对陈思恭说:"便依此议。你可率神武后军迎战孙建。我当统大兵为你们两军继援。"

岳飞回营后,又与众将继续商议。徐庆说:"闻得玉隆观败后,马进诋责赵万,若是阵前不用命,便当斩首。故明日赵万必是以严刑驱迫贼兵死战,自家们不得小觑。"王贵说:"贼军严守栅寨,若是强攻,官兵伤亡稍众,便是挫动锐气。不如用计诱敌出战。"岳飞命令张应说:"张正将明日可率二百骑前往挑战,诱敌追赶。"他接着又部署了各军的行动。

次日天明,张应率领二百骑兵,举着一面红罗旗,其中绣一个白色的"岳"字,到赵万军前,击鼓挑战。赵万听说宋军人数不多,就指挥大部兵力出战。宋军骑兵直驰敌阵,发射一批乱箭,就立即拨马退兵。赵万以一百骑兵在前,众多步兵在后,紧追不舍。不过十多宋里路,张应又亲自高举"岳"字旗,回军再战。这其实是一个信号,当即有王贵等率右军,寇成等率中军从南面杀来,徐庆等率左军,王经等率后军从北面杀来,夹攻敌人,而岳飞亲率骑兵又截断敌人的退路。敌军大部分被宋军包围,赵万只率二十多骑逃回营栅。岳飞眼看敌人已无力抵抗,就下令军兵们呼喊:"不愿从贼底,可卸得甲胄、兵器,坐于地上,官军不杀降兵!"于是大批敌军纷纷扔掉兵刃,脱去铠甲,坐在地上,表示投降。

岳飞命令寇成和王经两军处置降敌,自己率骑兵和左、右两军步兵乘胜进攻敌寨。马进得到赵万的败报,就率军跨浮桥增援,据营寨抵抗,向宋军发射弓弩。岳飞也命令步兵向寨栅发射火箭。

另一方面,陈思恭的神武后军与敌方孙建部接战,未分胜负。张俊也调动大军,进援前锋的左、右翼。时近午时,杨沂中的骑兵适时从西山出击,进攻筠河西岸敌营。在几路宋军的腹背夹攻下,马进全军溃败。岳飞亲率骑兵插入敌后,夺据筠河上的两座浮桥。当宋军进攻第二座浮桥前,孙建已经驰马越过浮桥逃窜,他率领部分败兵,一直退遁到筠州北城。马进和赵万则率领败军沿着筠河,逃往筠州南城。

宋军大获全胜后,张俊下令打扫战场。他见到大批面刺"誓随天王,兴李灭赵"的战俘,感到十分刺眼,又随便询问一下,发现这些战俘基本上都是北方人或淮南人,有的已经追随李成多年,立即心生一计。他派人把岳飞找来,岳飞马上行礼毕,张俊就在马上说话:"此回官军大胜,岳防御可率本军人马,乘胜追到筠州南城下,或是相机夺取南城,或是在城下歇泊,以便明朝攻城。"

岳飞当即马不停蹄,兵临南城。马进和赵万闻风带兵逃往北城,并且拆毁了筠河上的两座浮桥。岳飞下令,全军暂驻南城外,自己只带领二百骑兵和左军第二将韩清所部进城巡绰,发现已无敌人,就命令韩清率所部守城,不得骚扰民间,自己率骑兵重新退到城外。

张俊支使开岳飞以后,就召集众将会议,他说:"此战有降兵八千余人,多是追随李成多年,惯于做贼,蓄意背叛朝廷。目即战事未休,如若将他们留于军中,又复谋反叛,便成官军底心腹大患。不如将他们尽底斩馘,以绝后患。"田师中马上附和说:"阿爹此说,极是深谋远虑!"张俊以为,既然岳飞不在场,众将就不会再有人表示反对意见,不料杨沂中却说:"自古以来,杀降不祥。"

张俊说:"杀降固是不祥,然而亦是事出无奈,天地鬼神,必能鉴谅。如若不杀,军中多有面刺'誓随天王'底人,又怎生朝拜官家?"杨沂中说:"虽是如此,自家终不忍杀降。"张俊说:"此事自可不教你做。陈统制,你听我号令,下手去做,如何?"陈思恭立即应答:"下官当遵依张招讨底军令!"张俊说:"如此甚好,此回杀得降贼,亦当记功!"陈思恭连夜指挥本军,把八千多降兵全部斩杀。

张俊翌日发兵过筠河,与岳飞两路进攻筠州北城。马进和孙建、赵万不敢抵抗,率残部往南康军(治今江西星子北)和江州方向逃遁。原来自从马进军攻破江州以后,李成就渡江亲驻江州。岳飞率本军首先突入北城,张俊的大军也接踵而至。双方会师后,张俊命令岳飞一军返回南城,自己却纵兵在北城抢掠。田师中还特别把抢来的一批珍宝进献给张俊,说:"阿爹,此是儿子孝顺!"张俊见到财宝,眉开颜笑,说:"田十七煞是孝顺!"

岳飞听说杀降卒和抢掠的消息,不免感到气愤,他说:"我原知张俊贪而无耻,暴而寡谋,然而今日底事,不可不与他理会。"王贵第一个出面拦阻,说:"在人矮檐下,不可不低头。岳防御当年亦曾屈事杜充,今日岂可不屈事张招讨。"王经也说:"自家们与岳防御同患难,岂不知岳防御底心。然而今日底事,第一便是破贼,与张俊失和,不利于军事。"经众人劝解,岳飞只能长时间沉默不语,他心里明白,除了隐忍,也别无其他办法,他斩钉截铁地说:"自家们且保护南城百姓,断不容北城底官军抢掠!"

郭青建议说:"马进那厮必是逃奔江州,会合李成,若是以马军追奔,尚可杀得一阵,教李成那厮胆落。"郭青的话提醒了岳飞,他想了一下,命令左军统制徐庆、副统制姚政和第一正将霍坚、第二正将韩清说:"左军且守护城池,保全百姓,其余三军与马军可衔夜出兵,追杀贼军。我料得马进必不虞官军追击。"右、中、后三军步兵和前军第一将骑兵经过休整和饱餐之后,连夜出城,追赶马进败军。岳飞另外还派于鹏去北城报告张俊。

再说马进率领败兵逃了一阵,见到没有追兵,才稍稍松弛一下紧张的心情,他收拾和统计败兵,共计只剩五千多人,就对孙建和赵万哀叹说:"自家们在洪州西山连营时,号称二十万,其实亦有大兵四万余人。不料连败两阵,仅存得八分之一,又怎生去见李天王?"古代凡是要造反抢夺江山,往往免不了装神弄鬼,制造一些迷信符谶之类,用以幻惑群众。李成就是叫一个老巫婆为他扶乩,说他长颈高鼻,有帝王之相,必定可以占夺江山,并且按照扶乩中的诗句,要部众称他为"天王"。

天色已晚,败军们沿途到一些村落里奸淫掳掠,吃食休息。他们在第二天又继续没精打采地北行。到下午未时,马进军来到朱家山,山麓两边都是密林,中间有一块开阔坡地,岳飞的伏兵突然杀出,前有王贵和郭青所率的右军,截住去路,左有寇成和王万所率的中军,右有王经和庞荣所率的后军,后有岳飞等所率的骑兵。宋军将敌人团团包围,进行歼灭战。赵万还是企图顽抗,当场被宋军所杀,只剩马进和孙建率十五骑逃跑。五千多叛军小部分被杀,大部分投降。岳飞当场甄别战俘,把强抓的江西土著壮丁一律释放,另有近二千北方和淮南人,全部编入军中,并且命令他们暂时用泥浆傅脸,日后设法傅药,除去脸上的刺字。

再说马进和孙建率十五骑北逃,进入南康军建昌县(今江西永修)界,正遇前来增援的三万李成军。李成是得到洪州西山的败报后,亲自统兵自江州而来。马进和孙建当然熟悉李成的脾气,这次四万多人马全军覆没,两人只是跪在李成马前,连连叩头,说:"自家们死罪,乞天王宽恕!"李成气得多时说不出话,他突然用马鞭在两人背上猛抽几下,然后厉声呼喝:"且将二个败将押至后军,候我破得张俊大军,另行处置。"说完,就纵马前行。

李成带兵进入洪州奉新县界,就不断察看地势。他见到有一处山峻路险,名叫草山,而其间又有一片小小的开阔地,有一村庄,名叫楼子庄,就决定在草山设置埋伏。李成命令部将商元说:"你率一万五千兵马伏于左山,我自率一万五千兵马伏于右山,待张俊那厮到得楼子庄,我在山上举'天王'旗为号,左右夹攻,必可取胜。"

宋军果然挺进到楼子庄,其先头部队仍然是岳飞所部。李成在草山的一处巅峰观察,见到宋军进入楼子庄,就下令树起他那面"天王李"的白字大黑旗。于是身穿黑衣的伏兵就从左右山上冲杀下来,形成黑压压的一片,喊声震天。李成所以对军旗和军衣采用黑色,其用意也是用五行中的水德压服宋朝的火德。

岳飞见到此地的山势,在思想上早有戒备,下令全军警惕埋伏。他见敌军杀来,就命令王贵右军和寇成中军的步兵迎战商元军,徐庆左军和王经后军的步兵迎战李成军。由于这一带地形无法展开骑兵,岳飞暂时率领骑兵在后观战,又命令于鹏飞报张俊,建议包抄到山后,夹攻敌人。张俊马上命令杨沂中和陈思恭率军队绕道转入敌军的后侧。

李成的军力虽多,但既没有造成出其不意的奇袭效果,与岳飞军搏战时并不占优势。双方战斗正酣,杨沂中和陈思恭两军却从敌后杀来,于是李成全军顿时一片混乱,较窄的地形,险峻的山势,反而帮助宋军形成一个口袋,使李成军难以四散逃窜。李成在自己树立的"天王李"黑旗下督战,眼看败局无法挽回,就撇下自己的帅旗,率领亲骑逃命。杨沂中很快带兵杀到,他发现那面大黑旗还插在石缝之中,就下马亲自将它拔出,扔在地上。帅旗的倒地,更影响了李成军的军心,他们只能纷纷扔弃兵刃投降。楼子庄一战、李成、商元等最后带着一万五千多人马,往武宁县方向逃跑,除了被杀者以外,投降者竟接近一万人。

岳飞巡视战场,审讯几名战俘后,立即驰马求见张俊,双方就在马上交谈。岳飞说:"此战已杀得李成丧胆,他必是逃往淮南,而不敢在江南停留。下官不才,愿往武宁等地追击残匪。张招讨正可乘胜收复江州。"

张俊高兴地说:"岳防御所说极是,便依此议!"岳飞又说:"然而另有一事,自古杀降不祥。如今胜券在握,降兵虽多,官军亦不惧他们复反。切望张招讨以好生之德,善待降卒,天地必有厚报。"张俊因为破敌成功,正在志得意满之时,他立即表示接受,说:"岳防御放心,上回杀降兵,实是事出无奈,万不得已。"岳飞说:"既是如此,下官即刻提兵追击,以免李成那厮窜逸之际,荼毒百姓。"于是张俊和岳飞分兵两路,张俊统兵往东北方向收复江州,而岳飞一军则往西北武宁县方向紧追李成。

李成本人吃了败仗后,对部属反而格外和气,他把马进和孙建召来,与他们并马而行,用好言好语抚慰,他提到了当年说自己有割据之相,促成自己叛宋的相面道士陶子思,说:"当年陶相士曾言道,我生就割据寰宇之相,然而须经数次灾厄,方得成事。后刘光世破我军,陶相士亦不幸被俘,身遭杀害,此是第一回灾厄。如今赵氏军势转盛,又是第二回灾厄。料得灾厄过后,必是否极泰来。我当回淮南,召胡太尉底大军,重整旗鼓。你们如愿在江南固守得一个城池,以待援兵,我当分兵与你们。"马进立即表示反对,说:"使不得,如今士气不振,军力不多,自家委是难以留江南坚守待援。"孙建也说:"小将亦是不敢独留。"李成也不再勉强,就命令商元统兵充前队,自己居中,而马进和孙建率领后队。

这支败兵进入武宁县界,到达修水之滨,时值正午。经过不分昼夜的逃窜,在晚春晴日的曝晒下,残兵败将们都十分饥渴疲劳。由于前些时日下雨,修水暴涨,一时又找不到渡船。李成下令军队暂时在河边休息,另外分派一部分匪军到附近村落抢劫粮食,寻找渡船。李成本人和商元、马进、孙建等将找了一棵大树,下马在树荫下休息,有匪军为他们端来几碗江水解渴。他们望着许多匪军都试探着下修水,在水浅之处洗脸濯足。李成认为,愈是在处境狼狈的时候,自己愈需要保持尊严和镇静,他一面啃干粮,一面说:"自古以来,争天下,成王业,全是历经艰难,方得成功。我闻得汉朝刘邦与项羽争雄,虽然屡败,却是百折不挠……"

李成言犹未了,后面有骑兵飞驰而来,报告说:"启禀天王,今有赵氏马步军杀来!"李成此时再也顾不得天王的尊严,他扔掉手里的水碗和干粮,手执双刀,第一个跳上马,驰马逃到江岸。由于没有渡船,李成急中生智,他看准了一片竹林,就上前砍下一根巨竹,然后一手牵马,一手抱竹,泅渡过江。商元、马进、孙建等人也纷纷仿效逃命。好一片竹林立时被砍得精光，为了抢夺最后一批竹竿，匪徒们还自相残杀。

李成最后只剩下几百人，逃窜到大江以北蕲州黄梅县独木镇的独木渡。他的大部队都被岳飞追兵消灭和俘降在修水以南。由于岳飞一军的追击及时，也保全了武宁一境的百姓。岳飞消灭了匪军之后，一直追赶到大江之滨，然后沿江东下，到江州与张俊大军会师。到三月末，江南的李成匪军已无踪影。

江州城北枕大江，南傍庐山，原是座景色如画的城市。不幸遭到李成匪军的围攻和破坏，张俊大军进据之后，又免不了奸淫掳掠一番，城内疮痍满目。岳飞率领本部人马来到江州，按张俊的命令，暂驻城西琵琶亭以南。琵琶亭是为纪念唐朝诗人白居易所写的《琵琶行》而修建。他屯驻兵马之后，就与部属由西门入城，到州衙参见张俊。岳飞和众人都是初次来到江州，尽管是兵燹之余，却见街道整齐，市井复苏，给大家留下了美好的印象。

张俊陶醉于胜利，见岳飞凯旋而归，就在州衙后最著名的庾楼设置盛宴，招待众将和本地文官。庾楼相传是东晋庾亮所建，正南面对庐山的双剑峰，北临大江，建筑雄丽。高楼之上，一时觥筹交错，笑语喧哗。岳飞和部属们在楼的西南角占了三桌，却显得平静。突然，有一个文官手持酒杯，来到岳飞的食桌前，对岳飞、王贵和徐庆三人说："鹏举、伯富、祝康，你们忆得故人否？"岳飞等三人不约而同起立长揖，说："不期今日得与洵卿相见，实是万幸！"

此人正是李纲的幕僚李若虚，与岳飞等人在南京应天府相识。李纲罢相后，李若虚被贬为监相州酒税，黄潜善和汪伯彦的用意，无非是想借金人的刀，杀害李若虚。李若虚明知奸臣的用心，还是毅然上路。不料在半路上得到父亲病死的消息，只能返回奔丧。他侍奉着老母，在战乱时期颠沛流离，去年才被朝廷任命为江州司户参军。马进军攻破江州城时，李若虚逃离州城，最近又回城述职。

故人相见，感慨万端。岳飞请李若虚坐在自己的食桌边叙话，问道："你可知肖隐底下落？"李若虚听岳飞问起朱梦说，就说："自他责授监李固镇，亦是久无音问。近日方知他自北京大名府失陷后，亦是流落南方，目即已在行在越州待阙,等候吏部铨选。李丞相贬责炎荒,渡海到琼州,经官家恩赦,如今已归寓福建路邵武军泰宁县。我日近已与他通得书信。"

岳飞听对方说起李纲,又联想到自己的故帅张所,他说:"李相公大忠、大勇、大智、大才,被黄、汪二奸臣陷害,至今有志不得展,有才不得施。自家们虽是下僚,煞是为朝廷可惜。张招抚与李相公亦是志同道合,荣辱与共。三年之前,自家驻兵建康,尚得与张招抚通音问,如今却是不知消息。"于鹏听后,就当场取出自己一直珍藏的张所短简,递给了李若虚。李若虚看后,长叹说:"你们不知,我却已知得,张招抚当虏人进犯潭州时,欲去规劝凶贼刘忠杀敌,却被刘忠所害。此简如今便成遗墨!"

岳飞和部属们听后,再也吃不下酒食。岳飞沉思了一会儿,就举起一盏酒起立,拉着李若虚走到楼外,众人也跟到楼外,大家凭栏眺望着滚滚江水,都有一种说不尽的悲恸,岳飞滴着眼泪说:"张招抚忠灵有知,伏惟尚飨!"说完,就把一盏酒泼在楼下。岳飞与部属只等罢宴之后,出西门,回军营,又专门祭奠了张所。

张俊本以为在江南全歼了李成军,即已大功告成,但朝廷却下达省札,命令他率大军渡江,在淮西继续剿灭李成,以免此人卷土重来。但由于军粮不足,张俊只能暂时屯兵江州,等待江西路供应钱粮。不料不等则已,一等却等了一个多月。岳飞等人闲着无事,除了操演军队以外,就不免到各处游历,寻芳探幽。李若虚只要有闲空,也不时找岳飞等故旧交游。

四月的一个夜晚,李若虚来到岳飞军营,找众人一同去琵琶亭纳凉。面对大江,李若虚指点江山,给众人介绍江州的历史地理和古迹胜景,他指着亭子附近的一批舟船说:"如今是初夏,已见不得白居易诗'枫叶荻花秋瑟瑟'底景象。自唐至今,虽经国朝曹翰破江州时屠城,杀人数万,此回又经战祸。然而江头夜泊底来往帆舸,亦是稍复旧观。"

正说话间,只见几百灯球蔽江而下,使江面与夜空的繁星交相辉映。众人都感到奇怪,李若虚解释说:"此是江乡旧俗,只因兵灾过后,为世人禳灾祈福。"他的话启发了于鹏,于鹏说:"自家们亦何不自上流放五百灯球,为全军将士消灾求福。"寇成说:"此只是江乡底习俗,江州寺观甚多,何不去做道场?"他的话又启发了岳飞,岳飞说:"筠州杀降兵八千余人,极是不祥,不如为他们做三日道场。张招抚雄心义烈,却是身陷绿林,自家们亦岂得不为他做道场。"李若虚说:"城南庐山有百十寺观,其中以东林禅寺香火最旺,自东晋高僧慧远结白莲社以来,天下闻名。近年有真州长芦镇崇福禅寺长老慧海前来,我与慧海虽是相识不久,却知他戒行孤洁,精通禅学,颇为僧众敬仰。你们若欲做道场,不如去东林寺。"大家都表示赞成。

几天之后,李若虚带着岳飞等人前去东林寺。他们骑马穿行一个小市,约有一百多人家,李若虚解释说:"此市名雁门市,东晋慧远法师是雁门人,怀念故里,便以此名市。"岳飞说:"原来慧远法师是今河东代州人,自家久慕五台山是佛法圣地,如今却是陷入胡尘,他时恢复故土,自当去一回五台山朝圣。"大家见到市上出售的商品,大都与佛事有关。

李若虚领众人终于来到东林寺前,他首先指着正南的山峰说:"此是香炉峰,然而庐山南北各有香炉峰,李白有诗'日照香炉生紫烟','飞流直下三千尺'。"大家看到,这座山峰的一脉曲折东行,又由北而西,像一围城墙,正好将东林寺环抱其中。李若虚又指着寺门前的一条小溪说:"此名虎溪,相传当年慧远送客,不得过此溪,若是过得此溪,山后底神虎便叫啸不休。"大家下马,走过虎溪上的石桥,来到山门前,只见山门的匾额上题写着"敕赐东林太平兴龙禅寺",这是僧寺的全名。

李若虚见到寺里的小和尚,向他通报之后,慧海就亲自出迎。他向众人合掌施礼,说:"老僧拜见众官人。"岳飞等众人长揖还礼。李若虚给大家作了简单介绍,他说:"长老三年前在长芦镇崇福禅寺,其时岳防御等便屯兵建康,引兵渡江,截杀得李成贼军。建康陷落后,又率军收复。"他的话使慧海回忆旧事,一阵心酸,但慧海还是用平和的语调说:"崇福禅寺被焚,亦是在劫难逃。往事如烟,人世无量罪苦,唯有我佛法力广大,大慈大悲,普渡众生。"

他引领众人遍历东林寺的名胜,如华严阁、卢舍阁、钟楼、上方阁、五杉阁、舍利塔、神运殿、慧远法师祠堂、经藏院、白莲池、虎跑泉、聪明泉等。其中五杉阁前,有相传是东晋时栽种的五棵参天老杉。大家对寺内建筑的宏伟华焕,无不啧啧赞叹,王贵说:"自家们莫不是到得仙宫!"李若虚说："李成到江州后，便占得庐山，焚荡寺观甚多，独不敢破坏东林寺。"众人到寺里神殿的各座佛像前，都虔诚地进香拜佛。最后，慧海又把大家引领到观音泉边，一起煮泉啜茶，茶是山中有名的云雾茶。虽然是炎夏时节，但大家到庐山，还是感到有些寒意，品着清香的热茶，就别有一种奇趣和惬意。

　　李若虚到此才对慧海说明众人的来意，岳飞当场取出了众人集资的六十贯钱，慧海说："战乱不休，佛门救度大众，功德道场，何须众官人出资。"王贵说："自家们亦是诚心礼佛，唯是苦无钱财，此六十贯亦权做自家们底心香一、二分，不成敬意，唯是祈请长老笑纳。"慧海见众人至诚，也只好命行者收下。此后，岳飞与众部属自始至终参加了东林寺为被杀降兵，为张所举办的两次道场。张俊听说此事，又与杨沂中、陈思恭等出资，再次为筠州被杀的降兵做了一次道场。

　　岳飞从此与东林寺，与慧海和尚结下了不解之缘。五月中旬，在粮草齐备之后，张俊的大军就离开江州，渡江北上。临行之前，岳飞与众部属，还有李若虚，再次来到东林寺。众人在各个佛像前依次虔诚进香，祈求菩萨保佑。慧海陪着这群香客，心中却有一种难以自解的矛盾心理。佛门最忌杀生，而岳飞等人却是要再次去战场，菩萨该不该护佑他们呢？如果不当护佑，难道又须听任李成那样的匪徒横行作恶，对突入中原的金军不作任何抵抗，这就是佛家的忍辱无争？慧海皱着眉头，苦恼地思索着这个问题。当他送这群香客到虎溪石桥边，终于将自己思索的结果说了出来："但愿众官人他日清净得中原，便放下屠刀，立地成佛。"众人之中，惟有岳飞回答说："弟子敢不受教。自家唯愿肃清中土，迎还二圣之后，当受戒于长老，皈依法门。"慧海望着岳飞，心中别有一种感情，认为此人深得顿悟之道，随即回答说："顿除妄念，悟无所得，便是求解脱之道。"

　　在回营的路上，于鹏不解地问岳飞："岳防御如何要入佛门？"岳飞长叹一声："自虏人入侵以来，战争已有七年。我无年不战，却是无年不厌战，战伐不是好事。但愿天下苍生苏息，净洗兵甲，我当归隐田里，以求解脱杀生底罪孽。"李若虚说："鹏举难道要削髪入空门？"岳飞说："身体髪肤，受之父母，岂敢毁伤。我只是愿带髪修行。"大家对岳飞的心情都表示理解，却没有一人也表示愿入佛门。

渡江前夕,张俊召集众将会议,他心里明白,战争的胜利尤须仰仗岳飞,所以首先用亲昵的称呼说:"岳五,依你之见,当在何处渡江?"岳飞说:"李成在独木渡过江,闻得又在独木渡一带摆布战船,以防官军,官军不当尾随其后,可在蕲州广济县张家渡过江。我已探得,李成在张家渡无备。然而须在独木渡虚张声势,此便是明修栈道,暗度陈仓之计。"众人并无异议。

张俊当即命令王瓂率神武前军,到独木渡一带摆开战船,伪装渡江的模样,而自己率各军潜行,在一个黑夜由张家渡过江,果然并未遭遇任何抵抗。大军过江后,还是由岳飞一军充先锋,沿江东行,旌旗直指黄梅县独木镇。

再说李成逃到江北后,简直成了一条光棍,他惟一可以指靠的军力,只有都统领胡选所部近二万五千人,号称十万。胡选屯兵舒州(治今安徽潜山),攻打对江的江东路池州不利。他听说李成全军覆没,就带兵前来蕲州。有两个落第秀才,充当李成的谋士,名叫李雰和许道,他们在李成出兵救马进时,留守江州,由于张俊出兵江州,他们从另一路逃到江北。李雰和许道素来与胡选失和,他们对李成说:"如今全仗胡选一军,切恐他另有异谋,天王须防变生肘腋。"

胡选统兵到达蕲州州治蕲春县,还是到州衙依礼参拜李成。双方简单交换了情况,胡选听李成说到几乎全军覆没,不免皱起了眉头,他说:"虽有大江之险,江北一军切恐难以独抗张俊大军。依我之见,不如求援于大齐。"李成沉吟了一声,却未置可否,他最为难的事,当然是屈居于刘豫之下。

李成当晚设宴,众人纷纷向胡选敬酒。胡选有了几分醉意,开始信口开河:"天王如今全仗我胡选一军,日后与张俊大军相抗,尚须我全军将士用命!"许道和李雰对李成使眼色,李成会意,说:"如今你一军须听我主张。我将你一军分为四部,另命马、孙、商三太尉各统一部。"胡选当即表示不同意,说:"此事怎生使得!"李成厉声说:"怎生使不得!"他马上拔刀,劈下胡选的脑袋,并且命令马进、孙建和商元分统胡选的军马。

内讧算是很快结束,但胡选部众有不服的,逃亡了约五分之一。李成将剩余的二万兵力一分为二,他本人和商元统一万人马驻黄梅县,马进和孙建统一万人马驻独木镇。当匪军的注意力集中在独木渡时,张俊大军恰似神兵天降,使匪军猝不及防。马进和孙建接到李成的急令后,立即从独木镇北撤,与李成、商元军会合在石幢坡一带,凭恃险要,企图负隅顽抗。

张俊大军兵不血刃,占领了独木镇,王瓌的神武前军也渡江前来会师。陈思恭首先向张俊请缨,说:"李成势穷力屈,王师破石幢坡,必定成功,下官不才,愿统神武后军为前锋。"张俊望着岳飞,示意由他发表意见,岳飞说:"困兽犹斗,官军不可轻敌。若是强攻石幢坡,伤亡必众,不如智取。"张俊问:"怎生智取?"岳飞说:"李成贼军据山险,官兵不如以游卒为进退,另择间道绕出敌后,使李成进退失据,可一鼓破贼。"张俊当即向王瓌发令,说:"你便以神武前军往石幢坡,以游兵诳贼。"又对陈思恭说:"你底神武后军为前军后援,养精蓄锐,只待我师绕出敌后,便前后夹攻。"

张俊统本军与岳飞一军寻找小路,绕道占领了黄梅县城,突出李成军的后背,很快形成了前后包围的态势。虽然双方还没有正式交兵,李成已经感到自己面临穷途末路,他召集两个谋士和三个部将商议,许道首先说:"如今唯是三十六计,走为上计。"孙建问:"待往甚么去处?"李雱说:"须是投奔大齐。"商元说:"自家们据守山险,自可居高临下,以逸待劳。若是战而不能得利,走亦不迟。"李成实在不愿意屈尊于刘豫,就说:"便依你底计议!"

李雱当夜私下找许道说:"天王不听自家们底计议,切恐死无葬身之地!"许道感叹说:"自家们原是在乱世求发迹变泰,如今却落得嫁鸡随鸡,嫁狗随狗!"李雱说:"自家们不如径去投奔大金?"许道说:"大金入主中原以来,又有多少高官变节事主,恰便似做了虏人底奴婢。自家们不过是二个布衣,到虏人眼底,又岂得强似鸡犬?"

两人正在议论时,却听得军中大乱,原来张俊和岳飞军利用夜色掩护,向李成军发起攻击。李成军本来已无斗志,在混乱中溃不成军。马进和孙建在乱军中被杀,李成与商元、许道带了二千多人的残部,侥幸逃脱。李成一群如丧家之犬,只能北上投奔伪齐。他无可奈何地下令说:"自家们既去投靠大齐皇帝,自今以后,你们便叫我太尉,不得叫天王。"

李雱逃到舒州太湖县,被宋军捉获,押到蕲州城。张俊因为平定淮西,正在踌躇满志之时,吩咐立即在州衙亲自审讯。在尸体堆中被辨认出来的马进和孙建,割下了两个人头,放置在一张桌上,李雱见到这两个人头,不由一阵心酸。但他也明白自己必死无疑,就干脆装出无所谓的模样。张俊见到李雱的神情,不由冷笑说:"李雱,你知罪否?量李成区区一个草寇,如何与官家争衡天下?"李雱说:"自三代以来,天下又换了多少主?难道赵氏当做,李天王便不当做?"张俊喝道:"李成微末小寇,鼠窃狗偷,为非作恶,官家乃是龙子凤孙,应天承运,岂得并论!"李雱说:"自古成则为王,败则为寇,官便是贼,贼便是官,张招讨底大军骚扰百姓,又与李天王一军何异?赵官家荒淫,不孝不悌,尽人皆知,又有甚德,窃居帝位?"张俊听后大怒,说:"逆贼胆敢指斥乘舆!"不待他发作,田师中早已抢步上前,用剑刺得李雱满嘴流血。李雱很快被押往行在越州,凌迟处死。

张俊为庆祝胜利,又盛宴三天。岳飞单独找张俊说:"闻得李成逃窜,投奔伪齐,张招讨何不乘得胜之威,一举直捣旧京,削平僭伪,稍解官家心腹之患、宵旰之忧。"张俊说:"朝廷早有指挥,不得侵犯大齐疆土。自家们收复淮西,便是尽得臣子职事,岂得违旨,越界一步。"岳飞听到"大齐"一词,不由感到气愤,说:"刘豫僭臣贼子,张招讨如何叫他大齐?"张俊说:"我岂不知叫他伪齐,然而朝廷指挥便叫他'大齐'。官家底意思,刘豫既是依仗虏人,便不得求虚名,日后尚须与大金、大齐通和。"他说着,就取出朝廷最近递发的一份省札,上面果然称对方为"大齐"。

岳飞看后,还是愤愤不平地说:"我委是不解朝廷底旨意,我唯知先正诸葛亮有言:'汉、贼不两立,王业不偏安。'"在这次用兵中,张俊愈来愈器重岳飞,他现在的心境很好,见岳飞真的生气,反而用好言劝解说:"自家们是武将,唯知听官家与朝廷旨意,与虏人或和或战,自当由官家主张。"倔强的岳飞却沉默不语。

[壹零]
巾帼退隐

六月,张俊的大军从淮西渡江,凯旋返江州,暂驻瑞昌县丁家洲,避暑休整。军中无事,岳飞不免想起了东林寺的慧海,他对佛教的兴趣逐渐浓厚,想抽空前去,听几天佛法。岳飞找到了张俊,说明此意,张俊却笑着说:"岳防御,你不得去,此回尚有唾手可得底大功。"岳飞不解地说:"下官不知张招讨是甚意思?"

张俊说:"你可是与张用有旧交?"岳飞说:"下官原是与张用同在东京宗留守麾下,后杜充又驱使与他交锋。"张俊说:"我闻得其妻王氏号一丈青,勇力又在张用之右,带甲上马,力敌千人,隆祐太后封她新兴郡夫人。她与你姐弟相称。"岳飞用略带惊讶的眼神望了一下张俊,表示承认。

张俊说:"朝廷为安抚张用,封他舒、蕲州镇抚使。然而他不安分守,率本军流窜荆湖,今闻知已自鄂州咸宁县入江西地界,到得分宁县。朝廷以为,若不乘机招安,收编他底人马,久后必生患害。你可率本部军马绕道去江西与荆湖交界,截住张用归路。你与我前后相逼,另作书与张用夫妇,教他们交出兵马。若是张用夫妇不服,便与剿杀。"岳飞听后,立即陷入十分复杂的感情和心态之中,他在悲痛和担忧之余,又有几分喜悦和希冀。岳飞沉思片刻,就应允说:"下官谨遵张招讨底军令!"张俊没有料到岳飞允诺得如此爽快,十分高兴,又问道:"不知岳防御何时出兵?"岳飞说:"此事宜速不宜迟,下官明日便出师。"张俊不由拍手称快。

岳飞回营后,就与众部属商议,王贵说:"若得张用、郡夫人与本军并力,煞好!切恐张用不服朝命,郡夫人性刚,不得已而与他们交阵,却是痛心!"岳飞说:"我思忖再三,如今之计,唯有我亲去晓谕。"孙革第一个表示反对,说:"岳防御是一军之主,万万不得冒险!自家们原无害人之意,却须有防人之心。依下官之议,岳防御可亲笔修书,待自家与于干办同去,见机而行。"众人一致同意孙革的主张。张应和孙显说:"自家们与郡夫人有旧,愿与孙、于二干办同行。"岳飞说:"目即不是叙旧之机,且待于、孙二干办前去说谕后,再行理会。"

孙革连夜为岳飞起草一封书信,岳飞用端正的楷书誊写了一遍。他的军队就冒着暑日,从兴国军取山路,直插鄂州武昌县金牛镇,屯兵在修水上游的山区,从西、北两个方向堵塞了张用军的后路。接着,孙革和于鹏就带着岳飞的亲笔信,驰马来到分宁县城。

再说张用和一丈青自从在铁路步与岳飞分手后,三年之间,一直过着自由闯荡的生活,他们的宗旨是表面上接受朝廷命令,绝不反叛,其实却不听朝廷命令,我行我素。由于北方缺粮,他们的军队只能不断南撤,现在又转移到了分宁县城。夫妻俩占住县衙,县令也只能听命于他们。夫妻俩正在喝茶消暑,有军士进入报告说:"今有武功大夫、昌州防御使岳飞命本军干办公事孙革、于鹏求见张镇抚与郡夫人。"张用听说于鹏和孙革到来,马上联想到当年南薰门的战斗,总觉得事情有些蹊跷。一丈青王燕哥听说故人前来,却是满心欢喜,她首先说:"既是他们前来,自家们理当出迎。"

张用无话可说,只能随妻子一起迎接。于鹏和孙革到县衙后,就与张用夫妇互相叙述三年间的遭际。一丈青开始逐个问候岳飞的家眷:"姚太孺人安好否?李十姐安好否?"孙革说:"姚太孺人与李孺人已改封安人。李安人自与岳防御结缡以来,已生下一女一男,虽是干戈扰攘,百事艰难,李安人与子女幸得平安。"他的一句话触动了一丈青心灵深处的隐痛。一丈青与马皋结婚多年,并无子女,倒也不觉得什么。自从嫁张用以后,夫妻俩都求子心切,而三年之间,却没有任何怀孕之兆。一丈青今年已有三十二岁,她对自己的生育感到有几分绝望,不免对李娃产生歆羡之情,甚至有一些忌妒。她向来不善于掩饰自己的感情,所以听到这个消息,不但没有对岳飞表示祝贺,反而在脸上流露出一些不快。

孙革和于鹏见到一丈青的表情，还误为她对三年前未能与岳飞成婚仍心存旧憾，两人互相用眼神交换意见，决定转入正题。孙革取出岳飞的信，说："岳防御修书一封，今奉上张镇抚与郡夫人。"说着，就把信递上。张用识不得多少字，只能将信交付妻子。一丈青看完以后，就对丈夫当场念了一遍。岳飞信中的语调是亲切的、诚恳的，却又是坚决的，如果张用夫妇不接受招安，只能是一场没有出路的恶战。张用听后，头上大汗淋漓，他心想："我早知二人前来，必无好事！"却不敢说什么，只是向妻子投以征询的目光。

一丈青心头百感交集，她说："不料今日又须重做南薰门底往事。然而当年奴是马夫人，被杜充那厮褫夺军职，尚得置身事外；如今却是张夫人，不得隔岸观火，须是赴汤蹈火。"于鹏和孙革听到"赴汤蹈火"四字，不免有点紧张，于鹏说："岳防御千叮万嘱，教下官致意张镇抚与郡夫人，他千不愿，万不愿坏了昔日情分，唯愿与你们同共杀房人。郡夫人有百般怨苦，自家们岂有不知，然而须以大义为重。抵拒朝命，便成千古罪人！"一丈青苦笑着说："岳五哥与二干办赤胆忠心，奴岂有不知，二干办且在此歇泊一日，容明日再议。"

于鹏和孙革知道一丈青的脾性，就不再多说。张用当即为两人安排住宿，用好酒好食招待，但夫妻俩却并不作陪。于鹏和孙革料想张用夫妻不会加害，却也一夜忧疑。翌日，于鹏和孙革早饭过后，张用夫妻亲自来到他们住宿的房间。这次仍是由一丈青出面说话："于、孙二干办，奴与张镇抚决计将兵马交付岳五哥，不留一人，须叫他不带大军，亲来分宁县相会，方见得是真姐弟！"孙革说："张镇抚与郡夫人如此决计，直是大丈夫！"于鹏却还是心存顾虑，说："郡夫人何以教岳防御不带军马？"一丈青决断地取来一枝箭，一折两断，说："奴与岳五哥是姐弟，若两面三刀，违今日之说，便如此箭！"于鹏和孙革到此才感到放心，他们向张用夫妇长揖致敬，然后驰马离去。

驻兵金牛镇的岳飞听了于鹏和孙革的回报，众将还是七嘴八舌，一些人表示将信将疑，王贵说："我所忧底不是郡夫人，而是张用，张用又未折箭为誓。"一些人同意王贵之说。岳飞最后说："我若不能以诚待诚，便难以得张用一军底军心。"他命令王贵代统大兵，晚一天出发，自己和徐庆、张应、孙显、于鹏、孙革只带十名骑兵,就在当天出发。岳雲说:"儿子愿与阿爹同行!"岳飞说:"一个小孩儿,当随大军同行。"岳雲说:"儿子亦甚是思念郡夫人,妈妈不在军中,须是儿子代妈妈去!"他一面说,一面用目光向众人求情,徐庆说:"岳衙内同行,亦不妨事。"岳飞终于表示同意。

  分宁县城其实只是一个稍大的土围子,由于当地经费不足,甚至还没有正规的城门和城楼,只是修造了四个砖砌的门洞。在盛暑天气,张用夫妻得到岳飞等人前来的探报,就整军出迎。烈日将军队的甲胄和兵刃炙烤得滚烫,张用夫妻和军士们都被曝晒得汗水直流,而军容却仍然保持严整。一面新绣的"舒蕲州镇抚使张"和两面褪色的绛红旗,分别刺绣着"关西贞烈女","护国马夫人",因为无风,就由军士们不断地挥舞。

  岳飞一行骑马长途跋涉,虽然只穿麻布单衣,也不免汗喘。他们见到迎接者的这种阵势,不免惊讶,徐庆说:"此是迎战底阵势。"孙显说:"待下官先去探问。"岳飞却果断地说:"须是我自去,方见得诚心。"他拔出背上的铁锏,交付给一名骑兵,然后单骑上前。

  一丈青见到一骑士自远而近,当她认出来者正是岳飞时,不免悲喜交集,激动万分,用手抹去眼角上的泪珠,第一个背荷双刀,骑马前迎,张用也跟着执刀前行。岳飞神情慷慨,在马上行礼,用激动的音调说:"下官岳飞拜见张镇抚与郡夫人!"一丈青再也无法克制自己,一面落泪,一面呜咽着说:"岳五哥万福!姐姐煞是思念你与李安人!"只消一句话,岳飞就完全明白了对方此时的感情。张用也在马上还礼,他只是补充说:"自家夫妻所以擐甲拜见岳防御,只为此是平生最后一回擐甲。"

  岳飞完全懂得这句话的意义和分量,但他感到此时不便另说什么,只是回头用手一招,于是徐庆等人一齐驰马上前,互相拜见。张应和孙显虽然也是男子汉,见到了一丈青,也不免感恸流泪。一丈青最注目的当然是岳雲,岳雲以小辈的身份向她恭敬地行礼请安,一丈青说:"不意小孩儿亦已从军。"张应说:"岳衙内天生神力,已自上阵杀敌立功。"一丈青的内心又不免哀叹自己无儿无女,她拿过岳雲的一对铁锥枪掂量了一下,称赞说:"端的是膂力惊人!岳五哥将门幸得虎子!"

  张用夫妻把岳飞一行接到县衙,卸脱自己身上的铠甲,换上薄绸衣,对来客先是茶水,后是酒菜,盛情招待。饭后,他们支使开岳雲,才与岳飞、徐庆、孙革、于鹏、张应、孙显等进行认真的谈话。一丈青望着岳飞说："姐姐料得,岳五哥必是惊疑姐夫初见时所言。"岳飞不说话,只是用眼色表示肯定。一丈青把眼光转向丈夫,张用当即向岳飞递交了全军的兵籍,说:"我与你姐姐底兵马,号称五万,实有战士五千余人,连同老小,亦不过二万余人,今日悉数奉上与岳防御。"岳飞不肯接兵籍,说:"自家唯是愿与张镇抚、郡夫人合力,日后与番人厮杀,收复得中原。"

一丈青辛酸地说："奴家如今不思与番人厮杀,唯愿你姐夫请一宫祠,混迹田间。"岳飞等人开始明白张用夫妻的一些想法,孙显慷慨地说："难道郡夫人便不思报复国仇家恨？"徐庆进一步说："自家唯是忆念,张镇抚与郡夫人当年在宗留守麾下,奋身杀敌,勇冠三军。"一丈青说："往事不堪回首。自古忠臣帝主疑,忠义功臣又有甚下场？且看李丞相与宗留守,便足以教人心寒齿冷。奴家自幼不习针黹,少读诗书,却是喜听路岐人作场讲史。古时楚汉相争,惊天动地,然而韩信立得如许大功,却是飞鸟尽,良弓藏,狡兔死,走狗烹。"张用说："自家并无韬略,只图在乱世苟全性命,快活自在。如今既不得与朝廷相抗,唯愿将兵籍交付岳防御,保全得两个首领。"

听了夫妻俩推心置腹的泄气话,众人的心情都感到抑郁。岳飞沉思片刻,说:"然而自罢免黄、汪二奸相,建炎航海以来,朝廷已初见中兴气象。"一丈青说："世人万口一词,若要中兴,须是李丞相重入政府。李丞相虽是脱离罪籍,却依旧闲废,便足见中兴无望。"众人到此再也无话可说,房内出现了长时间难堪的沉默。

最后还是一丈青打破了沉默,她说："奴岂不知你们忠义,然而到此地步,只得各行其是。姐姐须进岳五哥一言,日后若得克复中原,须是及早功成身退。"徐庆解释说："岳防御已与庐山东林寺长老相约,待成功之后,便愿皈依佛门。"一丈青感觉几分宽慰,说："岳五哥早图此事,姐姐便是放心！"

张用又把兵籍再次交付岳飞,岳飞还是不肯接受,说："张俊是全军之长,待日后须将兵籍交付与他。"一丈青感叹说："张俊此人,奴家亦有所闻,岳五哥在南京时,曾受制于他,不料征战多年,尚须听命于他,可发一叹。"徐庆说："岳防御言道,此人暴而寡谋,贪而无耻。此回破李成,他委是因人成事。然而既是苗刘之变底功臣,朝廷倚信底大将,自家们亦只得受屈。"于鹏说:"自古以来,身在官场不自由,屈杀了多少英雄豪杰!"大家不由一起望着岳飞,岳飞只是紧咬嘴唇,一语不发。

岳飞第二天命孙革撰写公文,上申张俊。王贵率岳飞本部人马也来到了分宁县城,张用夫妻免不了与另一批故人相会和叙旧。七月初秋,岳飞接到张俊的公文,命令他本军与张用所部同去瑞昌县丁家洲。于是,岳飞与张用两军就一同起发。然而张用所部的军心不稳,竟有几百战士,连同他们的家眷偷偷逃散。于是岳飞只能采取强硬措施,将张用的军队分编到自己的各军中,防止再次发生逃亡。

到达目的地后,岳飞陪同张用夫妻参拜张俊,张用缴纳兵籍,岳飞又说明逃亡情况,并且引咎自责。张俊最近由于战事的顺利,心境特别好,他反而用安慰的口吻说:"岳防御不劳用师,成此大功,些少军兵逃亡,便不足挂齿。"他命令杨沂中和田师中说:"你们可与岳防御同共拣选,将张镇抚军中老弱放散,许他们自便,精壮战士一半编入我神武右军,一半编入岳防御军。"

收编工作完成以后,张俊就亲自设盛宴,款待张用夫妇。张俊今天的酒兴特别高,他举杯对众将说:"自军兴以来,自家用兵多少回,却从未有此快活。然而军事顺心如意,第一便是仰仗岳防御,岳防御底勇略,我与你们俱是不及。今日须为岳防御敬酒一盏。"一个主将,如此爽快地承认自己不如部属,还是相当少见的。这使岳飞与他的部属,还有张用夫妇都产生了一些好感。岳飞只能举盏略为沾一沾唇,客气地说:"此回战事顺利,乃是张招讨发纵指示,统率全军之功。"张俊说:"我已上奏官家,此回是岳防御军功第一。本欲与岳防御同回行在,然而朝廷下得省札,改命武功大夫岳防御为神武右副军统制,率本军前往洪州屯泊,弹压本路盗贼。"岳飞与众部属听到朝廷的新命,从此可以独自成军,不受张俊的节制,都感到由衷的高兴。张用夫妇也为岳飞的新命感到高兴。

张俊又转向张用夫妇说:"张镇抚与郡夫人谨遵朝命,其意可嘉。如今朝廷有命,张镇抚升官拱卫大夫、相州防御使,改任提举建州冲祐观。"宋廷这次任命还是遵从了张用夫妇的意愿,又使张用夫妇感到高兴。于是宴会上形成了皆大欢喜的场面,很多人痛饮,一醉方休。

不料乐极生悲,神武后军统制陈思恭醉酒之后,第二天就卧病不起,三天之后,竟病死在丁家洲。军中很快飞短流长,说是他杀降兵所招的报应。这又使张俊十分紧张,他赶紧驰马先去庐山东林寺,请慧海再次做道场,超度这次军事行动中的一切亡魂,为自己消灾免祸,集福迎祥。岳飞等军来到江州后,众将也纷纷前去东林寺拜佛。

张俊和岳飞两军就在江州分道扬镳。张俊统本部神武右军,连同神武前、后军回行在,而岳飞统本部神武右副军前往洪州。张用和一丈青夫妇也先随岳飞去洪州,然后再去福建路建州崇安县的武夷山冲祐观一带,他们就准备在那里寄居。由于岳飞改任神武右副军的统制,他部属各军不能再用军的称号,降格称部,而原先的五军统制则降格为统领。岳飞命令徐庆率左部去徽州,与张宪护送全军家属到洪州。

李娃听说一丈青的消息,就带着巩岫娟、岳雷、岳安娘和岳霖四个孩子,兼程先到洪州。接着是张宪和徐庆带着全军眷属也来到洪州,赶上了八月中秋。在月光明亮的团圆之夜,岳家由姚氏出面,招待张用和一丈青,但岳飞和张宪却不能参加,他们在当夜与全军将士共度良宵,慰问军属。

八月十六夜,江南西路兵马钤辖赵秉渊又特别宴请岳飞等人,张用和一丈青也得到邀请。一丈青对张用说:"你且去赴宴,奴家与李十姐三年不见,相聚苦短,愿与她谈心。"于是当夜就由李娃陪伴一丈青。两个情投意合的女人,虽然已经相会了一段时间,却仍有说不完的话。话题是由子女开始的,一丈青说:"妹妹如今有五个子女,却是抚爱温存,一如亲子,娟儿与祥祥、发发亦是孝敬亲爱,一如亲母,委是难得。可惜奴家年过三十,却未有一男半女。"李娃理解一丈青的心事,说:"奴与姐姐情同手足,姐姐若愿认一个岳氏底义子,且不说奴家,阿姑与鹏举亦是心甘情愿。然而揆情度理,姐夫终是愿得一个亲骨血。若是姐姐宽容,不如教姐夫纳妾,虽是庶生,却胜似异姓。"一丈青高兴地说:"妹妹一言决疑,奴便依妹妹底计议。"

李娃想了一下,还是说了另一件想说的心事:"国难时节,姐姐脱去戎装,而换得红妆,煞是可惜!"一丈青长叹一声,说:"奴岂不思为国宣力,光复故土。然而自古伴君如伴虎,岳五哥丹心一片,虽是天地可鉴,尤须早思退路。"一丈青虽然粗豪,毕竟还是懂得君臣的规范,只能用这句话表示对当今皇帝由衷的、根深蒂固的不信任。李娃感激地说:"姐姐底苦心告诫,奴家须是铭心刻骨!……"言犹未了,高芸香神色慌张地进来,说:"岳防御今夜使酒,竟痛殴赵观察。"李娃紧皱眉头,说:"鹏举平时谨遵阿姑训导,滴酒不敢入口,怎生使酒!切恐此事不得不惊扰阿姑。"说着,就起身与一丈青、高芸香一起去找姚氏。

原来赵秉渊明知岳飞不能饮酒,却有意开一个玩笑,他在宴席上首先宣布说:"下官知岳防御不得饮酒,今夜便用橘水代酒。"实际上,他所谓的橘水,就是当地的橘酒。当大碗橘酒送上筵席,岳飞最初是上当受骗,接着却是愈喝愈香。橘酒的酒精含量虽然不高,但长久不喝酒的岳飞却很快醉酒。但赵秉渊仍不依不饶,又给岳飞强灌了三碗,然后用调侃的语调说:"岳防御,下官今日敬底是橘酒,而不是橘水,足见岳防御尚得饮酒。"岳飞此时已经有了十足的醉意,他当即起立离席,大喊道:"赵观察,你今日诳我,破妈妈底酒戒,须教你领受自家底拳脚。"说着,就挥拳相向,赵秉渊毕竟是武人,他躲开了岳飞的一拳,不料岳飞同时举脚踢翻食桌,连桌带椅,将他压倒在地。岳飞扑上去,脚踏对方胸脯,向赵秉渊猛击几拳。

众人一时都惊呆了,还是王贵、张宪和徐庆三人急中生智,他们指挥众将上前,把岳飞强行拉开,张宪又立即去找高芸香。限于古代的上下级礼仪,众将不能把岳飞按倒或捆绑,只能死死攥住他的手脚。另一些人把赵秉渊扶起,只见他虽只是挨了几拳,已经鼻青脸肿,嘴角流血,简直像个半死人。幸亏张宪扶着姚氏及时赶来,姚氏大喝一声:"五郎,你敢不下跪!"众人的手立即松开,岳飞虽是醉意方浓,当即老老实实地跪在地上。姚氏连忙转身向赵秉渊赔礼,说:"儿子不听教诲,多有冒犯,恭请赵观察宽饶!"又命令岳飞说:"五郎,你速去见赵观察谢罪!"岳飞此时酒醒了大半,他跪在地上,膝行向前,对赵秉渊连叩九个头,说:"下官乞赵观察恕罪!"赵秉渊此时简直是气息奄奄,只是说:"今夜悔不该教你吃酒,亦是我诳人之报!"张宪和王贵、徐庆扶着姚氏和岳飞离席,一场风波暂告终结。

知洪州、兼江南西路安抚大使李回是罢免参知政事后,新近赴任的,他听说岳飞醉酒伤人的事,不免生气。李回坐衙,受本地文武官参拜,他故意发问说:"江西兵马钤辖赵观察何以不来参拜?"岳飞面露窘色,他只得走出班列,向李回长揖,然后叉手正立,说:"下官是武功大夫、昌州防御使、神武右副军统制岳飞,奉朝命权留洪州,弹压盗贼。昨日蒙赵观察盛意设宴,不期酒醉之后,将赵观察打伤。赵观察得病,不得前来参拜李相公,此是下官底罪过。下官已与赵观察赔礼,乞李相公恕罪。"

李回见岳飞状貌恭谨,诚心悔过,怒气就消了大半,他也明白,江西一路的治安,还须仰仗岳飞的一军,就改用缓和的口吻说:"人非圣贤,孰能无过,唯是改过不吝。然而使酒殴打命官,其过非细,我尚需申奏主上,岳防御亦须候朝廷处分。"岳飞说:"下官如今已是后悔莫及,愿随李相公上奏自劾,恭候朝廷贬责。"说着,就取出一份自劾奏,递交李回。李回看了一下岳飞的自劾奏,认为应当就此收场,就说:"岳防御,我亦知你忠勇,目即虽有过失,尤须服勤职事,整饬军伍,安靖一方,庶不负朝廷委寄之重。"岳飞说:"下官自当痛自惕励,不敢稍怠。"

宋廷不久下达三省和枢密院札子,说岳飞这次戡平李成叛乱,军功可嘉,而醉后打人,只是小过,尚能自劾,可以免除处罚,下令将岳飞径迁五官,升任亲卫大夫、建州观察使。消息传来,不但岳飞全家,就是他的部属,还有张用夫妻都感到高兴。

尽管岳飞全家和部属们再三挽留,到九月晚秋时节,张用夫妇还是要离开洪州,前往建州。临行的当天,张用夫妇在岳飞本人、家眷和部属们的陪同下,出洪州正南的抚州门。张用和一丈青不再穿着戎装。张用头戴一顶东坡巾,身披一件大袖宽身的鹤氅,文士的装束,却无法掩饰他粗夯的武夫气质,显得不伦不类。一丈青却穿着一身命妇的红色丝织常服,外加霞帔,颇有典雅气派。大家为这对夫妻饯行,纷纷敬酒,彼此都有一种依依不舍之感。

离别在即,一丈青再也控制不住自己的感情,她突然抱住了李娃,伤心地痛哭起来,于是不但姚氏等女眷,连有些男子也不免落泪。李娃和一丈青彼此要说的话早已说完,双方都完全明白对方此时此刻的心境,两人虽然感恸,却还必须分手,李娃最后只是恳切地说:"愿姐夫与姐姐一路平安,归养山林,以遂宿愿。"一丈青也说:"唯愿昊天上帝与大宋祖宗有目,护佑岳五哥与众将士成得大功!"说完,她就与张用翻身上马,扬尘而去。岳飞和众人都怅望很久,而张用,特别是一丈青,却不忍心再回头看众人一眼。

[壹壹] 和尚原之战

秋去冬来，当东部战场相对沉寂之时，在川陕交界的和尚原，却发生自宋金开战以来空前激烈的恶战。

金朝四太子完颜兀术接管川陕战场以后，事实上就打破了完颜粘罕的西朝廷和完颜讹里朵的东朝廷的界线，取得了两路金军的部分指挥权。他鉴于金军两次进攻和尚原失败，就抽调几方面的军马，为秋冬季进攻作了充分准备。金廷命令完颜撒离喝当完颜兀术的副手，两人却发生分歧。作为族叔的完颜撒离喝说："大金军底所长，全仗马力，然而和尚原地势险峻，摆布不得马军，须是舍马步斗。没立与乌鲁、折合连败两回，皆是失地利而败。自家们不可重蹈覆撤，须是另觅迂道，绕出吴玠军之后，方可取胜。"完颜兀术说："我亦是寻访，除自宝鸡南下，别无迂道。没立与乌鲁、折合兵少，所以未得成功。我此回以大军进取，便是以石击卵。"

完颜撒离喝说："大金军马今年数回征战不利，切恐未得轻举。"完颜兀术大怒，说："我未曾出兵，你先沮自家底士气！"叔侄两人争吵起来。女真人根本不讲究长幼的辈份观念，完颜兀术竟将族叔踢倒在地，用柳条在完颜撒离喝背部鞭挞了几十下。

完颜兀术勒令完颜撒离喝守京兆府，自己率韩常、斜卯阿里、乌延蒲卢浑、完颜没立、纳剌乌鲁、仆散折合、完颜活女和颜盏羊哥八名万夫长，统六万金军，号称十二万，从京兆府，即长安出发。完颜活女是完颜娄室的儿子，这在本书第一卷中已有交待。颜盏羊哥是完颜娄室得力的部将，深得完颜粘罕的器重，几年之间，由百夫长超升万夫长。韩常等人与宋军作战都有失败记录,而完颜没立等三人又是吴玠的败将,败军之将,不敢言勇。唯独颜盏羊哥年少气盛,扬言说:"只消得自家底马蹄,便可踏平和尚原!"安颜粘罕特别预先封他为江南四万户,并且将自己的侄子完颜也不露和女婿古里甲娄室都安插在其军中当千夫长。完颜兀术也赞赏颜盏羊哥,特命他统所部充当前锋。

金军抵达凤翔府宝鸡县,然后在城南渭河上架设浮桥,设置连营三十宋里,沿途垒石修筑三个小寨,摆开了有进无退、志在必得的架势,直逼和尚原。

和尚原位于大散关以东,是秦岭以南一块广袤约千亩的高原。吴玠统二万两千人马,就驻守在此地,屏蔽着整个川蜀。面对着金军空前规模的攻势,吴玠也作了充分的迎战准备。他召集众将会议,驻守前沿的先锋军统领杨从义说:"虏人两次来犯,我统兵逆击于神岔口。神岔口石崖壁立,水流湍急,直如神工鬼斧筑就,我愿依旧驻守,虏人便不得径犯和尚原。"很多人都表示赞成。吴璘却说:"神岔口险隘,利于守御,却是摆布不得军马,便是得胜,亦是杀获不多。不如放虏人入来,于和尚原前布列大阵厮杀,方得大破虏军。"

吴玠神情严峻,望着众将说:"尔们敢与四太子见大阵否?"众将不约而同地说:"虏人侵凌已久,王师屡衄,须是见大阵,方得见王师底威风!"吴玠见众将斗志昂扬,也深感振奋,他说:"虏军进犯中原,屡次得志,无非仰仗马力、弓矢与重甲。我昔日与西夏交锋,不过一合,进退之间,便决胜负。然而虏人寓军于民,久习骑射游猎,坚忍持久,胜不遽追,败不至乱,军令严酷,屡败屡战,迭退更进,是其所长。此回四太子以重兵深入和尚原绝地,虏人骑士不得纵横驰骋,王师步兵却是便于扬长避短。我以众将士居高临下,轮番休息,轮番上阵,驻队矢番休迭射,白日鏖斗,夜间劫寨,必可破敌。"原来吴玠发明一种战术,命令将士使用强弓劲弩轮流射击,连发不绝,取名"驻队矢"。众将听了吴玠入情入理的分析,都增强了必胜的信心。吴玠最后又强调说:"大敌当前,大战在即,务须教众将士饱食安眠,勿急勿躁,颐养精气,以便厮杀。"

十月九日,尽管已经得到金军进据神岔口的急报,按吴玠的命令,和尚原的宋军将士除少量担任警戒外,大部分仍然照常饱食安卧。

金军方面却是另一种情况,完颜兀术的大军从宝鸡南下后,沿途分兵把守山险道路,修筑石寨,以防宋军袭击。完颜兀术亲驻二里驿东的一个小寨,他得到前锋颜盏羊哥的报告说,神岔口并无宋军防守,他的部队已经顺利占领此地,就大为高兴,说:"神岔口是和尚原底门户,吴玠不守神岔口,必是畏避大金人马。此次和尚原当唾手而得!"他命令全军当夜就地休息,并加强戒备,以防宋军夜袭,明晨集结,进攻和尚原。金军沿着整条山路,摆开了长蛇之势。完颜兀术最担心宋军利用地形,进行偷袭,却一夜未见一个宋军的踪影。

十月十日,完颜兀术情绪异常振奋,他命令完颜没立所部把守整条来路,自己亲率七名万夫长,统五万多大军,出神岔口,拥挤在这个并不宽阔的河谷地带,他们的黑旗、黑衣等形成黑压压的一大片。完颜兀术与七名万夫长走马前行,仰望和尚原,只见原上还是宋军的红旗招展,其中一面最大的红罗旗,上绣一个斗大的白色"吴"字。韩常见到这种形势,就对完颜兀术说:"南房放弃神岔口,专守和尚原,必是用计。此处失地利,大金底马军驰突不得。"完颜兀术却满怀信心地说:"便是南房用计,我亦吞了和尚原! 羊哥,你可率所部夺了和尚原,我当记你大功!"韩常又建议说:"可在大阵四围分布步兵,安排弓箭,而将马兵聚集核心,以防南房攻袭。"完颜兀术却不耐烦地声斥说:"我取和尚原在即,你不须过虑。"他还是让七名万夫长率所部各自列队,马、步军互相混杂,形成插花式。

由于军队的移动、集结和布阵,延捱到正午时,饱餐后的金军才发动第一次攻击。颜盏羊哥最初当然舍不得动用精锐的女真正兵,而是命令三千阿里喜步兵攀登山崖。吴璘此时负责前沿指挥,他等到大批敌人都到了弓弩的射程之内,才下令放箭。密集的箭雨很快打退了金军。六、七百金军或是被射死,或是从山崖上摔死。颜盏羊哥眼看自己的先头部队大部死伤,决心强攻。他下令所有的正兵必须全体舍马登山,有进无退,后退者斩。颜盏羊哥本人也下马持刀,在大队军兵之后督战。三千五百女真兵头戴厚重的铁兜鍪,身披重甲,艰难地攀登山崖。吴璘观察敌情,下令说:"房人披戴重甲,此回须用驻队矢番休近射。"于是一队队宋军轮流到前沿,用强弓劲弩向逼近金军连发不绝,繁如雨注。不顾死伤的金军虽然前仆后继,正好都成了箭下之鬼。直到颜盏羊哥本人肩部中箭,滚下山来,这次进攻才告终止,而逃回的女真正兵只剩下七、八百人,从山坡到山脚,遍布金军的死尸。

完颜兀术到此更下了狠心,他说:"今日不破和尚原,我与将士不得晚食!乌鲁、折合,你们可率军强攻,立功赎过!"纳剌乌鲁和仆散折合面有难色,却不敢违令,他们只能尴尬地望着韩常,指望他出面劝说,韩常尤其熟悉完颜兀术的脾性,更不敢劝说。其他三名万夫长也是面面相觑,不敢出声。纳剌乌鲁和仆散折合只得督率部兵,连续向和尚原冲锋。吴玠也不断轮换将士,连续用驻队矢密集射击。在地形并不开阔的和尚原坡地,金军愈是密集,只能是伤亡愈大,一直战到天黑,竟连一个军士也没有登上和尚原。整个山坡近乎被金军的尸体所覆盖。战斗的惨烈,确是前所未有,而由于没有进行白刃近战,宋军竟没有一个伤亡,士气更加高昂。

天色已近黄昏,纳剌乌鲁和仆散折合损兵折将,无法再次冲锋。他们经过商量,只能到完颜兀术马前,下马行女真跪礼,说:"南虏箭矢如飞蝗,儿郎们大半伤亡,委是难以再战。"完颜兀术怒目圆睁,他并不答话,只是翻身下马,举起一条柳枝,就在两人背上猛抽。两人披戴重甲,柳条的抽挞倒并无多少疼痛。斜卯阿里看不下去,他说:"天色已近昏黑,大金聚军马数万,若是吴玠举兵夜战,马军失地利,难以驰突。不如且退回神岔口以北,明日另议攻取。"完颜兀术虽然在盛怒之时,斜卯阿里的话还是使他猛然醒悟,他终于明白自己所处的困境,几万大军麇集和尚原北的狭窄地带,无法展开兵力,如果敌人夜袭,肯定是再次吃亏。他下令说:"可将后军改为前队,依次挪回谷中。"

斜卯阿里所部正好部署在最后,当他准备整军后撤时,吴玠却及时指挥部分饱餐和休整的军士开始反击。宋军从和尚原上冲下来,最初仍是用驻队矢向金军猛射,接着又进行白刃战。吴璘和雷仲率军分左右迂回,攻袭神岔口的金军后队,使斜卯阿里所部遭受重创。两军麋斗到前半夜,金军支付了大量伤亡,方得以退回神岔口以北。

完颜兀术逃到了二里驿东的小寨,稍事喘息之后,又召集八名万夫长会商。包括颜盏羊哥在内的八人已经锐气尽坠,却谁也不敢提出撤退的问题。完颜兀术一面啃咬烤马肉,一面说:"大金军马虽是初战失利,军力尚是盛强,你们有甚破敌底良策?"众万夫长面面相觑,都不敢出声。

完颜兀术见众人不说话,怒气更大,他下令说:"和尚原前狭隘,马军失地利,明日活女与蒲卢浑可率部转攻大散关,我自以兵出神岔口,两路并进,必可得胜。"完颜活女和乌延蒲卢浑不敢抗命。

十月十一日天明,完颜兀术命令韩常军为前锋,整军出神岔口。这次宋军却改变战术,在神岔口湍流的东南岸列阵。韩常见到这种阵势,已经明白敌方的意图。他虽是汉儿,但几年以来,完颜兀术已将他视为自己部下的第一员勇将。韩常今天却是未曾交兵,先已怯阵,对胜利根本缺乏信心,他本人并不带头冲锋,只是应付式地几次派少量军兵涉湍流冲锋,都被宋军用驻队矢逐次射退。延捱到中午,韩常就停止用兵,与宋军隔河相持,派人向完颜兀术报告,说是战事不利,无法突破宋军大阵。

在二里驿寨的完颜兀术得报,又十分恼火,他起身把头上的铁兜鍪一脱,露出秃顶和辫髮,说:"待自家上阵破敌!"他出寨上马,引领合扎猛安,奔向神岔口,才走了一半,又有军士飞骑追来急报,说宋军远出渭河南岸,袭击金军运输队,抢走了全部驮粮的驴骡。完颜兀术听后,更加心肝火旺,因为金军从宝鸡出发,本拟速战速决,所带粮食很少,他愤怒地说:"速叫阿里与没立夺回军粮!"他话音刚落,前面韩常的败兵竟如潮水般拥来,与本人所统的合扎猛安在谷地挤成一团,甚至互相践踏。

韩常骑马逃到完颜兀术马前,完颜兀术怒气冲冲地斥责说:"韩十八,你竟擅自怯阵逃归!"韩常已经准备好回话,他说:"我平时敢战,今日却是敢战不得。大金军马在此绝地,若是延捱时日,必是全军覆没!不如及早退兵,日后另谋攻取之策。"完颜兀术咆哮着说:"你须回马死战,再议退兵,我便将你洼勃辣骇!"韩常今天也表现得格外倔强,他喊道:"我上前亦死,退后亦死,不如被四太子敲杀!"完颜兀术到此也无可奈何,他只能降低声调命令说:"你且督兵向前,守得神岔口,自家们当另议进退。"韩常只能驱逼败兵返回。好在宋军击败了韩常部后,也未从正面乘胜进击。

完颜兀术回到二里驿寨,这次是六名万夫长,包括最初气势最盛的颜盏羊哥,都一致劝他退兵回宝鸡,完颜兀术一言不发,听他们唠叨了许久,最后很不耐烦地说:"且候蒲卢浑与活女底战报,若是他们攻下大散关,大金军马便先据此关,然后再议与吴玠交锋。尔们且退下!"六名万夫长只能退下，一个个唉声叹气，颜盏羊哥说："四太子如此固执己见，自家们便不知死所！"另外五人又纷纷埋怨他，完颜没立说："你当时胆气稍怯，自家们何至便有今日？"

吴玠击破韩常军后，得到了金军进攻大散关的报告，他用讥笑的口吻说："此只是四太子黔驴技穷！"当即命令吴璘带兵前往增援，另外又命令杨政等众将说："虏人势如长蛇，正宜于王师攻袭，你们可率兵深入，白日以些少兵力不时袭扰，待今夜二更，便大举进击二里驿虏寨。若是生擒得四太子，当受上赏！"众将被两天的胜利所鼓舞，个个精神振奋，禀命而行。

从当天下午到天黑，宋军不断袭扰退缩在整个谷地而连营的金军。当夜二更，杨政率将士对二里驿敌寨发动强攻，而吴玠亲自指挥将士，对二里驿以南到神岔口的敌人实施包围、分割和歼灭。韩常所部好不容易杀开一条路，退到二里驿以北。四更时，完颜兀术亲驻的二里驿石寨也被攻破。与此同时，吴璘的部队也乘夜破袭大散关下完颜活女和乌延蒲卢浑的敌寨，完颜活女和乌延蒲卢浑只能率败兵逃到渭河南岸。

十月十二日，气急败坏的完颜兀术不听万夫长们的劝阻，下令重整旗鼓，亲自挥兵到二里驿一带，从清晨寅时开始，宋金两军又在这个狭窄地带进行激战。完颜兀术确实豪勇，他率领自己的合扎亲兵，屡次突入宋阵。吴玠亲驻刚被夺取的二里驿东石寨指挥，他还是不断利用战斗的间隙，将各军轮流休兵，轮流上阵，主要以驻队矢迎敌，也间或进行白刃战。到正午时，双方鏖战近三十合，仍然难分胜负。

吴玠望着日色，感叹说："四太子果是凶狠骁勇！"他正在沉思破敌之计，有军兵前来报告："小吴太尉破得大散关敌寨，已引军到神岔口。"吴玠当即命令身边的右武大夫杨政说："虏人成长蛇之势，故亦得番休，与王师相持，难决胜负。右武杨大夫可引番休精兵，与我弟左右分兵，绕出敌后夹攻，断虏军粮道。虏人必是首尾不得相顾。"杨政禀令而去。

宋金两军又接战三合，吴玠估计吴璘和杨政两军大致已经绕道敌后，才下了总攻令，下令各军从各个方面，向敌军纵深迅猛穿插，进行白刃战。连续得胜的宋军士气高昂，个个奋勇争先，而其实已无斗志的金军立即溃不成军。完颜兀术的合扎猛安亲兵也大部阵亡，他与万夫长们只能率败兵夺路狂逃。韩常在此危难时刻,还是率军护卫着主将。金军且战且走,逃奔了约三十宋里,当接近渭河南岸平地时,吴璘和杨政两军却分兵左右夹击,矢如雨发。完颜兀术等被宋军包围,他本人虽然身披重甲,背部也中了两箭。幸亏完颜活女和乌延蒲卢浑带兵援救,才使完颜兀术等人得以逃命。但颜盏羊哥和三百多名千夫长、百夫长、五十夫长都成了俘虏,其中还包括了完颜粘罕的侄子完颜也不露和女婿古里甲娄董。这批战俘押解到兴州宣抚处置司,由于四川到行在越州的路程过远,张浚下令,将所有的女真人一律就地处斩。

完颜兀术逃到宝鸡县城后,再也不敢停留,他命令完颜没立、纳剌乌鲁、仆散折合和完颜活女四将守凤翔府,自己连夜奔回京兆府。完颜兀术此时已经无法骑马,他只能用两马并连,中间张着一大块麻布,本人俯卧在麻布上。完颜兀术来到完颜撒离喝面前,他脚步蹒跚,脖子上套着一条红绸,挂着伤肿的右手,完颜撒离喝见族侄如此狼狈,就讥笑说:"兀术,你不听我言,致有此败,今日我亦当将败军之将鞭柳条数十。你亡失了也不露与娄董,又如何去见粘罕?"完颜兀术求饶说:"我后背伤重,唯是求你手下留情,免于鞭挞。"他在京兆府只住三天,就垂头丧气地逃回燕京。

和尚原大战是金军自灭辽破宋以来的首次惨败。战后,吴玠晋升为镇西军节度使,这是南宋第一个因抗金战功而被授予最高级的荣誉头衔的大将。金廷也受到极大震惊,金太宗专门下诏,声斥和告诫完颜兀术,而褒嘉完颜撒离喝,任命他为陕西经略使,全权主持川陕战场。

[壹贰]
吕秦并相

　　前面叙述了绍兴元年东、西方的战事，以下再回到越州宋廷。自从秦桧归宋以后，宋高宗对他宠信有加，绍兴元年二月，将他升任参知政事，成为辅助范宗尹的副相。到四月初夏，隆祐太后不耐寒暑的变化，开始卧病不起。柔福帝姬像亲生女一样，朝夕服侍，而包括王继先在内的太医们，都很快感到隆祐太后已病入膏肓，药石无效。

　　隆祐太后本人也已感觉到死期的临近，一天，她要柔福帝姬坐在她的床边，伸出一只枯瘦的手，握住对方的手，哽咽着说："二十姐，老婆不幸，侍奉哲宗官家五年，竟未有一个子女。然而不期晚年得与二十姐为伴，竟胜似亲女。老婆不日当到得祖宗灵前，须是备述长公主底贤德。"柔福帝姬虽然强忍悲痛，还是落下几滴泪水，她只能劝慰说："伯娘安心养病，必可痊愈，不须出此言语。"隆祐太后说："死生有命，自古人生未有不死，老婆得免于受辱于虏人，已是万幸，然而须有一事相嘱。老婆知得二十姐历尽祸难，复仇心切，亦知得九哥并无与虏人势不两立底意思。国朝比不得唐朝，祖宗家法森严，自来长公主未得干预朝政。如是不得报仇雪耻，二十姐唯是不得已而求其次，以保全富贵为上，切莫胡乱议论朝政，以此取祸。"柔福帝姬说："奴家当铭记伯娘底忠告。"隆祐太后说："若得如此，老婆便得以安心辞世。……"她言犹未了，有宫女进入禀报说："官家大驾亲来天庆观，看觑娘娘。"

　　柔福帝姬立即出迎，宋高宗带着张婕妤和吴才人进入隆祐太后卧室，向她问安，双方表面上不免客套寒暄一番，但宋高宗看到隆祐太后形容枯槁,也明白王继先等人的诊断属实,病人确已到了临危的地步。隆祐太后感到是一个机会,她请柔福帝姬和张婕妤、吴才人回避,自己和皇帝单独谈话。隆祐太后说:"东南半壁已趋平定,九哥如今已得安坐江山。日后若得机遇,自当恢复中原,不负列祖列宗底厚望,亦不负二帝底委寄。"宋高宗说:"朕北望中原,无日不以越王勾践为念。"隆祐太后说:"人之将死,其言也善,老婆有三事,尚需九哥切记。"宋高宗问:"甚底三事?"

隆祐太后说:"战事未休,民生艰苦竭蹶,老婆身后,切须薄葬,万万不得劳民伤财,此其一;官家须早立皇储,以报祖宗在天之灵,以安天下,此其二;九哥底数十个兄弟姐妹,如今唯余二十姐一人,何况当苗刘凶逆之时,全仗二十姐助老婆周旋,九哥不得忘二十姐底大功大德,此其三。"宋高宗说:"伯娘底至嘱,朕敢不铭记于心!"隆祐太后说:"若得如此,老婆便可见列祖列宗于地下。"

几天之后,隆祐太后果然与世长辞。宋高宗遵照死者生前的嘱咐,尽可能减少丧葬的规模和费用。尽管如此,皇家的太后去世,还是非寻常百姓家可比。皇帝亲自下诏说:"朕以继体之重,当承重服。"但按以日易月的规制,宋高宗只是为隆祐太后守丧二十七天。

丧事过后,转眼到了六月间。宋高宗从去年航海逃难归来,以越州为行在已是一周年有余。他后宫的宫女经历了扬州等几次劫难,所剩不多。宦官们当然明白官家的心意,他们千方百计,搜罗到一百几十名民间美女,重新充实后宫。但是,在皇帝的眼里,这些新宫女还没有一个能达到过去十名国夫人的标准。因此,张婕妤仍然是宋高宗的第一宠妾,而吴才人虽然也费尽邀宠的手段,终究无法争取到与张婕妤完全平起平坐的地位。尽管如此,张婕妤也有她极大的苦恼,这就是她对皇帝生育能力的绝望。张婕妤完全懂得,没有皇子,她在后宫决然难于长久保持第一宠妾的地位,待年老色衰之时,等着自己的,无非是潘贤妃的下场。她对自己婕妤的位号,其实也极其不满,认为在名分上与潘贤妃相差太远,而渴望着有一个妃的封号,至少能在位号上与潘贤妃平等,如果能得到比贤妃高一等的德妃封号,简直就是如天之赐。但是,她只能以最大的耐心等待,决不敢向皇帝稍有一点表示,更不敢通过他人向皇帝转弯抹角地提出。事实上,她反复思量,也根本想不出有这样的合适人选。

宋高宗自从得了阳痿病后，再也不敢在白昼无节制地淫乐。他一直遵守王继先的劝告，每天晚上只御幸一回。虽然不能过多御幸，然而白昼的时间却不愿全部用于政务，特别是最近也没有多少使他操心的要务或急事。于是皇帝就别出心裁，想出种种除御幸以外的淫乐方式。天气虽然炎热，宋高宗命令四名宫女在四围摇扇，自己将张婕妤抱在膝上，罗裳轻解，一面遍体抚摸，一面让张婕妤为他念一些奏疏或臣民上书，这也是一乐，总比伏案批阅奏疏或上书愉快。

张婕妤念得口渴，由宫女递来一杯消夏的福建路兴化军进贡的荔枝膏水。然后又由宫女随便抽出一份上书，递给张婕妤。张婕妤粗略地看一下，眉头一皱，说："臣妾启奏官家，此是文林郎、上虞县丞娄寅亮底上书，意思不好，臣妾读不得。"宋高宗听后，就在张婕妤身上挠痒，弄得张婕妤吃吃地笑。宋高宗说："便是意思不好，娘子亦须为朕宣读。"张婕妤说："须是官家恕臣妾无罪。"宋高宗问："莫非上书有言语指斥？"张婕妤说："娄寅亮上书，并无指斥言语，只是劝官家遴选太祖官家'伯'字行底裔孙，建立皇储。"

宋高宗听说上书有如此内容，立即感到有一种特别的兴趣。他教张婕妤为自己捧着上书，自己亲自把娄寅亮的上书看了一遍，然后问张婕妤说："张娘子，自皇子殇亡，朕至今无子，你以为上书如何？"张婕妤听出皇帝的口气，还是赞赏这份上书，就她内心而言，这份上书是为自己开辟了一条新路，如果无法生育，不得已而求其次，不如领养一个孩子，也可巩固自己在后宫的地位。但是，聪明的张婕妤绝对不敢在这个大问题上立即附和上书，她说："臣妾位卑，唯知朝夕侍奉官家。悠悠万事，未有大于此事，须是官家圣断。"宋高宗对她的回答完全满意，微笑着说："张娘子端的是贤德，识大体。"于是他就把隆祐太后说梦和临终前的遗嘱向张婕妤叙述。

张婕妤此时恨不得立即就领养一个聪慧可爱的孩子，但她口头上决不敢提出自己领养的要求，只是重复说："此事须是官家圣裁。"宋高宗笑着说："待朕即日广为遴选。如是得一资质与相貌出众底，便教张娘子抚育。"张婕妤此时真是心花怒放，乐不可支，但在表面上却用最恳切的语调，半推半就地说："臣妾浅陋，恐不足以当此重任。若是官家圣断已坚，臣妾唯有朝夕惕励，精心抚育，不敢稍息，有负圣恩。"宋高宗哈哈大笑，说："朕意已决，张娘子不须辞避！"

宋高宗马上命令掌管赵氏宗室事务的大宗正司选拔宋太祖后裔"伯"字辈的孩子，按照辈份次序，"伯"字辈正是皇帝的族侄辈。两天之后，有五个孩子被送到后宫，宋高宗和张婕妤亲自审查，却没有一个中皇帝的意。于是五个孩子全部打发出宫，归还本家。宋高宗下令更广泛地寻访"伯"字辈的孩童。

选拔皇子的消息立即震动了后宫。潘贤妃如今独处一阁，大驾从来不曾光临，只是在大场面上还是以贤妃的身份出面，已算是优礼。她听到这个音信，接连哭了三天，只能不断地暗自诅咒张婕妤，诅咒皇帝找不到合适的皇储。吴才人当然也对张婕妤充满了嫉恨，她开始冥思苦想对策，但在表面上却对张婕妤更加亲热和恭敬。

几天之后，宋高宗在大臣面对时，就正式宣布了这件事。宰相范宗尹早已听说了娄寅亮上书的消息，并且已经向皇帝单独进言，他高兴地说："此是陛下万世之长虑。太祖官家诸皇子，不闻失德，却是发于至诚，传位于太宗。此事远过于尧、舜授受。"其他执政也都争相表态，称赞皇帝，惟独参知政事秦桧一言不发。实际上，大臣们对皇帝阳痿而无子嗣的事，都早已深感忧虑，但皇帝今年不过二十五岁，既有三年前李时雨上书被贬逐的前戒，没有娄寅亮发难，谁也不敢为天下先。秦桧却与众不同，他出于曾当金人幕僚的本能，即使在感情上也不愿皇帝另选皇储，而盼望赵宋断子绝孙。他真想说一句："陛下圣体康强，子孙千亿，何须另立储嗣。"却不得不看着宰相和其他执政的脸色，欲语还休。

宋高宗说："太祖以圣武定天下，而子孙不得身登大宝，遭时多艰，零落可悯。朕若不取法于仁宗，为天下万世计，又怎生慰祖宗在天之灵？"他所以提到宋仁宗，是宋仁宗也因无子，而只能另选族侄宋英宗继统。群臣又对皇帝的圣虑赞扬备至，秦桧此时已不能不表态了，他只得附和说："陛下遴选族子，须是择闺门有礼法者。"执政们又举荐娄寅亮出任监察御史，宋高宗也表示同意，说："娄寅亮忠心，言语切直，可为台官。"秦桧内心又对娄寅亮产生了憎恶感，却又不敢公开表示反对。

范宗尹转到讨论宋徽宗时遗留下来的滥赏，造成冗员过多，财政支出过大的问题,按古代的臣规,他当然不得直接评议远在东北的太上,说:"自崇宁、大观以来,蔡京、王黼之辈不能上体太上爱民惜财之意,滥授官封,门庭若市,致使他们与童贯、梁师成等阉宦底童仆、门生、故吏之类,悉皆腰金衣紫。朝廷支出浩瀚,力不能支。如今唯有痛加裁定,方得省费养兵,以副陛下中兴之大计。"皇帝问众人说:"卿等以为如何?"这次由秦桧第一个表态,说:"范相公与臣等讨论多时,唯愿陛下断在必行。"其他人也纷纷作同样的表态,但皇帝却并不完全同意,他说:"范卿此意甚是,朕依卿所奏。然而亦须谨慎行事,不可操之过急。"宋高宗估计这件事势必损害很多官员的既得利益,反而有几分担心。

因为皇帝打算立赵氏的旁宗别支为皇储,引起秦桧内心的不快。他回家以后,脸色阴沉。在最近一段时间,由于丈夫宦运亨通,王癸癸也封为郡夫人,心境很佳,她目前算是有了一个沾亲带故的螟蛉之子,所以成天花费不少时间与秦熺相伴,培育感情,这也是一种前所未有的乐趣。今天王癸癸正好带着秦熺出去。砚童见秦桧回家,就上前禀报说:"郡夫人与衙内前赴医御王防御宅宴饮。"听说妻子前往王继先家,秦桧就有一种轻松感,因为尽管他已经官为副相,可是王癸癸立下的家规却没有丝毫改变,回家的第一要务,还是要向妻子汇报自己有无沾花惹草的事。没有王癸癸腻烦的聒噪,秦桧感到清净,他一人进入书房独坐,冥思默想,嚼齿动腮,按他的习惯性动作,凡是想问题愈深,牙齿就愈是咬个不停。

秦桧仔细地考虑眼前的一些问题,认为既然没有办法阻挠皇帝立储,不如日后等待时机。他回顾了归宋后的行止,认为自己到越州时间不长,已经跻身政府,无论如何是一件成功之举。但要继续升迁,身为右相的范宗尹就成了第一障碍。自己在朝廷虽已站稳了脚跟,却还是羽翼未丰,需要帮手。他想来想去,就想到了汪伯彦。原来自从黄潜善和汪伯彦贬黜以后,黄潜善已经病死贬所梅州,而汪伯彦却还健在。汪伯彦在科举入仕前,曾经当过教书,而与秦桧有过一段师生的交谊。秦桧突然自言自语说:"若是教汪教书重入政府,此亦是一计。"秦桧接着又想到了金人命他带来的燕人高益恭,高益恭虽然没有太多文化,秦桧事实上也没有必要事事向他汇报,但他总觉得,留这么一个知道自己底细的人在身边,多少是束手束脚,弄得不好,也是一个祸根,不如设法支使他回北方。他为这三件事思考了很久,终于挖空心思,想出了一些办法。

半月之后,秦桧利用单独面对的机会,按照先易后难的次序,向宋高宗陈述:"臣归朝廷之初,妄自献议,教刘光世遗书金虏,虽未得回书,而挞懒已率师退回淮北,如今亦未见侵犯,可知虏情。臣自涟水军归来,携有海州擒获燕京汉儿高益恭,此人稍知文字。臣愚以为,不如教他北归,臣自与挞懒监军作书,晓谕利害。依陛下之旨,教他废刘豫,归还伪齐所据河南地土。又明言不当拘押朝廷所遣信使,以致不敢再遣。若得通和,免于刀兵,亦是社稷之福。"秦桧已摸准宋高宗的脾胃,知道只要提出对金和议,肯定是一拍即合,宋高宗果然回答:"卿言甚是,作书可曾携有草卷?"

秦桧当场取出书信草稿,宋高宗看后说:"卿所草深得朕旨,然而尚须谕以朝廷信守渊圣所立盟约,与虏人划河为界,不欲睥睨河朔地界。"张去为当即为秦桧搬来桌椅,秦桧到此又进一步了解宋高宗的意图,还是打算按照黄潜善与汪伯彦最初的建议,与金人以黄河划界议和,就依皇帝的旨意,对草稿作了修改和誊录,宋高宗再看一遍,感到完全满意,就说:"卿可将此书付与高益恭,另支驿券、钱币,下札命所经州县放行,不得阻留。"

秦桧感到可以适时转入第二项话题,就说:"臣恭依圣旨。陛下深仁厚泽,自建炎以来,臣子虽有误国败事,圣恩宽大,终于一切矜贷。伏念李纲在靖康时,曾有捍御之功,汪伯彦为帅府旧僚,陛下龙飞河朔,汪伯彦实有辅佐之劳。虽是陛下将二人弃瑕录用,亦足以风动天下,使士大夫感恩戴德。"狡猾的秦桧通过王继先和宦官,已经探听到皇帝对李纲恶感甚深,决不会再入政府,有意将李纲和汪伯彦相提并论,表示自己处事公正,无偏无党。由于扬州逃难,使皇帝得了阳痿症,如今断子绝孙似成定局,皇帝是否因此对汪伯彦仍然怀恨在心,秦桧实在没有把握,因而作进一步的试探。

宋高宗叹了口气,说:"李纲徒有虚名,世俗虚美,却是志大才疏,喜结朋党,往往颠倒黑白,不可复入政府。汪伯彦虽是辅佐有功,亦端的辜负朕之委寄。然而如卿所言,事隔数年,罪罚在前,亦当弃瑕在后。依卿之见,又当怎生录用?"秦桧恨不能立即把汪伯彦重新引入政府,但他也决不敢为一个在朝野声名狼藉的人冒险,就说:"臣愚意以为,陛下不如教李纲与汪伯彦守一大藩,然后观其政绩。"宋高宗说:"如今大藩并无窠阙,不如先拟汪伯彦任江南东路安抚大使、兼知池州。"秦桧此时完全摸准了皇帝的意向,马上说:"臣当恭依陛下圣旨,转谕范相公。"

宋高宗命令张去为给秦桧递上一张无名子所写的《行香子》词帖,这是有人在行宫附近张贴的,是一阙仿苏轼词,内容是发泄对朝廷裁削宋徽宗时滥赏官封的不满,其文字如下:

清要无因,举选艰辛。系书钱,须要十分。浮名浮利,虚苦劳神。叹旅中愁,心中闷,部中身。

虽抱文章,苦苦推寻。更休说,谁假谁真。不如归去,作个齐民。免一回来,一回讨,一回论。

秦桧知道,裁削很多北宋时的滥赏,必然要触动许多官员的既得权益,而犯众怒,这是一个将范宗尹赶下台的机遇。于是他让王癸癸出面,通过王继先和众宦官不断向皇帝煽风点火,这阙《行香子》词也成了夸大事态的一份材料和证据。宋高宗问道:"卿以为讨论崇宁、大观以来滥赏底事,当怎生处置?"秦桧马上回答:"臣愚以来,如今伪齐盗据中土,此事动摇人心,甚是不便,不如且与倚阁。"

宋高宗说:"卿等建请此事,朕便疑其不便。若是舆情因此讻讻,朕又何以立国? 朕不欲归过君父,敛怨于士大夫,可日下寝罢。然而卿附会范宗尹,若是最初便与异议,献疑直言,又何至于有今日之失。"秦桧虽然老奸巨猾,却不料在最初已留下了破绽,皇帝的责备,一时使他陷于狼狈,他不敢强辩,只能尴尬地说:"此亦是臣底过失。"

秦桧回府后,立即召来高益恭,与他单独谈话,说明情况,高益恭却有所不满,说:"自家原是奉大金之命,伏侍秦相公。如今教我回归,委是有违初衷。"秦桧只能用温和的语气解释说:"既是康王教你回归传书,我亦岂得擅留。你是大金底人,久在南朝,若是泄漏,不免有杀身之祸。我设计教你北归,亦是好意。"他一面说,一面取出了一千贯铜钱足陌和驿券,说:"此一千贯钱,亦足以教你致富。"高益恭当然也见钱眼开,说:"我到北地,秦相公有甚传语?"秦桧说:"为我致谢挞懒监军,若得南北通好,亦是大金之福。"高益恭择吉日启程,离开越州北上,秦桧也感到如释重负,了却一件心事。

但是,当朝廷发表汪伯彦的新命后,却遭到群臣的反对,号称天子耳目的御史和谏官为此纷纷上奏。由于皇帝否决了范宗尹裁削滥赏的主张,范宗尹也提出辞呈。到七月初秋,宋高宗正式宣布范宗尹罢相。他当天召见秦桧等执政,首先对汪伯彦的新命表态说:"治天下,一言以蔽之,便是'公'。如今台谏异论纷纭,汪伯彦虽是帅府故旧,与朕共度艰难,朕亦岂得以一己之'私',而沮公论,汪伯彦可罢新命。"秦桧马上首先附和,说:"陛下圣明,用人一出于至公,中兴必是可期。"

宋高宗说:"范宗尹力请罢政,朕已应允,而卿等当留于政府,佐朕理天下,有甚新议,可悉心条陈。"秦桧觊觎着空缺的相位,恨不得皇帝立即宣布自己继相,他当然急于提出一些新政的设想,以求博得皇帝的欢心,却一时没有考虑成熟,就急不可耐地说:"臣有二策,可以耸动天下,然而乞容臣愚深思,待日后以纸笔悉心敷奏,仰干天听。"宋高宗笑着说:"朕自当虚伫,以待卿奏。"

秦桧退朝以后,又将"二策可以耸动天下"一类豪言壮语到处散布,却又说:"今无相,二策不可行。"似乎自己葫芦里的灵丹妙药还须待价而沽。延捱到八月,秦桧的"二策"尚未出笼,而宋高宗却已经等不及了。他考虑再三,终于发表秦桧任尚书右仆射,同中书、门下平章事,这是当时右相的全称,还兼知枢密院事。按当时的制度,应设左、右二相,但有时也可以一人独相,如范宗尹就是一直以右相的身份掌政,而不另设左相。秦桧照例虚情假意地辞避一番,然后上任。他任相之初,就将苦心准备好的"二策"奏疏,进呈皇帝,不料宋高宗却将这份奏疏扣押,不予批准颁降,这又把秦桧打进了闷葫芦里。

原来秦桧的"二策"根本没有达到预期的目的,反而增加宋高宗对他的某种不信任,这留待以后再说。自从范宗尹罢相以来,宋高宗虽然任命了秦桧,其实是有试用的意图,他一直考虑另命一个左相。皇帝对朱胜非和吕颐浩两个旧相还是有好感的,因为两人毕竟帮他度过了最艰难的时日。宋高宗认为,两人必用其一,却一时还拿不定主意。最后,他才决定召吕颐浩到行朝。群臣得知此讯,不免议论纷纷,有一些人坚决反对吕颐浩复相,向皇帝进言谮诉。宋高宗为此又一度犹豫不决,延迟到九月,他还是下诏拜吕颐浩为左相。吕颐浩拜相的消息传出,震动最大的当然是秦桧,他立即将吕颐浩看成自己最大的政敌。但依两人目前的地位和吕颐浩个人性格,他在表面上只能对吕颐浩稍稍低声下气。吕颐浩虽然粗暴,心胸也比较狭隘,但尚非完全不能容人。他复相之初,认为秦桧在北宋末的表现有气节,又能从金朝脱身归故国,还是有几分好感。所以两人一时还显得互相尊重和团结。

秦桧在宋朝官场重新厮混了两年,固然找不到特别相亲的人,却也并无多少特别憎恶的人,他目前惟一的陷害目标,就是监察御史娄寅亮。秦桧也果然抓住了娄寅亮的一些把柄,就拉拢吕颐浩共同出面,名正言顺地将他贬逐闲废。待落井下石成功后,秦桧即使在王棪棪面前也不说一句,只是一个人在书房里独酌三杯,以发泄报复后的得意之情,他哈哈大笑,自言自语说:"娄寅亮,娄寅亮,谁教你建请立储?今日教你落井之后,尚不知下石底竟是秦相公!"

光阴似水,转眼已到了仲冬十一月,岳飞命令外甥、秉义郎、神武右副军主管文字高泽民出差到行在,申请钱粮。当时越州已升为绍兴府,宋廷又正在酝酿将行在迁往临安府。高泽民的内心一直为自己的五舅抱屈,他经常对外祖母和母亲议论说:"五舅大丈夫英气,不料竟做得一个神武右副军统制,反不如王瓂、王璹那厮,直是酒囊饭袋,而尚是神武前军统制。朝廷处事,却是如此不公!"岳飞的家眷,包括姚氏,都认为此说有理。李娃毕竟是出身官宦之家,深知官场的风波险恶,她听到此番议论,就告诫高泽民说:"朝廷底事,自家们不得胡乱评议,恐有后祸。"高泽民还是不服气,说:"我唯是为五舅不平,为众统制降为统领不平!"李娃耐心地说服了众人,于是姚氏对高泽民说:"自今以后,泽儿休得再言。"

高泽民从此虽然不再公开议论此事,但内心一直憋着一口气。他这次来到绍兴府,决定以岳飞的名义,向枢密院上状,列举了各种理由,请求给予自己一个都统制或总管的差遣。高泽民上状后,又马上给岳飞写了一封私信,说明原委,附官府邮递寄出,并且留在行朝,等候消息。

秦桧在金朝曾听说过岳飞的威名,特别是杜充降金之后,曾向他作了介绍,他读到这份以岳飞名义的上状后,立即敏感到这是一个坑陷岳飞的机会。他考虑一下,认为这件事也应当与处置娄寅亮一样,争取与吕颐浩共同出面,因为吕颐浩不仅是左相,也兼知枢密院事,如果自己单独向皇帝上奏,反而不美。于是,秦桧在都堂遇到吕颐浩,就提出岳飞上状的问题,他说:"祖宗之法,唯是崇文抑武,方保得国朝太平。岳飞唯有些少战功,却是居功自傲,竟敢上状庙堂,索取官封。可知五代武夫跋扈之习复萌,此风不可长。"不料吕颐浩却提出了相反的看法,他说:"我虽未曾见得岳飞,亦是久闻其忠勇,煞是将才难得。朝廷命他为神武右副军统制,直是屈才。如今神武副军都统制辛企忠剿除建州范汝为叛乱,拥兵逗遛,已遭御史弹劾。不如将岳飞一军改为神武副军,教他任都统制,亦以示朝廷赏罚分明,激励将士为国立功。"秦桧仍然坚持己见,说:"若是如此措置,切恐武夫举趾,不足以尊朝廷。"吕颐浩说:"当今之患,在于武将玩寇养尊,不能奋身力战。朝廷如有岳飞之辈四、五人,又何愁中兴之功不立。"

秦桧感到,自己再和吕颐浩争辩,也不会有理想的结果,就决定将这件事奏禀皇帝裁决。吕颐浩却抢先口奏皇帝,并且以枢密院的名义,下发一个札子,任命岳飞出任神武副军都统制,将其所部改名神武副军。秦桧憋了一口气,就找了一个单独面对的机会,向宋高宗陈述岳飞上状的事,重复了一套不能让武夫跋扈的理由,他故意装出一副激愤的神情,说:"天下底事,贵于见微知著,若不处分,窃恐武夫辈竞相效尤,便成厉阶!"宋高宗听后,发出了微笑,他并不答话,只是命冯益取来一份江南西路安抚大使李回的急奏,交付秦桧。秦桧只见奏疏上写道:

  岳飞一军自从讨贼,服勤职事,忠勇之名闻于江右,纪律之严信于疲氓。留屯洪州,声势甚远,江、湖群寇,率皆逃避。近迁神武副军都统制,士论皆谓称职。及得其外甥私书,乃知此除曾经枢密院陈乞,飞小心惶惧,累与臣言,实非本心所敢徼望。

秦桧见到这份奏疏,犹如一瓢冰水,从头顶浇到了脚底,但他还是很快从尴尬的境地中自我解脱出来,说:"臣愚之意,只为仰遵祖宗之法,以尊朝廷。如今既是事实如此,足见陛下圣聪,烛照幽远,明察秋毫,微臣愚蠢,何以及圣明之万一。"宋高宗也笑着说:"卿之所陈,亦以见尽忠朝廷。自今尤须知无不言,以辅朕之不逮。今日卿正可为朕拟一手诏,晓谕李回,教岳飞安心供职。"

秦桧尽管有一万个不情愿,也只得当场为皇帝草拟手诏。冯益接过秦桧的草稿,呈送给皇帝,宋高宗边看边说:"'岳飞勇于战斗,驭众有方,昨除神武副军都统制,出自朕意,非因陈乞,可令安职'。卿词意明白晓畅,备述朕旨。"秦桧连忙说:"臣愚所拟,唯是仰遵圣意而已。"

[壹叁]
旌旗下广南

高泽民直到十二月二十七日,方才返回洪州。当月无三十日,二十九日就是除夕,在战乱年代的洪州市民,好不容易迎来一个平安的除夕,家家户户正筹备着辞旧迎新的喜庆。高泽民为五舅申请都统制的差遣,竟如愿以偿,郁结了几个月的不平之气为之一扫,心情特别轻松欢快,他想:"自家亦是不枉去得行在一回,五舅与众统领都须相谢。"高泽民认为,自己不忙去岳飞的都统制司交差,还是应当先回家看望外祖母、母亲等人。

高泽民喜孜孜地进屋,第一个见面的是芮红奴,他恭敬地唱喏,说:"拜见六舅母!"芮红奴也客气地还礼说:"泽儿万福!"然后开门见山地说:"你此回做得甚事?却是招祸,伯伯极是气恼。"高泽民大感不解,他说:"我为五舅陈乞都统制职事,立得大功,有甚气恼?"芮红奴说:"此事你去见阿姑、二姑与姆姆,便知分晓。"

高泽民进里屋,只见姚氏、岳银铃和李娃正在谈话。尽管事情已经发生多日,岳银铃见到自己的心肝独子,还是忍不住伤心流泪,她不等高泽民见长辈行礼,就扑上去,抱住儿子,边哭边说:"此回泽儿委是受屈!"高泽民此时已多少有一些心理准备,他还是推开母亲,给三个长辈唱喏,然后询问事情原委。

原来岳飞接到高泽民的私信后,对他盗用自己的名义上状极其恼火,除了向李回解释外,当即下令,解除高泽民在本军主管文字的职务。李娃曾苦劝说:"奴家是女流,本不当问军中事。然而泽儿不过二十岁,年少气盛,偶有所犯,唯是教他知过必改,不可因此教阿姑与二姑伤心。"岳飞却坚决不同意，说："主张一军，唯是任人唯贤唯勇，信赏必罚，内不避亲，外不避仇。泽儿自恃与我有甥舅之亲，在军中骄纵，我已曾屡次告诫，不料他竟诡名上状，陈乞恩命，此已非偶有所犯，不得再留军中。"李娃向来最善于调解家里的各种纠纷，但遇到了这件事，却感到束手无策，就说："此事唯有鹏举自去说谕。"岳银铃得知此事，就成天与五弟哭闹，姚氏虽然贤惠，却是疼爱惟一的外孙，也不断帮女儿和外孙说话，而岳飞却坚守原议，绝不对亲人让步，弄得李娃也左右为难。这种情况已经持续多日。

高泽民听完母亲的诉说，就悲愤地说："我为五舅宣力，不意五舅竟如此绝情！大丈夫生于世间，天涯何处无芳草。我目即既已离军，便是五舅请我回军中，我亦断无复归之理！"姚氏说："泽儿须知长幼之分，不得无礼！"李娃说："泽儿，奴家亦曾为此苦劝鹏举。然而今日方知你委实不宜久留军中。泽儿诈冒，陈乞恩命，取消公论，有玷清誉。大宋所以陵夷至今，便是文武百官计较私利，而不能以国事为重。泽儿做官，须是效法宗留守、张招抚。若是事事计较一己私利，便难以做得好官人。"李娃的口气是恳切的，却又是严肃的。高泽民再也无言以对。

姚氏到此也终于想通了，她说："老身虽是目不识丁，然而五新妇底言语，便是识道理。泽儿从此离军，亦是好事，以免连累五郎，若有所犯，又教五郎怎生处分？若是秉公论断，岂不再伤舅甥亲情？"由于姚氏改变态度，岳银铃母子尽管内心怨恨，却再也无法公开发泄。经过李娃的耐心调解，他们那股不平之气也逐渐淡漠。高泽民被处分后，降了四官，就以保义郎的官阶从事民政。他最后还是吸取了教训，后来岳飞位居高官，高泽民也不敢凭恃五舅的权势，为非作过，而是勤谨于职守。

绍兴二年(1132年)二月，李回召见岳飞，向他出示了枢密院正月二十九日递发的札子，命令岳飞统本部神武副军前去荆湖东路，充荆湖东路安抚使、都总管，负责剿灭曹成等盗匪。李回等岳飞看完札子后，问道："此事你以为如何？"岳飞说："既是朝命，岳飞自当服勤王事。"李回说："湖东盗贼如麻，然而名贼唯是四大寇，其中又以曹成为首，他与李宏、马友俱受朝廷官封，却是阳奉阴违，叛服不常；刘忠最是凶逆，自来不服朝命。四大寇虽亦时相攻击，却又成辅车之势，为互援之计。岳都统虽是善战，如以孤军深入，须防腹背受敌。"

岳飞说:"下官闻得,'内寇不除,何以攘外;近郊多垒,何以服远'。如今不得剿除贼盗,便难以与虏人交锋,直驱中原。曹成、马友与李宏原是张用底义兄弟,我曾与他们在京城南薰门外交锋。他们流窜到湖东,为害一方,正宜剿灭。刘忠杀害张招抚,我欲为张招抚报仇,将那厮碎尸万段。今日得朝命,便是天赐其便。兵法无常,唯是到湖东之后,斟量贼势,相机行事。"李回说:"朝廷命你到湖东后,率马友、李宏讨伐曹成。依下官所料,马友、李宏岂得服你节制,必是阴助曹成,暗生患害。我决计上奏朝廷,以为岳都统不宜孤军前去,教朝廷增派大兵,然后方得安靖一方。"

岳飞满怀信心地说:"下官本军所统一万二千余人,若是存留二千人看管本军老小,可出兵一万余人,便足以成功。"原来岳飞在去年虽然收编了部分李成和张用的军兵,由于战斗减员以及裁汰老弱、伤病者等原因,神武副军的兵力并没有增加多少。李回说:"既是岳都统锐意于为朝廷除害立功,你可率本军且去吉州,安存老小之后,相机行事。"李回同意岳飞发兵后,仍然上奏朝廷,表示自己的忧虑,并且建议增派大军继援。

岳飞的神武副军现在仍然分五军十将编制,各军各将的统兵官基本照旧,只是重新命王万改任前军副统制。三月,岳飞率全军战士和家眷来到吉州,经过商议,决定留李廷珪率各军抽调的二千人,负责守护家属,而自己率一万多人马挺进到江南西路与荆湖东路交界的袁州。

在出兵的前几天,岳翻找岳飞说:"既是泽儿离军,自可在家伏侍老小。我自到五哥军中,唯是守护家属,寸功未立,此回当容我前去立功。"原来岳翻自从在金军中起义以来,岳飞一直不让他上战阵,至今还是无品的小武官进义校尉,岳翻的心理总是有一种不平之感。岳飞眉头一皱,说:"妈妈唯有自家们二兄弟,我上战阵为国尽忠,你在家伏侍尽孝,方得忠孝两全。六哥武艺未精,不得上阵厮杀,切恐贻妈妈与六嫂之忧。"岳翻说:"妈妈已自依允我随军。数年之间,我苦心练习武艺,已是颇有长进,全是为今日上阵厮杀一回。"岳飞仍然表现迟疑,问道:"六嫂如何?"他从弟弟的回话中体会到,芮红奴似乎并不赞成丈夫出征。岳翻说:"我已晓谕浑家,如今全家团聚,已是远胜于我与泽儿被掳时。祥祥十二岁便从军杀敌,难道叔父竟不如侄子?此回可教他居家侍奉,此亦是一说。"

岳飞只能再和家人商议,姚氏和芮红奴都表示赞成岳翻出征,芮红奴说："当今武将底亲属子弟窜名军中,诡冒功赏,比比皆是。然而伯伯治军严肃,六郎至今尚是归正时所授校尉,五年之间,未曾升迁得一资半阶,自今之后,亦须教他时时上阵厮杀,博得一个出身。"姚氏说："便依六郎所议,祥祥居家。"于是岳飞就命令岳云留在家里,将岳翻编入张宪的前军第二将。

岳飞驻兵袁州城后,不断派人打听湖东的消息。三月下旬,岳飞召集众将会议,并且宣布了李纲的新命,他说："如今探得曹成贼马已起离道州,进趋广南,而李宏依旧屯驻岳州,马友犹是盘据潭州,刘忠依然占得白面山寨,成鼎足之势。然而曹成、马友与李宏曾是义兄弟,而刘忠自来与他们未有交结。朝廷已命李丞相为荆湖、广南路宣抚使,兼知潭州,本军自后须受李丞相节制。李丞相忠节,名满天下,自家们素来钦仰,闻得他在福州开司,然后启行。然而曹成意欲破坏广南,肆毒生灵,若是静候李丞相前来,而后出兵,切恐有误事机。"

张宪说："曹成贼兵号称十万,然而体访得除老弱妇女外,能战之兵不下三万。此是乌合之众,本军虽只有万余人,必可破贼。我底所忧,是马友与李宏援助曹成,使王师进退失据,腹背受敌。"张宪所说,其实也是岳飞和众将的担忧。孙革说："须是用离间之计。"岳飞问："你有甚离间之计?"孙革望着于鹏,于鹏说："我与孙干办商议,李宏在北,马友在南,李宏若是出兵,须经潭州地界。不如命人散布流言,教李宏与马友互相猜疑,或是自相攻伐。王师便得以长驱南下,救援广南。"王贵指着地图说："此回出师,可迁道经衡州茶陵县、郴州、桂阳监,直到道州,不入潭州地界,以免马友生疑。"

大家商定后,岳飞就在翌日发兵。宋朝在茶陵县和郴州(治今湖南郴县)屯驻两支小部队,各自号称三千人马,统制官是韩京和吴锡,他们按朝廷命令,须临时受岳飞节制。岳飞到达两地后,首先检阅这两支部队,发现两军大都是湖东本地人,不仅老弱居多,而且军纪很坏,根本无法用于战事,就当机立断,拣选两军的精壮者分编入神武副军的五军十将,而把老弱残兵给公据放散,并且上状报告朝廷。他的这种措施自然引起韩京和吴锡的恼恨,韩京干脆称病,带着残余的数百人留在茶陵县,不愿随岳飞出征,而吴锡还是勉强带着残兵五百多人,随岳飞大部队行进。

四月上旬到中旬，湖东地近广南，初夏气候已相当炎热。岳飞在郴州接到确切的探报，说曹成兵分两路，一路由他亲自统率，南下广南西路的贺州（治今广西贺县东南），另一路由都统领王渊指挥，自永州（今属湖南）、全州（今属广西），南下广南西路首府桂州（治今广西桂林市），就统兵先来到道州（治今湖南道县）。曹成在道州果然已不剩一兵一卒。道州的地方官都已逃散，岳飞临时安抚当地百姓，并且就在州衙召集众将会议。

岳飞说："如今曹成已自兵分两路，荼毒广南西路。众太尉以来，当如何剿杀？"徐庆说："擒贼先擒王，既是曹成自去贺州，又贺州离道州稍近，可直下贺州。"王贵说："今据关报，王渊尚有余党，分驻永州、全州，四出劫掠。如是官军径去贺州，切恐永、全州贼马又来占夺道州，使官军腹背受敌。不如先易后难，先扫灭永、全州之敌，南下桂州，破得王渊贼马，然后再与曹成决战。"众人一部分同意徐庆的意见，另一部分又同意王贵的意见，双方各自陈述理由，又对各自的作战方案作了补充。

正在争执不下，有军士递到广南西路经略安抚使、兼知桂州许中的紧急公文，说曹成军攻打桂州，形势危急，要求岳飞马上发兵救援。于是众将结束了争议。岳飞下令说："本军径去全州，徐、姚二统制可率左军自全州至永州，扫荡贼军。其余四军随我自全州南下桂州。"张宪说："我身为前军统制，愿为前锋。"岳飞投以赞许的目光。吴锡说："我虽是兵少，愿与张太尉同为前锋，南下立功。"岳飞知道吴锡还是一员勇将，就说："吴太尉勇于为朝廷分忧，其志可嘉，然而此去须服张统制底节制。"吴锡说："会得！"

岳飞率本军从道州城出发，往西北方向急行军约一百五十宋里，奔向全州城。军队抵达湘水东岸，然后兵分两路。徐庆和姚政率左军渡湘水，直取全州城，再沿湘水北上，克复永州城。曹成在这两州的匪军各不过一千人，被左军轻而易举地击破。岳飞率四军沿湘水和灵渠东岸南下，需要急行军约二百六十五宋里，方能奔赴桂州城。

这支军队的战士大都是北方人，大家还是初次领受岭南如此酷热的初夏天气，白天是力竭汗喘，忍饥受渴，夜晚露宿，还须遭受蚊虫的叮咬，往往感到体力难支。且不说军士，就是岳飞和众将也极感疲劳。为了激励士气,岳飞下令,从本人、众将到每个骑兵,一律牵马步行,战马仅用于驮载辎重或病弱者。

岳飞的军马从道州出发,只用五天时间,终于接近离桂州城东北五十二宋里的灵川县城。岳飞接到探报,说桂州城还在坚守,而灵川县城也驻有约近千名匪徒。就下令全军暂时隐蔽休息,自己与众将商议。张宪说:"王渊贼马不虞王师前来,正可攻其不备,急解桂州之围。"岳飞望着吴锡,吴锡说:"便依张太尉所议。"王经说:"然而灵川底贼军,亦不可不剿杀。"

岳飞等候众将发表完意见,然后指着地图下令说:"此处离灵川尚有五里,却是与县城隔灵渠相望。若是便在此济渡,虽可一举破灵川之贼,桂州之敌必是闻风而有备。不如再行军三十里,然后饱餐休息。明日济渡,便可攻贼不备。"他当即命令各军的骑兵全部集中到前军,归副统制王万指挥,作为突击部队,而张宪与吴锡各统所部为后续部队,全军接续行军。自建炎四年以来,岳飞一军的战马不断有战争和自然消耗,却难得补充,如今四军骑兵集中在一起,也不过一千二百骑。岳飞另外还命令后军副统制庞荣与第二正将张峪率后军第二将步兵在行军中途择地休息,准备明晨自灵川县城以南渡河,截断县城匪军的南下退路,进而占据县城。

王渊率领的西路匪军有一万人马,却稀稀拉拉地分布在永州、全州、灵川县和桂州城下。他亲率的大部队不过七千人,又分布在桂州四个城门,攻打多日,未见战效。今天正好将兵力和炮具集中在北门。上午,正当王渊亲自指挥匪军进行猛攻之际,王万率一千二百骑实施突击,恰似神兵天降,张宪和吴锡也紧接着率步兵分路夹攻。王渊匪军很快被杀得七零八落,狼狈向南逃窜。等岳飞率大队人马赶到,救援桂州的战斗已经胜利结束。

广南西路经略安抚使、兼知州许中亲自出城迎接,岳飞命令王贵代统大军,屯驻城外,自己和张宪、王万、吴锡等将入城。双方见面后,岳飞特别介绍了张宪、王万、张应、李璋和吴锡五将,说:"此回解桂州之围,全是五太尉底战功,我未到战场,五太尉已成大功。"许中也介绍了本司统制欧阳临和罗选两人,他说:"此回苦守州城,二将委是宣力。"

岳飞的大队人马暂驻桂州,休整数日,等待徐庆的左军前来会师。徐庆和姚政率左军到达后,岳飞又与许中和众将商议下一步军事行动。许中说:"据探报,贼马自在州城下溃逃之后,便退守本州属下荔浦县莫邪关。"岳飞看着地图说:"莫邪关距州城尚远。"欧阳临说:"自州城南至荔浦县城,计二百二十二里,而莫邪关在荔浦县北四十里。此关极是险峻,端的是难攻易守。"岳飞又问:"阳朔县距此几何?"欧阳临说:"在州南一百六十里。"

岳飞对许中说:"我莫须先率大军前去阳朔,然后计议破关。然而大军底钱粮、夏日底暑药,须是有劳许经略应副。"许中说:"岳都统且放心前去,钱、粮、暑药等物事,我自当尽心竭力。"岳飞又说:"自家们初到广南,地理生疏,须请罗统制或欧阳统制同往,方得成事。"许中说:"守城不可全无兵马,罗统制可留守城池,另教欧阳统制充向导。"岳飞当即起身,向欧阳临作揖,说:"有劳欧阳统制,请受下官一拜。"欧阳临也起身还礼,说:"自家们同为王事尽力,何分彼此。"

岳飞率大队人马进军阳朔县城,屯驻城南,他亲自与欧阳临和众将眺望莫邪关,欧阳临指着关口说:"此关在莫邪山上,山势险峻,委是一夫当关,万夫莫开。"岳飞问道:"可有迂道绕出关后?"欧阳临说:"自阳朔到荔浦,别无迂道。"张宪说:"下官愿亲率本军,强攻莫邪关。"岳飞说:"强攻必是伤亡甚众,挫王师锐气。然而关口狭隘,摆布不得众多军马。不如命军兵分队佯攻三日,耗尽关上底矢石,然后可一鼓破贼。"

张宪按岳飞的命令,分兵不断佯攻。关上的矢石果然像雨点一般打下来,但军士们使用盾牌摭挡,没有造成多少伤亡。到第四天,岳飞才下令张宪指挥强攻。由于地势险隘,展不开兵力,张宪、王万和张应、李璋在前军第一将和第二将中选拔了二百壮士,组成突击部队,岳翻也入选其中,充当一名旗头。张宪有一名亲兵,名叫郭进,身高力大,特别是饭量惊人。他常叫嚷伙饭不能充饥,就自备了一个用于喂马的大马杓打饭,因此军中也就给他起绰号,人称"大马杓"。郭进向张宪提出:"我日常伏侍张太尉,今日愿攻关立功。"张宪笑着说:"大马杓今日可饱吃五马杓伙饭,然后立功!"

张宪为了减少伤亡,当天上午,还是分兵佯攻,引诱匪军投放矢石,直到正午时,才命令二百名壮士发起强攻。众壮士手持盾牌、云梯等,随着急鼓声,大呼登山。郭进右手持一杆六宋尺鸦项枪,左手执盾牌,顺着云梯捷足先登。郭进登上关城后,立即扔掉盾牌,挥枪先刺死敌人一名旗头。岳翻和另一名旗头也继郭进之后,冲上关城,并且挥舞宋军的红旗。其他军士也个个奋勇争先,一举占夺了莫邪关。王渊再无斗志,率匪军溃逃出关。

大批宋军源源过关,分驻在莫邪关的前后。岳飞入关后,听说郭进等人夺关立头功,立即亲自召见,他当场解下自己的金束带,赏赐郭进,说:"我且与你借补秉义郎,待平曹成后,上申朝廷。"郭进说:"岳都统待男女如此,日后敢不效力!"岳飞又给另一名旗头颁赐银器,而对岳翻只是慰勉一番,说:"岳校尉此回亦是立功。"岳翻明白,哥哥身为一军主将,在这种场合反而只能对自己稍示疏远,他也不另说什么。倒是张宪颇为过意不去,他说:"岳校尉底战功亦须待日后上申朝廷。"

再说王渊战败后,立即放弃荔浦县城,率领残部逃往贺州。他出县城不远,正逢曹成派来的援兵。为首的将领正是建炎二年从相州突围的杨再兴、王兰、高林、罗彦、姚侑和李德,他们流离各处,后来参加了曹成的队伍。曹成自然赏识这六兄弟的悍勇,对他们相当厚待。这次奉命率兵五千,前来增援王渊。双方相见后,王渊叙述被岳飞军战败的经过,杨再兴听说是岳飞,就想起当年在汤阴县比武的事,说:"岳飞亦非三头六臂,我正欲与他厮杀。料得官军占夺莫邪关后,必是弛备,今夜正可前去劫寨。"王渊却毫无斗志,说:"你可去劫寨,我且驻荔浦县城,等候捷报。"于是两支匪军又重新返回荔浦县城。晚饭以后,杨再兴等领兵前往莫邪关,王渊却如惊弓之鸟,不敢与杨再兴同去。

岳飞大军占夺莫邪关后,就在关口前后休息。屯兵最南端的,是后军第一将。岳飞已经为正将牛显配置一名副将,名叫韩顺夫,此人原是张用和一丈青的部属,也相当悍勇善战,却耐不住岳飞严格军纪的约束。他带领十名亲兵,都是原张用的部属,到附近村坊,抢来了一名年轻女子和一些酒肉。有一个部兵说:"韩太尉,此事不好,若是岳都统知得,切恐自家们首领难保。"韩顺夫说:"不妨事,只消自家们不胡言乱语,便是神不知,鬼不觉。"他们来到莫邪关南路旁的一座土地庙,派两名兵士在庙门外轮流望风,韩顺夫与其他人卸脱铠甲,在庙里饮酒作乐。

杨再兴率兵北上莫邪关,他命令王兰等统押人马,自己带五十骑充硬探。时过半夜,他们来到土地庙前,庙门外望风的兵士发现敌情,立即大喊。半醉的韩顺夫人不及甲,慌忙持刀出庙,正遇下马的杨再兴持剑上前,两人交锋,杨再兴挥剑砍断韩顺夫的右臂,韩顺夫惨叫一声,企图逃走,杨再兴追上,背后一剑,将韩顺夫刺死。韩顺夫的十名亲兵,有七人被杀,而三人逃跑。

杨再兴乘胜率五十骑进扑后军第一将驻地,牛显正为找不到韩顺夫,而感到奇怪。他得到土地庙败兵的报告,才匆忙整军迎战。杨再兴惯于单身冲锋陷阵,他虽然只带五十骑,却抡动那杆虎头紫缨枪,直贯宋军。后面王兰等人也驱动五千人马进击,来势甚猛。牛显军开始败退。王经和庞荣率后军的张峪第二将前来增援,双方勉强打个平手。

天色已明,在莫邪关上住宿的岳飞得报后大怒,他马上命令王敏求向王经传令:"若是不破贼马,便不须见我!"张宪对岳飞说:"此回贼军偷袭,其势汹汹,王统制一军势单力薄,尚需增援。下官不才,愿统兵前往。"岳飞说:"关前地隘,摆布不得众多军马,你可率本军前往,相机助王统制一臂之力。"

张宪带兵下莫邪山。他听说王经与敌军已经苦战了八合,还是难分胜负,就命王万和张应统兵在后,自己与李璋率五十骑士,前去观阵,岳翻和郭进也在五十骑士之中。他们来到阵前,遇见王经、庞荣、牛显、张峪、王敏求等人。王经自从追随岳飞以来,在战场上还从来没有承受如此沉重的心理压力。张宪见到王经的脸色,已经明白了对方的心境,他问道:"如何会战八合,尚是未见胜负。"王经说:"此处地隘,贼马厚重,兼有为首一将,骁悍非凡,官军几回攻袭,俱是被他率精骑杀退。"

两人正说话间,姚侑单骑突出阵前挑战。郭进仗着首先破关之威,也单骑持枪出战。两人在阵前周旋,难分胜负。杨再兴忍不住单骑突出,替回姚侑,与郭进交锋,战不多时,郭进竟被杨再兴一枪挑去右臂上一块肉,负痛败下阵来。杨再兴驰马追赶,岳翻也单骑上阵,接替了郭进。

岳翻依稀认出敌将原来就是本县曾与哥哥比武的杨再兴,就大喊道:"来将莫非是相州汤阴县底杨十二,曾与自家岳五哥比武?"杨再兴为人骄傲,听到对方说出自己的排行,也记忆起来者是岳飞之弟,但他特别对当年与岳飞比武的事感到羞耻,就不再答话,挺枪直前。岳翻一面与他交锋,一面又断断续续地劝说:"杨十二……你端的是好身手……曾刺得虏人四太子……何不弃暗投明?"他话音刚落,杨再兴竟一枪将他刺于马下。

岳翻落马,引起宋将的一片惊慌,张宪正待亲自拍马舞锏出阵,李璋比他抢先出战。因为岳翻分编在属下,李璋当然有一种难以向主将交待的心理压力,他持浑铁枪飞马上前,准备与敌人拼命。他与杨再兴接近后,双方才看出原来对手竟是义兄弟。李璋用愤怒的口吻首先大喊:"杨大哥,不料你竟沦为盗贼,今日如何又杀了岳都统底六弟?"杨再兴也悲喜交集,说:"李八哥,我以为你已殉难于东京宣化门下,不料尚得在此相会。"李璋继续用愤怒的口吻说:"杨大哥,你不该投奔曹成贼马,如今唯有率人马投拜,我尚得苦劝岳都统,免你一死。"杨再兴说:"我也曾在河北抵御虏人,然而如今不愿受官府招安。王二哥等五兄弟亦在军中。"李璋说:"既是你不愿投拜,今日战阵之上,昔日底义兄弟恩断义绝,须是一决胜负。"说完,就举枪直前,杨再兴大喊:"我依昔日底义兄弟情分,须让你三枪。"他抵挡了对方三枪之后,两人就战成一团。

张宪虽然听不清楚杨再兴与李璋的对话,他此时也不能没有一种速胜复仇的心理,就对王经说:"两军相逢勇者胜,待自家们冲锋陷阵,速破贼马!"说完,就挥锏直驰阵前。王经当即下令:"马军在前,步军在后,破敌者受重赏!"说完,也抡剑带头冲锋。敌方的王兰、高林、罗彦、姚侑和李德也率兵迎战。但是,在官兵的勇猛冲击下,杨再兴等人虽然骁悍,也终于败阵而逃。张宪和王经再也不容敌人有喘息之机,率前、后两军一鼓作气追奔荔浦县城。岳飞也亲率大军继进。杨再兴和王渊两支残军只能逃离荔浦县,前去贺州。

在荔浦县衙,张宪、王经等将纷纷跪在岳飞面前,说:"今日岳校尉阵亡,下官等罪责难逃。"岳飞强抑悲痛,将众人逐一扶起,说:"常言道:'瓦罐不离井上破,将士难免阵前亡。'此回官军丧身底亦非六哥一人,我身为主将,待众将士尤须均一,不得独私所亲,你们亦岂得独为六哥请罪。"话虽如此,大家见他不断地滴下泪珠,更多了一重负疚感。

李璋报告说:"杀岳校尉底,便是我昔日底义兄弟杨再兴。"张宪曾听岳飞兄弟断续说过杨再兴的事,他此时方才有所醒悟,说:"岳校尉在阵上喊声不绝,分明是规劝同乡归依朝廷,不料竟遭此毒手!"岳飞几乎是从牙齿缝里迸出了几个字:"待日后擒得此贼,须将他碎尸万段!"众人都明白这几句话的分量,张应和李璋不由内心一阵寒噤,他们毕竟还有过去的义兄弟情分。岳飞沉思片刻,又问李璋:"杨再兴何以成了你底义兄弟?"原来张应和李璋投归岳飞较晚,岳飞在此前只知道他们是马皋的部曲。张应此时就出面介绍了结成义兄弟的经历,特别是宣化门之战后的失散,岳飞听后,只是发出深沉的长叹。众人明白,岳飞尽管有杀亲之仇,还是为杨再兴的勇武而深为惋惜。

岳飞沉思了一会儿,又下令将韩顺夫的三名亲兵押来,他厉声喝道:"韩顺夫违犯军律,死有余辜,你们虽是胁从,亦是罪不可恕,且将你们责杖一百,容日后将功折罪。若是今后再有违犯,必斩不赦!"三名军兵有一种死里逃生之感,叩头谢恩,当即被军兵们押出,执行杖刑。岳飞又儆戒众将说:"官军暑月深入岭南,战伐劳苦,自后尤须整饬所部,申严军纪,以韩顺夫等为戒,不得再犯!"众将异口同声说:"谨遵岳都统令!"岳飞接着下令,全军撤出荔浦县城,在外露宿,而改由欧阳临率桂州兵进驻。

岳飞率军肃清桂州全境后,就告别许中,准备进剿贺州曹成残部,并且请欧阳临和罗选两支广西兵同行。吴锡本来只是勉强跟随岳飞南下,桂州解围战立功之后,就无意再战,他借口本军水土不服,要求返回郴州。岳飞也明白吴锡的用意,允许他带本军北归。岳飞全军在四月下旬出发,经昭州(治今广西平乐)东进贺州。曹成匪军自从桂州和莫邪关两战失败后,已经放弃昭州,而将兵力集中在贺州,准备迎战。

闰四月初四,岳飞探知曹成驻军富川县太平场要隘,就离敌寨三十多宋里设立营寨。他还是像往常一样,先召集众将会议,特别请熟知地理的欧阳临和罗选多出主意,罗选说:"此处另有一小道,经邋岭,亦可到敌寨之后。"岳飞当然十分重视他的意见。正议论时,有军兵进入报告,说:"今有巡绰军兵捕得一名曹成谍探。"岳飞立即心生一计,说:"众太尉且请退下,待我与于干办诳得敌探,然后进军破太平场敌寨,必可成功。"

曹成所派的谍探被押到岳飞座前,岳飞询问说:"你是甚人,竟做曹成底间谍?"那人连忙辩解说:"男女不是间谍,我户贯京西,唯是因不堪战乱,流离到广西,小贩为生。唯求太尉开恩,便是再生父母。"岳飞也不说什么,于鹏进入帐中,报告说:"启禀岳都统,军粮且罄尽,桂州已无粮接济。"岳飞感叹说:"我早曾言道,所忧不在曹成贼马凶悍,而在军粮不济。若是如此,不如明日姑返茶陵县就粮。"他又指着那名敌探说:"此人被巡绰军兵所俘,言道是敌探,请于干办根问。"说着,就走出帐外。于鹏又装模作样地盘问一番,然后下令将此人释放。

那名敌探逃回太平场,向曹成报告所见所闻,曹成高兴地说:"岳飞此回乏粮而逃,我须生擒岳飞,以报当年南薰门之仇。"他下令说:"候得岳飞军撤退,便全军追击,若得擒杀岳飞,当有厚赏。"

杨再兴自从在莫邪关战败后,就向其他五个义兄弟追述情况。高林说:"曹成虽是厚待自家们,然而在乱世掳掠为生,终非安身立命底长久计议。既是李八哥在岳飞军中,便是一线路,可惜大哥杀了岳翻。"杨再兴说:"我既已杀了岳翻,便与岳飞势不两立,唯有一心助曹成,破岳飞。"姚侑说:"依莫邪关之战,切恐自家们难以取胜。"高林说:"大丈夫处于乱世,唯当破虏人,以清中原。岳飞英豪,若是诚心投归,或可不计杀弟之仇。"罗彦说:"常言道:'兄弟之雠不反兵。'他人尚可,而杨大哥又如何投拜岳飞?自家们曾追随十五太尉,不料十五太尉竟无辜被朝廷加害。此后又随四五知州守相州,不料朝廷竟坐视河北沦陷敌手。自家们因此便不愿归依朝廷。如今却是受招安亦难,不受招安亦难。"他提起宗室赵叔向被害,赵不试殉国的往事,引起众人的感叹。大家反复议论,都对战争的前途感到悲观,却又感到走投无路。

这六个义兄弟中,其他五人都是一勇之夫,惟有高林粗通文墨,有一些心计。他听曹成发令后,就表示异议说:"依我之见,岳飞善于用兵,有意泄漏军情,便是有诈。"曹成不信,说:"自家们且固守太平场寨,便是有诈,亦不足忧。"他对杨再兴等六人下令:"尔们便可在寨前用心守卫,以防不测,又多命间探,窥伺敌情。"当夜,尽管曹成派遣多批小部队到寨前一、二十宋里巡逻,都没有发现敌情。

不料到后半夜,岳飞以王贵和郭青的右军为前锋,从远岭小路深入太平场寨之后,向敌寨发射火箭,然后突入敌寨。岳飞亲率大队人马继进。曹成匪军受到突如其来的攻击,根本无法进行有效的抵抗,曹成首先带亲兵逃跑,于是其他匪军也相继溃逃。杨再兴等六个义兄弟抵抗了一阵,最后也只能放弃被焚的营寨,往州城方向逃奔。

战斗到天明时结束。岳飞乘胜率军进据富川县城,他命令欧阳临和罗选两军进城,本军在城外休整一天,于六日向贺州城挺进。曹成集结了三万多人,其中半数以上是在广西州县掳掠的男丁,在距离州城西北二十多宋里,占据山险,列阵以待。

岳飞命令五军分驻在山下,自己准备带百骑前去山麓,亲自侦察敌情。王贵劝阻说:"岳都统须提领全军,待下官代岳都统前往硬探。"岳飞经众将劝说,终于同意,王贵就和右军第二正将舒继明、岳飞亲将王敏求率一百骑士,到敌阵前侦察。

他们沿着山势,从西向东,缓骑而行,走了近多半路。只见山上有一队敌骑飞驰而来,为首的六骑持浑铁枪,王贵已经约略猜出,来者正是杨再兴等义兄弟,就弯弓搭箭,看准第一骑士连放两箭。杨再兴用枪拨落第一箭,而第二箭却正中右臂。舒继明也紧接着发箭,幸亏姚侑躲闪得快,这枝箭竟从他的颈部擦过,划破了一道血痕。杨再兴等只能退回山上,王贵等也不便追赶。

王贵回来后,向岳飞与众将介绍敌情,说:"曹成布阵,虽是占据山势,全不成次第。诸军若是分进合击,自可一鼓破贼。"岳飞说:"探得曹成新掳广西人丁众多,并教他们在前厮杀,若是以正兵掩杀,便是广西被掳人丁死伤众多。不如以奇兵自左、右翼后剿杀贼马,自可救得广西人丁。"岳飞当即命令王贵右军和徐庆左军进攻敌人西部左翼,张宪前军和王经后军进攻东部右翼,自己率寇成中军和欧阳临、罗选两军在正面,主要负责招降。

军队在正午饱餐之后,马上发动攻势。王贵和张宪两军作为前锋,对曹成匪军实施左、右侧击,匪军很快溃不成军。岳飞也乘机发动正面进攻,他下令军兵们大喊招降,于是大批广西本地的被掳者就纷纷扔下兵器,坐地投降。

曹成匪军向贺州城逃窜,岳飞率军在后追击。贺州城是个小土城,设立东、南、西、北四门,而城东濒临一条河,取名临水。曹成放弃州城,从临水上的浮桥逃遁过河,他不等匪军全数逃过临水上的浮桥,就下令拆桥。于是尚未渡江的部分匪军或是四散逃窜,或是向官兵投降。岳飞进军到贺州城外,命令欧阳临和罗选说:"尔们两军可进入州城,安抚坊郭户,守护仓库钱粮。我当统本军露宿城外。"罗选说:"岳都统既是亲自破贼,岂得不入州衙。"岳飞说:"广西百姓惨遭兵祸,尤须抚存,不得骚扰。大军进城,自有诸多不便,我身为主将,又岂得教军兵露宿于城外,而只身安居于州衙。"欧阳临已是第三次见到同样的处置,他不由感佩说:"岳都统如此体恤百姓,下官自当禁约军兵,不得骚扰。"

岳飞在贺州城外休整部队,将投降的广西本地男丁全部释放逐便,而将投降的北方匪军全部分隶各军各将,同时探听曹成匪军的行止。他得知曹成屯兵在东北桂岭县的北藏岭、上梧关和蓬岭三个险隘,仍然设法负隅顽抗,就率军渡过临水,离北藏岭二十宋里驻营,准备再一次发动进攻。

桂岭县是个山高林密的地区,曹成从县城设连营到北藏岭,绵亘六十多宋里,占据着沿途的山险、河涧,很多地段道路狭隘,人马无法并行。曹成自认为足以抵挡官兵,他命令都统领王渊充当前卫,守北藏岭,杨再兴等义兄弟守上梧关,自己拥兵在后,守蓬岭,以便随时增援。

岳飞自从弟弟战死后,悲痛不已,他身为主将,不能当着众将士的面有过多的流露,但几乎每天夜里上床,总是哭泣。他们兄弟俩自小就特别亲爱。姚氏作为母亲,其实对两个儿子的慈爱是均一的,但由于岳飞几乎处处强于弟弟,姚氏不能不对岳翻多加关照。岳飞自幼就不埋怨母亲有偏心,相反,姚氏愈是对弟弟多加抚爱,岳飞就愈是高兴。这些日子,岳飞每晚总是回忆与弟弟的往事,也对后事想得太多。母亲怎么办?弟妇芮红奴怎么办?古人把后嗣看得极重,弟弟没有一男半女,是否要将岳雷为弟弟立后?由于经常哭泣,双目红肿,古代缺乏卫生知识,岳飞有时用手揉眼,接着就有一种昏痛感,视物模糊,怕见光线。在荒凉的岭南,战乱之余,一时还找不到好的医生。有人认为是中了南方的瘴毒,只能临时找来一些药,煮水洗眼,另外又吃一些凉药。

战前,岳飞强忍眼痛,干脆用麻布蒙着眼睛,召众将会议,徐庆说:"北藏岭险峻,如是强攻,官军伤亡必众,不如效法莫邪关之战,分兵佯攻,待贼军懈怠,然后一举破敌。"岳飞说:"莫邪关底战法,不可再用。如得诱敌下山,追奔逐北,则贼马底矢石便难以施放。我有一计,明日徐统制且一试。"他说出了自己的计划。

闰四月十二日,徐庆和姚政的左军在北藏岭下列阵挑战,开始用恶毒的言语叫骂,山上的匪军就是不出战。为时不久,左军将士显得怠倦,他们再也不列阵,三五成群,坐在地上憩息或吃干粮。山上的王渊认为这是一个反攻的机会,就带三千精兵冲下山来。左军将士见匪军杀来,就纷纷溃逃。王渊自以为得计,率兵追赶。

岳飞今天还是忍着眼痛上阵,他为尽可能少见光线,大部分时间只能闭着两眼,由身边的于鹏、王敏求等人报告情况。此时,他才睁开睛眼,从高处察看战况,他只简单地说了两个字:"击鼓!"这是发动反击的信号。当听到四十面战鼓发出激烈的震响后,徐庆和姚政立即麾军反攻,王贵和寇成各率本军分左右向敌人包抄和侧击,大部分匪军都被官兵分割和包围。他们根本没有斗志,多数投降。

王渊只带了几百名匪军往山上逃遁。此时,岳飞集中了各军的骑兵,由张宪和张应、李璋统率,乘着混乱,向山上冲击,追军和逃跑的匪军很快混在一起,山上的匪军根本无法施放矢石。尽管宋军也有不少战马跌倒在山崖上,但张应和李璋两骑一前一后,抢先冲到巅峰,他们挥舞浑铁枪,勇猛杀敌,为后来的骑兵开路。官兵很快就占领了北藏岭。

王渊所部溃不成军,向上梧关逃跑,张宪的骑兵却马不停蹄地追击,又继踵冲入了上梧关。杨再兴自从受伤以后,对战争的前途更没有信心,他与五个义兄弟本拟在上梧关组织抵抗,然而他们布列的防卫,却首先被己方的败军冲乱。一场混战之后,杨再兴等六人也只能放弃上梧关,逃下山去。由于杨再兴在战阵再三抛头露面,许多官军已经认出他们。在"生擒杨再兴,为岳校尉复仇"的呼喊下,竟有愈来愈多的骑兵参加到追击者的行列。杨再兴等十多骑企图从另一条山路逃跑,而约有三百宋军骑兵在后穷追,连张宪和李璋也闻讯参加其中,亲自指挥。

杨再兴等人最后逃到一个悬崖下的深涧前,他们只得放弃战马,攀藤附葛,逃到足有十来丈深的崖下和涧边。张宪和李璋率追骑来到崖边,张宪命令说:"官兵难以下崖擒贼,可布列弓箭,将那厮射死!"李璋此时真是左右为难,他不忍杀死昔日的义兄弟,却又不敢反对或阻止张宪发令。李璋情急生智,就跪在张宪面前,说:"崖下有自家昔日底义兄弟,曾同共与虏人血战,除杨再兴外,若得张太尉贳罪,异日亦可为国家宣力。"张宪说:"既是如此,请李正将叫他们投拜。"于是李璋就带着一批军兵大喊:"除杨再兴罪在不赦,其余人若受招安,尽底贳罪。如是不降,便与乱箭射死!"

崖下包括六个义兄弟在内,正好十二人。杨再兴听后,第一个离开众人,走向崖边,大喊道:"我便是杨再兴,你们可将我射死,赦宥得他人,日后兴复中原,教他们与虏人厮杀!"但其他五个义兄弟却又一拥而上,与杨再兴抱在一起,王兰等大喊:"自家们是义兄弟,今日须是有难同当,不愿苟生!"

崖上的李璋此时感到十分为难,他无话可说,只能望着张宪,听主将决断。张宪也实在不忍心将他们射死,就亲自到崖边,大喝道:"你们若是真心投拜,可上崖受缚,待岳都统亲自处分。"杨再兴推开了五个义兄弟,第一个往崖上爬,并且大喊:"我悔不该杀害岳都统底亲弟,愿受缚见岳都统,请太尉切莫伤害自家义兄弟!"他虽然右手带伤,还是敏捷地登崖,束手就缚。其他十一人也都先后登崖受缚。李璋此时才与王兰等五人相逢,却又不便互诉衷肠。

时值黄昏,在一战连夺两道险隘之后,岳飞也登上了上梧关。张宪怀着感情上的极度矛盾,首先向岳飞报告说:"今有杨再兴、王兰、高林、罗彦、姚侑、李德六个义兄弟自愿投拜受缚,恭请岳都统处分!"岳飞完全听出,张宪的语调里不免有一种对六人惋惜的成分,岳飞问道:"他们如何投拜受缚?"张宪就把事情的经过叙述一遍。岳飞听到其他五人宁愿抱住杨再兴,一起就死,不禁长叹一声,他沉默了颇久,就下令说:"且将他们六人押来!"

杨再兴等六人一齐跪在岳飞面前,杨再兴首先说:"自家不听岳校尉劝谕,反而将他杀害,不论岳太尉如何处分,我亦是罪有应得,并无怨尤!"王兰等五人说:"自家们虽是投拜,愿与杨大哥一并就死,亦无怨尤!"岳飞又望着众将,特别是张应和李璋两人。张应和李璋互相望了望,也与六人一起下跪,说:"杨再兴罪孽深重,然而尚是一个好汉,自家们曾与他结义,唯愿纳官与他赎死!"说完,就不断叩头。

岳飞悲痛地仰天高呼:"六哥!你在天之灵不知当教我怎生理会?"他咬了咬牙,首先把张应与李璋扶起,用极其沉痛的语调说:"你们十个义兄弟,曾与虏人奋身死战,如今赵太尉与岳太尉已是为国捐躯,教我如何忍心再杀你们一个?"众人听岳飞提到了战死的赵宏和岳亨,也都止不住伤心落泪。

岳飞强抑悲痛,亲自为杨再兴解缚。英雄有泪不轻弹,但此时的杨再兴却泪如雨泻,他一面大哭,一面把头用力磕地,顿时额头流血。岳飞使劲把杨再兴扶起来,说:"我与你同乡里,自今惟当与你一解旧仇,同心协力,以忠义报国家!"杨再兴还是使劲挣脱岳飞,跪在地上哭泣不止,于是岳飞亲自与众将把杨再兴等六人扶起,吩咐王贵代表自己,为杨再兴等人举行简单欢迎宴会,进行安抚,并且命令他与张宪、徐庆、寇成、王经等人一同甄别和分编降兵。

岳飞所以如此,不仅是为岳翻守丧,不能参加宴会,他当夜也一点不想吃食。他推说养眼病,独处一小屋,也不点油灯,只是向着莫邪关的方位长跪不起。他口里不断念念有词:"六哥,哥哥不得为你报仇雪恨,你不怨哥哥?然而依目今事势,哥哥又如何忍心杀你底仇敌?唯愿六哥在天之灵鉴谅!"岳飞一面说,一面捶胸恸哭。最后,在恍惚之中,见到岳翻进入了小屋,宛如平生。岳飞马上扑过去,紧紧地抱着弟弟,说:"原来六哥无恙!"岳翻坦然地说:"五哥处事甚当,杨再兴悔过自新,便是英雄。当今第一紧切底事,莫过于驱逐虏人。他日后上阵与虏人厮杀,岂不远胜于我?五哥常言道,为大将底,第一须是仁心爱物。自家们与杨再兴既是同乡里,岂忍教他为我而死!"岳飞边哭边说:"六哥如此深明大义,却是教我肝肠寸断!"他哭醒之后,才发觉自己倒在地上做梦。古人当然将梦看得很重,由于这一场梦,使岳飞沉重的心理负担减轻了许多,心情也稍感畅快,产生了一种饥饿感。但他半夜里却不愿意麻烦军士,忍饥到天明之后进食。

经历了一夜精神上的煎熬和解脱,岳飞又恢复了平时的大将风度,说也奇怪,眼病居然也有所减轻,他开始考虑下一步的军事行动。早饭是与众将会餐,边吃边谈,大家见到他狼吞虎咽的模样,也感到宽慰。岳飞通过张应和李璋的事先介绍，知道高林是义兄弟中惟一粗通文墨，并且最有头脑者，就问道："曹成如今尚有多少人马？"高林回答说："曹成屡经败衄，所余当不足一万八千人。"

岳飞又问杨再兴等六人："依众太尉底意思，当如何进兵蓬岭？"杨再兴慷慨地说："小将蒙岳都统天地之恩，愿为先锋，一举破贼，取曹成底首级献于麾下！"其他五人也纷纷作同样的表态。岳飞说："曹成唯是山林啸聚之徒，屡败之后，必是士气不振。然而劲虏大敌却是盗据中原。若以招安为上，杀伤为下，收得曹成部下底北方精士，日后为收复燕云之用，方是胜算。'不战而屈人之兵，善之善者'，为将者，不可嗜杀，须以仁心为本。曹成底部众亦是我国家赤子，虽有过犯，若得弃恶从善，便当诚心接纳。"

岳飞的话音刚落，有军士前来报告："今有曹成亲率贼马，前来关前。"杨再兴当即一跃而起，说："小将愿出关应战！"王兰等人也跟着纷纷起立。岳飞命令王经和庞荣说："昨日连破两隘，然而战马落崖倒死不少，甚是可惜。二统制可率本军步兵随六太尉向前迎战，另请张正将与李正将同往。此去须是多招安，少杀伤！"张应和李璋也说："下官遵命！"王经临时分拨八百步兵，由杨再兴等六人，另加张应和李璋为前锋，自己与庞荣、牛显、张峪统兵继进。岳飞接着又命寇成率中军为第二梯队，增援后军。

上梧关北正好有一片开阔地，曹成的匪军就在这片开阔地上列阵，杨再兴等八人商量后，由杨再兴等六骑首先突出阵前，大喊道："自家们便是杨再兴、王兰、高林、罗彦、姚侑、李德，已投拜得岳都统，蒙岳都统不计前仇录用。岳都统教自家们前来招安。你们若愿受招安，日后随官军复中原，归故乡，各受宠荣；若不愿受降，便当死于锋镝之下！"他们连喊了几次，曹成害怕动摇军心，就吩咐一百弓弩手突出阵前，企图向六人攒射。

杨再兴等六人见到这种形势，就抡动浑铁枪，直贯敌阵，阵前的弓弩手见势不妙，纷纷逃回阵内。杨再兴等六骑驰突阵中，所向披靡，大喊："投拜底不杀！"于是一部分匪徒扔下兵器，坐在地上。张应和李璋率领八百步兵也继踵突入敌阵，在他们后面则是王经和庞荣所率的后军将士。杨再兴在乱军中巧遇王渊，王渊舞动偃月刀迎战，被杨再兴一枪挑于马下。寇成的中军还未投入战斗,曹成匪军已是一败涂地。战后统计,竟有八千多匪军投降,这是岳飞出兵岭南以来,投降者最多的一战。岳飞特别为杨再兴等六人记了战功,并且临时任命六人为各军的副将。

岳飞下令休兵一日,闰四月十五日,就向最后一道险隘蓬岭进军。这次由王贵和郭青的右军担任前锋,杨再兴正是安排在舒继明之下担任第二副将。官兵来到岭下,王贵下令不列阵,只是三五成群,寻找阴凉处坐地休息,吃干粮。杨再兴对王贵说:"若是曹成乘机来犯,便当如何?"王贵笑着说:"我料得曹成必不敢再下山厮杀。"他只是与郭青、孙显、舒继明、杨再兴等人察看地势。

午时过后,岳飞与众将也来到岭下,由于岭下展不开兵力,其他四军也只能依次在后休整,岳飞问王贵:"王统制破敌可有成算?"王贵未及回答,天色骤变,开始下雨,王贵说:"我本拟夜晚登山破敌,如今正是兵机。"他当即命令舒继明和杨再兴率三百勇士,穿上草鞋,持盾牌和刀剑,冒着大雨,冲锋登山。自己也亲自执铁鞭,统兵在后增援。

战斗在未时进行,由于倾盆大雨,曹成匪军的弓箭很难施放,他们只是向山坡投下散乱的石块。舒继明尽管身材高大,却十分灵活,他竟早于杨再兴,第一个冲上山顶,向匪军勇猛砍杀,杨再兴也接着登山。三百勇士受两员虎将的鼓舞,也争先恐后地拥上山巅,冒雨奋战。王贵的后续部队尚未登山,曹成匪军已经溃退,四向逃窜,大雨更加剧了败军的混乱,除被杀与投降者外,还有很多败兵在自相拥挤和践踏中死亡,或跌落山崖,或淹毙溪涧,不知其数。雨过天晴,当残阳又重新展现余辉时,蓬岭已经完全落入官兵之手。后人为纪念岳飞,将蓬岭改名将军岭。

闰四月十六日,岳飞统兵北上桂岭县。桂岭县没有县城,岳飞麾军直取曹成匪军的大寨,曹成几乎没有再作什么抵抗,就率领残零溃兵,往连州(今属广东)方向逃遁。

岳飞当天就部署以后的军事行动,他亲自统王经和寇成两军暂时驻守桂岭县,而命令王贵、张宪、徐庆三军分路追击,他说:"如今曹成贼马四散,溃不成军,难以聚合再战。然而余党散布广南与湖南,若追杀净尽,则本是国家良民,胁从为盗,深可痛悯;若是放纵他们自便,则大军凯旋之后,便复聚为盗,仍当为害一方。你们出兵,当以招安为上,诛杀为下,歼灭渠魁，安抚胁从，尤须深戒妄杀，有累主上保民底仁政。"王贵等三军众将都说："谨依岳都统军令！"岳飞部署王贵右军北上道州、永州和邵州，徐庆左军北上桂阳监和郴州，而张宪前军南下贺州和连州，分道进军。

曹成被官军追得走投无路，最后投降了前来荆湖一带剿匪的韩世忠军。湖东的另外三支匪军也出乎意外地被顺利解决。李宏杀死了马友，又投降韩世忠，而刘忠匪徒被韩世忠军击破。刘忠逃奔伪齐，后来却被部属杀死，将他的首级航海传到了南宋行朝。前一卷已经交待，文广虽与刘忠合伙，却是天良未泯。他不愿投奔伪齐，接受了官兵的招安。

[壹肆]
回师途中

绍兴二年的整个夏季,岳飞一直驻军岭南,亦剿亦抚,绥定一方。经历这次剿匪行动,岳飞的兵力扩大到两万人以上,特别是在当时的炎荒之地作战,部属居然没有人得疫疠,在士大夫们看来,简直是奇迹,所以不少人相信,这是岳飞的忠义感动了上苍,而得到了天佑神助。岳飞的眼病暂时痊愈了,但他最忧心的事,一是本军先后竟有四百七十八名官兵耐不住在酷暑岁月作战,而开了小差,认为此风滋蔓,将不堪设想;二是大量匪军被编入本军,他们到处奸淫杀掠的本性必须得到最严格的约束。岳飞不得不以最大的努力,戒励将士,维护严厉的军纪。

到六月末,整饬军纪的工作大体告一段落,而朝廷也发来省札,命令岳飞统军北归,驻守江州,防卫大江。此外,岳飞又接到一份官告,升官为中卫大夫、武安军承宣使。依他的战功,而只升三官,这当然是朝廷有意不让一颗新兴的将星升迁过大过快。

岳飞奉朝命,开始整军北上,沿途军队纪律森严,不得对民间有任何骚扰。炎热的南方已开始稍有凉意,这支军队由道州北上永州,七月七日,途经祁阳县的大营驿。这是一个美丽的古驿,虽然在战乱年代,却未受兵燹,房舍相当整洁。岳飞与众将纵马来到驿前,不料有祁阳县丞特地在此迎候,他在马前恭敬长揖,说:"岳承宣此回剿匪,威名远播,一方受福。下官仰慕已久,请受下官一拜。今日有幸,获睹岳承宣军容威仪,恭请岳承宣到驿舍休憩。"岳飞与众将下马还礼,岳飞从对方的谈话中听到了乡音,就问:"敢问县丞高姓大名?乡贯何处?"县丞说:"下官姓张,名节夫,字子亨,乡贯相州安阳。"岳飞高兴地说:"此是他乡遇故知。大军远来,些少馆驿,如何容得二万人马休憩。军兵不入屋舍,自家何得独入。且请张县丞回去,自家们便在驿外择地休息。"

岳飞的回答确实使张节夫感到十分意外,他举手加额,感动地说:"久闻岳承宣与军士同甘苦,故得将士效力,今日果然。然而下官愿恭请岳承宣入馆驿题墨,足以使蓬荜生辉。"岳飞说:"下官疏于笔砚,怎生题得好墨?"但经不住张节夫的再三央求和众部属的怂恿,他终于进入馆驿,由张节夫为他挑选一处墙壁,然后执笔写了一篇题记:

> 权湖南帅岳飞被旨讨贼曹成,自桂岭平荡巢穴,二广、湖湘悉皆安妥。痛念二圣远狩沙漠,天下靡宁,誓竭忠孝。赖社稷威灵,君相贤圣,他日扫清胡虏,复归故国,迎两宫还朝,宽天子宵旰之忧,此所志也。顾蜂蚁之群,岂足为功。过此,因留于壁。

宋廷当时已将荆湖东、西路改为南、北路,所以岳飞在题记中自称"湖南帅",而不依原来头衔自称"湖东帅"。张节夫看后,拍手说:"不意岳承宣写得苏体,忠义之言,流自肺腑。"当时人学书法,一般就是所谓苏、黄、米、蔡,即苏轼、黄庭坚、米芾和蔡襄四家。岳飞说:"下官虽是崇尚苏体,然而尚是难以得其毫发。"张节夫说:"岳承宣虽未得苏体之皮肉,却已得其神骨。世上又有多少将领,斗大底'一'字不识。"孙革说:"岳承宣虽非儒将,却是最喜与文士相亲,讨论古今。"张节夫感慨地说:"难得!难得!"

张节夫陪同岳飞等人走出馆驿,大家就在一棵大树下坐地休息叙话。彼此话得投机,但最后不免依依惜别。张节夫紧紧握住岳飞的手说:"日后若是到得岳承宣幕下,便是下官三生有幸!"岳飞也说:"下官若得朝夕就教,亦是足慰平生!"

岳飞统军继续向东北行进,来到了衡州(治今湖南衡阳)。他接到公文,荆湖、广南路宣抚使李纲刚来到荆湖南路地界,暂住衡州州衙,要召见岳飞与众将。多少年来,尽管李纲历尽贬责,备遭污蔑,但在许多忠臣义士的眼里,李丞相仍然是一个楷模,一尊神像。在岳飞的部属中,除了于鹏、王贵、张宪、徐庆等少数人外,大多数人只是久闻其名,连一次见面的机会也没有,现在听说李纲特别召见,个个兴奋鼓舞。

在衡州州衙里,岳飞率众部属参见李纲,大家用激昂而尊敬的语调高呼:"下官等参拜李相公。李相公忠怀贯日月,英略盖世,万民钦仰,下官等相见恨晚。恭祝李相公万福!"李纲今年正好五十岁,鬓发比六年前白了许多,已见衰老,而英锐之气仍然逼人。当他听到这些武人的衷心祝愿,不由感动得落下泪来,他起立恭敬还礼,说:"老夫何德何能,寸功未立,众太尉如此深情,直是愧杀老夫!"他与众人一一寒暄和握手,特别与岳飞以及王贵等四人叙旧,然后宣布设宴招待众人。于鹏到李纲身边轻声说:"岳都统胞弟死难,难以赴宴。"李纲明白,他吩咐吏胥单独为岳飞安排一间小屋,进用素食,自己先在大厅陪众人宴饮和劝盏,尽礼之后,又单独来到小屋,陪岳飞吃食和谈话。

两人在桌边互相凝视颇久,似乎是在用眼睛交谈,最后还是李纲先开口:"六年前,鹏举一纸上书,备见忠忱。我身为御营使,却未得为国家录用一个将才,直是有愧于心。然而锥之处囊,其末立见,乱世掩不得英豪,皇天不负苦心人,六年之后,鹏举已是万众瞩目底名将。"他有意称呼岳飞的表字,表示与这个部属之间的平等和亲切。岳飞说:"下官六年前褫夺军籍,唯是区区细事,不足挂齿。然而李相公负经济之才,不得展其志,坐致中兴,却是遭奸贼陷害,远谪海南琼州,令天下士民为之扼腕,长叹不已!"

李纲露出略带苦涩的微笑,说:"老夫如今唯是一个病叟,既不得入朝廷,便不能为大宋江山效涓埃之力,尽疏拙之谋。鹏举年齿方壮,治军严肃,忠怀激烈,异日决为中兴名将。大宋中兴之望,不在李纲,而在鹏举!"李纲最后一句,说得特别深沉而有力,他完全明白,皇帝是不会召自己重入政府的。岳飞起立,用庄重的语调说:"下官虽不才,尚有区区报效之志,敢不勉竭驽钝,有负李相公底厚望。然而天下底事,唯有贤相主持于中,武将方得立功于外。下官与众太尉唯愿李相公重入政府,为天下苍生主张大计,中兴之事,必是有济。"

李纲听对方涉及了皇帝命相的问题,不愿再谈论皇帝和自己的关系,就请岳飞坐下,说:"方今朝廷是吕、秦二相公。吕相公当国步艰难之时,尚能谋国忠荩,力主兴复;秦相公在靖康围城之中,精忠许国,而后在房中脱险,远道归朝,皆是社稷之臣。"李纲与吕颐浩的私人关系并不融洽,但他对吕颐浩主战的态度还是相当肯定,而对秦桧就赞许更多,他并不知道秦桧主和,一时也未能识破秦桧的真面目。岳飞远离朝廷,对两个宰相也并不了解,当然不会发表什么异论,但他听了李纲的评议,却很快就联想到死难的张所,说:"可惜张招抚枉死于凶贼刘忠之手,若得他助李相公主持天下大计,何愁虏人不灭,中原不复。天公不得为大宋留一张招抚,直是社稷底不幸!"

李纲听岳飞说到张所,也极为悲慨,他发出深长的感叹,说:"我到得江西地界,方知张正方为国殉难。刘忠下次首领文广尚有忠义之心,他不愿追随刘忠逃奔伪齐,却是到洪州,参拜江西安抚大使李相公,受朝廷招安。他敬服正方,恨不能及时救援。老夫途经洪州时,与老夫备述正方死难底事,言道已为正方在白面山立墓。"岳飞说:"下官自闻张招抚殉国,便千方百计,访求张招抚底老小,却是全无音问,文广可知他们底下落?"李纲悲痛地说:"当时正方为救潭州之急,留妻儿于城中,只身前去白面山,劝谕刘忠与文广抗虏。不料文广率兵下山之后,刘忠便将正方杀害。此后虏人破潭州城,正方底妻儿便不知下落。唯愿上苍有目,留得忠良一脉。"说完,竟潸然泪下,岳飞也无语凝噎。

两人沉默许久,李纲又想起了一件事,他说:"老夫恨不能将鹏举留于荆湖,然而朝命不可违,相会苦短。我观今世大将,西川吴晋卿和尚原一战,杀得虏人胆落,煞是英才;鹏举目即虽未得与东南刘平叔、韩良臣、张伯英三大将齐肩,日后功名,必出三人之右。"岳飞不等李纲说完,就截住说:"下官智术短浅,尚有自知之明,切恐难以副李相公底厚望。"李纲说:"大将幕下,不可无佳士。老夫昔日拜相,曾有李泂卿、朱肖隐二士,朝夕为伴,备知他们大忠大节,通经远识。若是鹏举日后得将二士辟置幕下,足以助恢复之谋略。"岳飞听李纲特别给自己举荐李若虚和朱梦说,就说:"下官去年已与李丈在江州相会,至今音问不绝。唯是朱丈未得通问。"李纲说:"朱肖隐目即已赴任泰州军事推官,你自可与他通问。"岳飞说:"若得恭请李、朱二丈,屈尊到得下官军中,自是下官三生有幸。"

李纲与岳飞等人相聚不过三天,岳飞还须率军离开衡州。当启程之时,李纲完全不管当时社会的上下级礼仪,以前宰相兼宣抚使之尊,亲自出城为岳飞全军送行,这使岳飞和众部属都深为感动。岳飞和众将与李纲告别时,只说了一件事:"自家们计议,欲去白面山,吊祭张招抚,然后前往江州驻泊。"李纲也激动地说:"老夫不日前往潭州赴任,日后亦须去白面山吊祭忠魂!鹏举与众将士负中兴之重任,须为国事努力!"岳飞与众部属也发出他们庄重的誓言:"下官等当无时不忘李相公底至嘱!"

岳飞全军穿行潭州地界后,进入岳州平江县界,屯军在县城外。岳飞与众部属选了一个吉日,换穿了单麻衣,戴上了首绖和腰绖,准备好香烛、纸钱之类,前往白面山。县里指派了一名吏胥,为大家领路。自从韩世忠军破刘忠匪徒之后,白面山的盗寨已被焚毁无余,南方的初秋时节,虽然不时有凉风送爽,却并没有冷意。但岳飞与众部属面对着焚毁的山寨,却已经激发起阵阵哀思,不免有一种心寒齿冷之感。不论岳飞、王经、寇成、郭青、于鹏等曾经是张所的部属,还是未能与张所见过一面的王贵、张宪、徐庆等人,愈是走近白面山,就愈发感到悲痛。

人们终于来到这座荒山上的张所坟前,只见坟前树立一块石碑,其上用篆字写着"大宋前左通直郎直龙图阁河北西路招抚使张公之墓",字迹宛然如新。众人在坟前烧纸钱,设香案,供奉香烛之类,然后整齐地跪在案前,由孙革宣读他撰写的祭文:

> 维大宋绍兴二年七月二十五日,中卫大夫、武安军承宣使、神武副军都统制岳飞与属官将校,谨以香茶酒果致祭于前左通直郎、直龙图阁、河北西路招抚使张公之灵。值国家板荡之际,属志士有为之时。公有仁有智,乃文乃武,立朝寡助,以直自遂,经略故土,寝食忘味。仰天俯地,一念不愧,谗诬横出,岂料迭遭贬黜,慷慨赴难,卒致命殒绿林。忠臣烈士,闻者扪心;老夫稚子,语之流涕。英风义节,凛然如存。芳草萋萋,孤坟增南方山河之色;灵旌飘飘,忠魂壮北疆兵车之威。追忆平生,出涕横臆,公殁不亡,尚其来飨!

孙革带着哭声念祭文,而岳飞与众部属都忍不住悲泣。孙革念完祭文,众人还是长跪不起。此时,有一个衣衫褴褛的少年赶来,也加入了众人的行列,跪在地上恸哭失声。寇成、王经、于鹏等人很快认出,这个少年正是张所的儿子张宗本。祭奠仪式结束后,大家纷纷围着张宗本,悲喜交集。王经问道:"张衙内何以到此?徐孺人安好否?"张宗本流泪叙述了潭州城破,母亲战死后的经历。他侥幸死里逃生之后,孤单一身,无依无靠，只能在乡村为人牧牛放羊为生。后来听说韩世忠击破刘忠，而父亲的坟就修在白面山，就赶到此地，在附近的村庄做短工，又经常前来墓前吊祭。今天听说有官军前来祭奠，也就赶来陪祭。

寇成听完张宗本的叙述，就说："自家们千方百计，寻访张衙内底下落，今日幸得相会，此乃天意护佑忠良之后。张衙内不可流落在外，当随自家们同去江州。"张宗本说："我唯愿从军，以报国恨家仇。"岳飞问道："不知张衙内贵庚几何？"张宗本说："我今年一十四岁。"岳飞听说张宗本竟与长子岳雲同年，就长吁一声，说："张衙内年少，虽是报国心切，又怎生上得战阵？张招抚本是通经儒生，殿试登第，张衙内岂可弃文习武，须是饱读经纶，兼习武艺，科举及第之后，方得议报国之事。"众人都领会岳飞的苦心，他是执意保护张所的独子，不愿让他上战场。于是，张宗本就被留在军中，岳飞暂时安排于鹏专门照顾，说："忠良之后，尤须厚待。待到得江州，须教自家安人看觑，课张衙内儒业。若得科举登第，方得稍慰张招抚底忠魂。"

岳飞等离开白面山后，就率本军取道前往江南西路袁州，准备与李廷珪所统军马会合，接取眷属后，一同去江州。岳飞感到最为难的事，就是与母亲，特别是芮红奴如何交待将杨再兴留在军中。张宪完全理解岳飞的心事，他建议说："切恐岳都统见面之初，不得与太安人说破杨副将底事，待与李安人商议之后，再行理会。"岳飞感叹说："如今亦唯有依张统制底言语。"

岳家人事先已经得到岳飞的家信，所以会面时，个个全身缟素。如果说，很多军人与家眷有团聚之乐，岳家人迎候岳飞的，却是一片哭声。当大家痛定之后，岳飞方才特别介绍了准备安排在家的张宗本。芮红奴抹着眼泪说："奴家膝下无儿无女，张衙内是忠臣之后，金枝玉叶，奴愿尽养育之责，一如亲母。"张宗本也十分感动，他当即下跪说："自家愿认芮孺人为义母。"芮红奴连忙将张宗本扶起，说："奴家无知无识，岂非折杀奴家。"张宗本用坚决的口气说："我孤子一身，难得芮孺人情义深重，便是自家底义母，岂有他说。"于是在众人的劝说下，芮红奴和张宗本认了义母子。

张宗本和岳雲、巩岫娟同岁，但出生月份较早，又互相认了兄、弟、妹。

岳飞命岳云、岳雷、巩岫娟等陪着张宗本安顿,然后对家人说:"张衙内既已安泊家中,万不可薄待。自今第一是张衙内,第二是娟儿,第三方是自家儿女,宁可委屈自家儿女,万不可委屈张衙内与娟儿。六嫂既已与他义结母子,养育之责,自不待言,然而张衙内是儒士之后,孝娥尚需课督儒业,庶几稍慰张招抚在天之灵!"姚氏说:"五郎处事甚当!"其他家人也纷纷表示同意。

　　到了夜晚,岳飞和李娃进入卧室,才向她和盘托出杨再兴的事,李娃皱着眉头说:"天长日久,终须说破,迟说不如早说。瞒昧阿姑与姆姆,便是大错,鹏举有甚计议?"岳飞感叹说:"自家更无分毫主意。"李娃说:"料得张统制当与高四姐说破,待奴家明日与高四姐计议。"

　　李娃和高芸香私下商量多次,还是想出了一个不是办法的办法。岳飞赶在军队启程往江州之前,在母亲面前长跪,向家人,特别是芮红奴说明杨再兴的情况。由于过去岳飞报告弟弟战死的家书中有意说得简略,今天全家人得知岳翻遇难的详情,无疑成了晴天霹雳。姚氏只是失声恸哭,连声喊"六郎"。芮红奴一时急怒攻心,她操起一口剑,用凄厉的声调高喊:"伯伯,你若是不杀杨再兴,奴家便死于阿姑与你底面前!"岳银铃、李娃和高芸香慌忙抱住芮红奴,准备夺剑,而芮红奴死死地攥住剑柄,还是岳云机警,他高喊:"六婶万万使不得!"上前夺下了剑。芮红奴跪在姚氏面前,抱住姚氏的大腿,哭得死去活来,她只是重复一句话:"阿姑须为六郎报仇!"

　　姚氏这时不但伤心透顶,也气昏了头,她絮絮叨叨,不断诋责岳飞,说:"你若不杀杨再兴,便不须见老身!"岳飞跪在地上,泪流满面,他只能耐心辩解说:"儿子若是一个匹夫,便是粉身碎骨,亦须报杀弟之仇。然而如今是一军之将,岂得杀降,六郎不幸身亡,不可再杀一个好汉!"但姚氏和芮红奴根本听不进岳飞的辩解,继续哭闹。

　　正在此时,张宪和张应、李璋带着杨再兴、王兰、高林、罗彦、姚侑和李德进入岳家,杨再兴等六人袒露着上身,一齐跪在姚氏面前,杨再兴双手捧着一口带鞘的剑,高声说:"自家便是汤阴杨再兴,悔不该杀害岳校尉,如今甘心听凭姚太安人与芮孺人处分!"王兰等五人也说:"自家们是杨再兴底义兄弟,杨再兴不该杀岳校尉,今日愿与杨再兴同死!"张宪接过剑,就递给姚氏,说:"如今仇敌已在眼前,请姚太安人处分!"到此地步,姚氏再也无法动手,她把剑递给仍然长跪的芮红奴,说:"虽是仇人相见,老身却是滑不得手,请六新妇理会!"芮红奴站起身来,怒目望着杀夫之仇,她只是把剑抽出一半,还是往地上一扔,然后大哭退出房间。李娃和高芸香赶紧跟随在后。

姚氏忍痛起立,亲自把杨再兴等六人扶起,然后又把岳飞扶起,她沉痛地说:"老身虽是一字不识,亦是粗识道理,死了一个六郎,岂忍再杀好汉。千仇万恨,唯是日后去中原与虏人厮杀!"杨再兴等六人抱住姚氏恸哭,说:"自家们深感姚太安人与芮孺人大义,唯有以身许国,方得慰岳校尉在天之灵!"

一场剧烈的家庭风波终于平息。由于芮红奴认张宗本做义子,岳飞和姚氏、李娃等商量,决定不提让岳雷为岳翻立嗣的事。

军队开始启程去江州,岳飞已经到过南方诸多城市,但他现在终于发现,自己最喜欢的城市还是江州。临行前,他对李娃说:"自家们虽是北方人,却是颇喜江州底好山水。若得功成身退,我唯愿在江州养老,以终天年。"李娃说:"汤阴岳氏宗族不甘受虏人奴役,纷纷前来归依鹏举。鹏举不如便去江州求田问舍,亦可教族人耕织维生。"岳飞说:"孝娥之说甚是,自家底俸禄,全是南方百姓底膏血,亦须资助军用,不得整日赡养不稼不穑底人。买得田舍,便当教他们自谋生计。"

李娃说:"自家们尚未到江州,然而奴家知得鹏举必是思念两个故人。"岳飞明白她所指的是李若虚和慧海,就说:"我知得李洵卿已离江州,前赴行在,候朝廷另授差遣,不知何时得见?唯是与慧海长老尚得相会,以慰渴想。"李娃笑着说:"鹏举他时愿入空门,又不知置奴家于何地?"岳飞解释说:"夫妇人之大伦,我他日既是带发修行,自当不废夫妇底大义。"李娃说:"既然如此,奴家亦当放心。"

[壹伍]
枉费心机

绍兴二年正月，宋高宗将行在从绍兴府搬到了临安府。原五代吴越的行宫已有一百几十年没有好好修缮，相当破旧，宫城南通越门外并无过廊，南方多雨时节，百官上朝，只能冒雨沾泥而行。尽管国难当头，财政拮据，为了保持天子的体面，宋高宗下令修缮后宫和宫城的南、北门，他特意暂时保留陈旧的正殿，作为"恭俭"的广告。后宫是自己起居和行欢作乐的所在，当然须要经营一个安乐窝。宦官们对皇帝的旨意自然心领神会，他们对修缮南、北门，还经常把"搏节浮费"挂在口头，而修造后宫，则挥霍巨资，毫不顾惜。

秦桧自从与吕颐浩并相以来，朝思暮想，煞费苦心，打算把吕颐浩挤出朝廷。他设法拉拢一些当时的名士，同时也指使一些官位不高的党羽，不断飞短流长，制造中伤吕颐浩的舆论，还通过王癸癸，希望得到医官王继先和宦官们的帮助，对吕颐浩实施两路夹攻。一天，王癸癸从王继先那里回家，首先气呼呼地对丈夫说："老汉妄有独掌朝政底意思，收揽人心，然而又举荐了一个忘恩负义底汉子。"按宋朝的语言习俗，"老汉"和"汉子"都是贬词，自从秦桧当上参知政事，特别是拜相后，王癸癸为了显示自己在家里的权威，就经常当着亲戚或兴儿、砚童等人的面，有意叫他"老汉"。秦桧最初听到"老汉"的称呼，也颇感别扭和不舒服，但他毕竟是摸熟了妻子的脾性，知道如果坚持要妻子改口，非但称呼改不了，反而给王癸癸一个施展雌威的机会，于是只能忍气吞声，久而久之，他对"老汉"的称呼也就听其自然，没有别扭之感。现在秦桧只能惊奇地发问：

"怎生底?"

王癸癸怒冲冲地说:"你以为王居正那厮是故人,举荐他做得太常少卿。然而他却是面奏官家:'秦桧曾言道:身为大宋臣子,唯当粗衣淡饭,共图中兴。臣当时心服此言。他又言道:教我任相数月,必是耸动天下。如今任相之后,设施未闻,而安享富贵。愿陛下以臣所言,质问秦桧。'"秦桧听了来自宦官的辗转传言后,也火冒三丈,他咬牙切齿地骂道:"不料王居正那厮负义汉,恩将仇报,待我……"他本拟说"将他贬官海南",却又话到嘴边,咽了下去,因为他如今在朝廷还没有那种权威,万一说到做不到,岂不更惹妻子嗤笑。

王癸癸沉默了一会儿,平了一下气,又换了一个话题说:"王继先言道,官家尚是宠信吕颐浩,无隙可入,众宦官亦是颇畏吕颐浩,不敢对官家胡言乱语。他教你暂且忍耐,以待事机。"秦桧听后,感到泄气,说:"我已忍耐吕颐浩那厮数月,尚需等候几多时?不知官家近日在后宫忙于甚事?"秦桧自从登上南宋政治舞台以来,特别注意利用王继先和众宦官,打听皇帝在宫闱的动静。王癸癸说:"王继先言道,官家在后宫唯知尚禽色之乐,虽是独宠张娘子,然而仍教众宦官广行寻访民间美女。冯益常言道,官家好色,与太上相仿,却是尤忌好色之名,亦无钱广蓄宫女一万。"

秦桧对此类耳熟能详的旧闻根本不感兴趣,又追问道:"有甚新闻?"王癸癸才另外想起了一件事,说:"官家无子,万般无奈,欲寻访太祖官家底遗裔建储。闻得南外宗正司已选得伯琮、伯浩二宗子,不日当入宫面见,官家躬亲遴选。"秦桧听后,又感到不快,他想了一下,说:"如今潘娘子失宠,然而吴娘子虽难以与张娘子比肩,尚有一席之地。若得吴娘子与张娘子各自领养一个宗子,'并后匹嫡,两政耦国',双虎争食,此亦是一计。"王癸癸笑着用手指戳一下秦桧的脸,说:"老汉唯是枉费心机!此事王继先与众宦官岂得胡言乱语。"秦桧说:"教王继先与众宦官进言甚难,若是吴娘子得便,乞求领养,或不是甚难。我料得吴娘子必有此意,此事在于王继先与众宦官如何用心。"王癸癸说:"欲速则不达,须是缓缓底,见机行事。"

当夜,王癸癸上床后就熟睡,而秦桧却辗转反侧,动了一夜脑筋,第二天虽是眼球布满红丝,却又自我欣慰,认为一夜没有白想。秦桧想出了两条计策,其中一条须教自己的党羽鼓吹,一条须要自己实施。早朝后,秦桧在都堂对吕颐浩建议说:"如今参知政事乏人,依下官之议,翰林学士兼侍读翟汝文好古博雅,风度翘楚,堪当大任。若是吕相公有意,下官愿与吕相公同共面奏圣上。"吕颐浩对翟汝文的印象颇好,他说:"人称翰林便是内相,圣上既已将翟汝文擢置内翰,自家们当同去面奏。"两人当即约定明天口奏。

原来翟汝文在宋徽宗朝任密州知州时,秦桧正好在本州任教授,翟汝文作为上司,相当赏识秦桧,曾上奏举荐,说他有才。虽然事隔十多年,但两个故交在朝廷,还是叙过旧情。翟汝文在言谈之中,曾流露出对吕颐浩有所不满,秦桧当然希望通过援引翟汝文,共同对付吕颐浩。他与吕颐浩面对,得到皇帝允准之后,就连夜请翟汝文到自己家中宴饮。王癸癸也出面接待,与翟汝文略为酬酢,就不再陪客,只安排丈夫与来客在书房里饮酒谈心。

秦桧为表示与翟汝文亲切,彼此在朝中就一直以表字"公巽"和"会之"互称。翟汝文关切的当然是对金作战问题,他问道:"如今宇内盗贼渐平,国家已是奠居临安,不知吕、秦二相公对虏人有甚举措,闻得会之曾上二策,亦不见圣主有甚御札降下。"翟汝文提出对方的二策,是因为自己对二策的内容并不知情,希望对方说明。秦桧听翟汝文提到自己的二策,不免有点尴尬,因为他虽然通过王继先和宦官多方打听,却至今不知皇帝对二策的可否,他说:"自家底二策,唯是愚陋献芹,有待圣上处分。虏人立刘豫,盗据河南,切恐二、三年间,难以措手。"秦桧自从归宋后,始终注意士大夫们的舆论动向,他发现朝廷的一些名士,一般都有一种渴望复仇的激愤之情,所以言谈特别小心,除了对皇帝单独面对时公开自己的政见外,在其他公开场合,都避免发表对金和议的言论。他只提河南之地,而不提大河以北的失地,其实还是按宋高宗的旨意,准备与金朝以黄河划界。

秦桧说完这句话后,有意停顿一下,试探翟汝文的反应。翟汝文是南方镇江府丹阳县人,而脾性相当直爽。他对秦桧向来是以己度人,认为秦桧在北方受了那么多屈辱,历尽艰辛而归朝,肯定主张抗战。他根本没有留心秦桧话里有话,就说:"刘豫挟虏人自重,自非南方盗贼群可比。"秦桧决定进一步试探说:"靖康以来,和战之说纷纭。主战底专欲交兵,而不量彼己之势;主和底专事恳请,却是沮丧军旅之气。愚意以为,掌政者须是明事理,不必拘一定之规,然后可以求中兴。"翟汝文马上表示了自己的不同看法,说:"自靖康以来,唯是主和误国败事。如今有君父之仇,自家们为臣子,当与仇虏不共戴天。如今之势,唯是能攻则攻,不能攻则守。川陕吴晋卿去年已大败虏人,东南各军,刘平叔与张伯英虽是骄奢不用命,然而韩良臣尚是忠勇,而岳鹏举后起之秀,以敢战闻名,若是朝廷驾驭诸将得宜,则中兴有望。"

秦桧到此终于明白,在对金和议的问题上,是不可能指望与翟汝文合作,就笑着说:"自家们今夜私宴,军国大事,自当在日后从长计议。自家所以请公巽光临寒舍,唯是愿敬公巽一盏参政酒。"说完,就亲自为翟汝文注满一盏酒,放在对方的桌面。翟汝文一时还没有完全反应过来,问道:"如何叫我吃参政酒?"秦桧说:"我知公巽有经济之才,邀吕相公同共奏对,不料吕相公面从称善,待见圣天子时,又潜诉公巽。幸得主上圣明,力排吕相公异议,决意进用公巽。"

秦桧用谎话挑拨离间,无非是指望翟汝文进入政府后,能对自己感恩戴德,并且与吕颐浩为敌。不料翟汝文突然站立起来,郑重地说:"下官不才,身为臣子,进用退废,原系于君父底明断。秦相公以参政酒做大臣私恩,满口浊气,非下官所望于秦相公。下官就此告退。"说完,竟向秦桧一揖,然后拂袖而去。两个相好,只不过一席话,居然成了政敌,气得秦桧目瞪口呆,过了多时,才恼羞成怒地说:"不料竟又是一个忘恩负义底王居正!"他万万没有想到,自己用尽心机,结果却是把一个政敌引入了政府。他完全明白,要把王居正逐出朝廷,还是比较容易,而要将一个新任的参知政事赶出政府,就是难上加难,但秦桧最后还是斩钉截铁地自言自语:"若是不得将翟汝文逐出政府,我又如何任相!"

如果说,秦桧援引翟汝文的设计立即结出一颗苦果,而另一条设计却得到意外的成功。由于其党羽的提议,宋高宗在几天之后召见了全体宰执,当众宣布说:"昔日越王勾践复国,重用范蠡、文种,各司其职。如今依士大夫之议,吕、秦二相亦须各司其职,以图中兴,吕颐浩可专治军旅,秦桧可专掌庶务。如今东南渐趋平定,而近闻虏人与伪齐合兵,专欲攻犯川陕。吕卿曾屡议出师,朕今命卿以左相之重,兼都督江、淮、荆、浙诸军事,开府镇江,以便宜牵制虏人,救陕西之急。"时年六十二岁的吕颐浩首先说:"臣愚敢不奉诏!臣年逾六十,所幸未填沟壑之前,一见河北故土!"秦桧也接着说:"臣恭依圣旨,当在内尽心竭力,助成陛下中兴大计。"其他执政也无异论,吕颐浩出镇的事就此确定。

退朝以后,秦桧当然为自己设计成功,终于巧妙地将吕颐浩逐出朝廷,而满心欢悦。翟汝文却找着吕颐浩,两人私下谈话。翟汝文坦率地说:"下官以往常喜议论吕相公底不是,然而今日见吕相公不顾年迈力衰,愿未填沟壑之前,一见河北故土,煞是忠义慷慨之言,流出肺腑,令人感动。"吕颐浩说:"下官唯愿翟相公在内与秦相公同共辅政,以解主上宵旰之忧。"翟汝文接着就把秦桧私宴的经过和盘托出,吕颐浩不免惊愕,说:"不料秦桧两面三刀,一至于此!他建议欲荐翟相公为参政,我当即赞成,便一同奏明圣上,岂得另有谮诉之事!"

翟汝文感叹说:"我曾与秦桧在密州有旧交,自他归来后,士大夫们多疑他是虏人底奸细,我却是不信。如今看来,秦桧真是虏人细作,若不将他罢黜,久后必是败坏国事。"吕颐浩说:"人言秦桧是细作,亦未必有真凭实据。然而若教他久居相位,必是误国。下官遵旨,不日便当前往镇江府,朝廷底事务,翟相公尤须宣力。"翟汝文说:"下官理会得。"

五月,吕颐浩动身去前沿镇江府,秦桧照例率百官出城相送。彼此表面上都不露声色,用十分客套的言语酬酢,实际上却都在准备着一场新的争斗。临行前,吕颐浩举荐前任宰相朱胜非到行朝出任侍读,吕颐浩与朱胜非素来关系亲密,准备让朱胜非回到朝廷,共同对付秦桧。

几天之后,宋高宗就在后宫亲自召见赵伯琮和赵伯浩两个宋太祖的七世孙。宋高宗特别要求入选的宗子都是六岁,与亡子同岁。两个孩子一瘦一肥,但都显得机灵,他们以族侄的身份拜见皇帝,又都显得大方,而不拘谨。宋高宗粗看一下,感到满意,就用命令的口吻说:"尔们可各自背诵七绝二首。"于是赵伯琮当场背诵了李白和杜甫的两首七绝,而赵伯浩又接着背诵了本朝王安石和苏轼的两首七绝,都琅琅上口,难分高下。

宋高宗又教两个孩子叉手并立在自己面前,进一步仔细观察他们的容貌和举止,初步感到胖胖的赵伯浩更加可爱。突然,有一只狮猫从两个孩子面前走过。赵伯浩的童心难以遏制,就举脚踢一下,那只狮猫打了个滚,叫了一声,然后逃走。宋高宗只见赵伯琮仍然拱手而立,就指着赵伯浩对张去为说:"这个孩儿轻易如此,日后必不能负天下之重任,可赐与白金三百两,发落归家。"张去为说:"小底遵旨!"他立即带着落选的赵伯浩出宫。

宋高宗亲自带着赵伯琮,来到后宫另一小阁。阁子里有意安排着潘贤妃、张婕妤和吴才人三人等候。他本拟把选来的孩子直接托付给张婕妤,却又临时改变主意,想试一下,到底哪个女子与赵伯琮更有天缘。三个女子对皇帝行礼道"万福",宋高宗命令说:"你们且一字站立,且看这个孩儿归于何人。"于是按宫女封号高低,潘贤妃居中,张婕妤在左,吴才人在右,一字摆开,都向赵伯琮招手呼叫。赵伯琮只见中间的女子满脸苦涩相,就比较左右两人,尽管张婕妤和吴才人都笑容可掬,他还是直扑张婕妤的怀里。

张婕妤立即抱起赵伯琮,脸上忍不住流下激动的笑泪。宋高宗高兴地说:"此是祖宗之意,此是天缘!"他话音刚落,潘贤妃和吴才人竟同时爆发出哭声。潘贤妃再也无法克制自己,干脆坐在地上,捶胸顿足大哭,她只是不断重复一句话:"昊天上帝还奴孩儿!"吴才人却处在更尴尬的境地,她在理智上完全懂得不但应当克制自己,还须向官家和张婕妤表示祝贺,但当泪水夺眶而出之后,却再也无法掩饰自己的真实感情。她只能用衣袖擦去泪水,十分勉强地说:"恭贺官家选得宗子,此是大宋社稷无疆之休!"宋高宗用叱责的声音对潘贤妃说:"潘娘子尚不退下!"潘贤妃赶紧从地上爬起来,向皇帝行礼,然后在嚎啕声中退出小阁。

宋高宗对两个宫女的啼哭颇为不快,认为这是不祥之兆,却不愿意当众声斥吴才人,认为应当给吴才人一个体面。他吩咐说:"今夜设宴,朕当与宗子共进晚膳。"晚膳由皇帝与张婕妤、吴才人、赵伯琮共食。赵伯琮伶俐乖巧,既举止有礼,又不失童稚的天真烂漫,这使宋高宗感到高兴,逐渐把白天的不快淡化。吴才人为弥补白天的失态,现在已经完全套上了假面具,她赔着笑脸,用各种言词和办法奉承皇帝和张婕妤,频频向他们敬酒,还设法讨赵伯琮的喜欢。晚宴之后,宋高宗对张婕妤说:"宗子新入宫,尚需调教,今夜便教他住宿张娘子阁中。"他自己却前去吴才人的阁子。

吴才人当然不失时机,更加小心谨慎地侍奉皇帝。两人在床上云雨过后,宋高宗说:"朕意欲日后另选一宗子,教吴娘子抚育。"吴才人听后,真是喜出望外,心花怒放,但她还是用恳切的语言推辞说:"臣妾今日失礼,已是罪戾深重,后悔莫及,蒙官家天地之恩,一切涵容,委是万幸,岂敢妄有非分之念。官家既是选得一个宗子,若是再选一宗子,岂不是'并后匹嫡',古人所戒。"宋高宗说:"不然,朕今日忖付再三,孩儿既非亲骨血,如是成人后不肖,岂非追悔莫及,不如再召一个宗子入宫。若是昊天上帝与祖宗垂顾,朕得有亲子,则另当别论。如无亲子,候得两个孩儿成人时,再议建储。"吴才人还是恳切地推辞说:"臣妾已获罪戾,不如教张姐姐抚育二宗子,以免节外生枝。"宋高宗说:"朕意已决,另召宗子入宫,便教你抚育。"吴才人还是装模作样地推辞再三,最后应承说:"既是官家圣断已坚,臣妾唯有仰承圣意,不敢负违旨之罪。然而臣妾蒙官家委寄之重,唯当尽心竭力!"宋高宗命令说:"此事不得对外张扬!"吴才人说:"臣妾遵旨!"

宋高宗明年将赵伯琮改名赵瑗。三年之后,他又选拔一个五岁的太祖七世孙赵伯玖,交付吴才人抚养,后改名赵璩。这对张婕妤当然是一个很重的打击,她内心真有说不出的苦,但表面上却只能不露任何声色,而为着未来的皇后地位,与吴才人进行一场艰苦的暗斗。双方都千方百计,调教自己抚养的孩子,力求让孩子讨得宋高宗的欢心,渴望得以早日立为皇储。然而宋高宗早已拿定主意,他只是先后安排赵瑗和赵璩到资善堂读书。宋朝特设资善堂,作为学堂,惟有皇子才有资格到那里读书。两个孩子到资善堂听读,算是给予皇子的待遇。但宋高宗立意对他们作长期考察,对两个没有偏爱,毫无轩轾,实际上将他们安置在似皇子,而非皇子,不尴不尬的地位,绝口不提正式建储的事。这使张婕妤和吴才人都心焦难忍,却又只得各人暗自哀叹,听天由命,延捱着一年又一年的光阴。

吕颐浩离开朝廷后,秦桧又马上施展新的花招,在单独面对时向宋高宗建议,由他设置修政局,以求革新政务。宋高宗表示同意,他当即任命秦桧提举修政局,翟汝文任同提举修政局。秦桧设立修政局的目的之一,正是为撇开翟汝文,独揽朝政。但既然皇帝同时任命他们俩共同主持修政局,又只能遵旨。他等宋高宗发布诏旨后,就在都堂正式召集修政局全体官员会议。除翟汝文外,另有七名官员分别兼任修政局的参详官、参议官和检讨官,也都赴会。如今已成为秦桧眼中钉的王居正,也被皇帝任命为检讨官。

秦桧见到了翟汝文和王居正,心里有一种难以形容的酸辣滋味,真感到如同芒刺在背,但事已至此,只能用一种居高临下的态势,主持这次会议。他以宰相之尊,居中正襟危坐,首先发言说:"圣上夙夜匪懈,寤寐以求中兴,唯是求省费裕国、强兵息民之策,特置修政局。诸公皆是圣上亲选,有甚兴利除弊底计议,自可尽底说来。"于是众人七嘴八舌地议论起来。

秦桧见王居正只是端坐沉默,就有意发问说:"王少卿有甚计议,以副圣上委任之重?"王居正严肃地说:"丞相事无不统,何须另设一局,屋下架屋,床上叠床。秦相公建议设修政局,此是仿效当年蔡京设讲议司底故伎,切恐于国事无补,徒增纷扰。秦相公若忠于职事,尤须以蔡京误国为至戒。"王居正的一席话,说得秦桧十分难堪,他恼羞成怒,呆滞片刻,好不容易才想出了对答的话,怒气冲冲地说:"难道王少卿知得蔡京误国,我便不知!"王居正并不退让,他说:"秦相公既知蔡京误国,便不当蹈袭讲议司底旧辙。"秦桧无言以对,脸色显得更加难堪和阴沉。

翟汝文这时以修政局副长官的身份发言:"王少卿言道,修政局不过是叠床架屋,丞相事无不统,极是识道理。然而既有圣上亲旨,自家们亦当力行兴利除弊之政,以报圣恩。诸公所议,自当审议之后,付之施行。依丞相事无不统之理,吕相公虽暂离行朝,亦须及时关报,请他详议可否,自家们不当专断独行。"秦桧气得脸色煞白,他再也沉不住气,说:"吕相公专治军旅,我专掌庶务,此是圣谕,难道翟参政未曾聆听?"

翟汝文用讥讽的口吻说:"秦相公,常言道,司马昭之心,路人皆知。下官有幸,得赴秦相公家宴,满饮参政酒之后,秦相公倾陷吕相公之心,下官方得略知一二。"秦桧更加恼怒,说:"人道翟参政是狂生,我却是不信。今日听你胡言乱语,果是非虚。"由于翟汝文揭穿他的图谋,秦桧到此只能采用谩骂加抵赖的手段。翟汝文也毫不客气地回击:"自家们在政和时相处,我原以为秦相公是君子。听你敬我参政酒底言语,方知是个满口浊气底小人。"于是两人以"狂士"和"浊气"互相对诟,修政局的初次会议就不欢而散。

[壹陆]
秦 桧 罢 相

秦桧回府途中,坐在轿子里,他满腹气恼,紧闭双目,嚼齿动腮,只是盘算着如何在修政局拔除两个眼中钉,却又心烦意乱,想不出什么头绪。轿子停下,秦桧回府,他准备与王癸癸稍事应酬,就独自到书房思考问题。不料与王癸癸同时迎接的,还有李清照,秦桧见李清照面带啼痕,就料想对方必定有为难的事,要求自己帮助。

原来李清照孤子一身,只能依靠弟弟李迒,随着行朝,先住绍兴府,后又移居临安府。在丈夫赵明诚服丧期满以后,对李清照垂涎已久的张汝舟,就通过李迒,提出结婚的要求。李清照饱尝了寡居的痛苦滋味,难得有一个男子,自相识以来,一直对自己十分殷勤,就同意了这门亲事。宋代年轻寡妇改嫁,习以为常,然而五十岁的李清照改嫁,却是比较少见。当李清照披戴婚服,对着铜镜化妆之时,不免垂泪,她只是轻声发出哀叹说:"若是老身膝下有一儿子,何至如此!"尽管如此,她还是憧憬着再婚后的幸福,怀着复杂的心情,上了花轿。

新婚燕尔,张汝舟还是像婚前那么殷勤,使李清照在流离患难之余,感到温馨。但她很快发现,自己珍藏的书籍、字画、鼎彝之类,逐渐缺少,而不知去向,就开始向张汝舟盘问。张汝舟这次说了老实话:"实不相瞒,我已得私罪,须是行贿于医官王继先,方得逢凶化吉。"李清照听说丈夫竟向王继先行贿,不由又气又急,说:"你亦是一个士人,如何做此玷污清节底事。老身历尽千辛万苦,方保存得书画古器,如何可随意送与方伎小人?"张汝舟开始蛮不讲理,他摆出了丈夫的威风,说:"你既是我妻,随嫁底物事,便归我有,我怎生处置,你如何管得!"夫妻俩发生争吵,张汝舟最后竟动手打了李清照一记耳光。此后,又几次三番因口角而动手。李清照知道弟弟李迒性格懦弱,就只能前来找表妹王癸癸,希望依仗宰相的权势,给张汝舟惩罚,同时帮助自己离异。

秦桧本来就心烦意乱,他听了李清照的哭诉,不但没有同情心,反而认为,这件离婚案既然牵涉到炙手可热的医官王继先,自己的前程还须靠王继先帮忙,绝不能插手。他冷淡地说:"李廿二姐人到老年,既已与张汝舟结为伉俪,尤须以善意和解,切恐不得随意离异,有骇士大夫底听闻。"李清照在与表妹谈话时,已经隐约感觉到王癸癸多少是在敷衍搪塞,现在听了秦桧的话,相当失望,她对秦桧夫妻说:"老身如今已处于水深火热之中,秦十身为宰相,你们夫妻若不能挺身而出,仗义执言,救焚拯溺,老身又有何望?切望十三姐念彼此亲情,救助老身,自当结草衔环,没齿不忘。"

秦桧夫妇明白,李清照向来自命清高,不肯随便求人,今天说这番哀求的话,确是到了万不得已、万般无奈的地步。王癸癸多少撇不开表姐妹的亲情,她用眼神望着丈夫。秦桧却用目光示意,坚决不能给李清照任何许诺,万万不能得罪王继先。依王癸癸在家庭所处的地位,只消发一下雌威,秦桧尽管有一万个不愿意,也必须俯首听命。但王癸癸处在亲情和势利的抵触之中,也决不愿得罪好不容易巴结的干兄弟王继先。她毕竟能言善辩,应答表姐毫无困难,她说:"廿二姐,常言道,路见不平,尚须拔刀相助,依你我底亲情,岂有见危不助之理。然而秦老汉如是一个御史,自当尽心竭力,可惜他如今做得宰相,却须理会军国大政,如是为亲故底区区细事尽力,切恐招致人言,而人言可畏。"秦桧说:"一夜夫妻百日恩,李廿二姐才名满天下,而结缡不易,似不得与张汝舟轻易断绝,切恐有累清誉。依下官底计议,当以言归于好为上。"

李清照用悲痛而恳切的语调说:"老身备受欺凌,如何顾得败德败名,唯求解脱张汝舟底桎梏,以免一死,岂能言归于好。如是不便相助,亦求秦十教老身一个免祸之方。"王癸癸见表姐说话如此可怜,不免投以一瞥同情的目光,她的眼神又转向秦桧,秦桧目前焦虑的棘手问题,是如何对付翟汝文和王居正两个政敌,他正需要得到王继先的奥援,认为必须避免为李清照离婚的问题,而与王继先发生哪怕是只有很少可能的小龃龉,他用决绝的语气回答:"下官委是无计可施,唯求李廿二姐海涵。"

李清照到此完全失望,她转而用沉静的语调问道:"闻得十三姐与王继先结为义姐弟,有此事否?"王癸癸虽然是王氏宗族中一个数一数二的泼妇,以蛮不讲理著称,此时却只能用沉默表示确认,李清照停顿了一会儿,又平心静气地说:"此原是老身底不是,前来哀求王继先底义姐与姐夫救助,岂不是大错?"说完,就毅然转身离开秦府。王癸癸十分尴尬地僵立着,过了好一会儿,才开始破口大骂:"那厮贱妇!年已五十,尚议改嫁,岂非是自讨苦吃!"

秦桧却说:"区区细事,国夫人不足挂齿,下官另有要事,须与国夫人商议。"原来秦桧拜相之后,王癸癸的封号已经升为国夫人。他拉着王癸癸来到书房,屏去童仆,然后单独对妻子谈了修政局会议的简况,他当然也不愿意在妻子面前表露自己被攻击时的窘状,以免受对方的讥笑。秦桧最后说:"目即不除翟汝文与王居正两个竖子,便难以实施新政。"王癸癸到此已经明白丈夫的意思,她说:"老汉莫不是求奴家关白王医官?"秦桧碍于宰相的体面,本来只想含蓄地暗示,在王癸癸说破之后,也无法再顾及脸面,只得说:"便是此意。"王癸癸为身任宰相的丈夫只能求助于自己,而感到兴奋,她高兴地用右手轻轻抓住秦桧的一把胡子说:"老汉虽是宰相,若无国夫人做贤内助,又怎生在朝中做主?"秦桧只能赔着笑脸,用眼神向妻子默认。

秦桧完全懂得,自己绝对不便于在皇帝面前说翟汝文和王居正半句坏话。他只是使尽浑身解数,通过各种各样的渠道,对两人制造流言飞语,滥施污蔑。经过整个夏天的紧张活动,最后,在台谏官的攻击下,翟汝文以"专擅"等罪名,在六月罢官致仕。七月,时任起居郎的王居正也离开朝廷,外任知婺州。

秦桧正感到踌躇满志之时,不料吕颐浩突然从镇江府返回行朝。宋高宗本拟按吕颐浩过去的建议,准备发表朱胜非出任侍读,但在吕颐浩回朝单独面对之后,皇帝又当即发表朱胜非为同都督江、淮、荆、浙军事。这对秦桧无异于晴天霹雳,他完全明白,吕颐浩此举是为以朱胜非接替本人主持军事,而本人则留在朝廷专门对付秦桧。秦桧到此才真正感到,自己在朝廷辛苦经营多时，也拉拢不少名士，其实却对吕颐浩并不占优势，问题的关键，还是皇帝对吕颐浩相当信任。作为一步抵抗对方进攻的残棋，只能是不让朱胜非东山再起。他焦心苦虑了大半夜，反复思考，认为自己决不宜直接出面，只能怂恿别人上阵。他考虑可以利用的卒子，最后选定了名儒、新任给事中的胡安国。

胡安国字康侯，他就是本书第三卷所述胡寅的伯父，并将胡寅过继为子。胡安国通过理学名儒程颐弟子游酢的介绍，在北宋末年与秦桧相识，很有好感。秦桧任相后，设法将他召来行朝。胡安国正在荆湖一带躲避兵燹。他与三个儿子胡寅、胡宏和胡宁在四月同行，前来临安府。胡寅自从建炎三年发表为主管江州太平观，按照惯例，他无须住在江州任闲官，只是顺路经过江州，徘徊数日，就回家侍候父亲，躲避战乱。现在父子一同东行，双方准备在路上分手，胡寅要单独前去江州。胡安国在北宋末年被贬逐出朝廷，这次重返行朝，心中有说不尽的感慨，他在途中对儿子们说："我原道来，秦桧之是佳士，靖康时有不可夺之节。闻得他拜参知政事，便喜而不寐。朝廷若无秦桧之等人整顿，如何了得？既有他在朝，我方得效力于社稷。"胡寅说："然而若要整顿江山，切恐非李伯纪回朝当大任不可。"胡安国说："此是当然，我面奏时，自须建请复用李相公。"

胡安国抵达临安后，秦桧热情招待这位名士，在家里宴请他和两个儿子。秦桧平时生活相当侈糜，而这次宴会，却特地降低酒食规格，用以显示自己的朴素。双方在席间谈话相当投机。胡安国说："吕颐浩尚是忠义，然而心胸褊狭，难以任重。若要中兴，尚需李相公回朝，与秦相公同共辅政，方得济事。"秦桧明知宋高宗决不会复用李纲，却故意表示赞同，说："李相公坚毅果敢，勇于有大作为，下官万万不敌。我亦屡次口奏圣上，却被吕相公阻挠。他言道：'李纲为党，实与蔡京一体。靖康时伏阙上书，皆其党羽所为，几至大变。渊圣官家识破李纲奸谋，故将他贬逐出朝。'"胡安国感叹说："吕相公以私隙妨公事，甚不足取。我叩见主上，自当剀切复陈。"秦桧明知他为李纲上奏毫无效用，但也不便劝阻。胡安国在首次面对时，果然对宋高宗提出李纲复相的事，宋高宗表面上为了给这位名儒面子，不置可否，而内心却对胡安国产生了一重恶感。

秦桧知道胡安国对朱胜非的评价，比吕颐浩更低，就授意自己的党羽、枢密院计议官杨愿出面，进行挑唆。胡安国身为给事中，按照制度，对皇帝的诏令有封驳之权，他为此书面上奏，说朱胜非和黄潜善、汪伯彦同在政府，缄默附会，此后又同意追复张邦昌，以求讨好金人，当苗刘之变时，又不能死节。这份上奏果然起了效用，当时朱胜非任绍兴知府，本拟到临安行朝参见皇帝，然后去镇江府赴任，他在半路上接到胡安国转达的上奏副本，就退回绍兴府，上奏辞避。

胡安国接着又在面对时再次举荐李纲，宋高宗这次不想再给这位名儒体面，他用训斥的口气说："朱胜非作相仅三日，便有苗刘之乱，当时调护有力，朕所亲知。李纲曾得时望，朕登基之初，亦曾用为宰相，然而他屡屡败坏国家大计，分朋植党，朕岂得复用。今委寄李纲以方面重任，亦已不轻。卿到朝廷不久，亦须以朋党为戒。"原来吕颐浩此次返回行朝，经同僚提醒，决定以反对秦桧经营朋党为口实，而自古君主专制都是嫌忌臣僚分朋植党，认为这就是对君主不忠的表现。散布秦桧经营朋党之说，也果然达到了预期的效果。宋高宗其实是在含蓄地告诫胡安国不要与秦桧结党。胡安国也听出了皇帝的暗示，就说："臣熟知古训，'无偏无党，王道荡荡'，然而李纲公忠体国，亦是世人尽知。"宋高宗很不喜欢胡安国的反驳，但他完全懂得，维护皇帝的体面，正在于不与臣僚争论，就说："卿且退下，静思朕底旨意。"胡安国只得行礼告退。

吕颐浩得知此事，认为应当趁热打铁，他向宋高宗建议，以提举醴泉观、兼侍读的名义，召朱胜非到行朝供职。为了回避胡安国的封驳，特命中书、门下检正诸房公事黄龟年将诏命直接行下。这当然是一种耍弄权术、违反制度的举措。胡安国得知此事后，就上奏强调这种做法"侵紊官制，堕坏纪纲"，表示自己宁愿"旷官"，而不能"贪禄位"，于是就呆在家里，不再上班办公。他的做法其实正是吕颐浩求之不得的事。

秦桧得知此事，预感到自己的前程不妙，与吕颐浩的政争多半已成败局。他反复思考自己的举止，如果对胡安国的事装聋作哑，势必受到一批被自己拉拢的名士们的讥议，与其如此，就不如换一个与胡安国同归于尽的好名声。秦桧独自在书房长吁短叹，猛烈地嚼齿动腮，他几次提笔，准备起草奏疏，又几次放下。最后，他含着泪水，咬紧牙关，才写成奏疏，请求挽留胡安国。奏疏上呈之后，秦桧焦急地等待宋高宗的批示，却接连三天,没有回音。秦桧完全明白,皇帝没有回报,这意味着自己的前程更加可忧,但如今已是骑虎难下,他只能再上两奏,然后告假呆在家里,等候皇帝的处分。

秦桧的三封上奏,在事先没有给王癸癸打过招呼,因为他完全明白,妻子必定会反对这种做法。待他居家不赴朝会,不去都堂,整天愁眉苦脸,才引起王癸癸的注意。王癸癸来到书房,问道:"老汉,你并无病痛,何故居家?"秦桧感到,到此地步,已不能不给妻子作出交待,就把事情的原委,原原本本向王癸癸诉说。王癸癸怒不可遏,她不再答话,只是上前给秦桧一顿嘴巴,然后坐在椅子上大哭,秦桧只能叉手而立。双方沉默多时,王癸癸开口说:"你这厮穷酸饿醋,原是成不得大事。好端端底一个宰相不做,却与吕颐浩争锋。事到如今,尚需奴求救于王继先。"秦桧摇手说:"主上底向背已明,求他们不得。"王癸癸从椅子上弹跳起来,又是愤怒的一记耳光,然后怒气冲冲地离开书房。不死心的王癸癸果然又去拜访王继先,结果当然是失望而归。

宋高宗听从吕颐浩的提议,将所有倾向于秦桧的官员,包括台谏官、秦桧的亲戚等全部贬逐出朝,另外任命黄龟年等人充当台谏官。黄龟年出任殿中侍御史后,立即上奏,弹劾秦桧,说他"专主和议,沮止恢复,植党专权,渐不可长"。秦桧接到这份弹奏的副本后,只能忍痛按惯例向皇帝上呈辞职奏。到此为止,秦桧的罢相就只剩下最后一个例行手续,就是由宋高宗亲自下罢相制。宋朝的罢相制从来是由皇帝授旨于翰林学士等起草的,其内容按皇帝的意图,可以相当严厉,也可以相当温和。

兵部侍郎、兼直学士院綦崇礼正在家里接待一位特殊的客人,她就是女词人李清照。李清照怀着满腹冤屈,离开秦桧私宅以后,不堪忍受张汝舟的欺凌,仍然四出求援。綦崇礼的女儿嫁给谢克家的曾孙,而前面第三卷已经交待,谢克家又是赵明诚的表亲。凭藉着这种间接的亲戚关系,李清照想来想去,只能求援于綦崇礼。她和綦崇礼还是初次见面,叙述了事情的原委以及秦桧拒绝帮助的经过,最后一面落泪,一面说:"老身孤苦无告,唯是求綦侍郎哀怜。"綦崇礼感慨地说:"世态炎凉,人情冷暖,不料秦相公与易安居士有亲情,却又恁地薄情。且不论下官曾与赵德甫有同朝之谊,如今又有葭莩之亲。依易安居士底才名,下官如何可见死不救？"

李清照顿时感到有一股暖流，温热了自己寒冷的心房，正待表示感谢，却有吏胥进入关报说："官家有急旨，召綦侍郎面对。"綦崇礼多少已经猜到皇帝急召的意图，就对李清照说："下官须应诏入宫。然而易安居士岂得归去，再受那厮驵侩小人底凌辱。下官当修短简一封，命吏胥送与张汝舟，易安居士可与令弟将行李、书画古器之类急急搬叠出张家。此是赵德甫与易安居士一世心血，岂得供张汝舟行贿之用。"李清照感激得说不出话，等綦崇礼写短简完毕，才向綦崇礼行礼致敬，说："艰难之中，极是感愧，綦侍郎便是老身底恩公。"綦崇礼恭敬地还礼，说："易安居士免礼。然而与张汝舟那厮离异，尚需时日，下官自当急切理会，请易安居士放心。"直学士院其实就是翰林学士之类的一种实职，只是品级较低。但依綦崇礼的官位，虽然只是给张汝舟一封短简，还是有十足的份量。

綦崇礼辞别李清照，就赶紧入行宫。南渡以来，临安的行宫只能因陋就简，宋高宗举行朝会，与臣僚面对等，只是使用同一个殿。綦崇礼入殿行礼毕，口称："臣綦崇礼叩见陛下，恭祝圣躬万福！"宋高宗说："綦卿少礼。朕今日召见，只为命卿草秦桧底罢相制。"綦崇礼心想："果然不出自家底所料！"就说："臣领旨！"宋高宗命令冯益向綦崇礼转交御笔和秦桧拜相后所上的二策，包括他所拟的诏旨。

綦崇礼接过来看了一遍。原来秦桧拜相后不久所上的二策，其内容无非是按照金人的意图，主张命令河北、京东等地的渡江南来者由官府招收，遣返北方，允许南北士大夫互通家信。綦崇礼看后，用略带讥刺的口吻说："久闻秦桧拜相前后，曾扬言他有二策，可以耸动天下，原来如此！他欲陛下明诏颁告'无贪功之念'，便是无意于收复失地，视北方如异域，教南下底北人归于虏人治下。"宋高宗也带着怒气说："秦桧言南人归南，北人归北，朕便是北人，又将于甚处顿放！朕以此未曾将秦桧所拟诏旨降出。"綦崇礼说："陛下圣明，灼见奸谋。如今军中健儿多是北人，若将他们遣返北方，不知陛下又何以立国？"

宋高宗说："此回可将秦桧所拟诏旨布告在朝廷，举天下当知他误国。秦桧由范宗尹举荐，当讨论滥赏之时，秦桧阳则赞助，阴则攻讦，又在朝中结党营私，朕以此知他是两面三刀底人，须榜示朝堂，终不复用。"綦綦崇礼见皇帝罢相的态度如此决绝,由衷感到欣慰,说:"陛下将奸人逐出庙堂,明诏终不复用,此是社稷之福。臣敢不仰遵圣旨!"宋高宗说:"卿所草罢相制中自可备述朕旨!"

綦崇礼得旨出殿,由冯益引领,来到内宫一间小殿。冯益按照惯例让綦崇礼一人留下,自己走出房间,实行"锁院",将小殿上锁,以示保密。綦崇礼独坐在一个绣墩上,面前是一张几案,其上已经陈设了文房四宝。綦崇礼文思敏捷,援笔立就,然后说:"请冯大官启锁!"冯益开锁后,又引领綦崇礼上殿。宋高宗看了綦崇礼所草的秦桧罢相制后,表示满意,说:"卿所草责词甚严,深得朕旨!"接着就按照礼节,宣坐赐茶,綦崇礼谢恩之后,才退出大殿。

秦桧罢相制在八月末发表,接着又因台谏官的再次弹劾,在九月初被褫夺观文殿大学士的荣誉虚衔。王氏受到这种打击,不免哭哭啼啼,而秦桧却在经历了罢相前的精神煎熬之后,反而显得沉静。秦桧考虑再三,认为自己现在仅剩左通奉大夫、提举江州太平观的头衔,没有脸面回建康府故里,决定暂时到温州寄居。温州离开行朝较近,可以随时打听行朝的消息。尽管皇帝已经宣布对他不再起用,但秦桧仍然怀着东山再起的觊觎。

秦桧作为一个丢脸的倒台者,只能悄然离开临安。然而一些被他拉拢的名士,却对秦桧仍怀着好感,他们不顾朋党的讥议,还是到秦府告别,或为他送行。胡安国也带着两个儿子胡宏和胡宁到秦府,与他告别。胡安国发现秦桧言谈一如平时,没有丝毫委靡和消沉之色,心中愈加钦敬,说:"会之可谓澹泊以明志,宁静以致远。"秦桧用平淡的口吻说:"孔子有言:'用之则行,舍之则藏。'此便是自家所当师承。"胡安国说:"然而我见庙堂榜示会之底二策,便是官家重新起用会之,切恐亦不当行于世。恕我直言,此二策非是救国之计,而是误国之议。"秦桧连忙说:"此便是愚者千虑,或无一得。然而二策亦出于救国心切。"简简单单一句话,就把自己的企图掩饰过去。

与秦桧罢相同时,李清照也在綦崇礼的帮助下,得以与张汝舟离婚。此后,张汝舟受到了除名,送广南柳州编管的惩处。李清照虽然摆脱了张汝舟的虐害,却仍然过着老境凄凉的孤单生活。

[壹柒]
通和、立储与叛变

秦桧罢相后的下一个月,金人放归的宋使王伦回到了行在临安府。王伦原是北宋宰相王旦的侄玄孙,却是家道破落,落魄浪荡,屡次作奸犯科。靖康时,一个偶然的机遇,他因弹压开封百姓有功,宋钦宗仓促间授了他一个官位。宋高宗即位后,多次派遣使者,向金人求和,王伦早在建炎元年自愿奉使,授假刑部侍郎,与副使、假吉州团练使朱弁同行。从王伦开始,多批宋使都被金人扣押,但除了宇文虚中投降外,包括洪皓在内的宋使们都守节不屈。金人曾逼迫他们到伪齐做官,也都遭到拒绝。宋使们慢慢领悟到,金人对他们态度的好坏,与战争形势直接相关,凡是金方战事不利,对他们就比较宽松和客气,反之,就比较苛刻和严厉。

王伦和朱弁被拘押在大同府,这是左副元帅完颜粘罕为首的西朝廷的驻地。洪皓最初与王伦等人同住,后来被押往完颜谷神在东北的基地冷山寨。王伦、朱弁等住在原辽朝西京所设的一个馆驿里,五、六年内,衣服变得破旧,特别是到了冬天,只能依赖女真人常用的火炕,烧石炭取暖。到绍兴二年,即金朝天会十年,尽管春回大地,而大同府一带仍然天气凝寒。一天,王伦特别感到孤寂,就对朱弁说:"朱团练文采过人,不如赋诗一首,聊慰寂寞之情。"宋朝出使,一般是文官充正使,配备一名武官充副使。但武官不应按今人的概念,完全理解为军官。事实上,朱弁虽被宋廷授予武官,却从未参与军事,而他的文化水平还远在破落子弟王伦之上。朱弁当即吟诵过去所写的一首五言古诗说:

风土南北殊,习尚非一蹋。出疆虽仗节,入国暂同俗。淹留岁再残,朔雪满崖谷。御冬貂裘敝,一炕且跧伏。西山石为薪,黝色惊射目。飞飞涌玄云,焰焰积红玉。偃仰对窗扉,妍暖谢衾褥。陪臣将命来,意恳诚亦笃。有奇不能吐,何术止南牧。君心想更切,臣罪何由赎。论武贵止戈,天必从人欲。安得四海春,永作苍生福。

王伦听后,不禁伤心落泪,说:"自家们奉使,转瞬已是六年,亦不知何日得以四海回春,苍生重享和平之福。"突然,有两个辫髪左衽者来到馆驿,来者不是别人,正是降金的宇文虚中和杜充。朱弁见到这两人,简直就不愿寒暄,而王伦却还是与他们酬酢一番。杜充现在再没有当年任宋朝东京留守和右相时的威风,他只能做宇文虚中的副手,低眉拱手,很少说话。双方坐定之后,主要是宇文虚中出面交谈。宇文虚中面对着宋使,还是愿意讲些真实情况,他说:"自四太子大败于和尚原,粘罕国相亦已改变主意,愿与康王议和。他欲放你们二人之中底一人回归。"

听到这个天大的喜讯,王伦和朱弁都激动得流下泪来,两人几乎同时举手加额。但朱弁当即表态说:"王侍郎是正使,自当归朝。自家出使,自分必死,今日岂得觊觎先回。唯愿王侍郎受书归报天子,成两国之好,两宫重享四海之养,下官虽暴骨于异域,亦是甘心!"宇文虚中不免感叹说:"朱团练极是识道理!"王伦也不想与朱弁虚伪客套,就说:"我如归朝,自当上奏官家,备述朱团练底忠节,好生看觑你底宝眷。"朱弁说:"自古出使,以节为信,如今无节有印。王侍郎若得归朝,愿将官印留于下官,下官便是抱印而死,死且不朽!"听了这番话,王伦也不免再次落泪,当即将自己的官印套在朱弁的颈部。宇文虚中与王伦约定,两天之后,带王伦参见完颜粘罕。

宇文虚中和杜充回元帅府覆命。元帅府就设置在原辽朝西京的留守司衙,两人进入大堂,只见完颜粘罕居中坐衙,左边坐着完颜谷神,右边坐着元帅右都监耶律余睹。完颜粘罕已经多年不亲自上战场,加之酒色过度,显得臃肿虚胖。完颜粘罕瞪大眼睛瞧着杜充,露出一股怒气和凶光,使杜充不寒而栗。宇文虚中与杜充行女真跪礼毕,完颜粘罕和完颜谷神对宇文虚中还是相当客气,马上由军士送上椅子,让他坐着说话,而杜充却只能尴尬地叉手站立在堂上。听完宇文虚中的叙述,完颜谷神用生硬的汉语赞扬说:"宇文字萲做事煞好!待日后召王伦到此面议。"

等与宋使面谈的问题处理完毕,完颜粘罕用眼睛向耶律余睹示意,于是耶律余睹开始厉声向杜充发问:"杜充,你做底甚事?"杜充被追问得莫名其妙,他用颤抖的声音回答:"下官不知做得甚事。"耶律余睹说:"你私通康王,妄图反背,须是诣实供通!"杜充吓得心惊肉跳,额上流下一滴滴豆大的汗珠,他结结巴巴地说:"下官死心塌地投拜大金,并无私通康王底事节。"

原来自从杜充降金之后,他的一个儿子和一个孙子不在建康府,被宋朝所拘押。最近,杜充的孙子杜晃辗转逃到了北方,于是有人向元帅府诬告,说杜充的孙子在严密看管之下,居然出逃,必定是杜充私通康王。当杜充去馆驿的时候,元帅府已经派兵将杜晃逮捕,杜晃承受不住一顿严刑拷打,只得诬服。耶律余睹说:"尔底孙儿已是供通,他此回到大同府,便是康王教他前来做细作,你已自与他通谋。"杜充到此地步,只能悲哀地嚎叫:"下官绝无此事,此必是我底孙儿受刑自诬,万万不可信。下官唯是哀祈众元帅伸冤理枉。"完颜粘罕再也没有耐心听杜充陈诉,他吩咐说:"且将这厮押下根勘。"于是不管杜充如何哀号,军兵们还是一拥而上,将他押出大堂。

两天后,宇文虚中引领王伦到元帅府。王伦还是按宋人礼节,向三位元帅作揖,在座的还有完颜粘罕的心腹萧庆和高庆裔。完颜粘罕今天显得相当客气,让王伦和宇文虚中一同坐下。王伦事先与朱弁商量后,还是准备了一套话,他首先说:"两国曾有海上之盟,约为兄弟,万世不变。其后上国底臣僚,曾欲兴兵南下,而上国太祖官家惠顾盟好,不许。此后上国举兵,以祸宋国,已非是上国太祖先皇帝底本意。如今宋国主上恭勤,英俊并用,已见兴复之势。若众元帅思久远之谋,不如归我二帝、太母,复我土疆,使南北赤子免致涂炭,亦足以慰上国先帝之灵。南北讲信修睦,永敦和好,岂但是宋国之福,亦是上国之福。请众元帅三思。"

完颜粘罕的设想与王伦完全不同,他与完颜谷神不过是要在用兵的同时,恢复通使,双管齐下,他说:"赵氏父子既已背叛盟约,大金兴师问罪,将他们俘虏到御寨,郎主宽大为怀,封为昏德公与重昏侯,岂有放他们南归之理。然而康王逃窜江南,亦已六年,屡次遣使哀求,欲不绝祭祀,大金亦当教他立国。唯是淮南系大齐子皇帝与江南交界,你此回归去,须教康王在淮南不得屯驻军马,若是屯驻,大金自当用兵讨伐。"王伦听高庆裔翻译以后,认为完颜粘罕虽然显得十分傲慢,但与金人以往的口气相比,还是有相当松动,过去根本不承认世上还有一个宋国,现在却允许宋人立国,就说:"下官只是奉使通和,国相所言淮南屯兵底事,须是归宋之后,由官家定议。"

女真人作为一个新兴的落后民族,文化虽低,办事反而不像宋人那样繁琐和噜苏,完颜粘罕不想与王伦再有什么讨价还价,就对萧庆说:"且将自家底书信付与他,教他带回江南,叫康王回覆。"萧庆就将国书递交给王伦,王伦当场仔细看了一遍,认为与完颜粘罕所说,没有不同,当即袖藏书信,准备告辞。不料完颜谷神说:"近日根问得杜充私通康王,你可知此事?"王伦听后,颇觉兀然,说:"三日前杜充尚与宇文虚中到馆驿,下官奉使在外六年,岂知杜充底事。"

完颜粘罕说:"既是恁地,你且随自家们同去!"王伦也不知金人的葫芦里卖什么药,只能随他们前往。一群人来到元帅府的一间小屋,只见杜充被吊在房梁上,旁边放置一盆烧得炽热发红的石炭,他的一身黝黑的胖肉已经血迹斑斑,体无完肤,并且有十多处被炮烙的伤痕,正在哀号呻吟。几名拷打者见到完颜粘罕一行,立即行女真跪礼,完颜粘罕命令说:"且将杜充这厮放下!"杜充落地后,整个身体瘫痪在地上,仍然哀号呻吟不绝。王伦见到这种情形,心中不免惨然,但也不敢有任何表露。

完颜粘罕指着王伦说:"杜充,你若是诣实供通,我当免你一死,教你随王官人同归江南。"杜充有气无力地说:"我并无私通康王底事,实是冤屈。我既已反背康王,又如何归得?便是国相元帅愿去江南,监军愿去江南,杜充亦不敢归江南!"完颜粘罕和完颜谷神听后,引起一阵哂笑,完颜谷神对完颜粘罕说:"且将杜充释放!"

耶律余睹当着两个女真元帅的面,一般不愿多说,今天却是例外,他说:"目即元帅府缺马,已掠得南人驱口一万余人,欲与西夏、鞑靼易马。你可教你孙杜晃亦随驱口前去,方见得尽忠于大金,不敢有二。"耶律余睹投降金朝以后,对灭辽十分卖力,所以金朝元帅府里,居然还特别安插他一个契丹人。但自从去年命他出兵可敦城,并且将他的妻儿扣押作人质,引起他的极端怨恨。军事行动失败后,他又受了完颜粘罕一顿责骂,终于下定了背叛的决心。耶律余睹所以提出这种恶毒的建议，正是表明他极其鄙视杜充。

杜充本来正庆幸自己重见天日，听到耶律余睹的提议，惊得目瞪口呆，张口结舌，说不出话。完颜谷神问道："杜孛堇，你可愿教你底孙儿去西夏换马？"杜充此时只顾自己活命，就说："我身为大金臣子，自当为大金赴汤蹈火。若是监军教自家孙儿前去，我亦不得违旨！"他的话又引起完颜粘罕和完颜谷神一阵哂笑。这次倒是宇文虚中看不下去，他说："杜充并未反背大金，既已明验。他底孙儿千里迢迢，寻访祖父，切恐国相与监军须教他们祖孙团聚，方是正理。与西夏、鞑靼贸易，十名驱口，方换得一马，闻得西夏与鞑靼只是供应马一千匹，此处已聚集驱口一万三千余人，如何便少得杜晁一人。"宇文虚中现在正受金人的青睐，完颜谷神就说："便依宇文孛堇底计议！"

宇文虚中的话倒提醒了完颜粘罕，他命令高庆裔说："大同府粮食不济，不如选三千余老弱幼小驱口，到城外坑杀，以免糜费粮食，其余一万人，可即日押往边境，从速易马。"高庆裔说："下官遵命！"

王伦离开元帅府，返回馆驿。他沿途在长街上见到了从河北与河东掳掠而来的驱口，他们用长麻绳串连着，脚步蹒跚，个个面露饥寒之色，两边有手持兵刃的金兵押送。王伦想到他们行将被杀害或押往他乡，交换马匹的下场，不禁潸然泪下。他再也不忍心看他们一眼，只得掩袖而行。王伦回到馆驿，向朱弁叙述今天的所见所闻，朱弁听到了驱口们的悲惨遭遇，也伤心落泪，说："唯是上苍有目，不知当在何时惩此凶顽，与天下无辜赤子复仇报怨！"王伦却持悲观态度，说："切恐报不得国耻家恨，尚需与凶顽议和！"王伦稍稍收拾行装，几天之后，就离别朱弁南下。他途经伪齐，正值刘豫迁都开封府。刘豫对金人放王伦南归，自然非常不快，但身为金朝子皇帝，也只能放行。

完颜粘罕和完颜谷神放王伦南归以后，就动身前去东北御寨，作为完颜粘罕的谋士，高庆裔和萧庆也跟随前往。按照去年的协议，今年应当正式任命皇储谙班孛堇，金朝左、右元帅府的要员都动身前往，大同府由耶律余睹留守，而燕京则由新任元帅左都监的完颜兀术留守。完颜兀术虽然在和尚原之战打了大败仗,但外有同母兄完颜讹里朵,内有异母兄完颜斡本的支持,金太宗还是发表了他的升迁令。

金朝初建,立谙班孛堇的仪式非常简单,不像宋朝立皇子,有隆重而繁琐的典礼。在乾元殿里的大土炕上,金太宗与完颜斡本、完颜蒲鲁虎、完颜粘罕、完颜讹里朵、完颜挞懒、完颜谷神等人环坐着,而十四岁的金太祖嫡长孙完颜合剌则还有几分胆怯,坐在继父完颜斡本的身边。贵族会议开始,首先由金太宗宣布说:"谙班孛堇不得长久虚位,今依大金风俗,立合剌为谙班孛堇。"他的讲话还没有结束,多数贵族就发出一阵欢呼,完颜粘罕大声说:"此是郎主听从众人计议,不偏爱于蒲鲁虎。"完颜蒲鲁虎却对他怒目而视。

金太宗继续说:"立合剌自当命汉儿草诏。合剌年幼,然而自今不得以为自家幼小,狎于嬉戏。依自来制度,不得仅有一个谙班孛堇,我今命蒲鲁虎为国论忽鲁孛堇,斡本为国论左孛堇,粘罕为国论右孛堇兼都元帅,另命讹里朵为左副元帅,挞懒为右副元帅。"金太宗的上述任命,是与完颜蒲鲁虎、完颜挞懒私下商量过的。他们愈来愈嫌恨完颜粘罕,要削除他的派系势力,打算用升迁都元帅的办法,将他调任御寨,实际上削除他的军权。另外将完颜讹里朵调往大同府任职,压制完颜谷神,而完颜挞懒留在燕京,所谓东、西朝廷就可以完全由亲近的皇族控制。

尽管他们的意图并未和盘托出,而完颜粘罕已经觉察到气味不对,他用高嗓门喊道"挞懒败于淮南,岂得升右副元帅,右副元帅须由谷神做。"完颜蒲鲁虎也提高声调吼道:"谷神扬州一战,并未捉得康王,此后亦无战功,岂得为右副元帅。若要升迁,亦只得依次做元帅左监军。"两人争吵得面红耳赤,互不相下,金太宗只能亲自出面制止,说:"既是如此,挞懒与谷神便都不与升迁。粘罕既是都元帅,自今便住御寨。讹里朵做得左副元帅,可去西京大同府坐镇统兵。"完颜谷神立即表示反对,他也高声叫道:"粘罕到御寨,自家便依次坐镇大同府,讹里朵不得前去。"完颜粘罕也说:"大同是自家们经营所得,讹里朵如何住得?"如果依中原汉人皇朝的君臣规范,普天之下,莫非王土,臣僚岂能把一方土地看成是自己霸占的私物。但女真人当时还没有这种规范和心态,完颜粘罕和完颜谷神的话反而理直气壮,而金太宗等人反而显得理屈词穷。于是完颜讹里朵去西京大同府坐镇的计划当即成为泡影。乾元殿的会议收场,在政治势力的争衡和制约之中,金太宗和完颜粘罕两大派系各有所得,也各有所失,哪一方也未能制服对手。

高庆裔和萧庆得知会议的情况,就私下劝说完颜粘罕,高庆裔说:"下官观郎主底意思不好,国相自须先下手为强。天下底威权武略,国相第一,国相不如取而代之,自做郎主。"完颜粘罕说:"昔日大金开国,阿爹身为国相,占卜天意,然后尊二叔叔为郎主。我若自做郎主,便是违背天意。我身为都元帅,郎主奈何不得。合剌幼小,是自家力沮郎主之意,方做得谙班孛堇,日后自当听命于我。"萧庆听完颜粘罕说到父亲完颜撒改尊奉完颜阿骨打为开国皇帝,就说:"当年国相阿爹尊奉开国郎主,便是彼一时也,此一时也。下官观郎主沉迷酒色,此便是天意教国相做天下主。"高庆裔又说:"斡本是合剌底继父,千方百计,呵护合剌。合剌感恩底第一人,正是斡本。合剌唯是听命于斡本,岂得听命于国相。"完颜粘罕发出哂笑说:"我自来便小觑斡本,他岂能主张国事。"任凭高庆裔和萧庆如何劝说,完颜粘罕就是拿定了自己的主意。高庆裔最后只能说:"国相不听自家们底言语,切恐后悔莫及。"完颜粘罕笑着说:"我做事,从无后悔之意。"于是高庆裔和萧庆只得咨嗟叹息。

金太宗经贵族们建议,决定南下巡视中京和燕京。他命完颜粘罕、完颜斡本陪同幼小的皇储谙班孛堇完颜合剌留守御寨,自己由长子完颜蒲鲁虎,还有完颜讹里朵、完颜挞懒和完颜谷神陪同。金太宗到了中京大定府后,完颜兀术也前来朝见。君臣们在武功殿里饮酒作乐,吃的是以野味为主的契丹食,并且还用契丹和奚族女子奏乐,好不热闹。完颜兀术在席上对金太宗说:"我欲统兵再攻和尚原。"完颜蒲鲁虎说:"兀术一败于江南,二败于富平,幸得娄室转败为胜,三败于和尚原。切恐此回带兵前去,又败了回来,伤损大金底国威。"完颜讹里朵说:"自来用兵,有胜有负。兀术深谙南房情实,既是自愿出征,须是教他前去。"完颜谷神说:"撒离喝言道,他迁道攻四川,必可得手,不如教撒离喝下手。"金太宗带着一些醉意对完颜兀术说:"你可休息一年,且看撒离喝如何用兵。若是撒离喝受挫,你再去不迟。"完颜兀术满心不悦,却也不好再说什么。

金朝君臣在中京住了一段时间,就一起动身南下燕京。他们仍然保持女真的旧俗，游猎的兴趣特别浓厚，一面行进，一面打猎，而完颜谷神和完颜兀术则带着自己的合扎亲兵，充当游猎的前锋。一天，完颜谷神行进到居庸关附近，见到一头鹿，他弯弓搭箭射去，那头鹿负伤狂逃，完颜谷神率合扎亲兵在后紧追不舍。追到一片树林里，那头鹿竟摆脱了追兵逃逸，而完颜谷神与亲兵在搜索树林时，竟抓到了一名骑马的契丹人，名叫耶律那也。

亲兵们认识耶律那也，他原来是耶律余睹的亲随。当耶律那也被带到完颜谷神马前，就连忙下马，行女真跪礼。完颜谷神见此人神色慌张，形迹可疑，就问道："尔到此为了甚事？"耶律那也说："男女奉余睹都监底命令，前去燕京送书信与高六统军。"他所说的"高六"是契丹降官、燕京统军使萧高六，完颜谷神又问："你且将书信奉上。"耶律那也说："男女不慎，将书信遗失，以此在林中寻觅，难以面见高六统军，并回覆余睹都监。"完颜谷神不信，下令将耶律那也搜身，果然没有搜到片纸。但完颜谷神并不罢休，他仔细打量着耶律那也，突然厉声说："你若得供通余睹谋叛底事，可免你一死！"耶律那也惊慌地回答说："男女委是不知余睹都监反背。"他说着，下意识地摸了一下光头和辫髮。

完颜谷神大喝一声："且将他底辫髮拆散！"耶律那也顿时面如土色，当辫子被拆散后，裹在辫子里的一条卷得很细的黄绢终于飘落在地，有军士从地上捡起，递给马背上的完颜谷神。此时，耶律那也只得哀求说："男女愿从实供通，唯求监军免男女一死！"原来耶律余睹与萧高六、蔚州节度使萧特谋等合谋，准备趁金太宗等南下燕京之时，发动叛变，将金太宗等全部杀光，重建辽朝，然后再起兵攻打金朝在东北的御寨。那条黄绢里写满了密密麻麻的契丹字。但对完颜谷神而言，阅读却是毫无困难。

完颜谷神派人找来了在另一处打猎的完颜兀术，对他介绍情况，说："尔速去燕京，诛除高六、特谋等人，我当自去西京，擒杀余睹那厮。"两人分工之后，一面派人飞报正在南下的金太宗，一面就各自带着本人的合扎亲兵急驰燕京和大同府。完颜兀术进入燕京城后，立即斩杀了萧高六，萧特谋闻讯后，惶恐自杀。

完颜谷神奔往大同府。耶律余睹还正在急盼盼地等待着燕京方面的回音，他既决心造反，又怀着一种极其惶恐不安的心情，度日似年。在大同府的金兵并不多，虽然名义上是由他统率，但各民族的成分，无疑是人心不齐，一旦起兵，真正能够死心塌地追随他的，仅有约六百名契丹亲兵。造反的事固然需要极端保密，但耶律余睹事先还是竭力拉拢金军中的奚人，其次是汉儿，再其次是南人，但绝对不存争取渤海人的幻想。只是准备对金军中的女真人和渤海人实施突然袭击，将他们全部杀光。当天，耶律余睹和三个儿子正在密议，有一名契丹亲兵突入报告："谷神监军已率精骑入城，自东门急驰前来元帅府。"耶律余睹的脸马上变色，预感到事情必有变卦，当即与三个儿子率领契丹亲兵出元帅府，从西门逃跑。

这支队伍来到西门，有守门的一名女真五十夫长上前参见，耶律余睹只是用女真话简单说了一句："我欲去西郊游猎。"就与众人驰马出城，那名五十夫长当然也不会拦阻元帅右都监。完颜谷神到元帅府扑了个空，几乎是继踵追到西门，听了五十夫长的叙述后，就说："我料得余睹已是穷途末路，必是投奔鞑靼或西夏。"他立即派人前往西夏和鞑靼通报，命令对方必须交出耶律余睹，或是献上他的首级。完颜谷神本人则亲率合扎猛安在后追击，又调集其他部分的金军随后增援。

无论对逃跑者或追击者说来，都是一场十分艰苦的长途跋涉。荒凉的塞外，秋风凛冽，秋草枯萎，军人和战马都日夜奔波，不但很少休息，并且也缺乏饮食。最后，在阴山以南，临近金与西夏天德军（今内蒙古五原东）的交界处，金军终于追上了耶律余睹。面对着人多势众的敌人，耶律余睹的长子对父亲说："我且与众死士抵御，唯愿阿爹幸脱罗网，到夏国请得救兵，与儿子报仇！"他振臂一呼，竟有一半契丹骑士拨转马头，手持兵刃，与追兵死战。一场规模不大，却是十分惨烈的战斗开始了，约三百契丹人最后全部牺牲，没有一人投降，而金军也支付了死伤好几百人的代价，却已成强弩之末，再也无力继续追赶耶律余睹的残部。完颜谷神只得收兵返回大同府。

耶律余睹逃到西夏天德军边界，早有西夏黑山威福军司的都统军带兵列阵，一名骑将驰马前来。契丹人和党项人语言不通，彼此只能用汉语交谈。那名骑将问道："来者是耶律余睹么？"耶律余睹骑马上前说："下官便是。"那人又问："你们共有多少兵马？"耶律余睹指着后面的部众说："约有三百人。"那人说："大金已有通令，教大夏国须是擒获叛逆耶律余睹,交付大金。若是不交,大金便以刀兵相向。都统军好生之德,愿留你们一线路,你们可另谋生机,万万不得再入大夏国境。"说完,就拨马回去。耶律余睹到此地步,欲哭无泪,只能长吁一声,他拨马回到部众面前,用低沉的音调说:"自家们且越过阴山,前去鞑靼,然后西行,寻访大石。"投靠西辽的耶律大石,成了他们惟一的生路。

近三百人的疲惫队伍终于穿过阴山,进入鞑靼地界。当时的鞑靼就是后来的蒙古,分成不少部落,而在阴山以北是克烈部。耶律余睹率领残部来到克烈部,克烈部的酋长亲自出迎,将耶律余睹一行请到帐中。耶律余睹还是相当了解克烈人的习俗,首先给他们送上厚礼,主要是产于南方的茶,因为北方的游牧民族嗜茶如命,然后由通事进行翻译,说明自己的情况,他提出的惟一要求,就是让他借道前去西辽,并且供应一些牛、羊、马,作为长途跋涉的食物。耶律余睹最后说:"我知大金不时侵害克烈,俘掠牲畜,屠害族人。我若久留,大金必是藉口出兵。我唯求留宿一夜,明日便启程离去。"那名酋长满口应允,说:"且不说留住一夜,便是十夜亦是无妨。如今自家们兵强马壮,便是粘罕与谷神自来,亦是奈何不得。"

耶律余睹一行喜出望外,克烈酋长让他们分散坐在一些皮帐或毡帐内外,并且送来了马奶酒,这是克烈人对贵宾的礼遇。耶律余睹一行接连过着担惊受怕、忍饥受寒的生活,顿时有一种宾至如归之感。饥渴的契丹人开始痛饮马奶酒。突然,那名酋长拔出腰间的环刀,向耶律余睹劈头砍来,耶律余睹躲得及时,却已在肩头中了一刀。他惊呼一声,就地上打了个滚,起身逃命。其他克烈人也跟着动手,约有一半契丹人被当场杀死,另一半人则人不及鞍,只是徒步狂跳。骑马的克烈人很快就追上了耶律余睹一行,他们避免与契丹人短兵相接,只是用羊角弓和骨箭向契丹人攒射。耶律余睹一行很快都死于锋镝之下。克烈人将耶律余睹和两个儿子以及其他契丹人的尸身传送到金朝。

耶律余睹的叛变在金朝引起一场相当大的震动和风波,很多契丹官员,甚至军士,都作为耶律余睹的残党被杀,甚至连萧庆和耶律马五也一度入狱,幸亏完颜粘罕力保,才让他们出狱,官复原职。当完颜粘罕去东北御寨时,他所宠爱的第二十三娘子萧氏因为得病,未曾随行,暂时住在大同府。萧氏原是辽朝末代天祚帝的元妃。完颜谷神追不到耶律余睹，返回元帅府后，第一件事就是下令将萧氏押来大堂。萧氏已经明白完颜谷神的用意，她吓得浑身发抖，向完颜谷神行女真跪礼，辩解说："奴家是女流，余睹反背，奴家全不知情。"完颜谷神闭着环眼，不看萧氏一眼，只是喝一声："洼勃辣骇！"一个兵士早已准备好大棒，将萧氏敲杀。

萧氏死后两天，完颜粘罕从东北御寨赶到大同府，他此行的目的就是为了保护和迎接第二十三娘子。完颜粘罕对完颜谷神了解最深，他估计到完颜谷神可能会对萧氏下毒手，可惜已经迟到了。完颜粘罕到此怒不可遏，与完颜谷神大吵大嚷："余睹底事与二十三娘子并无干系，你明知我所钟爱，如何屈杀她？"完颜谷神只是圆睁环眼，用平静的态度听任完颜粘罕叫嚷，直到最后，完颜谷神才用缓慢而有力的语气说："我亦知萧氏与余睹并无干系，然而她是亡辽末帝底元妃，与你实是仇敌，不得已而侍奉。粘罕用兵，可以横行天下，万夫莫敌，然而在帷幄之中，萧氏用三寸短剑，便可取你底性命。我与你兄弟亲爱，乘余睹叛变之机，杀得萧氏，正是兄弟情深。"完颜粘罕听后，只得长吁一声："可惜了一个美女！"

吵架结束，完颜粘罕和完颜谷神又言归于好，开始饮酒作乐。完颜谷神在席上说："此回军中杀契丹人甚多，伤损军力，撒离喝用兵须是稍缓。"完颜粘罕却说："康王闻知余睹之变，又有王伦回归，必是疏于戒备，撒离喝正宜乘机用兵。"完颜谷神说："可教撒离喝相机行事。"完颜粘罕说："会得，我如今是都元帅，可命骑士急驰撒离喝军中，传自家们底军令。"

再说王伦辗转来到南方，正当秦桧罢相后的遗留问题还在纷纷扰扰之际，宋高宗在九月初单独召见了王伦。王伦跪拜后感怆流涕，说："臣辞离陛下六年，不期今日得重睹天颜，不胜犬马瞻恋之情，恭祝圣躬万福！"宋高宗也动情地说："不料卿得再归阙下，此亦是皇天助顺，不知二宫安否？朕每逢佳节，便遥拜北方，唯求昊天上帝与祖宗庇佑，二圣与皇族得以早归。"他说着，两串泪水就滴落在衣襟上。王伦说："臣与朱弁等虽是千方百计，却是访闻不得二圣与天眷远狩底所在，臣委是罪该万死！"

宋高宗说:"卿甘愿冒不测之祸,深入虏庭,六年固守臣节,如今得归,又带回虏人国相书信,何得言罪。朕今特迁卿右朝奉大夫、右文殿修撰、主管万寿观,可暂留行在,以备顾问。"王伦说:"臣以猥琐之才,唯是感激圣恩广大,誓效犬马之报!"宋高宗说:"卿备知虏人情伪,依卿之议,虏人国相来书,当怎生处置?"王伦说:"虏人屡次用兵失利,方议纵臣南归。依虏人自来故伎,唯是一面举兵,一面和议,陛下须诏将士万万不可稍有息懈。然而方今虏人盛强,若得南北通和,亦是天下之大幸。"宋高宗说:"卿言深合朕旨!"

宋高宗接着召见吕颐浩等宰执大臣,商讨完颜粘罕的来信。皇帝首先说:"苍天悔祸,两国方得有通和之机,机不可失。卿等可详议怎生通使。"吕颐浩本来主张拒绝通使,继续用兵,听到皇帝对通使问题已经表态,就不敢另外发表自己的意见,他说:"陛下圣算,臣唯当仰遵。方今可明通使节,暗饬军备。若是通使不得要领,再行用兵。"君臣们详细讨论了通使的各个细节,决定派潘致尧和高公绘出使,除国书外,另外还携带金银、丝织品等进奉两宫和金朝完颜粘罕、完颜谷神等人。高公绘就是柔福帝姬的公公。大家最感到伤脑筋的问题,是出使必须途经伪齐地界,吕颐浩说:"刘豫僭臣贼子,唯是依仗虏人,出使虽是取道开封,臣窃料他必不敢阻难。"宋高宗唯恐和谈因此告吹,就说:"万事不可不备万一,卿可作书与其子刘麟,并赠以果、茗、币、帛,便是理顺气直。"吕颐浩虽然面有难色,还是勉为其难地说:"臣领旨!"宋高宗又说:"渊圣与虏人和议,却是前后反覆,故虏人得以藉口。朕既已诚心通使,须是深戒诸将,万万不得侵犯刘豫地界,以免惹是生非。"吕颐浩又只能说:"臣领旨!"

[壹捌]
饶风关之战

完颜撒离喝自从担任陕西经略使以后，一直厉兵秣马，苦心筹划，准备对四川发动一次直捣成都的猛攻。他吸取完颜兀术大败的教训，认为决不能强攻和尚原，必须绕开这个要隘。完颜兀术在兵败之余，居然晋升元帅左都监，更引起他的不服。完颜撒离喝性格比较深沉，不像完颜兀术那么外向和暴烈，他暗自下决心："若是自家取得四川，教郎主怎生封赏，兀术如何见我？"他接到完颜粘罕和完颜谷神下达"相机行事"的命令后，立即回覆，说自己已经准备就绪，这次进攻可保必胜，至少也可夺取剑外十三州之地。

绍兴二年临近岁末，完颜撒离喝集结了六万金兵，他另外命令伪齐四川招抚使刘夔佯攻和尚原，牵制宋军，而自己亲率大军由京兆府直取商州（治今陕西商州市）。绍兴三年（1133年）正月，金军又进逼金州（治今陕西安康市）。金州是宋朝金、均、房州镇抚使，兼宣抚处置司同都统制王彦的辖区。完颜撒离喝对外扬言，将由平时商旅经常往来的子午谷通道，直取金州汉阴县。王彦率军严守子午谷的各个要隘，不料金军出其不意，由商州上津县疾驰，一天之内，就突入金州洵阳县境。王彦闻讯，急忙调发统制郭进率三千人迎敌。完颜撒离喝麾兵，步骑并进，尘埃蔽日，宋军无法抵挡敌人的优势兵力，郭进战败身亡。王彦得到败报，不免气馁，他对部属们说："虏军轻锐，长驱远斗，官军难以争锋。然而撒离喝所以疾驰深入，正为夺取粮储，以为入蜀之须。自家们唯有尽焚储粮，虏军便难以持久。"他下令焚烧金州城内的仓库，然后率军西向撤退，屯守洋州西乡县。

再说吴玠自和尚原得胜后,与众将计议说:"四太子虽是大败,我料得撒离喝包藏不浅,必来窥伺川蜀。和尚原转饷艰难,官军须另择险要,以备不虞。"他命令吴璘率军固守和尚原,而本人亲自南下,驻兵凤州河池县(今甘肃徽县),并且在河池县以南选择了仙人关要隘,作为纵深防御的险关。

吴玠得到完颜撒离喝率兵进犯商州和金州的消息,马上下令集结队伍,他对众部属说:"撒离喝此回出奇兵,捣我腹胁,军情危迫,我当亲自统兵前往救援。"他的幕僚、主管机宜文字陈远猷说:"虏人倾巢而出,兵锋不可当。张相公命吴节使等分兵而守,今未有张相公宣抚处置司底公文,金州一带乃是王镇抚底辖地。吴节使何苦统兵远道赴敌,万一不胜,岂不坏了吴节使底英名,后悔莫及。"吴玠说:"我与王镇抚虽是分兵把截,然而唇亡齿寒底古训,不可不知。"

吴玠亲率二千骑兵为前锋,从河池县东行,一昼夜强行军三百宋里。他在半路上得到兴元知府、利州路经略使刘子羽的公文,于是就率部急驰洋州真符县东的饶风关。饶风关位于饶风岭上,是连接秦、蜀、楚三个地域的军事要冲。刘子羽已经派统制田晟一军严守。二月初,吴玠率先头部队抵达后,田晟将他接到关内,报告情况说:"撒离喝底游骑已是出没关前,小将唯忧兵寡,难以支捂,今得吴节使到此,小将便是无忧。"吴玠并不多说,他只是要求田晟带自己到关城视察。吴玠仔细观察了关内外的地形,说:"我料得撒离喝必是丧师关下!"正说话间,他们见到金军约有二百游骑来到关前,吴玠当即命令取过纸墨笔砚,亲自写了短简,命田晟派一队骑兵出关,带着短简和一枚黄柑,交付敌骑。

完颜撒离喝的大军已经麇集在饶风关以东的金州石泉县,准备继续深入。他在当天接到吴玠的书信和黄柑,吴玠在短简上只写了十六个字:"大军远来,聊奉止渴。今日决战,各忠所事。"完颜撒离喝听了汉人的翻译后,大惊失色,他下意识地以铁杖敲着地面,说:"吴玠,你此回前来,何其神速!"他稍微停顿了一会儿,又想到自己作为一军主将,无论如何也不能对部属显露惊慌,又斩钉截铁地说:"既是吴玠亲赴战场,唯有与他一决胜负!"

完颜撒离喝的部属有七名万夫长，他们是完颜没立、纳剌乌鲁、仆散折合、高召和式、蒲察胡盏、完颜习不主和颜盏门都，其中颜盏门都是他的亲信，颜盏门都与蒲察胡盏、完颜习不主都是新提拔的万夫长。完颜没立等三人都是和尚原之战的败将，听说吴玠亲临饶风关，不免有几分胆怯，高召和式在东南也曾战败，唯有颜盏门都等三人锐气正盛，急于立功。高召和式是七名万夫长中唯一的渤海人，他说："我观饶风关形势险要，若是强攻，军马必是多有损折，不如另寻迂道，绕出关后，方得成功。"蒲察胡盏说："我已体探得，别无迂道可以绕出关后。如今唯有强攻，方得急下。"完颜撒离喝说："吴玠善于用兵，便是有迂道，他必是早已严备，岂容大金人马钻缝觅隙而进。明日胡盏可摆布本部人马，先行攻关，习不主统所部为后续人马继进。"

完颜撒离喝迷信佛教，他特别在军中请了一位陕西惠午禅师，倍加尊礼，每天早晚都要到佛像前祈祷。他商议军事之后，又来到临时设置的佛堂，虔诚进香，跪拜礼佛，然后对惠午说："明日便要大举攻关，唯求长老祈菩萨佑我大金得胜。"惠午禅师说："难得撒离喝经略如此虔诚，老僧料得诸佛必是感动。"然而完颜撒离喝刚走出佛堂，惠午禅师立即命令他的一个弟子，前往传递情报。由于完颜撒离喝迷信佛教，随军的几个汉人和尚完全可以自由出入。那名弟子出石泉县城，来到城郊一处荒僻树林里，早有一名化装成和尚的宋朝小武官在此等候。彼此交换情况后，就各自回军。

吴玠得到情报后，对田晟说："目即援军尚未到关，田统制守隘将士仅有三千，我亦唯有二千。撒离喝号称二十万大军，实有六万，官军仅及其十二分之一。然而饶风关险隘，摆布不得许多军马，五千人马，便足以把隘。官军且先挫虏人锐气，待诸军集结之后，再议破敌。"田晟说："有吴节使亲临战阵，小将唯有禀命血战！"吴玠与田晟详细商讨了御敌计划。他们只部署了一千六百人在关城，另外八百人把守其他要隘，以二千六百人充预备队。

二月六日，金军以蒲察胡盏部为前队，进逼饶风关，完颜撒离喝亲率合扎猛安随完颜习不主部，而高召和式则率本军留守石泉县城。蒲察胡盏准备了二十具炮架，打算在关下山坡上树立炮架，然后向关城上抛射石块,这当然是金军常用的攻城战术。当金军好不容易爬到半山坡,开始树立炮架时,关城上的宋军就向敌人发射射程最远的床子弩箭。顿时有几十名金兵毙命,其余的金兵也只能逃到床子弩箭的射程以外。蒲察胡盏眼看无法用炮攻城,只能下令军士披重铠,树云梯攻城。金军每三人组成一个小队,一人在前,两人在后,前面的战死,后面的披上死者的铠甲继进。攻势从中午进行到下午,守城宋军避免出关,短兵搏战,只是居高临下,采用吴玠的驻队矢战术,用弓弩迭射,大石摧压。蒲察胡盏所部死伤累累,而无法接近关城。

完颜撒离喝尽管遭受严重挫折,却根本无意善罢甘休,他认为,自己已经深入四川沿边,取得了与过去完颜兀术无可比拟的成功,如今只要饶风关一战破了吴玠军,至少剑外十三州就可唾手而得,这当然是继富平之战后的又一次大胜,而战功却只能归在自己一人名下。他的目标,是得到一个高于完颜兀术元帅左都监的官封。完颜撒离喝根本不在乎蒲察胡盏的挫败和军队的死伤,严令其他万夫长准备继续率所部强攻。

在宋军方面,吴玠的后续部队四千步兵,由杨政指挥,也接着抵达饶风关,此外,还调拨了当地民兵,计有洋州义士一万三千人,王彦也从西乡县率旧部八字军前来增援。吴玠召集诸将会议,王彦说:"吴节使此回出敌不意,先声夺人。依下官愚见,正宜乘胜于夜间斫营。"吴玠说:"虏军锐气方张,虽是杀得一阵,尚未大挫。撒离喝善于用兵,如今虏人自石泉连营关前,岂不防官军劫营?若用劫营之法,须是待其兵疲意沮之时。饶风岭以南便是汉水上游,王师须防虏人沿汉水透漏,绕出饶风关后。王镇抚可率本部军马,于汉水上游设伏待敌。"王彦听从吴玠的命令,当即率所部到汉水上游埋伏。

完颜撒离喝挥兵又接着强攻两天,金军死伤更多,却根本无法破关。他的心中不免感到愁闷,又与众万夫长商议对策。完颜没立提议说:"饶风岭山势险峻,儿郎们身披重铠,已是难于攀登,关上矢石如雨,又怎生破关?自家愿率本军自汉水直上,绕出关后,前后夹攻,方得破关。"完颜撒离喝说:"便是你一军前去,恐不得济事,折合可与没立同行。"

于是完颜没立一军在前,仆散折合一军在后,沿着汉水之北、群山之南的狭长走廊,向宋军后方深入。完颜没立眼看天色已晚,就下令军队休息,金军们经历疲劳的行军,纷纷下马,烤火作食,有的军士甚至卸脱身上的重甲。突然,喊杀声大作,王彦率领八字军从北山突出,向金军发动奇袭。金军仓惶应战,很多人还来不及上马。在宋方伏兵的猛击之下,金军很快溃败,除了被杀者外,大批金军在乱军之中拥挤入汉水而溺死,溺死者中还包括万夫长完颜没立。由于战尸顺水势漂流而下,宋军并未收到完颜没立的尸身。仆散折合率残军狼狈逃遁。

金军猛攻饶风关已经进入第五天,完颜撒离喝亲自督阵,下令将士们不顾死伤,必须在当天破关。尽管他当阵亲自敲杀了十多名作战不力的千夫长,金军在关前死伤无数,而饶风雄关却仍然牢牢掌握在宋军手中。午后,当金军攻势衰竭之时,又传来了仆散折合逃回的败报,使完颜撒离喝十分气馁。

他当即下令中止进攻,自己率亲兵返回石泉县,垂头丧气地进入佛堂,焚香礼拜之后,向惠午禅师发问说:"我敬心诚意,礼拜诸佛,然而诸佛何以不佑大金军马取胜?"惠午禅师感到是一个机会,就说:"撒离喝经略固是虔诚,然而须知佛法以慈悲为怀,最忌杀生。"完颜撒离喝顿有所悟,说:"待我明日再尽力攻关,若是不得手,便与长老回归长安。"

吴玠得到惠午禅师传来的情报,下令全军再死守一天,然后准备相机转入反攻,邀击敌人归师。不料敌情却发生了变卦。原来吴玠巡视战阵时,发现有一处壕寨修筑相当草率,就严责那名田晟部下的壕寨将说:"大敌当前,你却是如此轻慢,须知军法无情!"那名壕寨将叩头求饶,田晟也在一旁求情,吴玠说:"且看田统制底脸面,恕尔一死!"那名壕寨将却当夜逃出饶风关,投降了金军。他向金军提供了两条重要情报:一是饶风岭之北有一祖溪岭,宋军守备兵力薄弱,二是招供了惠午禅师和他的弟子充当宋军间谍。

完颜撒离喝大怒,连夜逮捕了惠午禅师和他的三名弟子。当四个和尚被押到县衙大堂时,都显得异常沉静,他们一言不发,只是听任完颜撒离喝责骂,最后,惠午禅师合掌,从容地对完颜撒离喝说:"老僧别无他求,唯求撒离喝经略送一堆篝火,助老僧与弟子们圆寂,脱苦超升,回归兜率天。"完颜撒离喝咬牙切齿地说:"你们既是如此忘恩负义,我便成全你们!"他下令在县衙前空地上堆放木柴,四面派兵包围,四个和尚被押入柴堆之中站立。金军点燃起烈火后,四个和尚忍受着烈火的焚烧,并不叫喊一声,只是不断地念佛经。他们先后倒在火中圆寂。

完颜撒离喝连夜派颜盏门都所部为前锋,进兵祖溪岭。金军向来不惯夜战,这次破例夜战,正好是攻宋军所不备,在天光大明时占领了祖溪岭。祖溪岭高于饶风岭,金军抢占了制高点后,就绕道饶风关后,攻击宋军。饶风关的宋军遭受腹背夹攻,吴玠亲统的部队仍然打得十分顽强,但洋州义士作为民兵,毕竟缺乏战斗力,首先溃败,吴玠亲手斩了几名逃兵,已无法挽回败局。最后,饶风关终于陷落。完颜撒离喝乘胜进兵,攻占了兴元府(治今陕西汉中市),而吴玠只能率败兵退到兴元府西县(今陕西勉县西),兴元知府、利州路经略使刘子羽焚烧府城后,退守三泉县,王彦的八字军则逃往达州通明县(今四川万源县南),蜀中一时大震。

吴玠认为,西县根本无法守御,就率军退往预先准备的第二个纵深防御要隘仙人关。他部署好仙人关的防御后,得到刘子羽的书信,其中说:"子羽誓死于此,与公诀矣!"吴玠读后,也免不了落下英雄泪,他把信递给了爱将杨政,杨政激昂地说:"吴节使不可负刘经略,不然,小将亦唯有舍吴节使而去!"吴玠当即起立,吩咐说:"你且在此死守,我当亲去三泉县!"杨政说:"小将誓死守关,决保无虞,吴节使且放心前去,与刘经略共商破敌大计。"于是吴玠就率八百轻骑,急驰三泉县。

吴玠在夜间直入三泉县城,只见守军寡弱,而刘子羽已经在县衙就寝。吴玠吩咐小吏将刘子羽叫醒,刘子羽方才整衣冠出见。吴玠见到对方面容憔悴,说:"闻得虏人游骑已是出没城下,守备如此寡弱,刘经略尚得安卧否?"刘子羽慷慨地说:"我已是自分必死,当卧则卧,当食则食。生死唯是天命,我又有何介怀!"吴玠再一次落下了几滴英雄泪,他说:"依下官之议,三泉县城难以守御,不如且移守一个险要山寨,我当勾抽军马增援。此所谓善败者不亡。"刘子羽说:"愿奉吴节使所教,然而吴节使何不移兵三泉,同共守御?"

吴玠说:"撒离喝此回出兵,便是扬言欲取剑外十三州。剑外是川蜀底门户,万万不可轻弃。如是剑外失守,岂但川蜀难保,天子在东南亦难以奠枕而卧。我弟如今仍扼守和尚原,大军又占据仙人关,必可保剑外无虞。撒离喝在饶风关侥幸取胜,然而刘经略既已预徙居民与钱粮,且焚了兴元府城,撒离喝无粮可因,如何得久居不退?我当出兵,扰虏人后路。虏人见王师绕出其后,必以为我用奇设伏,邀其归路,势必狼顾。旷日持久,撒离喝必当退兵长安,官军邀击,可保必胜。"吴玠这一番论析,使刘子羽为之折服,他上前握住吴玠的手,说:"自分必死底人,听吴节使底言语,方得有生机!我当依吴节使所言,另择山寨。"

吴玠只在三泉县住了一天,就返回仙人关,但他部属统制王俊很快率五千兵前来,暂归刘子羽节制。刘子羽选择了一处潭毒山,山形斗拔,山顶却有一片平地,还有一个大水池,于是就退到潭毒山设寨坚守。由于宋军扼守仙人关和潭毒山两处要隘,军势复振。

完颜撒离喝占据了焚烧后的兴元府空城,最初还颇为得意,下令在断垣残壁之间搭上帐篷,举行庆功酒会。他在酒会上特别褒嘉了颜盏门都,说:"自大金军马深入以来,门都军功第一!"并亲自为他斟酒,他的这种做法,当然使其他的五名万夫长有所不快。由于军伍的损折,完颜撒离喝干脆撤销了完颜没立一军的编制,将其残兵分拨到其他六名万夫长的属下。完颜撒离喝又转向高召和式说:"召和式,此回用兵,唯有你未曾见大阵。我如今便命你为先锋,明日出兵三泉县。"高召和式说:"下官遵依撒离喝经略之命!"

次日发兵,高召和式为前队,而完颜撒离喝亲驻颜盏门都部,为第二队。高召和式部抵达三泉县城东北的金牛镇。镇上没有居民,但房屋没有焚毁,却贴有宋军的几十份榜帖,文字完全相同:

> 大军远斗,轻脱寡谋。饶风一战,侥幸得利。无粮可因,行将饿莩。鼎鱼假息,穴蚁何逃!

高召和式能识汉字,见到这类榜帖,不免心惊肉跳。他下令暂且驻兵镇上,等待完颜撒离喝前来。完颜撒离喝随颜盏门都一军到达后,高召和式迎接,并且说明情况,完颜撒离喝问道:"附近可有南虏?"高召和式说:"男女已命游骑四出硬探,自此到三泉县,并无南虏,只是虚设旗帜而已。"他特别把宋军榜帖的内容向完颜撒离喝复述一遍。

完颜撒离喝也同样感受到这份榜帖的分量,他在金牛镇召集万夫长们会议,问道:"如今粮食尚得支捂几时?"负责看管粮草的纳剌乌鲁说:"约可支半月。"完颜撒离喝命令说:"乌鲁可与折合返回长安,急速押送粮草前来。我当率大军在兴元府等候。"他的命令遭到六名万夫长的一致反对,仆散折合与纳剌乌鲁重复说:"半月之内,自家们难以将粮食押来。吴玠善于用兵,切恐中途劫粮。"完颜习不主说:"此处返回长安,多是山路崎岖,切恐粮食未到,自家们早已断炊。"连最亲信的颜盏门都也说:"使不得!万万使不得!"完颜撒离喝明白,到此地步,已不容自己不退兵,心中不免哀叹:"取剑外十三州底大言壮语,如今全成画饼!"但在表面上却仍想保持胜利者的傲气,说:"我此回在饶风关一战,杀败了吴玠,破荡康王四州府,亦是不虚剑外一行。如今正宜乘胜收兵。"

完颜撒离喝立即率军沿来路北撤,然而吴玠却早已筹划了设伏邀击。他灵活指挥宋军,或用小部队,或用大部队,不分昼夜,沿途袭击。完颜撒离喝最后退回长安时,六万大军只剩下不到三万,战马更是十分之中只剩下三分。万夫长纳剌乌鲁在宋军夜袭时,跌落悬崖摔死。另一名万夫长仆散折合身中七箭,受了重伤,最后将到长安时咽气。完颜撒离喝到长安后,不免当众大哭一场。完颜撒离喝当年被曲端战败,曾啼哭一场,从此他在金人中得了一个浑号,称为啼哭郎君。他这次当然比当年哭得更加伤心。

[壹玖]
饿杀不打虏

再说岳飞自从平定曹成之后,驻军江州城西郊。如今他的部队已经扩充到二万四千人,兵力与刘光世、韩世忠、张俊三大将相差不多,成为守卫大江中游的第一支雄师。岳飞最担心的,还是新近接收的将士来自盗匪,奸淫掳掠是他们的癖性,自岭南到江州,他一直坚持用最严格的军纪约束他们,唯恐发生骚扰百姓的事件。虽然东南无战事,但岳飞仍然严饬军备,成天操演军马。

岳飞按照李纲的意见,开始与远在泰州的朱梦说进行通信联系,他恨不能立即将李若虚和朱梦说都请到自己军中,在与两人的通信中备述仰慕之意。但是,依岳飞目前的官位,却还不够向朝廷请求辟置幕僚的资格。李若虚来信说,他在朝廷出任司农寺丞,一时无法到岳飞军,但他可以为朱梦说想些办法。

绍兴二年九月的一天凌晨,岳飞在军营刚用过早饭,有亲兵进入,传上一个榜子。榜子也可称谒,类似于现代的名片之类。岳飞只见榜子上写着"左宣义郎、直龙图阁、主管江州太平观胡寅",就急忙出营门迎接。胡寅建炎三年的上奏,名震一时,当他离开建康行朝后不久,正好岳飞随杜充来到建康。岳飞出于对时事的关切,也曾读过胡寅上奏的传抄本。今天得知他前来拜会,特别感到高兴。岳飞只见一位士人站立营门之外,头戴东坡巾,身穿麻布袍,络腮胡子,一双环眼,炯炯有神,显示出一股文士中少见的豪气,心里不免说:"直是文如其人!"他出门抢先恭敬作揖,说:"下官久闻胡直阁底大名,如雷贯耳,今日得见,直是三生有幸!"胡寅笑着还礼,说:"自家到江州,原只是留连此地风光。闻得岳太尉治军有道,用兵有方,岳家军纪律严明,特来拜见。"

岳飞以往曾听到民间称呼韩世忠军为韩家军,张俊军为张家军,刘光世军为刘家军,至于将本军称呼为"岳家军",还是闻所未闻,不免有几分惊讶,说:"下官所统之兵,是朝廷之兵,岂敢以岳家军自命。"胡寅哈哈大笑,说:"此是江州底民间言语,岳太尉何须谨小慎微。若是朝廷降罪,便是罪在下官!"

胡寅主动上前,执着岳飞的手,两人一同进入作为神武副军都统制司,即司令部的一间茅屋里。坐定之后,有军士献上一盏浓浓的散茶,岳飞说:"军中百事简陋,下官未得有团茶敬献胡直阁。"胡寅边喝边说:"自家原是喜吃散茶,团茶虽是名贵,却是茶味与茶香不纯。便如救国治国,自古有文武二道,救国急难须是武,治国平安须是文,武人须有金戈铁马之豪勇,文士须有褒衣博带之潇洒,此便是散茶。如刘光世目不识丁,却喜儒生冠服,不知兵法,不习战斗,内不能与士卒同甘苦,外不得威慑贼盗与虏人,非驴非马,恰似团茶。人服用团茶,便不得清胃舒气;国尊奉庸将,又岂能报仇雪耻!"

岳飞没有想到胡寅以散茶与团茶为喻,另外说了一番道理。他想了一下,就说:"下官原是河北耕夫,一介武弁,未得如胡直阁,自幼饱读诗书。唯是国难深重,武人欲报国安民,亦不可不略知经传与兵法,识忠义底道理,知用兵底方略。"胡寅说:"自古以来,常是出将入相,不拘一格,而国朝文武二途,区分甚严,我常叹本朝未有儒将。下官闻得岳太尉喜读书,尊礼文士。此便是好事,岂得以团茶为喻。"两人交谈了一会儿,彼此都感到话得投机。

胡寅要求参观军队的操练,岳飞就陪同他骑马前去营房西南的教场。两人还未到达,远方已经传来了阵阵喊杀声,胡寅笑着对岳飞说:"未到教场,却是先声夺人!"岳飞并不答话。两人下马,登上一个南向的土台,只见台下开始操练阵势队形。

当时军中最基层的编制单位是五十人一队,全军除辎重兵、火头以外的战斗人员,号称为"入队人"或"带甲人",共计一万八千,整齐地列成东西对峙的阵势,由王贵和张宪两将分别站立土台的东、西两角,各自手执大旗,指挥阵形的变换。三通鼓声之后,张宪举起了白旗,教场西的军队立即列为四个方阵待敌,张宪的白旗再举两次,四个方阵随即合并为两个方阵,又合并为一个方阵。接着,王贵也举起绯旗,教场东的军队立即列成圆阵,绯旗再举,又改为准备冲锋的三角形锐阵。张宪马上举起青旗,他的队伍立即变换成四头八尾阵,准备迎敌。王贵举起皂旗,他的队伍又改变为曲阵,左右两翼突出。

  这是一个秋日的晴空,万里无云,在灿烂阳光的照耀下,岳家军的器甲显得格外明亮,操练阵形的迅速变换,使胡寅有一种眼花缭乱之感,他对岳飞感叹说:"自靖康以来,下官今日方得见可战之兵!"岳飞也并不答话,他等操练结束后,就陪着胡寅下土台,一同慰劳将士。

  胡寅直到与将士近距离接触,才发现这支军队尽管精神饱满,甲仗精良,却是军衣褴褛。他不免惊奇地问岳飞:"将士们底衣衫如此弊旧,不知可有绵衣袄越冬?"岳飞开阔的眉宇紧皱,说:"下官已屡次急奏行朝,并上申江西安抚大使李相公与本路转运司等,然而至今未得一尺帛、一两绵!下官以此寝食不安。"胡寅感到问题的严重,他说:"可惜阿爹因议事不合,已是辞朝命,出行都,退藏江湖,难以为将士底冬衣尽涓埃之力。"

  两人又重新返回都统制司的茅屋里。坐定之后,岳飞对胡寅继续申述:"神武副军自破曹成以来,兵力倍增,如今须月支钱一十二万三千余贯,米一万四千五百余石。然而自屯兵江州以来,江西转运司屡称钱粮缺乏,难以应办,支遣不足。如今民力凋弊,本军底钱粮,尽是百姓膏血,下官岂有不知之理,然而支遣不足,将士不得饱食暖衣,又怎生为朝廷宣力?下官与诸统制、将官底俸禄,原是朝廷恩赐,自家们亦不敢丝毫妄费,唯是节衣缩食,资助军用。唯是因军兵众多,些少官俸,犹如杯水车薪,亦是难以为济。"

  胡寅不免长吁短叹,说:"下官唯是闻名而来,到得军营,方知岳太尉统兵极是不易!"他寻思了一会儿,又说:"下官本欲数日之后,取道洪州,归湖南侍奉阿爹。既是如此,待明日便启程,直奔洪州,拜会安抚大使李相公,备述军情,亦得以稍分岳太尉之忧。"岳飞立即起身,向胡寅恭敬作揖,说:"幸得胡直阁缓颊,以救全军急难,此便是如天之赐!"胡寅也连忙还礼,说:"自家们同是为社稷宣力,何分彼此。"

两人又重新坐下谈话,胡寅说:"下官欲应诏上书,不知岳太尉有甚计议?"岳飞说:"江州之北便是淮西蕲州。自虏人退遁淮北,而朝廷至今未有经理淮南之略,只是命下官统兵防江。淮南虽是民生凋残,未得屯驻大军,然而若不能守淮,又岂能防江。下官底意思,唯愿兼守江北舒、蕲、黄等州,亦得以稍尽朝廷委寄之责。"胡寅拍手说:"此意甚是!"

岳飞又说:"闻得神武左副军统制,襄阳府、郢、邓、随州镇抚使李横因粮食缺乏,欲举兵北伐,因敌之粮。伪齐刘豫兵不素练,易于取胜,然而虏人虽是新败于川陕,见刘豫难以支撑,必是出兵救援。依下官之见,朝廷须是慎于出师。"胡寅听后,问道:"若是岳太尉出兵,与李太尉成犄角之势,便当如何?"岳飞说:"若是虏人与伪齐进犯淮西,下官统兵过江迎战,自可胜券在握。若是举兵伐刘豫,下官切恐淮西萧条,难以供兵食。兵食不足,便是收复东京旧都,亦难以固守。下官以为方今要务,须是经理淮南,招抚流民,兴置营田,奖励农桑,唯候军食充足,然后可举兵北向。"胡寅听了岳飞这番话,才认识到对方决不是轻举妄动的一勇之夫,说:"岳太尉底计议甚是稳当。"

岳飞又换了一个话题,说:"下官是武夫,少知义理,若得胡直阁常到军中,议论古今,商讨军务,指陈下官过失,直是不胜大幸,不胜大愿!"胡寅笑着说:"不知岳太尉曾读得下官建炎三年底上奏否?"岳飞说:"下官当年便曾拜读,不胜仰慕胡直阁底直言敢谏,极是敬佩胡直阁底忠节!"胡寅感叹说:"孟子曰:'民为贵,社稷次之,君为轻。'当靖康板荡之后,陈东敢于进言,以社稷为重,却是枭首通衢。苗刘之变后,下官骨鲠在喉,不吐不快,不得不以危言耸听,然而从此便得罪朝廷。"胡寅的话虽然说得含蓄,岳飞也已经明白,对方所说,正是陈东和本人强调官家不应当在国难之时称帝的事。胡寅继续说:"下官若与岳太尉过从甚密,朝廷必是猜疑,岂不是败坏了岳太尉底功名?岳太尉底功名事小,而恢复事大。自家们须是权衡利害得失,不得鲁莽行事。两情贵于相知,又岂在朝暮相聚。"他不能明说的,是本朝太祖官家由大将而夺取帝位,所以对武将猜忌尤甚。自己已经被皇帝视为鼓吹异端,如与岳飞交结,势必引起皇帝对岳飞的猜忌。

岳飞在官场涉足不深,胡寅的话还是使他懂得了君臣关系的一些真谛,他不好再说什么,只是长吁一声。胡寅也明白对方的心境,问道:"不知岳太尉幕中可有忠义慷慨之士?"岳飞介绍了本军干办公事于鹏和孙革的一些情况,并且又提到了李纲推荐朱梦说,胡寅说:"下官唯是好议论,全不知兵,岳太尉幕中已有佳士,又何须下官常到军中。"他感到已经叙谈多时,为了准备明天的行程,就起身告辞。岳飞送出营门,双方依依惜别。

胡寅还是不虚洪州一行,江南西路安抚大使李回临时调拨大批布帛和丝绵,运到岳家军军营。岳飞与众将、属官亲自验收,并立即分发军士,由家属们赶紧缝制冬衣。这批物资还不能供应足数,岳飞又与众将、属官筹措了一千贯钱,在市场上收买一批麻布和丝绵,方才解决了全军冬衣的燃眉之急。

光阴如水,转眼已是绍兴二年十二月。一天,岳飞刚在都统制司坐衙,于鹏和孙革就向他递交了江南西路转运司的一份公牒,公牒强调本司钱粮的困难,说本月只能发放神武副军钱粮数的五分之一。岳飞见到这份公牒,一时又气又急,愤怒地说:"不料漕司竟如此胡做!"于鹏和孙革正准备向岳飞提出应急措置,有军士进入报告,说:"本军新任朱干办已到军营。"岳飞听说朱梦说赴任,连忙与众将和属官出迎。

朱梦说与众人有过两次短暂的交往,一是七年前在开封围城中与杨再兴等义兄弟结识,二是六年前在应天府的李纲相府与于鹏认识,后又因岳飞上书言事,而与岳飞、王贵、张宪、徐庆四人成为知己。故人相会,本来自然有许多世事沧桑的感慨。但眼前的急务,却是钱粮供应。寒暄过后,岳飞就把江西转运司的公牒递给了朱梦说。朱梦说苦笑着说:"此便是下官赴任伊始底见面礼!不知鹏举怎生措置?"岳飞望着于鹏和孙革两人,孙革说:"若是与洪州漕司、安抚大使李相公文牒往返,恐不济事,尚需急奏朝廷。"

大家对官场的一套推诿、拖拉和扯皮之风,都已有足够的体会。朱梦说沉思了一会儿,说:"便是用日行四百里底急递奏报朝廷,切恐亦是不济事。依下官之见,如今本军干办公事五员,孙干办、王干办与李干办自可在本司供职,于干办可星夜急驰行在,自家便即兼程去洪州。"岳飞说:"肖隐初到江州,坐未暇暖,岂得奔波,不如教孙干办前去。"朱梦说道:

"下官虽是初到,然而军中有急难,自家便是坐守本司,亦岂得安心?"朱梦说不听众人劝说,当即就和于鹏启程。

岳飞与众将、属官将两人送出营门,回到都统制司,又向众人宣布考虑再三的决定,他表情严肃,用沉重而坚定的语调说:"古人云:'衣食足,知荣辱;仓廪实,知礼节。'本军健儿多是四海亡命之徒,平时唯是以军律严加羁束,方得无事。如今钱粮不足,切须关防掳掠百姓,败坏军纪。若是本军本将底军兵生事,统制与将官便须坐罪!"众将完全明白主将的忧心,齐声回答:"自家们当羁束所部,决不得生事!"岳飞的心中稍觉宽慰,又说:"我常言道,统兵须是冻杀不拆屋,饿杀不打虏!今日便见得分晓!"众将明白岳飞的苦心和决心,再一次说:"自家们当唯命是从!"

岳飞说:"虽是朱、于二干办前去催理钱粮,然而万事不可不预作计议。自今日始,全军改为一日两餐薄粥,以度艰难。"他停顿了一下,又说:"老弱病者尚得用饭。军兵底训练亦当相机减为半日或一个时辰。尔们有甚度饥荒底良策,亦请备述己见。"

王经说:"闻得刘家军五万人,竟以八千人回易,而废教阅。此事虽不可取,然而国难之际,亦不得不稍重生财之道,以济艰窘。下官以为,不如选不入队官兵数百,命一有心计人斡旋,亦可以稍佐军用。"前面已经交待,宋时入队官兵是指战斗人员,而不入队官兵就是辎重兵、火头等非战斗人员。岳飞问道:"你以为甚人可充回易官?"王经说:"下官属下有一军吏李启,为人纯实,而工于筹划计算。"徐庆说:"李启虽非自家属下,下官亦知他诚信,不致假公济私。"

岳飞立即下令召来李启,李启见岳飞唱喏,岳飞当即说明全军目前钱粮供应困难,说:"不知你有甚计议?"李启说:"男女敢请三百贯文,用五十名不入队军兵,一月之内,当送六百石米归军营。"岳飞说:"军中所余钱贯虽是不多,若是我与你五百贯文,你可得输一千石米归营。"李启说:"男女愿一试。"岳飞说:"既是如此,你目即便任神武副军回易官,可选五十名不入队军士出营斡旋。"

会议散后,岳飞和张宪回家,一路上不免商量家里的安排。张宪说:"太安人多病,尤须调理,切恐不得与家人同共艰食。"岳飞皱着眉头说:"便是六嫂与张衙内亦须优待,不然,自家们须是愧对张招抚与六哥在天之灵。"张宪说:"此事须与李安人、浑家计议。"两人回到军营一角的几间茅屋,这是两人的居室。岳飞进入卧室,屋里的家具陈设相当简陋,李娃正在教七岁的岳雷、四岁的岳安娘和三岁的岳霖读书识字。岳飞进屋后,三个儿女就一拥而上,向他施礼,又亲昵地抱住他的大腿。岳飞用眼神向李娃示意,李娃就打发三个孩子出屋玩耍。三个孩子刚走,张宪和高芸香就进屋商量。

两个女子听说军中缺粮的严重情况,首先是为孩子们担忧,李娃望着高芸香,用哀婉的音调说:"奴与高四姐共计有子女七人,切恐不得亏负他们,便是亏负一人,亦是扪心难安。"高芸香不说话,只是用哀求的眼光望着岳飞和丈夫。岳飞沉默不语,张宪则用沉重的语调说:"岳都统与我亦是万不得已!艰难时节,若不能与军兵同甘苦,日后又怎生教他们为朝廷宣力?"李娃说:"他人尚可委屈,娟儿万万不可委屈!"岳飞说:"我亦岂有不知,然而娟儿极是识道理,此事瞒昧不得。"高芸香说:"切恐芮十二姐与张衙内亦是难以依允。"张宪说:"此事便须你们设计劝谕。"岳飞对李娃和高芸香说:"我自与二姐说谕,孝娥可与高四姐劝谕六嫂,张衙内虽是年幼,亦极是晓事。此事须是瞒昧妈妈与张衙内。"

李娃和高芸香当即找芮红奴,经过反复劝说和商量,大家终于想出一个方案,岳家改变以往全家同吃的习惯,每天由芮红奴安排特殊照顾的饭食,与姚氏、张宗本三人同吃。尽管李娃、高芸香和芮红奴为此安排,颇费了一番苦心和唇舌,但隐瞒终究无法持久。到第二天,懂事的张宗本在姚氏面前编造了一套谎话,就坚决脱离了特殊饭食的照顾,任凭义母芮红奴怎么劝说,他仍坚持要与岳雲、巩岫娟等人同吃。在李娃等人的劝说下,芮红奴还是不得不勉为其难地陪同姚氏进食。

然而延捱到第三天中午,当芮红奴为姚氏端来了麦饭和两碟蔬菜时,姚氏只是简单地说了一句话:"叫张衙内与娟儿前来,与老身共食。若是他们不吃,老身便不吃。"芮红奴了解婆婆的脾性,知道此时说谎和劝说已完全无用,她只能离开姚氏卧室,找岳银铃、李娃等人,说明情况。自从军粮紧急以来,岳飞和张宪已经不再和家人同吃,而是在军营里与士卒同吃,以求维系军心。岳家其余的人也是每天两餐薄粥。李娃感到,姚氏没有拒绝特殊照顾,这正是一个好机会,就对张宗本和巩岫娟说:"张衙内底心意,奴家岂不理会,然而阿姑年老多病,自不得与众人同共艰食。你与娟儿极是识道理,且随姆姆前去,与阿姑同食。"经过长辈们的反复劝说,张宗本和巩岫娟最后还是噙着泪水前去姚氏卧室。

在这段粮食紧张、财政拮据的日子里,岳家军的军营里到处张贴着"冻杀不拆屋,饿杀不打虏"的榜帖,全军将士经受着饥饿的折磨。生龙活虎般的壮年男子们,每天用两餐薄粥度日,不多时候,便个个神形羸弱,且不说操练,就是日常起居也有气无力。大人们尚且懂得忍耐,而将士们的子女却忍不得饥饿,军营里成天是他们的哭闹声。

一天,岳飞听说本军的军兵竟成群结队,到江州市上出卖妻儿的消息,简直如晴天霹雳、五雷轰顶。他立即带着孙革和徐庆、王经两统制,策马进城。多少天的饥饿,他们的身体也相当疲羸,骑马不一会儿,就感到力竭汗喘。他们勉强来到城里的闹市,只见有几百名身穿绯麻布绵袄的军人,大抵都用木牌标价,多数是出卖自己的儿女,也有少数是出卖自己的妻子,另有十多个人则出卖自己的物品或妻子的头发。见到此种情景,岳飞等人都不免伤心落泪。军士们见到长官前来,纷纷上前唱喏。

岳飞沉痛地说:"难得尔们忍饥恪守军律,不曾作过,侵犯百姓。然而我身为一军底都统,竟不能保全尔们底老小,直是我底罪过,教我愧对尔们!"一名军士说:"岳都统与众太尉在艰难时节,与自家们同甘共苦,自家们已是感义怀恩。自家们鬻妻卖子,乃是私家底事,岂得言岳都统底罪过!"徐庆说:"自家们前来,只为规劝你们回营,不得鬻妻卖子。若是鬻妻卖子,便是自家们底罪过!教你们骨肉离异,自家们岂得无罪,岂得安心!"另一名军士说:"然而便是自家们回营,切恐众太尉亦难以有钱米救急。"孙革说:"朝廷必是体恤将士,天长日久,岂得教你们受饥受寒!"在岳飞等人的劝说下,几百名军士终于带着妻儿返回,岳飞等人也不再骑马,而与众军士一同步行。

刚出江州城,岳飞急中生智,就对徐庆和王经说:"你们且与众军兵回归,我当与孙干办前去东林寺,慧海长老或可救本军底急难。"他的话给王经和徐庆也带来一线希望,两人说:"会得,此亦是一计。慧海长老慈悲为怀,当不忍坐视本军将士饥冻。"

岳飞和孙革似乎也陡然增添了精神和气力,两人策马飞奔东林寺。

他们破例地骑马过了虎溪上的石桥,方才在寺外树上拴住缰绳,不待通报,就直入慧海的禅房。慧海与来客施礼毕,就首先说:"老僧已知岳太尉与孙干办底来意。敝寺可捐赠米三百石,以济艰食,明日可令军兵前来搬挈。"岳飞和孙革恭敬长揖,表示感谢之意。孙革说:"本军军士与老小计有十万余人,长老可得请施主们为本军捐助,以救急难。"孙革的话提醒了慧海,他说:"且待老僧联合西林寺等住持,为岳家军老小化缘。"岳飞和孙革再次作揖,岳飞说:"艰难之际,极是感愧长老底深情。"慧海说:"闻得岳太尉与孙干办每日只是与军兵共餐两回薄粥,今日到此,敝寺尚备有素斋,聊表寸心。"岳飞说:"感荷长老厚意,然而军士们饥寒交迫,或有欲卖妻鬻子,下官岂忍在此饱食。"他与孙革坚决辞谢后,就离开了东林寺,策马回营。

经过东林寺为首的众寺观的募捐,岳家军前后得到了二千石米的资助,真可说得上是雪中送炭,一时军中欢声雷动。转眼间已近绍兴二年的岁末。岳飞下令,从十二月二十四日交年开始,全军恢复一日三餐米饭或面食,同时将军中一批老瘦孱弱,而难于再上战阵的马匹宰杀,用作除夕和明年元旦的肉食。到二十八日,沿江停泊了一批舟船,原来是李启回易归来,带来了一千二百石白米。在除夕当天,朱梦说也催马赶回江州,给全军带来了好消息。

原来朱梦说抵达江南西路首府洪州以后,就径去参拜安抚大使李回,李回只能紧急约见转运副使曾纡。按宋朝臣僚分权的官制设计,李回的官位虽然较高,而处理一路的事务,也只能与转运使处于平等商量的地位。曾纡只因官位较低,就以副使的头衔,而行转运使的职权,并非是在他之上另有转运使的长官。曾纡见到两人,就用平和的语气说:"下官岂不知神武副军底钱粮艰窘,然而军兴时节,仓库空竭。便是求神礼佛,钱粮亦不得自天而降。你们可随下官前去漕司仓库,若瞒昧得一钱一粟,下官甘愿受军法,伏于剑下!"李回也无法再说什么。朱梦说却问:"难道各州军全无钱粮丰盛之处?"曾纡用斩钉截铁的口吻说:"若有钱粮,下官早已搬挈到江州,岂待朱干办到此催理。如今唯有急奏朝廷,求朝廷支拨钱粮到江州。"

朱梦说还是不死心,他对李回说:"若蒙李相公俞允,下官愿往各州军,体探诸处仓库底情伪!"李回只能望了望曾纡,因为按照制度,他还是无权调度各地的仓库物资。曾纡却并不肯授予朱梦说调度之权,他说:"朱干办若是体探得诸州军尚有钱粮,自可急速关报下官。"朱梦说不再多费唇舌,立即离开洪州,前往江南西路各州军。经他私下察访,果然发现吉州、筠州、临江军和兴国军还是有大量钱粮贮存。当他返回洪州后,曾纡理屈词穷,经过与李回的共同商议,决定从绍兴三年正月元宵以后,分岳家军的一半,计一万二千人,前往吉州就粮,而另一半则分驻江州、筠州、临江军和兴国军就粮。

除夕之夜,岳飞破例地为全军将士举行宴会,他特别亲自斟酒,慰劳朱梦说和李启,说:"此回全仗朱干办与李回易官,救得全军将士老小!"

[贰零] 吉州平叛

从绍兴二年岁末到三年正月元宵,岳家军的军营中一扫缺乏钱粮的悲叹和哀愁,而洋溢着节日的喜庆气氛。于鹏直到正月八日,才返回军营。宋廷除了调拨一批应急钱粮输送江州外,于鹏还带回朝廷的公文,命令岳家军自二月启程,移驻行在临安。岳飞按照惯例,移文江西安抚大使李回。李回的回文却命令岳飞暂驻江州,仍按原计划将军队分散到筠州、临江军和兴国军屯驻,不得移师临安,说他另外急奏宋廷,江南西路的盗贼猖獗,必须留岳飞一军在本路弹压。面对两方面互相矛盾的命令,岳飞只能暂时按兵不动,等候进一步的消息。接着,他很快得到三省和枢密院的省札,同意按李回的意见处置。于是,岳飞当即部署徐庆的左军前往筠州,寇成的中军前往临江军,王经的后军前往兴国军,他本人和张宪的前军、王贵的右军仍驻守江州。

二月中旬,宦官黄彦节来到江州,他带来了皇帝的手诏和三省、枢密院的省札,命令岳飞出兵,平定吉州和虔州的盗贼。宋高宗的手诏说:"朕已亲敕诸路漕臣,应副卿军马钱粮,坐贬岭外之罪。卿当体国,疾速统率精锐人马前去,务要招捕静尽,无使滋蔓,罪有所归。"黄彦节与岳飞七年前曾在东京开封府的太庙里相识。当岳飞东向遥拜,跪领手诏后,黄彦节问道:"岳太尉可识得下官?"岳飞记起了七年前的事,感慨地说:"下官当年在太庙面对祖宗神主设誓。然而光阴荏苒,东京已被刘豫那厮盗据,而未得复祖宗尺寸之地,直是愧见黄阁长。"黄彦节说:"不然,岳太尉以孤军转战,收复建康,朝廷方得奠安江南,已极是不易。自古攘外必先安内,岳太尉早日平定江西贼寇,养得兵精粮足,回归旧京,必是指日可待。"

黄彦节接着取出了宋高宗宣赐的一套金蕉叶酒器,包括一个小酒壶和四个小酒盏,都打造得玲珑精致,他说:"官家曾以金蕉叶酒器宣赐韩节使,此是第二回宣赐,可知官家倚重于岳太尉。"岳飞当即再次遥拜跪领,起立后说:"下官誓当念念不忘圣上底深恩,以图报称。"双方坐定以后,黄彦节向岳飞详细介绍了宋廷的情况,说:"朝廷以岳太尉一军钱粮缺乏,本路应副不足,故曾命神武副军回驻行在。然而廷臣与江西守臣们纷纷上奏,言道须以岳太尉一军讨捕寇盗,方保得一路平安。圣上唯忧钱粮不足,难以举事,故亲下圣旨,以贬岭南之罪,命漕臣们务须支遣得钱粮充足,不得有误军事。"流放岭南,在宋代算是对官员最重的贬责,这使岳飞感到高兴和放心,他说:"既是钱粮无忧,料得本军将士必是效力用命,亦可稍分主上宵旰之忧。然而时值仲春,本军却无春衣,亦须朝廷与江西漕司及早应副,方可出兵。"黄彦节说:"春衣一事,下官自当用心理会。"

黄彦节随即返回临安。岳家军春衣所用的布帛果然很快运到江州军营。于是岳飞就在三月出师,他下令本部的各军各将抽调四千人马,由郭青和霍坚统率,驻守江州军营,其余二万人仍按五军十将的编制,向吉州进军。岳家军沿途军纪严整,对民间秋毫无犯,赢得百姓的交口称誉。王经的后军是从兴国军返回江州,与大军同行,而徐庆的左军和寇成的中军,则是分别在筠州和临江军与大军会合,一同行进。

岳家军在临江军的军治清江县只停留一天,就全师南下,进入本军新淦县界。晚春时节,沿途姹紫嫣红,鲜花盛开,明媚的阳光、和煦的春风,使经历了饥饿折磨后的岳家军将士更加舒心快意。军队并不进入淦水以东的县城,而是沿着淦水西岸南向行进。淦水其实是章水的一段,章水今称赣江。位于县城西约十五宋里有一处渡口,地名青泥市,市上有一座小寺院,名叫萧寺,寺内只有十来个和尚。时值正午,军队就在青泥市一带暂憩。岳飞见到有一座寺院,就与一些将领、属官到寺内游览,焚香礼拜。住持僧海净陪同这群客人,待岳飞等人准备告别时,海净突然提出了自己的要求,说:"岳太尉英名遍满江西一路,敝寺僻陋,从无名人题词,唯求岳太尉赐墨宝,为敝寺增辉。"岳飞面有难色,准备推辞,朱梦说在旁劝说:"鹏举领受主上宣赐酒器后,曾赋七绝,豪杰情怀,直抒胸臆,不如便以此诗题壁。"海净听后,更不肯放过,恳求说:"岳太尉诚心礼佛,又与敝寺结善缘,自当不吝恩赐。"他一面说,一面就递上笔、墨和砚,岳飞到此地步,已不由不写,就在海净指定的一处寺壁上,效学苏东坡体的书法题诗:

> 雄气堂堂贯斗牛,
> 誓将直节报君雠。
> 斩除顽恶还车驾,
> 不问登坛万户侯。

海净称赞说:"妙哉!妙哉!诗以言志,煞是将军底豪情壮志!"岳飞说:"主上宵衣旰食,志在复仇雪耻,下官他年他月,若不得举兵北上,斩除顽恶,便是辜负圣恩。然而功名利禄,却是身外之事,不足挂齿。如是北伐成功,下官便当挂印而去,做一个歌咏太平底散民。"海净说:"识破功名利禄,便生禅缘!"孙革解释说:"岳都统原拟日后功成身退,到庐山东林寺,做慧海长老底俗家弟子。"海净高兴地合掌说:"善哉!善哉!"

岳飞离别萧寺,又继续统兵南下。四月初,大军抵达吉州。吉州州治设在庐陵县,以知州为首的一批官员听说岳飞大军前来,早晨就出城迎候,他们按照朝旨,特别由当地榷货务调拨了三万贯铜钱,作为行军费,犒赏部队,另外还专门为岳飞准备了酒宴。不一会儿,岳家军来到了,欢迎者只见队伍旗帜鲜明,器甲精良,将士身穿清一色的簇新绯红军衣,格外显得雄赳赳、气昂昂。

知州立即派吏胥手持本人与众官员的榜子,到队伍前通话:"今有本州太守与众官员在此迎候岳太尉,请岳太尉前来相见。"军中有干办公事孙革和于鹏两人骑马前往,两人身后则有回易官李启率领着一群军士,他们随吏胥前来,向知州等官员作揖寒暄。于鹏说:"岳都统命自家们点检行军费。日未及午,岳都统以为,不须进城,以免烦扰本城官民,正宜径往龙泉县,部署剿匪军事。"知州说:"然而自家们久闻岳太尉大名,聊备薄酒,亦须为岳太尉洗尘。"孙革说:"岳都统言道,委是不敢烦劳太守与众官人远迎,恭请太守与众官人回城休息。"知州说:"自家们既已到此,岂得不与岳太尉一见,以慰渴想。"任凭于鹏和孙革两人怎么劝说,知州强调必须亲自见岳飞。于鹏只得返回已绕开州城,继续行进的队伍。过了不一会儿,于鹏策马回来,对知州说:"岳都统已杂于偏裨中,随军南下。他委是感激知州与众官人,恭请知州与众官人回城。"知州感叹说:"我今日方知岳太尉忠勤职事,治军严肃,非他人可比!"于鹏和孙革不厌其烦地表示感谢和歉意,知州和众官员只得回城。

  岳家军进驻吉州南部的龙泉县(今江西遂川)城郊。岳飞得到探报,说吉州一带的盗匪集中到武陵、烈源和陈田三地扎寨,准备抗击官军。岳飞召集众将和属官们商议,他说:"闻得吉州贼徒号称十大王,以彭友、李满为首,如今麇集三处,正便于官军聚歼。然而盗贼之中,多有良民被裹胁者,仁者之师,不忍杀戮赤子。须是先礼后兵,以文榜入贼寨晓谕,若是贼人愿受招安,亦可免得刀兵之祸。"于鹏和孙革几乎同时说:"下官愿前往招安。"朱梦说说:"依下官之议,于、孙二干办自须协助鹏举处分一应军中杂务,不如下官前去。"岳飞说:"此事不当教三位干办前往。闻得彭友是个惯匪,原在湖南界作过,曾受招安,又反覆失信,辗转到江西界,群贼奉为魁首,此人残忍嗜杀。岂得教你们入虎穴。此事只宜命骑士一队,将文榜用箭射入贼寨。"

  朱梦说说:"若是鹏举诚心招安,切恐文榜不济事,下官虽无苏秦、张仪之才,亦愿前往一试,以免用兵。"杨再兴说:"小将愿护送朱干办前去,缓急之际,自可救助。"朱梦说笑着说:"如是杨太尉同去,便难以招安。我只须带一不入队军兵前往。"岳飞说:"肖隐岂得单身入龙潭虎穴。"朱梦说神情慷慨地说:"鹏举不须忧心。靖康时在东京围城中,下官已是自分弃身锋刃之端,不料尚得劫后余生。国家患难,此正是臣子尽心救国之时!"在朱梦说的坚持之下,岳飞最后同意了他的主张。朱梦说单身骑一头驴,带着一名步行的军士,岳飞与众人将他送出军营。朱梦说径往最前沿的武陵寨。

  宋时不能随便称"大王","大王"就是指康王、信王之类,彭友等十大王,按古时说法,就是僭拟王侯。十大王每人都有一个王号,如彭友自称武陵王,李满自称烈源王。十人之中,彭友、李满等八人盘踞龙泉县,另有平祥王尹花八和春原王宁十二两人盘踞永新县,他们应彭友之邀,带领部众前来,暂驻彭友的武陵岗。他们的部众集合在一起,也有近一万五千人,但限于当地的水土,总计只有一百几十匹马。

彭友正与其他九人聚会,商讨如何抗击官军,有匪徒进来禀报说:"启禀十大王,今有岳都统遣朱干办持文榜前来。"李满原是本地的一家大地主,广有良田二百顷,生逢乱世,听一个相面者说他生就割据寰宇之相,就产生了乘乱作乱的念头。他私造军器,训练佃客,最后独树一帜,成了当地威势最大的割据者。但自从彭友进入龙泉县后,威势更盛,于是李满不得不屈居第二。他听了禀报后,首先表态说:"自家们凭恃地势,据此一方。岳飞虽是人称智勇第一,今遣干办官前来,必是为招安事,亦见得他奈何自家们不得。我以为不如将朱干办驱逐。"尹花八说:"岳飞遣使前来,亦为体探自家们军力虚实。自家们正宜盛列兵卫,教他知得难以侵犯。"彭友说:"便依尹大王所议。"

一千名匪徒一半持竹枪,一半持手刀,布列在寨前。宋时造反的标志,是穿戴绯衣巾。但十大王们却别出心裁,他们根据古代五行循环的迷信说法,认为宋朝是火德,他们须以水运取而代之,所以全体匪徒一律穿戴黑衣巾。匪徒们按照彭友等人的命令,个个挺胸凸肚,大声呼喝,朱梦说却是略带轻蔑的微笑,在枪林刀丛之中昂首前行。他进入厅堂后,见到有十人分左右而坐,并不起立,他也并不作揖行礼,只是挺立堂中。匪徒们喝道:"拜见十人王!"朱梦说用平静的语调说:"所谓十大王,乃是僭号,我是朝廷命官,岂得行拜礼。"李满喝道:"你可知我底手刀新磨?"

朱梦说说:"自家奉岳都统之命前来,只为救你们底性命,免得一方涂炭。今有岳都统文榜在此!"他从袖里取出招安文榜,当场念了一遍,然后继续说:"方今虏人荼毒中原,神人共愤。你们身犯僭越大罪,朝廷与岳都统好生之德,特许你们弃旧图新,教你们回归田里,各事生业。大丈夫生于乱世,自当踊跃从军,杀敌立功,日后追随岳都统规复中原,名垂青史,岂得在绿林做鼠窃狗偷底事。如是执迷不悟,天兵降临,便悔之无及。"他慷慨激昂的音容,使在场环立的一些匪徒心有所动。

彭友却说:"朱干办,你休得欺诳,以虚声恫吓。我料得岳飞无能,便命你前来诱说。若是岳飞有能,自可约期以兵戎相见。你今日须见得自家们底军容,岳飞便是有十万雄兵,亦是取胜不得。"朱梦说判断他就是彭友,说:"彭寨主久在荆湖地界,自料比曹成如何?曹成当年是湖东第一名寇,匪兵号称十万,狼奔豕突,然而岳都统旌旗南下,指顾之间,便溃不成军。曹成尚是识时务,投拜韩节使,方得有一个下场。"

彭友一时被朱梦说说得哑口无言。李满却说:"曹成不过是游寇,流窜江湖,又曾受宋朝官封,乍降乍叛,自不得挺立于世间。自家们钦受昊天上帝底真命,乃是上帝册封王号,岂得与曹成相比。若是岳飞不量己力,与昊天上帝为敌,必败无疑。"朱梦说笑着说:"寨主休得用昊天上帝欺诳徒众,敢问此间甚人见得昊天上帝降临尘世?"李满大怒,他起身拔出了腰间的刀,朱梦说并无惧色。宁十二却说:"且将朱干办拘押在寨,待自家们破得岳飞,一并斩馘。"宁十二其实对战事已产生畏怯心理,他希望保全朱梦说的生命,以便给自己留一条退路。彭友同意宁十二的意见,他下令说:"且将朱干办押下,教宋朝底军兵回报,言道自家们愿与岳飞明日一决胜负。"

岳飞接到那名军兵的回报,自然为朱梦说的命运担忧,他连夜召集众将和属官会议,用激动和负疚的语气说:"朱肖隐忠勇,然而我依允他深入虎穴,却是罪过。如今须是计议营救。"王贵指着地图说:"官军在北,盗贼居南,贼徒三寨,武陵居前,烈源位于东南,陈田位于西南,成鼎足之势。如今朱干办被拘押于武陵,武陵以南多山,官军便难以迂道攻武陵之背。"寇成说:"明日交锋时,我愿率本军绕出敌后,攻武陵之背,营救朱干办。"岳飞当即下令:"明日王太尉可率右军攻陈田,张太尉可率前军攻烈源,我自与徐太尉左军、王太尉后军迎战武陵贼徒。寇太尉率中军迂路绕出敌后,营救朱干办。"

翌日天明,岳家军开始分路向敌寨进兵。彭友、李满等人经过商议,在陈田和烈源两寨各留下五百人守寨,而将一万二千人在武陵寨前的开阔地布阵。岳飞率左、后两军到达,也立即列阵,只见对方有两骑驰出,高喊道:"自家们便是武陵王与烈源王,受昊天上帝册封,守护江山,解救百姓。岳都统智勇双全,须是识天命,知逆顺,若能率本军投拜,自家们当上奏天帝,与你封侯。如是执迷不悟,须是先将朱干办祭旗,然后将宋军剿灭无余。"彭友将手刀一挥,立即有两名执刀的匪徒,押解被捆绑的朱梦说出阵,来到彭友和李满两骑的旁边。

岳飞见到朱梦说,不由一阵心酸,他对徐庆、姚政、王经和庞荣四统制说:"你们且在此押阵,见机行事,我当亲出救护肖隐。"王经说:"岳都统不得轻出,须是用计。"岳飞急中生智,他命令军士们高喊:"岳都统当亲自出阵,与十大王计议。"接着,岳飞与后军第一副将姚侑、第二副将李德三骑突出阵前,缓步行进,彭友和李满见到这种情景,稍稍放松了戒备。岳飞等三骑离敌人不过二十步时,突然飞奔直前,姚侑和李德两人举浑铁枪迎战彭友和李满,而岳飞单骑营救朱梦说,他左手抢铁铜打死一名匪兵,用右手提起绑绳,将朱梦说举到马鞍上,然后飞骑归阵。岳飞闪电般的动作,做得干净利落,等来到阵前,立即下马,一面为朱梦说解开绑绳,一面动情地说:"教肖隐前去虎穴,全是自家底罪愆!"朱梦说也激动地说:"我唯是感激鹏举底深情,誓当图报!"

再说姚侑与彭友交锋,李德与李满战斗,战不多时,李德首先将李满打下马来,他拖着李满的一条腿,将他活捉归阵。彭友本来就斗不过姚侑,见到李满被打下马,就更加心慌意乱,企图拨马逃跑,却被姚侑一枪刺中右胸,跌下马来,姚侑也拖着他的一条腿,驰马归阵。岳飞见两名战将得胜,立即下令乘机出击。于是徐庆和姚政的左军,王经和庞荣的后军分左右进击。匪徒们见到两个为首的大王被擒,士气大挫,但尹花八、宁十二等八名匪首仍然企图顽抗。当双方刚开始接触时,王贵、张宪和寇成三军也几乎同时突入匪徒的三个巢穴,并且沿着山路,展开对匪军的侧击和背击。十大王的队伍很快全军覆没,除少量匪徒被杀外,绝大多数匪徒只好投降,尹花八、宁十二等八大王也全部在乱军中被俘。在这场战斗中,岳家军总计解救了被掳掠的男女老少二万余人。

平叛战斗胜利后,岳飞下令只将彭友、李满等十大王就地处死,其他的投降者经过甄别,大多放散归农,少量刺字充本路禁兵或厢兵,由于钱粮供应的限制,本军基本上不再扩充军伍。处理了善后事宜,岳家军当即移师虔州。

[貳壹]
虔州平叛

　　虔州城是四年前隆祐太后受惊吓的地方,民风强悍,在宋朝统治者的眼里,是盗贼渊薮。岳家军从吉州龙泉县南下,径抵虔州州治赣县,在城郊驻扎。有地方官员报告,说本州四百余股盗匪,听说岳家军前来,就集结在兴国县衣锦乡,准备对抗。于是岳飞又移师兴国县。

　　兴国县是个山区,一条平江流经县城以东,而衣锦乡位于平江以东。盗匪们占据平江东岸的有利地形,企图阻击岳家军。四百余股盗匪,少的只有几十人,多的也只有六、七百人,总计五万多人,实际上包括了本州近小半的壮丁。盗匪的头目情况相当复杂,或是贩私盐的盐商,或是贩私茶的茶商,或是土豪劣绅,或是江湖大盗。大家推举了钟超、吕添、罗闲十和李洮四人为首领。钟超本是虔化县的第一家大财主,颇通文墨,他本来就是个坐地分赃的盗首,又因为科举落第,更使他希望通过造反而出人头地。这次邀请本州四百多股盗匪,云集于衣锦乡,就是他的主意。尽管如此,各股盗匪之间仍然保留着各自的独立性,每次商讨,要聚集四百多名头领,也往往七嘴八舌,不容易取得一致意见。

　　吕添原是盐商,如今是衣锦乡的匪首,他的寨栅就设在衣锦乡萧公岭下的一个村落,这次成了众匪徒的联合司令部。五月初,南方的天气已经十分炎热,并且多雨。在一个雨天,钟超聚集众匪首,出示了岳飞发出的招安文榜,他说:"岳飞依仗破吉州底兵威,欲教自家们投拜。然而此处地形险阻,山林深密,便于埋伏,正可诱岳飞引军到平江以东,然后一举扫除。扫除岳飞之后,赵氏官家便无可奈何,自此不敢小觑自家们。此回交锋,须是听我号令,万万不得各行其是,而败坏兵机。"他提出自己的作战计划,准备在平江东岸让出一片平地,让官军渡河,然后由自己和吕添、罗闲十、李淘分兵四路,夹攻半渡的官军。众头领大多表示赞成,也有少数人心存畏惧,却不敢公开表明自己的想法。会议结束后,钟超就亲自起草一封回书,与岳飞约期决战。

再说岳飞到达兴国县后,屯兵在县城外东郊,并且带领众将和属官仔细勘察了平江一带的地势。他接到钟超的回信后,已经识破了敌人的用心。经过与众人商议,岳飞命令王贵率本部右军和徐庆左军、寇成中军在前一夜冒雨北向,自平江上游渡江,而他本人率张宪前军、王经后军在平江西岸多设旗帜,虚张声势,在约定的日期用船筏渡平江。

夏季的大雨还是连续不停。张宪的前军刚渡过平江,还来不及列阵,盗匪们就开始发动进攻。张宪与王万当机立断,分率本军第一、第二将进行反击。虔州的盗匪毕竟是乌合之众,经不住前军一军的反攻,就溃不成军,纷纷败逃。王贵率三军也冒雨赶到战场,向敌人侧后进攻,一举擒获了钟超、吕添、罗闲十等匪首。当岳飞率后军渡平江时,战斗已经结束。战斗进行得过于顺利,杀死的盗匪不多,俘虏和投降者也不过五千多人,而大部分匪徒却如星迸四散,各自逃回自己的巢穴。岳飞在战后亲自审讯被俘的匪徒,才发现胜利过于迅速,其实是很不理想的战绩。在战场上俘虏和杀死的匪首不过是钟超、吕添、罗闲十等十多人,绝大部分匪首却成了漏网之鱼。

岳飞在去年夏季所得的眼病,又开始发作,红肿疼痛,视物模糊。他与众人商量后,决定亲率少量兵力,与朱梦说等三名属官回驻虔州城,进行治疗,而王贵等五军统制则分率本军,分别在虔州辖下的十县扫荡各个匪寨。岳飞特别对众将强调说:"佳兵不祥,官军是仁者之师,不得已而征讨,须是擒杀些少魁首,而赦宥众多胁从,不得以屠戮为快。"众将遵命,各率本部军马启程。

岳飞等抵达虔州城,刚由知州安排在一所馆舍暂住,就接到金字牌传递的宋高宗密旨。他行遥拜跪领礼后,拆开封面,里面是皇帝在黄纸上所写的御笔。密旨中写道:"虔人凶狡,阖境之内,鲜有良民,久阻王化,以至凌犯凤辇,惊动隆祐太后,又违朕自新之诏,罪在不赦。可将乡村盗匪,虔城男女,不论长幼,悉予剿戮斩馘,以绝后患。专付岳飞措置,不得泄漏。"岳飞忍着眼痛,读完密旨,不免有一种不寒而栗之感。

他当然不能与本地知州等官员谈论,只能和三个干办官密议。岳飞不解地发问:"官家三月间曾下诏,言道'虔民皆我赤子,虽曾作过,尚务宽贷',如何又下此诏?"孙革说:"主上当时下诏,以二十日为期,如今期限已过。"于鹏说:"然而依密旨措置,剿杀须以万计,虔民便难以有自新之途。官军与虔民结下血海深仇,必有后患。隆祐娘娘受惊,直是官军侵犯民间所致,当时城中无辜百姓亦枉遭洗劫屠杀。何况此事又在四年之前,虔城坊郭户迁徙往来不常,岂可不分青红皂白。"

岳飞宽阔的眉宇紧锁,他说:"虔民固是轻嚣,然而自军兴以来,政令苛虐,官吏横征暴敛,民不聊生,备受荼毒,却是吁天无门,以致奸贼乘机煽诱,徒党渐众,便成巨盗。自家们奉旨讨荡,却是尤须仁至义尽,教百姓归安垅亩,方得成全主上底圣政。"他用眼神向朱梦说求教,朱梦说说:"事已至此,鹏举亦不得公然违旨,可权宜暂不付诸将施行。待下官为鹏举草奏,恳乞主上曲宥。"岳飞说:"便依肖隐底计议。"朱梦说起草完奏疏,岳飞又请孙革和于鹏审读,他最后强忍眼痛,在灯下誊录以后,用急递传送临安。

剿灭四百多股盗匪的零星战斗持续了一个多月,直到六月上旬,当战斗基本结束时,岳飞的眼病也有了相当大的好转。根据五军统制们的报告,各支盗匪都已经剿除,所剩下的只有位于雩都县和瑞金县交界的固石洞,仍由李淘和他的妻子廖八姑、小姨廖小姑所盘据,山寨险固难攻。岳飞对属官们说:"固石洞虽然险固,却是不须增兵。可命其余四军移师于虔州城外安泊,我与你们同去前军,体探军情,相机行事。"朱梦说等三人都表示同意。于是岳飞亲率少量兵力当即启程,前往瑞金县。张宪和王万的前军屯驻在瑞金县城郊外。岳飞与他们会合后,就一同前去固石洞。

前军驻兵山下,岳飞与张宪、王万等人一同骑马察着形势。只见固石洞的山峰高耸,东、南、北三面都是悬崖峭壁,有深池环绕,唯有西面坡度稍缓,有一条相当挺直的山路,直通山巅。于鹏不免惊叹说:"如此险固底山寨,尚是初见。"王万介绍说:"李淘自号李洞天,聚集约五百亡命之徒,积粮洞中,并于雩都、瑞金二县掳掠得众多妇女,金帛数甚是浩瀚,皆归于洞中。李淘妻廖八姑、妻妹廖小姑尤为勇悍。我统兵到此,曾强攻山寨,贼徒凭高据险,投刃转石,官军多有伤亡,以此迁延至今。"朱梦说指着山路底部的一处断崖说:"此处原来当有天桥,不然,他们怎生来回往返。"王万说:"此处原是有天桥,已被贼徒拆毁。官军强攻时,亦曾另缚天桥,却被贼徒投火焚烧。"岳飞听众人谈话,却一言不发。

回营以后,岳飞只是对张宪和王万简单下令说:"你们可命军士缚天桥八座,在山下池水中浸得两日,然后置于山路断崖,令军士披戴双重铁兜鍪与铁甲,佯攻固石洞,引诱贼人投檑木,掷巨石。"张宪和王万已经明白岳飞的计谋,就按令行事。

岳飞每天与众将、属官们到固石洞的山下,察看一次。十多天后,断崖处终于架设了两座天桥,岳飞就亲率前军在山下列阵,命令军队擂鼓,高喊"投拜底恕罪",只见山上走下一个女子,执着一柄手刀,她到天桥上站立,然后高喊:"奴家便是廖小姑,今日官军要破我砦,除是飞来!"说完,就转身准备返回。岳飞立即催动逐电骠,急驰直前,看得真切,弯弓一发,一箭正中廖小姑的后心,廖小姑叫喊一声,当即跌落在断崖深处殒命。

岳飞回马对军士们大喊说:"飞即是我,今日必破山寨!与我击鼓进兵!"在鼓声中,张宪早已部署好的前军第一将六队,计三百名军士,由正将张应和副将王兰率领,头戴厚重的铁兜鍪,身披重铁甲,大呼登山,而岳雲手执双铁锥枪,作为一名战士,冲锋在最前列。由于连续十多天的投掷,山上的檑木和大石已所剩无几,根本无法阻挡官军。不一会儿,岳飞望见前军第一将第三队的战旗已经抵达山巅,就高兴地对孙革等下令说:"第三队军兵当与记奇功!"

廖小姑的毙命,使盗匪们的士气大挫,当官兵登山后,他们根本不能抵抗,大多数匪徒纷纷扔下兵器,跪倒在地,乞求饶命,只有李淘夫妇与少数人仍然顽抗。廖八姑执刀抵抗,正遇王兰,两人交锋,被王兰一枪刺死。李淘在战斗中受伤,被官兵擒获。战斗结束后,岳飞与张宪等人登山视察,张应报告岳飞和张宪、王万说:"此回岳衙内捷足先登,委是头功。"岳飞却说:"儿子只是追随你们征战,不得言功,不须记功。"岳飞下令,将山上的粮食、金帛等全部搬下山来,三百多名被掳的妇女也都放散,让她们回家,最后点火焚烧寨栅。

在回师虔州城的路上,张宪发现岳飞心事重重,就不免私下发问:"自家们仰副朝廷委寄,将虔州四百余伙盗贼剿灭,一无遗类,岳都统如何尚是忧心忡忡?"岳飞长吁一声,就把皇帝密旨的事告诉张宪,说:"屠戮无辜,我委是于心不忍,已五次上奏,恳乞圣恩宽大,然而至今未得主上诏命。此是密旨,你须是不得张扬,以免百姓惊惶。"张宪听后,也只得无可奈何地说:"唯愿昊天上帝与祖宗施仁,成全国朝好生底德政。"

他们来到虔州时,王贵等四军早已回驻在州城东郊。岳飞在一路上与张宪、朱梦说、于鹏、孙革四人多次密议,商量如果皇帝仍然坚持密旨,怎么能做到刀下留情,尽可能保留无辜者的生命。其他四军统制、将官等见到岳飞后,就纷纷提议班师,王贵说:"如今第一紧切底事便是防秋,讨荡既已成功,自家们须是及早回驻江州,以防虏人与伪齐侵犯。"岳飞面对众人,不便多说,只是说:"天气炎热,你们厮杀辛苦,且在此休兵数日,然后再议班师。"

由于钱粮供应的限制,岳飞不敢像去年那样收编投降者,扩充兵力,各军各将只是精选少量最壮健者,补充阵亡军士的缺额。但仍有一千多名虔州本地的壮丁,来到军营,恳求投军。岳飞亲自出面安抚,说:"军中钱粮应副不足,虔州田地膏腴,你们回乡务农,方得以维生。"但众人却长跪不起,说:"如今州县官吏苛政重敛,自家们归乡,委是难以存活。唯求岳太尉好生之德,收留自家们,以通一线生路。"听了他们的哭诉哀求,岳飞心中真有一种说不出的滋味,他长吁一声,说:"我今日万不得已,将你们收编军中,然而你们须洗心革面,自今严守军纪,不得骚扰百姓,若有违犯,当严惩不贷!"众人保证说:"自家们当遵纪守法,不敢有犯,自今听岳太尉驱策,万死不辞!"于是这一千多人就被分编到各军各将。

岳飞和一些知情人都焦急地等待着临安发来的金字牌。几天之后,他们盼望的金字牌终于传递到军中。岳飞面向东北,行遥拜跪领礼,然后开始用发抖的手亲自拆开封面,取出黄纸,张宪、朱梦说等少数知情人也屏息敛气,十分紧张,他们见到岳飞面露笑容,心头的千斤重石方才落地,岳飞随即激动地高呼:"主上圣明!主上圣明!"张宪等人也随着高呼,大多数人却一时莫名其妙。岳飞对众人作了说明,大家就一同高兴地欢呼:"万岁!万岁!万万岁!"岳飞马上命令庞荣说:"军中如今有虔州诸县界山寨贼首钟超等二百余人,庞太尉明日可统兵千人,押赴虔州市中,遵旨处斩,以绝后患,以儆效尤!"

两天之后,岳家军开始班师。虔州免于屠城的消息却不胫而走,于是州城的坊郭户居民纷纷焚香点烛,夹道欢送,不少人还感泣落泪。此后,虔州的百姓几乎家家张挂岳飞画像,即使岳飞遇害,当地百姓仍然不改旧俗,以示对岳飞的感激和敬爱之情。

岳家军七月来到江南西路首府洪州,早在四月时,赵鼎已经取代李回,出任洪州知州兼本路安抚大使。岳飞到洪州后,按照惯例,率领本军的统制、将官、属官们参见赵鼎。赵鼎四年前任签书枢密院事时,岳飞到行在越州,已与他相识,这回是第二次会面。岳飞发现,赵鼎与当年的严肃神态大不相同,接见武将,显得和蔼可亲,他强调说:"自家虽任一路安抚之重,然而防拓沿江,尚赖众太尉尽心竭力。此回平定吉、虔州叛乱,大功非细,朝廷必有封赏。"

赵鼎接着取出一个枢密院札子,交付岳飞和王经,说:"朝廷因广州并无劲兵,须备缓急,今命岳都统于神武副军中选三千人,连同家小,教王统制统率前去屯戍。候及一年,将士各与转一官资。"岳飞和众人听后,顿时都变了脸色,王经说:"小将是北人,切恐不服广南水土,乞赵相公上奏朝廷,另选他人。"寇成自来与王经最好,但他一时又难以出面说话,只是用眼神哀求岳飞。岳飞想了一会儿,说:"下官与王太尉出生入死,已有七年,委是难分难舍。乞赵相公上奏,另委一统制官,如荆湖南路底吴锡、韩京等,统兵前去。下官属下军兵,多是北人,不服南方水土,然而近年亦收编得南人。待下官将军中南人选拔三千人,付与吴锡等人,南下广州。"

赵鼎的神色马上变得十分严峻,他厉声说:"岳都统与众太尉须知,尔们底兵是朝廷之兵,不可不禀命于朝廷!五代武将跋扈之态,不可复萌。尔们当一心一意伏侍朝廷,不得有三心二意,不得二三其词!"岳飞和众人当然不敢再说什么。赵鼎又改换温和的口气说:"朝廷之命,不可不从,然而下官亦知众太尉底心意,待王统制去广州一年之后,下官自有理会。可依岳都统底言语,选拔神武副军中底南人前去,以免不服水土。尔们在吉州、虔州征讨辛苦,且在洪州安泊五日,然后整军前往江州把截。

王统制到得江州,便率三千人并家小,南下广州。"岳飞和众人只能齐声说:"遵依赵相公令!"

由于王经离别在即,岳飞和众人心情不好,闲着无事,不免到城外散心。岳飞追想三年前过生米渡,破马进的战斗,此后又在本州驻军,就与众人前去西山。大家骑马寻访胜景,可说是故地重游,唯一的例外则是朱梦说,他虽然到过洪州,正值军中缺乏钱粮,焦头烂额之际,无暇游览。这次随着众人游历,处处感到新鲜。一个初秋的艳丽晴天,空中飘浮着几朵白云,众人来到一处十分幽静的翠巖寺,于鹏对朱梦说介绍说:"此寺相传是南朝梁时所建,距今六百年。"王经说:"我曾游览西山,却是未曾到此寺。"大家七嘴八舌,都说没有来过翠巖寺,原来只有于鹏一人到过。于是众人一同进入参观。但参观之后,大家又颇感失望,不大的寺院显得过于陈旧和寒酸,寺内和尚不过十多人,香火不旺,岳飞感慨地说:"不意古刹凋零如此,日后若有余力,当聚资修缮菩萨金身。"朱梦说心有所感,就请和尚拿来笔、墨和砚,在一处壁上题诗一首:

梁陈代谢变今古,

尚有梵宫守翠微。

遥想金风寒塞水,

如闻杀气压淮圻。

浮云变幻忧多难,

丽日光明示转机。

汴水呜咽万姓泪,

山河砺带何时归?

岳飞看后,说:"下官并无肖隐底文采,然而亦愿在此一抒怀抱。"他说着,也提笔写诗一首:

秋风江上驻王师,

暂向云山蹑翠微。

忠义必期清塞水,

功名直欲镇边圻。

山林啸聚何劳取,

沙漠群凶定破机。

> 行复三关迎二圣,
> 金酋席卷尽擒归。

于鹏评论说:"一是忧国底苦心,一是报国底壮志。"孙革说:"唯愿他日迎还二圣之后,再来此寺,另赋新篇。"岳飞和众人凑了三贯足钱,在陈旧的佛像下虔诚焚香,祷告许愿,才离别了翠巖寺。

岳飞回军江州以后,王经不得不很快告别众人,率领三千人马,南下广州。岳飞比较四名副统制的才武,决定命王万接任后军统制。一天,岳飞接到御前金字牌传递的手诏。宋高宗的御旨对岳飞平定吉、虔州群盗褒嘉一番,并且命令他"即日就道",前去行都临安。岳飞与大家商量以后,就命令王贵和张宪代自己统兵,防守江州。自己和朱梦说、于鹏,还有岳雲,带领二十名轻骑启程,前往临安。

岳飞最初没有教岳雲同行的打算。李娃向他提出:"祥祥日渐成人,可教他同去,一以侍奉阿爹,二可练习官场底礼仪应对。"岳飞说:"我不须祥祥伏侍,祥祥须在家代父伏侍婆婆,习文学武,官场底礼仪应对,又何须习学。"第二天,姚氏又向岳飞提议说:"你此去行在,不如教祥祥同行。"岳飞望了李娃一眼,知道这肯定是出自她的怂恿,但也没有什么反感,心想:"便教祥祥练习官场酬酢一回。"就答应一声:"儿子遵命。"岳雲同行,就决定下来。

[贰贰]
币厚词益卑　血泪寄山河

自从王伦归朝以后,在宋高宗的亲自主持下,宋廷又开始了卑词通使、屈膝求和的活动。绍兴三年五月,宋使潘致尧等归来,并且带回了伪齐刘豫拒收而退还的礼品。他们向宋高宗口奏,说金人要宋方的重臣出使,作为信用的保证。宋高宗立即召左相吕颐浩和右相朱胜非商议。吕颐浩说:"虏人自来一面用兵,一面通使,而大宋自来却偏执一端,若是遣使,便不用兵。臣等以为,正宜乘虏人新败于川陕,一面遣使通和,一面大举北伐。臣已与朱相公定计……"宋高宗不等对方说完,就着急地插断说:"既是遣使,须见诚信,万万不得轻举妄动。李横孤军深入,已是败绩,如何可另行出师?你们可曾下令诸将?"朱胜非忙说:"臣等只拟面对取旨,然后命令诸将。"宋高宗似乎松了口气,说:"你们须遵朕旨,不得发付一兵一卒过江。"吕颐浩和朱胜非只得说:"臣等领旨!"

宋高宗问:"二卿以为,当遣甚人出使?"朱胜非说:"给事中胡松年慷慨有志节,能言善辩,当不辱使命。"宋高宗说:"金人要重臣出使,胡松年便是加官,亦不当超擢执政。可与试工部尚书,充副使。"吕颐浩说:"祖宗旧例,自来遣使,文臣为正,武臣为副。"宋高宗说:"时方艰厄,不宜专拘旧制。吏部侍郎韩肖胄四世忠节,辅佐本朝,可与他迁端明殿学士、签书枢密院事,充大金军前奉表通问使。"皇帝既已亲自提名,两个宰相也就顺水推舟,表示赞成,吕颐浩说:"韩肖胄与胡松年当不负陛下神圣之知。"朱胜非说:"二人出使不测之虏,深入虎狼窟穴,须有特恩。"宋高宗说:"可与他们底有官子孙各加一官,白身各授一官,另赐赡家银与餐钱。

韩肖胄弟韩膺胄可自驾部员外郎迁左司员外郎。"朱胜非说:"韩肖胄母文氏年迈,乃是国朝名臣文彦博底孙女。"宋高宗说:"可与特封荣国太夫人。二卿可召韩肖胄与胡松年计议,然后命他们入对。"吕颐浩和朱胜非禀命退殿。

吕颐浩和朱胜非来到政事堂,命令吏胥请韩肖胄和胡松年前来谈话。韩肖胄和胡松年听说命自己出使,都并不畏惧推辞,韩肖胄说:"既是君父有命,便是赴汤蹈火,臣子亦不得辞难。"胡松年却进一步问道:"不知君相底圣意,是欲战,抑或欲和?若是欲以通使佐战伐,下官自当不辱使命;如是欲屈辱求和,切恐下官有误驱使。"吕颐浩和朱胜非都感到尴尬,吕颐浩想了一下,说:"主上圣孝,所以不惮卑词厚礼,唯是欲迎还二宫。"朱胜非对吕颐浩投以赞许的目光,示意他的回答得体。韩肖胄和胡松年面对之后,各自归家。

韩肖胄是北宋名臣韩琦的嫡长曾孙。本书第一卷和第二卷已经交待,韩氏是相州第一名门望族,岳飞在投军前,就曾在他家当过佃客,而勾引刘巧娘私奔的韩宣胄,就是韩肖胄的族弟。宋高宗作为康王,出使逃窜到相州,就是在韩琦所筑的昼锦堂上,饮酒作乐。古代法律有不得"官守乡邦"的回避禁约,宋朝皇帝破例任命韩琦、韩治和韩肖胄三代出任相州知州,"三世守乡郡",成为官场的佳话。韩肖胄今年五十八岁,他的母亲文氏今年七十高寿,其实不是他的生母,而是韩治续娶的姨母。文氏虽然是继母,但韩肖胄对姨妈恭谨孝敬,一如生母。韩肖胄归家后,首先对亲弟韩膺胄交待家务,嘱咐他好生看家,侍奉母亲,然后就一同前去看望文氏。

文氏正在接待一位女客,她就是著名词人李清照。李清照自从去年得以与张汝舟办成离婚手续后,心境稍稍好转。依凭她的社会地位和才名,与行都的达官贵人当然还是有不少交往。她的父祖都曾是韩家的门客,加之文氏欣赏她的文才,话得投机,就成为韩家的常客。彼此论齿序,李清照比文氏晚一辈,而与韩肖胄算平辈。韩肖胄进母亲内屋,拜见文氏,又与李清照互相行礼寒暄。韩肖胄当着来客的面,对母亲说明行将出使金朝。

文氏告诫说:"韩氏世代为社稷臣,你自当受命便行,不须以老身为念,亦不得畏惧刀锯斧钺。"韩肖胄说:"儿子于面对时,已口奏主上:'和议乃是权时之宜,他日国家安强,军声大振,誓当雪此仇耻。若是臣等半年之后未得返回,便请君相从速进兵,不可因臣等在北方,而稍缓军机。'"文氏说:"甚好!"

家吏通报,说宦官黄彦节前来,宣赐文氏的荣国太夫人诰命。文氏当即与韩肖胄等出迎。叩谢皇恩毕,黄彦节代表皇帝,授予文氏一份销金团窠花五色罗纸的诰命,诰命与装裱的国画相仿,有一条滴粉缕金栀子花玳瑁轴,共计八张罗纸,外裹翠色狮子锦襟韬等装饰。此外,还授予一套国夫人命妇服,包括五株花钗冠、青罗绣翟衣裳等。黄彦节说:"恭贺文安郡太夫人特恩进封荣国太夫人!"文氏激动地说:"韩氏、文氏世受国朝殊恩,叨冒宠荣。如今儿子误膺器使,又岂足以图报万分之一。不意官家圣恩如此优渥,直是教老身感愧,无地自容。"黄彦节说:"韩魏公、文潞公俱是社稷名臣,功在当世,名扬千秋。如今韩枢相又不避危难,仗节北上,官家教下官前来颁恩,煞是下官底无上荣光。"文氏说:"恭请黄阁长为老身叩谢圣上,恭祝圣躬万福!"虽然都是古代官场中必有的礼仪和套话,但双方的言语和感情却还是真挚的。

李清照一直旁观韩家母子的谈话和文氏被封国太夫人的礼仪,等黄彦节走后,也向文氏祝贺一番,然后转问韩肖胄说:"韩枢相以国家重臣出使,此自是官家底大号令,不知君相面授甚底制胜大计?"韩肖胄说:"难得易安居士如此关心国事。官家底圣意,一是迎还二宫,二是愿与虏人以大河为界。若是虏人废得伪齐刘豫,以河南之地归还大宋,便与他们永结盟好。"文氏问道:"然则河北、河东等地又当如何?"韩肖胄感叹说:"主上底圣意,自当遵守渊圣靖康时底盟约。"李清照说:"当时亦只为虏人兵临城下,权宜救一时之急,如何便成立国规模?"韩肖胄悲观地说:"下官在此不妨直言,主上以为,虏人自放归王伦,愿不绝通使,不绝国朝祭祀,便是开得一线路,当与虏人委曲通和,而不可轻失机会。此亦是国势卑弱所致,煞是君臣之耻。亦不知何年何月,湔洗得深仇大辱。然而若得迎还二圣,此亦是社稷底大幸,而不虚此行。"

李清照听后,不再发表议论,她沉思片刻,说:"釐妇家世沦替,贫病交加,又无知无识,然而念及父祖曾侍奉韩公门下,如今韩枢相出使,亦须嫠不恤纬,献诗以寄区区之意。"韩肖胄说:"易安居士才情旷世,若得惠翰,自是下官底荣光,足以壮行色。"李清照说:"嫠妇愿敬献韩枢相、胡尚书古诗各一章。"文氏令女使端来纸墨笔砚,李清照用娟秀的行书,在本府馀杭县所产的著名的由拳纸上,写下了两首古诗。献给韩肖胄的是五言古诗,文字如下:

  三年夏六月,天子视朝久。凝旒望南云,垂衣思北狩。如闻帝若曰:"岳牧与群后,贤宁无半千,运已遇阳九。勿勒燕然铭,勿种金城柳。岂无纯孝臣,识此霜露悲。何必羹舍肉,便可车载脂。土地非所惜,玉帛如尘泥。谁当可将命,币厚词益卑。"四岳佥曰:"俞!臣下帝所知。中朝第一人,天官有昌黎。身为百夫特,行足万人师。嘉祐与建中,为政有皋夔。匈奴畏王商,吐蕃尊子仪。夷狄已破胆,将命公所宜。"公拜手稽首,受命白玉墀,曰:"臣敢辞难,此亦何等时。家人安足谋,妻子不必辞。愿奉天地灵,愿奉宗庙威。径持紫泥诏,直入黄龙城。单于定稽颡,侍子当来迎。仁君方恃信,狂生休请缨。或取犬马血,与结天日盟。"

献给胡松年的是七言古诗,文字如下:

  胡公清德人所难,谋同德协心志安。脱衣已被汉恩暖,离歌不道易水寒。皇天久阴后土湿,雨势未回风势急。车声辚辚马萧萧,壮士懦夫俱感泣。闾阎嫠妇亦何知,沥血投书干记室。夷虏从来性虎狼,不虞预备庸何伤。衷甲昔时闻楚幕,乘城前日记平凉。葵丘践土非荒城,勿轻谈士弃儒生。露布词成马犹倚,崤函关出鸡未鸣。巧匠何曾弃樗栎,刍荛之言或有益。不乞隋珠与和璧,只乞乡关新信息。灵光虽在应萧萧,草中翁仲今何若?遗氓岂尚种桑麻,残虏如闻保城郭。嫠家父祖生齐鲁,位下名高人比数。当时稷下纵谈时,犹记人挥汗成雨。子孙南渡今几年,漂泊遂与流人伍。欲将血泪寄山河,去洒东山一抔土。

两首长诗,竟满满写了四张纸笺。韩肖胄在旁欣赏她的书法,又认真体会诗中的微言大义。诗中所用的一些典故,对韩肖胄说来,理解并不困难。如嘉祐和建中靖国是宋仁宗和"北狩"的太上皇的两个年号,当时韩肖胄的曾祖父韩琦和祖父韩忠彦任相。"昌黎"是指唐朝的韩愈,用以代表自己的韩姓,而天官又是自己任官的吏部的别名。使他不解的,是前一首诗完全从正面肯定皇帝的"币厚词益卑"的外交政策,而后一首诗却引用了唐代吐蕃在平凉破坏盟约等典故,从反面说明和议不可靠,不足恃。面对两首自相矛盾的诗,韩肖胄只是拿着四张诗笺,反复吟诵。

李清照见到韩肖胄偶然投过来的一瞥疑惑不解的目光,就用沉痛的语调解释说:"主上龙飞,在济州大元帅府时,正值故夫与嫠妇南下丁忧,已是略知大元帅底心志。常言道,君命不可违。韩枢相毅然以君命为重,慷慨出行,此是臣节,嫠妇岂得不赞不颂。然而献胡尚书一诗,亦须略说嫠妇刍荛之论,愚者千虑,或有一得,以备采纳。'欲将血泪寄山河,去洒东山一抔土',此是故夫底临终之作。岁月荏苒,转瞬已是五载,故国未见得有尺地寸土回归,此所谓能雪此耻,犹有余耻,能止此痛,犹有余痛!"她说完,再也无法克制自己的感情,只是掩袖悲啼。李清照的伤痛,很快感染了在场的人,文氏、韩氏兄弟等也都恸哭失声,韩肖胄最后抽泣着说:"自家底乡关在河北相州,主上已愿划归虏人,我与易安居士同是天涯沦落人,岂得不恸!"

七月初秋,韩肖胄和胡松年来到与伪齐接界的泗州,而由伪齐派人迎接。韩肖胄和胡松年见到来者只是一名胥吏,也不愿作揖说话。那人却唱喏后说:"大齐皇帝特奉大金国之命,命男女前来,迎候江南使节,请韩枢相、胡尚书前往汴京,拜见大齐皇帝,然后再排办去大金底事节。"韩肖胄和胡松年明白,如果不肯前往开封,就只能放弃使命,折回泗州。韩肖胄望着胡松年,胡松年说:"见刘豫无碍。"他用不避名讳的办法,表示对刘豫的蔑视,也算是给对方不称"大宋",而称"江南"的回击。那名胥吏不说什么,就引领他们上路。

宋使们终于来到开封城。他们从南薰门入城后,只见城市萧条,行人稀少,不免有故都黍离之叹。那名胥吏按照刘豫的旨意,安排宋使在同文馆歇息。同文馆原是北宋时用于接待高丽使者的馆舍,这种安排含有羞辱宋使的意味。韩肖胄和胡松年明知对方的用意,也只能忍受侮辱,暂且安顿下来。他们坐未暖席,那名胥吏前来通报说:"今有大齐国郑右丞前来拜会。"话音刚落,任官尚书右丞的郑亿年就进入屋里。原来郑亿年的妻子竟是韩肖胄的同父异母妹,乃是继母文氏所生。郑亿年早已重新蓄髡,恢复了汉人的衣冠服饰,他面带笑容作揖,说:"韩大,别来无恙!"韩肖胄想不到在这种场合居然见到妹夫,他一时显得相当尴尬,只能勉强还礼,说:"郑十八!"郑亿年又向胡松年行礼,胡松年只是默默还礼。

双方坐定,有两名女使点上团茶。郑亿年为了缓和紧张与尴尬的气氛,说:"此是荆南府所产玉津团茶,由茶商贸易北来,虽是比不得建州贡品,亦足以敬献贵客。"胡松年此时已经恢复了理智,他想,既然到此地步,正宜挑动对方的故国之思,就说:"睹物思人,难道郑十八便不思南方底旧物故人,不思妻儿?"他不愿意称呼伪齐官名,就效法韩肖胄,以行第相称。韩肖胄已经明白胡松年的用意,就补充说:"廿七姐流离之余,今与妈妈同住,甥儿与甥女亦是平安,他们唯是思念阿爹。"郑亿年的妻子在韩家排行二十七,他听韩肖胄介绍自己妻、儿、女的情况,不免滴下泪来,他说:"自家被虏人驱虏之后,身不由己,如今得免于剃头辫髪,重新穿戴大汉衣冠,已是万幸。我极是感激丈母与韩大舅子看觑自家妻儿。"说完,就起身向韩肖胄长揖,韩肖胄也起立还礼,说:"廿七姐与甥儿、甥女皆是自家骨血,妈妈岂有不关照之理。"

郑亿年在感情冲动之余,毕竟不能忘记自己的使命,他改了一个话题说:"大齐官家闻你们前来,甚愿一见。自古以来,江山易姓,屡见不鲜,如宋国太祖官家曾与范质、王溥等比肩事周帝,然而转瞬之间,范质、王溥等人便成宋臣。韩大舅子与胡官人见大齐官家,亦须从权达变,庶几不负江南底使命。"韩肖胄和胡松年注意到,郑亿年在涉及双方关系方面,用词还是极有分寸,例如绝不再称对方为"宋",而只称"江南",称己方却是用"大齐"的字眼,不称胡松年的官名尚书,而使用"官人"的泛称。在客气的语言下,其实又隐含着威胁,如果他们不能从权达变,出使的任务就可能告吹,而无法回去向皇帝交差。胡松年随机应变,回答说:"既是刘豫有请,自家们亦无妨一见。"郑亿年说:"你们见大齐皇帝,须行臣礼。"韩肖胄委婉地说:"郑十八,若是自家们见刘豫行跪拜礼,切恐青史之上,便有骂名。"胡松年说:"若是要行臣礼,自家们唯有伏于剑下!"郑亿年也就不好再说什么。

此后,双方在表面上还是相当客气的谈话中,开始互相打探情报。郑亿年想到了秦桧,他说:"闻得秦十返回江南,初拜参政,此后升擢右揆,却又罢相,不知今在甚处?"韩肖胄说:"难道郑十八在北方,曾见得秦十?"郑亿年连忙撒谎,说:"我未曾见得,唯是彼此有亲情,不免思念。"胡松年说:"他如今寄居温州。"直到郑亿年最后告别时,才说了一句:"唯是求韩大传语丈母与自家底妻儿,言道我极是思念,但愿他日得以相会,当叩谢丈母大恩。"他长揖之后,就离开同文馆。韩肖胄和胡松年礼貌性地送行,回到房里,胡松年低声询问韩肖胄说:"郑十八底意思如何?"韩肖胄感叹说:"他虽有思亲之情,然而伏侍刘豫底意志甚坚,切恐难以教他归正。"胡松年不说什么,他内心完全同意韩肖胄的分析。

翌日,刘豫就在文德殿接见宋使。按照刘豫的本意,他与宋高宗处在势不两立的地位,应当杀尽一切宋使,不让他们出使金朝,然而处在子皇帝的尴尬地位,又不得不按金朝的指示,让宋使入境通行。刘豫命令郑亿年前往同文馆的本意,是要让宋使向他行臣礼,也好挽回一点体面。他本拟在大庆殿里大摆场面,让宋使行跪拜礼。但依据郑亿年的回奏,只能改在文德殿,在场的除了儿子刘麟和其他五个刘氏亲族外,只是加了一个皇子府亲军都虞候李成,他率领一批班直护卫,以壮声势。

韩肖胄和胡松年特意昂首挺胸,进入殿内,只见刘豫头戴幞头,身穿绛纱袍,神气活现地端坐御榻,不免一阵心酸:"此是大宋底宫殿,如今却被僭逆窃据!"但人在矮檐下,不敢不低头,只能向刘豫首先作揖。胡松年用平静的口吻说:"刘殿下,自家们昔日与你比肩侍奉主上,今日须以平交礼相见。"刘豫早有精神准备,他坐着受揖,不回礼,也不应答。双方僵持了一会儿,刘麟出面说:"尔们须知,放尔们出使大金,此是圣上底仁德。"韩肖胄说:"通使是大宋与大金底国事,刘殿下身为大金底子皇帝,理应放行。"

刘豫指着李成说:"此是大败江南李横底大将李成。"胡松年望了李成一眼,说:"我闻得大宋张招讨三年之前,出兵淮西,李太尉仅以身免,逃窜河南,今日幸得一会。"李成的眼里喷射出怒火,他下意识地按着腰部,但按照伪齐的规定,他在殿上不能佩剑,就只能高声大喊:"我朝夕便统兵南下,扫灭江南!"胡松年也不示弱,说:"依大金底兵威,尚是败于建康府,败于缩头湖,败于和尚原,败于剑外,我不知刘殿下底陪臣尚能胜于大金底兵威。若是有此兵威,切恐不当做大金底子皇帝。"韩肖胄补充说:"如是李太尉率军侵犯,王师自当决战决胜。"

刘豫心里明白,即使与两名宋使唇枪舌剑,关系完全僵化,到头来还是免不了放行。就换一个话题,当着宋使的面羞辱他们的君主,他说:"我闻得康王信用奸佞,不恤政事,沉湎酒色,得痿腐之症,必是夭寿而绝子嗣。"这句刁毒的话果然起了作用,韩肖胄和胡松年当即脸皮羞红,他们没有料到,官家的宫闱秘闻和丑闻竟流传到北方。韩肖胄一时张口结舌,难以应答,还是胡松年有辩才,他马上回应说:"圣主春秋鼎盛,四体康强,须是万寿,凤子龙孙,必定千百成群。如今主上信用吕、朱二相公,皆是社稷忠臣,此亦是众所周知。"刘豫冷笑一声,说:"他命尔们出使,卑词厚礼,便见得他胸无大志。"胡松年说:"主上之志,必欲复故疆而后已,此心此志,固非刘殿下所知。"

一场口舌之争,其实是很难分出高下,最后韩肖胄和胡松年离开文德殿时,双方都没有胜利的快意。刘豫本人也不免后悔,何必安排这次接见。韩肖胄和胡松年回到同文馆,相对而坐,长久沉默不语。两人的心境是相同的,如果官家争气,本不须出使,也何苦到此听刘豫的恶毒辱骂。但碍于臣规,谁都不能对不争气的君主有半点指责和牢骚。韩肖胄最后叹息说:"胡尚书,今日幸得你有机辩之才。"胡松年也叹息说:"唯愿圣上效学勾践,卧薪尝胆,效学唐太宗,成就破突厥,清寰宇之功,以雪今日桀犬吠尧之辱!"两天之后,宋使们离别故都,继续北上。

[贰叁]
岳飞二次朝见

岳飞和朱梦说、于鹏、岳雲等起早贪晚,向临安行进,到八月下旬,离开行都只剩下最后一程。当夜在馆驿休息,岳飞父子同住一屋,岳雲突然跪在父亲面前,说:"儿子有一事相求。"岳飞感到奇怪,说:"你且起立说话。"岳雲站立后说:"妈妈言道,儿子此回到临安,当去寻访生母刘氏,尽一番孝道。"岳飞到此才恍然大悟,明白了李娃安排儿子同行的用意和苦心,他说:"我与你生母虽是夫妻一场,然而既是她私奔出走,从此便与我岳家恩断义绝,岂得重新迎归。"岳雲说:"儿子岂不知覆水难收。妈妈底意思,唯是教儿子见她一回,以全孝道。"

岳飞问:"你莫非已知她居住临安?"岳雲说:"儿子不知生母底下落,然而妈妈教我去韩枢相家寻访。"说起韩肖冑家,岳飞怀着一种十分复杂的感情,他不能没有对本朝名臣韩琦的尊敬,但就感情而言,自己年轻时当韩家佃客,曾经解救过韩府庄墅的危难,却并没有受到韩家的回报和礼遇,加之韩氏疏族韩宣冑又拐走自己的结髮之妻,使他对韩府有相当的恶感。他从邸报上得知,韩肖冑已经出使,他真不愿为此事而拜访韩府。他沉思片刻,说:"自家不愿前往韩府,然而你年齿尚幼,又怎生前往?"岳雲说:"儿子已是十五岁,妈妈言道,当自去韩府,而不当随阿爹前去。"

岳飞没有想到,李娃为了岳雲会见生母刘巧娘,已经作了周密的策划。他沉思了片刻,心想李娃作为后妻和后妈,还是如此费尽心思,务必要成全儿子的孝道,自己实在没有理由拦阻,就说:"我唯是忧心你只身前去,处事不当。"岳雲说:"妈妈已是为儿子筹思再三,言道儿子正宜藉此机会,练习官场底礼仪应对。"岳飞回忆起李娃最初提议儿子同行的话,就说:"既是恁地,你须要小心。"岳雲说:"儿子唯是求阿爹勾抽一个军兵,以壮声势。"当时达官贵人的衙内们用一些军士或胥吏充当随从,是很平常的事。但这却是岳雲第一次提出这种要求,岳飞说:"你便选一名军士同去,然而须厚待他。你须理会,自家仅是军中一名战士,而不得以衙内自居。"岳雲说:"儿子理会得。"

岳飞一行进入临安城,先去枢密院报到,然后由枢密院吏安排馆舍。岳雲在第二天就带着一名军士,找到韩府。升任尚书省左司员外郎的韩肖冑回家,有家吏报告:"今有驻军江西底神武副军都统制岳承宣衙内岳雲,求见韩员外。"岳飞在韩家当佃客期间,韩肖冑正好在外任官,他后来也隐约听说,相州老家有一个佃客岳五,现在成了一名武将,岳雲的来访,才使他猜想来者必定就是当年佃客的儿子。韩家是世代名宦,加之当时官场流行的重文轻武的传统,韩肖冑当然自视甚高。他犹豫了一会儿,才吩咐说:"岳雲既已到此,便教他入来。"

岳雲单身进入堂内,只见一个官员端坐堂内,旁边是一群胥吏和仆从,就正步上前,彬彬有礼地向韩肖冑作揖,说:"贱子岳雲拜见韩员外。"韩肖冑端坐不动,只是客气地说:"岳衙内少礼,请坐。"岳雲坐定,首先作了自我介绍,简单说明身世,也承认父亲曾经当过韩府佃客,韩肖冑口头上说:"国朝大将,多是行伍出身,如狄武襄公贵显之时,面留刺字,以示感激仁宗官家底皇恩。如今岳承宣名震江湖,日后功名未可限量。"他使用狄青的谥号,而避免直呼名讳,用以表示对武人的客气,但骨子里还是认为,自己的华贵身世比来客不知高多少等。然而韩肖冑也暗自吃惊,自己活了五十多岁,还是初次见到,一个佃农和行伍子弟的举止谈吐,竟宛如一个有教养的世家子弟。这当然是李娃多少年对岳雲精心培育的结果。

岳雲和韩肖冑闲谈了一阵,就转入正题,他首先提出:"贱子有一事央求韩员外,然而须请韩员外暂且屏退贵府底干仆。"韩肖冑勉强命令仆从、胥吏们退出厅堂。岳雲就开始叙述生母刘巧娘随韩宣冑私奔的事,他最后说:"自家底生母如此胡做,固然是家门不幸,然而贱子不得忘她养育之恩,此回到临安,唯是求见生母一面,稍尽孝道。此事乞韩员外玉成。"说完，就跪下连叩三个头。

韩膺胄连忙将岳雲扶起，然后说："岳衙内一片孝心，下官岂有不尽心协力之理。然而韩氏族属众多，如自家名连'胄'字底，便有百余人。韩宣胄是疏属，南渡以来，亦不知他寄身甚处。岳衙内且耐心等候，容下官用心寻访，若知得下落，务必告知。此事是两家底家门私事，今日便你知我知，须是秘而不宣。"韩膺胄其实已经知道韩宣胄寓居镇江府，但他不愿对岳雲吐露真情。他担心此件丑事张扬出去，有辱韩家体面，也害怕引起岳、韩两家的争执，认为军兴时节，武夫不好惹，需要保护族弟韩宣胄。岳雲见韩膺胄态度恳切，就说："贱子当谨遵韩员外底叮咛。乞韩员外尽心寻访，异日母子相见，自当不忘韩员外底大恩大德。"他再三拜谢，然后离开了韩府。

韩膺胄等岳雲走后，却连忙写一封私信，命令仆人立即赶往镇江府。信中命令韩宣胄马上抛弃刘巧娘，远走福建，以免纠葛和麻烦。

再说岳飞闲住在馆舍中，先后有宦官黄彦节和神武中军统制杨沂中前来拜访。黄彦节代表宋高宗慰劳一番，说是官家政务繁冗，教岳飞耐心等待召见。杨沂中如今兼提举宿卫亲兵，担负护卫皇帝的任务。他只是作礼节性的拜访而已，其实与岳飞并无深交。岳飞长期驻军在外，与朝官们交往很少，加之官场中由来已久的重文轻武积习，尽管岳飞已是名将，成为公认的军界后起之秀，文官们一般也并不想前来拜访。唯一的一位常客，则是司农寺丞李若虚。他在公务之余，几乎每天到馆舍与岳飞等人叙谈，或者请众人到自己家里作客。

九月初一夜，李若虚又带一名仆人，提着一些酒菜，来到馆舍，和众人吃酒叙谈，他知道岳飞不饮酒，特别带来当地出产的卤梅水，用以代酒。李若虚边吃边说："今夜虽是无月，我本拟雇一民船，与你们同游西湖，稍稍领略湖光山色。不料今夜官家游幸，官私舟船不得撑出，便因此作罢。"朱梦说问道："主上常游西湖？"李若虚说："三、五日必有一回游幸。近日两浙转运司打造得龙舟一艘，四面垂珠帘绣幕，又悬挂七宝珠翠、花篮等物，煞是豪华贵重。一回游幸，便须数十百只舟船伏侍，又有神武中军统制杨沂中率军兵护卫。欢歌萧鼓之声，振动远近，湖中灯月交辉，然而湖边禁卫森严，市民们不得在湖边驻足。"朱梦说不便作任何评论，只是长吁一声。岳飞和于鹏完全明白朱梦说长叹的原由,也只能沉默不语。

众人吃着闷酒,都觉得没有兴味,李若虚不多时就告退回家。朱梦说和于鹏共住一屋,于鹏不久就上床,而朱梦说却在油灯下来回踱步。到临安城不过几天,尽管城市在劫难之余,还处处保留着战祸的创伤,但耳闻目睹,又多半是在残山剩水中灯红酒绿、寻欢作乐的事,与江州粗衣粝食、厉兵秣马的军旅生活形成鲜明的反差。朱梦说来临安前,对行都的现实并非没有任何思想准备,但一旦有这类见闻,胸中一股愤懑不平之气,仍然反复激荡,最后简直到了骨鲠在喉、不吐不快的地步。他考虑再三,最后伏在案前,奋笔疾书,写了一封书信。

第二天清晨,朱梦说起床,眼球布满红丝,他与岳飞等人吃完早膳,就说:"鹏举,我今日欲单身前去拜访辛中丞。"岳飞说:"原来辛中丞是肖隐底故人。"朱梦说说:"我与他唯有数面之交,而交谊不深。"于鹏说:"既是交谊不深,今日有雨,自可另择良辰。"朱梦说说:"自家们不过在此停留数日,我急需面责他不尽臣道。"于鹏问道:"辛中丞何以不尽臣道?"朱梦说就将衣袖里的书信取出,交付岳飞等人传阅。岳飞看后,说:"肖隐此书深得忠君事主之道。"于鹏说:"然而辛中丞可有虚心听纳底雅量?"朱梦说说:"且不论他有无雅量,既是官为御史中丞,不谏不诤,便是素餐尸禄,愧立朝班。"岳飞拍案说:"此言极是!"

御史中丞辛炳字如晦,是福州侯官县人。他罢朝后冒雨归家,尽管是来回坐轿子,但在通越门前的泥泞地里跋涉进出宫,朝服和黑履沾满了泥浆。宋高宗已经在改建行宫,而由于财力有限,为了外示恭俭,改建的重点是经营后宫的安乐窝,而不是前殿。通越门前至今不造过廊,当地气候潮湿多雨,每逢雨天,以吕颐浩、朱胜非为首的百官就只能泥行上朝。辛炳回到家里,刚卸脱六梁冠、朱衣裳、银革带、玉珮等一整套朝服,换穿东坡巾、锦袍等,有仆从进屋,呈上了朱梦说的榜子。辛炳还是颇有儒者风度,感到不能因自己的官位而轻慢来客,就连忙亲自出迎,只见朱梦说头戴雨笠,身披蓑衣,站立门前。

辛炳将朱梦说迎入厅堂,脱下雨笠和蓑衣,分宾主坐下,有童仆献团茶,两人互相寒暄一阵。辛炳有意对朱梦说称呼表字,用以表示自己决不以官位居高临下,他说:"闻得岳承宣治军严整,能立奇功,天下少见。肖隐在他幕中,亦得以不负胸中所学,展其所长。"朱梦说也称呼对方表字说:"如晦在大观、政和年间,能以清节自立,不畏蔡京权势。如今主上简拔,位至中丞,可谓极一时之选。"辛炳听对方称赞自己,内心有几分高兴,嘴上只能谦虚地说:"下官虽亦愿稍尽臣道,以报主恩,然而旷职底事必是不少。肖隐到得行在,当有所见闻,愿指陈过失,以副下官虚伫之意。"

朱梦说乘机说:"既是如此,下官便当以直道见故交。"他当即取出袖里的一封书信,递交给辛炳。辛炳看着,额上开始冒出汗珠,朱梦说说:"如今行宫乐于禽色,多置侈靡无用底物事。主掌国政,岂得不以二圣播迁、中原陷没、万民涂炭为意,至今上无良相,朝乏贤臣。虏人无信,和议不可恃,而朝廷却是卑词遣使,厚礼待敌。如晦如不能进谏,岂不是旷职太甚?"他最后一句,说得特别有力,辛炳被说得满面羞惭,浑身出汗,无言以对。辛炳见到书信末尾有如下一段话:

阁下以中丞之尊,距执政之位近在咫尺,得非有患得患失之心,贪禄恋栈之志,故不敢以直道事君,而不畏曲学阿世、尸位瘝官之讥。

按照惯例,御史中丞再进一步升迁,往往就是径入政府,获得执政的高位。辛炳反复阅读这段批评,最后起立,向朱梦说躬身作揖,说:"肖隐,你直是自家底净友!直是自家底畏友!"朱梦说也起立还礼,说:"如晦,今日方见得如晦清节如旧,煞是真君子!"两人重新坐下畅谈,辛炳感叹说:"肖隐到行在不过数日,而灼知民间疾苦、舆论如此之多,煞是真御史!我自愧弗如。待我奏荐肖隐入朝。"朱梦说说:"自家一介书生,正值国家患难之际,得以在岳鹏举幕下效力,足以酬区区之志,委是无意于入朝做官。"辛炳坚持招待朱梦说吃了晚饭,并且要请他留宿。但朱梦说还是谢绝对方的美意,冒雨返回馆舍。

辛炳送走客人,就独自在书房的灯下踱步,听着屋外淅淅沥沥的雨声,不断地感叹。他突然又取过铜镜,望着自己在镜影中的丝丝白发,自言自语地说:"我自元符三年登进士第,历事三朝,混迹官场三十四载,如今行年五十有七,难道直是欲取执政之位,而不顾骂名?"他说完,就在灯下起草弹劾吕颐浩的奏疏,指责他不恭不忠,败坏法度,主张对金和谈。辛炳并非不知道吕颐浩主张对金用兵,但不能在奏中直接指责皇帝失策,只能通过宰相指桑骂槐。这也是古代御史常用的言事技巧。

两天以后,宋高宗单独召辛炳面对,他说:"吕颐浩因卿上奏,引疾求去,朕今已恩准。吕颐浩勤王大功不可没,可与他宫祠。然而与虏人通和,此是朕旨。民间百姓尚得侍奉父母,昏定晨省,难道朕命使出疆,求迎归二宫,又有甚过失?"辛炳鼓足勇气说:"臣切恐频遣使指,亦是迎不得二宫南归,却是养成陛下宴安耽乐、不思进取之志。"后一句话确是刺中皇帝的心病,使宋高宗产生几分怒意,他说:"朕宵衣旰食,日夜以整军经武为念,宴安耽乐之志又从何而来?"辛炳到此也不肯退让,他说:"行都底舆论物情,以为宫中尚禽色之乐,多无用之物,陛下当引以为至戒。"

辛炳提出女色和飞禽之乐,深深刺痛了皇帝,他带着十分的怒气当面抵赖,咆哮说:"朕宫中岂有此事!"辛炳用温和而恳切的语调说:"陛下圣德。然而内侍们不能上体圣意,广为搜求美女、飞禽,骚扰民间,已非一日,却是有累圣德。凡是进献女色,寻买鹌鹑、鹁鸽之类,便得封官受赏,此类事节,临安城中已是尽人皆知。民间传言,鹁鸽之类,陛下亦躬自飞放。今有无名子于市中贴诗一首。臣愿为陛下吟诵。"他当即把那首诗背诵一遍:

> 铁勒金狻似锦铺,暮收朝放费工夫。争如养取南来雁,沙漠能传二帝书。

宋高宗气得脸皮红涨,却又很快克制了怒火,他改用平静的语气说:"祖宗之法,台谏官得风闻言事。如是内侍真有此事,朕须严惩不贷。卿今日进言,亦是爱君,朕当引以为诫。"辛炳顿时感到轻松和宽慰,他激动地说:"陛下圣德,足以垂范千秋!"宋高宗说:"人称唐太宗虚心纳谏,朕以为他从谏多出于矫伪,而朕专以至诚为上。卿可将今日……"语到此处,却停顿下来。他本想命辛炳把"奏对宣付史馆",又转念想到如把禽色之乐记录在史书上,也不是好事,就不再往下说。

辛炳却为今天进谏成功而高兴,他没有觉察皇帝欲言又止的细微变卦,认为应当乘机举荐,他说:"如今监察御史缺员。太学生朱梦说在靖康围城中,曾与吴革同共计议勤王,煞是赤胆忠心,不避生死祸福。此人如今在岳飞军中任干办公事,深知义理,公忠体国,敢于直言。臣以为可备监察御史之选,切望陛下留意。"宋高宗问道:"卿何以知得?"辛炳就将袖藏的朱梦说书信取出,说:"臣以往与朱梦说稍有交往,他随岳飞到行在数日,便前来见臣,以大义责臣,臣以此知他忠君爱国。"说完,就双手举起书信,由张去为接去,转呈皇帝。宋高宗看后,方才明白,原来辛炳今天的犯颜直谏,正是出自朱梦说书信的责难。他不露声色,说:"补监察御史底事,当从长计议。"就把辛炳打发离殿。

延捱到九月九日,宋高宗方才召岳飞单独面对,这是岳飞的第二次朝见,与第一次朝见相隔已有四年。作为皇帝的特恩,还命令岳飞系金带,岳雲随父亲朝见。岳飞父子叩头,高呼"恭祝圣躬万福"之后,站立殿上。宋高宗面带微笑,说:"国难思虎臣,卿数年以来,效忠王室,多有勋劳,便是朕底虎臣。"岳飞谦恭而慷慨地说:"微臣唯是禀从陛下圣意。祖宗江山,未收复得尺地寸土,二宫远狩,臣子罪愆深重,委是罪责难逃!"宋高宗说:"卿知耻知辱,慷慨思奋,便是国家之福。"他又转向岳雲说:"朕闻得卿年仅十二,便从军杀敌,多立军功,煞是可嘉。故朕今日特命你随父朝见,以慰朕思念之意。"岳雲说:"微臣唯是在军中做一名战士,或随将士们上阵,练习战斗,委实无功可记。"

宋高宗说:"卿父子不须如此谦退。赏罚是人主底大柄,卿等忠于王室,岂得无赏!"他朝身边站立的宦官张去为和黄彦节示意,两人马上指挥几名小宦官,取来一批宣赐物品。赐给岳飞的,有金带一条,全装衣甲一套,捻金线战袍一领,手刀一口,银缠笴枪一条,海马皮鞍一副,弓箭一副和马甲一副;赐给岳雲的,有弓箭一副,战袍一领,银缠笴枪一条。黄彦节对岳飞说:"官家另宣赐岳承宣良马一匹,名为铁鬃骓,请岳承宣退殿后祇受。"岳飞父子再次叩头谢恩,说:"陛下圣恩异眷,臣父子唯当殚竭疲驽,仰图报效!"

宋高宗说:"朕亲书'精忠岳飞'四字,命宫女缝制字旗,卿自后用兵行师,便建树此旗。"接着,张去为和黄彦节又展开了一面红绸旗,其中用深紫丝线刺绣皇帝亲笔四个大字。岳飞父子再次叩谢,岳飞跪在地上激动地说:"陛下圣恩广大,以宸翰表识战旗,臣便是捐躯致命,亦是莫报万分之一!"岳飞的官位还不高,但皇帝上次宣赐的金蕉叶酒器,是继韩世忠之后的第二份,这次赐"精忠"旗,又是赐韩世忠御笔"忠勇"旗之后的第二次。这无疑是表明皇帝将岳飞区别于大将刘光世和张俊,确是使岳飞心中充满了感恩之情。

谢恩之后，宋高宗问道："恢复之事，朕念念不忘，卿有甚计议，可悉心奏陈。"岳飞说："臣唯是忧李横等军节节败退。如今河南府、孟、汝、郑州镇抚使翟琮与副使董先，已弃伊阳县凤牛山寨，逃奔襄阳府。蔡、唐州、信阳军镇抚使牛皋亦退兵襄阳府。京西之地，丧失甚多。臣以为，依李横底军力与士气，难以防拓。臣虽不才，愿率本军人马，前往增援。京西如今是逆贼刘豫心腹之地，不可不经营，以为日后恢复底基本。"宋高宗说："卿忠心可嘉。然而李横效忠王室，将刘豫招诱使节押送朝廷，已是不易。襄阳是李横底分地，卿率军前去，便成喧宾夺主，恐有所不便。此事须从长计议。"实际上，当时宋廷对襄阳等地控制力薄弱，封李横为镇抚使，多少是对某种程度的割据状态的承认。如果岳飞统兵前去，就有抢夺李横地盘的意味，会引起李横的不安和反感，甚至可能引起叛变。宋高宗所说，就隐含这层意思。岳飞也明白皇帝的心意，就不好再发表什么意见。

宋高宗想了一下，说："刘豫用兵，唯是依仗李成。李成骁悍，建炎之初作乱，刘光世得其手刀，竟有七斤。卿可命人前去招诱，如李成归国，朕当封为节度使。"皇帝不过是信口开河，但对岳飞而言，简直是很大的污辱。岳飞积八年战功，如今还不过是一个遥郡承宣使，而宋朝的节度使虚衔，向来被视为武将的最高荣誉，皇帝竟随心所欲，愿轻易地奉送给一名叛贼，奉送一个自己手下的败将。岳飞当然不是有涵养的人，但面对君主，还是只能竭力克制自己的气愤，说："臣领旨！"宋高宗感到岳飞的气色不对，才发觉自己失言，就稍作弥补说："朕知李成非卿之比，然而国难时节，亦须权宜用计。卿是国士，以天下安危自任，不须计较功赏。然而卿日后底功名，又岂以一节度使为限。"岳飞听后，心中不平之气也为之一扫，他说："臣唯是禀从君命，为陛下前驱，至于功名封赏，臣须以陛下底圣语为戒。"

岳飞准备退殿，宋高宗却还有另一件必须说的事，他问道："朕闻得朱梦说在卿底军中做干办官？"岳飞感到有点奇怪，答道："臣军前设五个干办公事，朱梦说是其中之一。"宋高宗说："此人是狂狷之士，属少正卯之流，居心险恶，行为怪僻，言语诡辩，在卿军中，必是败坏军事。朕好生之德,不欲效法孔子当年诛杀少正卯底事。然而此人委是不宜在军中蛊惑人心。可教他回归泰州,做军事判官。卿回馆舍之后,即日便发付他就道。"岳飞事前毫无思想准备,一时如五雷轰顶,目瞪口呆。宋高宗见到岳飞的神态,就追问一句:"怎生底?"岳飞此时才醒悟过来,只得勉强说:"臣领旨!"宋高宗对岳飞的表现虽然并不满意,但认为目今正在用将之际,也只能将就一下,就说:"卿既已明朕旨,便可退殿。"岳飞父子叩头之后退下。

岳飞在朝见之初的喜悦心情一扫而空,他骑着皇帝新赐的铁鬃骓,一路上绷紧着脸,一言不发。岳雲知道父亲的心事,更不敢多说。回馆舍后,岳雲就把朝见的情况告诉于鹏,于鹏感到事态不好,决定找朱梦说谈话。原来辛炳面对皇帝之后,又与朱梦说会见一次。朱梦说听了于鹏的叙述,方才恍然大悟,他苦笑着说:"辛中丞犹自蒙在鼓里,他尚觊望官家命我入御史台,与他同尽谏诤纠弹之责。我料得辛中丞亦不得久居司宪之位。鹏举底心意,我岂不知,然而我岂得败坏鹏举底功名。我当与你同去劝谕鹏举。"

岳飞回馆舍后,只是独处卧室,坐立不安,长吁短叹。他见于鹏与朱梦说来访,从两人的眼神中已经明白一切。朱梦说诚恳地说:"人生得一知己足矣!我一介书生,难得与国之虎臣互为知己,便是三生有幸。鹏举万万不得以小不忍而乱大谋,勉赴功名,他日勒铭于燕山,便是大谋。自古诤臣最是难做,切望鹏举留意于君臣之间,引以为诫,举一反三。"岳飞再也无法克制自己,抱着朱梦说,悲泣起来。朱梦说还是十分理智地推开岳飞,向他长揖,说:"唯愿鹏举听我临别之言,好自为之!"岳飞、于鹏、岳雲和李若虚只好为朱梦说送行。他们骑马默默地缓步行进,一直送到城西北钱塘门外,彼此含泪忍悲告别。朱梦说返回江州,接取家眷,与王贵、张宪等众将诀别,然后乘船前去泰州。

岳飞与于鹏、岳雲继续留在临安城,九月十八日,宋廷发表岳飞升镇南军承宣使。按当时官制,岳飞除去原来中卫大夫、武安军承宣使的官衔,就算是由遥郡转为正任承宣使,是一种重要的升迁。岳雲也授官正九品保义郎、阁门祗候。接着,宋廷又将岳家军的军号由神武副军升格为神武后军,岳飞本人改差神武后军统制,并特别授予江南西路、舒、蕲州制置使。上述变动都表明岳飞的官位和权力大为提高。宋廷还特别将原江西安抚大使司统制傅选和李山两军也并入神武后军,命令岳飞负责江州、兴国军和南康军的沿江防务。

岳飞离开行都前,宋高宗又再次召见。他说:"此回将江西兵马并归神武后军,唯是兵马钤辖赵秉渊,曾受卿醉后殴击,坚请率所部到刘光世军中服役。卿自今须力戒饮酒,以免误事。"岳飞顿时满面羞赧,他说:"臣醉后打伤赵观察,深自后悔,自今当谨遵君命,滴酒不入口。"宋高宗笑着说:"常言道,一时失足千古恨。卿一时失足之过,时隔千日,却是少了一支兵马,仍须引以为恨。"

[貳肆]
金使初到临安

韩肖胄和胡松年进入金境，就被引领前往中京大定府。原来金太宗到南方转了一圈，就返回东北御寨，而都元帅完颜粘罕又来到中京，召集元帅府会议。耶律余睹叛变被杀后，元帅府只剩下五名成员，除了都元帅外，另有左副元帅完颜讹里朵、元帅左监军完颜挞懒、元帅右监军完颜谷神和元帅左都监完颜兀术，商讨对宋用兵的问题。金朝至今还没有君臣的严格等级差别，五名元帅都住在行宫，而会议就在武功殿内举行。

完颜兀术还是提出去年的建议，他说："郎主教我休息一年，且观撒离喝用兵，如今撒离喝已是败了回来，我当统兵前去，必可攻破四川。"完颜挞懒说："你虽是狠勇好斗，然而未必成事。"完颜讹里朵说："大金如不用兵，便无须在此会议；若要用兵，须教兀术前去。挞懒、谷神，难道你们愿统兵前去？"他的发问使完颜挞懒和完颜谷神无以对答。完颜粘罕说："便依此议。然而大金军马前此屡战不利，兀术去四川，须与吴玠对阵。此人煞是智勇，兀术尤须小心，切不可狂躁败事。得胜归来，我自当与你庆功。"

完颜谷神问道："兀术，你此回用兵，当如何取胜？"完颜兀术说："前此撒离喝欲回避和尚原，迁道取剑外，却是不得成功。我若用兵，仍须径攻和尚原，然后直下四川。"完颜挞懒问道："你料得必胜？"完颜兀术说："我若取不得和尚原，便取自家底兀术见你。"兀术的女真语义就是脑袋。他一面说，一面捧着自己的头颅，其他四人听后，都哈哈大笑。

会议之后，完颜兀术就南下燕京，然后前往长安，作进攻前的各种准备。韩肖胄和胡松年却是与完颜兀术反方向行进,他们抵达了大定府,被安排在一个简陋的馆舍里。

时值九月初,当地正好下了一场飞雪,寒气逼人。韩肖胄和胡松年穿行燕山北上,还是初次领略到荒凉的塞外风光,他们无心赏雪,只是呆在馆舍,金人还是给宋使送来石炭,烧热了土炕。两人发现屋里有一篇榜文,显然是金人有意放置的。榜文上写道:"宫奴赵构母韦氏、妻邢氏、姜氏并抬为良家子,沐此湛恩,想宜改悔。"韩肖胄用眼神对胡松年示意:"当怎生措置?"胡松年说:"此是虏人有意诱自家们打探音讯。自家们便是体探诣实,又如何回奏?不如不予理会,佯作不知。"韩肖胄感叹说:"自出使以来,方知胡尚书智勇过人,我自愧弗如。"胡松年正待客套一番,有随从通报,说金朝西京留守、山西路兵马都部署高庆裔前来拜会。

高庆裔已经了解宋使的来历,特别知道韩肖胄是名臣之后,对宋使还是相当客气。双方最初是随便寒暄,高庆裔问道:"韩枢相到北方,途经故里,不知可曾留连暂住?你底曾祖是名臣,大金亦是保护祖茔,未曾损坏。"韩肖胄也并不掩饰自己的感情,他用沉重的语调说:"子孙不肖,原是无颜展拜安阳丰安村底祖茔,然而到得相州,亦不免前去请罪。"高庆裔说:"韩枢相痛切之情,自家亦是知得,然而自古江山易主,亦是常事。我原是渤海大姓,渤海亡于辽,辽又广于大金。若说子孙不肖,自是赵氏子孙不肖,昏德公不肖,重昏侯懦弱,如今康王亦是不肖。便是韩枢相尽忠竭节,已是难回天意。"

听对方奚落君主,胡松年起立,激愤地说:"高留守自幼读经史,岂不知主辱臣死之理。如今已非建炎时,大宋官家整军经武,带甲数十万,若是周旋于疆场,大金亦未必得利。唯是天子圣孝,命自家们出使,求还二宫,以息干戈,非是有惧于大金。"高庆裔也随机应变,他说:"两方既是通使,便不须以唇枪舌剑,取一时之快。自家们今日底要务,便是商讨和议底事目。"于是双方进入实质性会谈,由于金朝提出的条件过于苛刻,韩肖胄和胡松年当然也不能随便屈服。

当天夜晚,高庆裔特别为宋使举行宴会。参加宴会者,又增加了一个平阳知府兼河东南路兵马都部署萧庆。中京大定府原是辽朝兴建的城市,一方面是多少参照了中原城市的规范,一方面又保留了契丹的旧俗。

宴会的地点有意选择在当年拘押过宋徽宗、宋钦宗等人的相国院。金人特别用契丹驼车，将韩肖胄和胡松年接到宋徽宗居住过的东院。席上只有主客四人，每人一案，有十名契丹和奚人的奴隶来回传送契丹食，先进骆驼乳糜，然后是各种野味和浊酒。另有八名契丹和奚人女子，在一旁演奏乐曲。高庆裔一面进食，一面对宋使说："大定府为亡辽所建，今夜以契丹食、辽乐待客。昏德公、重昏侯北上，便在此相国院住。"韩肖胄和胡松年打算乘机询问宋徽宗、宋钦宗等皇族的目前住址，高庆裔却笑而不答。萧庆除了必要的寒暄外，并不多说，面对今夜的景象，他的心中仍不免有一种亡国之痛。

当宋使们正准备离席告退时，有一名女真千夫长带着一个女真装束的女子，来到酒席间。那名女子用女真礼见高庆裔和萧庆，然后又用汉礼见韩肖胄和胡松年，说："韩枢相、胡尚书万福！"韩肖胄听出女子的乡音，就问："难道女娘子是相州人氏？"那个女子说："奴家委是与韩枢相同乡，奴家便是当年康王府郡君姜醉媚，如今是女真千户之妾。"韩肖胄和胡松年顿时大惊失色，他们联想到金人有意在馆舍中安放的那篇榜文，无非是要有意羞辱宋方君主，使宋使难堪。胡松年再有口才，到此地步，也张口结舌。姜醉媚忍不住流泪，她说："大金郎主洪恩，放奴家出御寨洗衣院。然而阿姑韦氏与邢姐姐尚不得出院，阿姑另嫁一个放老百户，邢姐姐亦另与一个百户为妾。奴家已是无面目再见南朝君主。"说完，竟失声恸哭。她的话使韩肖胄和胡松年更加尴尬。高庆裔赶紧补充一句："二官人不知，依大金旧例，年老底不任战斗，便离军退养，称为放老。据我所知，如今康王尚是尊韦氏为皇太后，邢氏为皇后，然而依江南风俗，他们既已改嫁，便不是赵氏底亲族，岂得有尊称？"

面对这种极其难堪的侮辱，韩肖胄只能低头不语，胡松年却悲愤地说："高留守岂不闻欺人太甚，昊天报应不爽。"他转向姜醉媚说："不知二宫今在甚处？自家们此回出使，唯是为官家圣孝，教臣子们拜见二宫，以求迎二圣还归。"姜醉媚正待回答，却被高庆裔制止，他说："大金元帅府有旨，不得妄言昏德公与重昏侯底居止。"姜醉媚不敢再说，胡松年拍案而起，他一语不发，径自离开厅堂，韩肖胄也仿效他的做法。高庆裔只能端坐不动，萧庆却起立尾随，一直把宋使送出相国院，他最后称赞一句：

"今日方见得韩枢相与胡尚书是丈夫汉！"

胡松年和韩肖胄回到馆舍，都忍不住悲泣。韩肖胄说："恰便似易安居士所言：'能雪此耻，犹有余耻，能止此痛，犹有余痛！'太后与皇后底事，又怎生回奏？"胡松年说："此事当回奏，须是教官家知耻知痛。"韩肖胄沉默片刻，却表示了反对意见，说："虏人编造秽言，不绝于耳，自家们在江南亦是屡有所闻，主上岂得不知？此事不得说破，唯是你知我知，不须回奏。"胡松年长吁一声，说："便依韩枢相底言语。"两人心照不宣的一句话是"臣子岂得以此侮辱君父"。

双方的谈判还须继续下去，但谈判的对手却是换了萧庆。在最后一次会谈时，萧庆还是有所坦白："康王命尔们为重臣，到此议和，然而粘罕国相等虽在中京，却不愿接见，以示大金藐视江南。尔们前来迎请赵氏老主、少主等人，他们自是大金底掌中物事，岂得轻易放还。目即老主多病，他们底住处，我亦不得奉告。昨日粘罕国相与众元帅计议，决意命元帅府议事官、安州团练使、银青光禄大夫李永寿，此人是渤海人，朝散大夫、职方郎中王诩，此人是汉儿，随着尔们去江南。"韩肖胄和胡松年经过几次谈判，也已发现萧庆比高庆裔稍为亲善。萧庆是辽朝的后族，他劝完颜粘罕发动政变，其实是别有用心。在耶律余睹叛变之后，他也一度被捕入狱，虽经完颜粘罕保释，但他的内心却怀着更深的怨恨。

韩肖胄和胡松年听后，都难以控制自己的感情，而面露喜色。他们来北方的时间已经相当长，对谈判其实都十分厌倦，思亲之情却愈来愈重，也时刻担心被金人扣押，如今可以回归南方，自然是喜出望外。韩肖胄问道："不知李团练与王郎中何时启程？"萧庆说："二人明日便来拜访，三日后启程。"他不便明说，李永寿和王诩南下，正是为了掩护完颜兀术用兵，只是长叹一声，说："自古盈虚不常，祖宗英武开国，而不肖子孙却难以嗣守。大金曾有灭辽破宋底兵威，然而如今已见得再衰三竭。康王若是有为底英主，正宜乘机用兵，大有作为。他命尔们前来哀求，便见得他无能为。大金便是灭不得江南，切恐韩枢相亦是归不得故乡。"萧庆不便明说的，是他其实正希望宋朝举兵破金，自己也可乘机重建辽朝。韩肖胄和胡松年面对着萧庆讥刺君父，只能保持沉默，他们的心情都十分沉重，再无勇气强词夺理，为自己的皇帝辩解。

韩肖胄和胡松年陪着两名金使，迤逦南下，在十一月渡过淮河，进入宋境泗州。韩肖胄与胡松年经过商量，决定由胡松年陪同两名金使缓行，而韩肖胄先到临安行朝回奏皇帝。宋高宗当即召见朱胜非、韩肖胄等宰执大臣商议。他高兴地说："韩卿果是不虚此行，与胡松年皆是有功。虏人七年以来，未尝报聘，今遣使南下，亦是稍见悔祸之意。众卿以为，当怎生迎接金使？"韩肖胄说："臣蒙误恩，擢任枢府，此回出使到中京，粘罕国相等在彼，却未得面议，已见轻慢之意，又未得体探二圣驻跸之地，迎还二宫，便是有辱君命。然而虏使之来，亦宜稍示礼意。"宋高宗说："卿言甚是。虏使经过地界，正是韩世忠底分地。韩世忠忠勇，却是粗人，少知礼仪，不可教他见虏使，以免横生枝节。虏使经由州军，可权避虏主'旻'、'晟'二字名讳，以见诚心。"金太祖的汉名是旻，金太宗的汉名是晟，按古代惯例避两人的名讳，包括一切同音字，当然是为体现对大金国的尊重。

朱胜非说："虏人自来以和议佐攻战，如今伪齐李成用兵不已，于近日攻破襄阳府。又据探报，四太子聚兵长安，似欲窥伺四川。不可因虏使前来，而稍弛守备。"宋高宗说："然而尤须告诫诸将，唯是谨守疆场，击破来犯之敌，不得滋生事端，不得追击出界，以免误社稷大计。若是出兵骚扰，便当重置典宪，必罚无赦。虏使到得阙下，朕当召见，以示至诚欲和之意。"宰执们见皇帝求和心切，溢于言表，也不好再发表对和谈表示疑虑的言论。

朱胜非说："闻得虏使轻慢，陛下是九重之主，召见时须稍重威仪。待与虏使商定礼仪，然后引见。"他的意思，当然是不愿皇帝在召见时受辱。韩肖胄说："臣与李永寿、王翊沿途同来，二人言道，此回若不得拜见陛下，切恐不得成和议。"他的话更坚定了宋高宗必须接见金使的主意，他说："引见礼仪，卿等可熟议，并与虏使计较，然后进呈。礼仪一事，亦不可持之过苛。"

宰执们退殿，来到政事堂，韩肖胄对朱胜非说："李永寿等言道，此来须与朱相公熟议。若要成就和议，切恐朱相公尚需亲自主持。"朱胜非对韩肖胄刚才强调金使必须面见皇帝，已经有所不快，他说："韩相公，你与自家底故里俱已陷没，仇耻深痛。韩相公以执政之尊，到得虏人中京，虏人底元帅一个亦不得见，唯是与高庆裔、萧庆之流周旋。下官虽不才，亦须稍示自尊,岂得与他们面议。既是韩相公与虏使同行,他们到阙下,自须韩相公与他们熟议。"朱胜非略带责备和埋怨的口气,也使韩肖胄不快,他说:"下官不才,唯知食君之禄,忠君之事,叨居枢府而出使,亦是仗国威灵。如今虏使行将到阙下,下官岂宜久窃执政之位,而有妨贤杰之路。"他说完,竟拂袖而去。韩肖胄此后接连上奏,坚决要求辞职,宋高宗最后还是批准他以提举临安府洞霄宫的头衔赋闲。

李永寿、王诩一行刚到临安,就被安顿在上好馆舍,宦官冯益立即前来拜访,他向金使唱喏后说:"下官奉南朝皇帝圣旨,特赐大金国使衾褥。"冯益按照宋高宗的吩咐,不得以"大宋"自称,只说是"南朝",他将手一招,四名小宦官就搬来了衾褥等床上用品。李永寿说:"请冯大官传语康王,备述自家们感谢底意思。"他的回话还是拒绝称赵构为皇帝,冯益又补充说:"下官奉旨,大金国使不须拜谢。"王诩带着倨傲的微笑说:"大国之臣,自当与江南底康王平起平坐,原无拜礼可言。"冯益脸色显得十分难堪,但他只能小心谨慎地与金使稍作寒暄,然后退出馆舍。

冯益没有直接回行宫,而是径自来到政事堂,正好是朱胜非值班。冯益对待朱胜非,不敢像过去对待黄潜善和汪伯彦那样轻侮,他唱喏之后,向朱胜非叙述了金使的骄倨。朱胜非内心不免感叹说:"自取其辱!"但表面上绝不能对冯益露出丝毫埋怨皇帝的神态,他说:"此亦不出老夫所料,待老夫面对时取旨。"

冯益走后不久,宋高宗果然召朱胜非面对,他说:"虏使骄倨自肆,然而若是礼意稍逊,切恐和议之途自此梗阻。息兵安民,此是国家底上策。"朱胜非已经完全明白皇帝的意图,宋高宗最害怕的就是得罪金使,而使和谈夭折,但朱胜非更有自己做臣子的难处,从内心深处说,他最希望避免的,就是去馆舍拜访金使,或是请金使到政事堂谈判。他说:"臣以为虏使亦是色厉内荏,礼意过重,适足以滋长其气焰。王伦在虏境多年,深知虏人情实,不如命他前去馆中,稍杀虏人底气焰,然后可以议事。"宋高宗问道:"王伦今居甚职事?"朱胜非说:"今为右文殿修撰、兼都督府参议官。"宋高宗说:"可与他假吏部侍郎。卿先召王伦到都堂晓谕,然后命他入对。"

王伦从皇帝和宰相的谈话中,其实也品味到两人和谈方针的差别,宋高宗害怕的是和议告吹,而朱胜非强调的却是要压制金使的气焰,一定要维持皇帝召见金使时的体面。王伦不得不带着这个十分尴尬而难办的使命,前往馆舍。他和李永寿、王诩也曾相识,见面之初,不得不面带微笑作揖,说:"久别重逢,二位官人万福!"李永寿和王诩挺胸凸肚地站立,并不还礼。王伦尽管事先并非没有思想准备,但见到对方这种倨傲之态,也不由火冒三丈,他不等对方开口,就径自坐在上座。他的报复式动作也使两名金使感到惊愕,李永寿说:"上国之使,理当上座。"王伦说:"既是通使,须敦和好,何以言得上国、下国。若不是大金屡败,又何须遣尔们南下。两位官人须知,此处是大宋地界。"王伦的话还是产生了效应,李永寿和王诩也适当收敛了骄倨的神态。双方才得以进入谈判。

宋高宗接着又召以朱胜非为首的全体宰执和王伦面对。王伦口奏谈判的情况,朱胜非说:"虏人所请七个事目,如归还伪齐之俘,尽取西北士民回归北方,划大江之北土地,归逆贼刘豫之类,而绝口不言二圣南归底事,其意不在通好,而在亡宋,一件事目亦不可依从。士大夫或议秦桧是虏人底细作。秦桧上二策,教河北、河东人归金虏,正与李永寿所请事目相同,岂是巧合。"宋高宗说:"目即秦桧罢相闲居,自不必论。七个事目虽不可俞允,然而亦须与虏人通商量,不得遽然壅塞议和之道,此尤是国家底长策。朕须召见虏使,当面晓谕。虏使回归时,可另命通问使,与他们偕行。"

朱胜非说:"陛下圣算,臣等浅陋,岂得管窥蠡测。然而陛下是天潢帝胄,应天承运,入继大统,面南已是七年,召见虏使,须有大宋皇帝威仪。可命王伦与虏使商量礼仪,然后召见。"宋高宗说:"此说甚是,王伦可与虏使委曲商量。为迎还二宫,朕不惜卑词厚礼,然而召见礼仪,亦须是不卑不亢。"王伦面带尴尬的苦笑,说:"臣领旨。"

王伦带着这件苦差使,来回奔走在金使馆舍和政事堂之间。李永寿首先答复王伦说:"自家们到得江南,自当与康王面议媾和条件。然而宋国已亡,大金唯知有大齐子皇帝,此回面见江南底康王,亦须持以平交之礼。"王诩更明确地重复强调说:"一不得叫'宋国',唯是叫'江南';二不得称'皇帝陛下',唯是称'康王殿下';三须以平交礼相见,康王先起立长揖,然后自家们以大金礼跪拜。若是江南不依允,自家们亦须不辱使命。"王伦说:"大宋官家登基已是七年,如今国力渐盛,大金方议遣使商量。如必是依此三件事目,切恐你们亦是难以见粘罕国相覆命。"但是,任凭王伦怎么口若悬河,金使就是软磨硬抗,决不肯退让一步。王伦回到政事堂,朱胜非的回答也十分干脆:"虏人底三件事目,便是一件亦依允不得。"

王伦几次谈判,都毫无进展,弄得焦头烂额,他最后只能单独面对。宋高宗说:"朱胜非底意思,自是他身为大臣底分守。然而朕早曾言道,但能迎还二圣,使朕父母兄弟团聚如初,朕何惮屈己。虏人不愿称'大宋皇帝',亦可依得,然而亦不当称江南,称朕登基前底王爵。召见之际,朕为父母底福祉,可起立而不揖,然而虏使自当依女真礼仪。卿可依此晓谕虏使。若得成七年以来初次召见之礼,便是卿底大功。"

有了皇帝亲自决定的让步条件,王伦方得以从沮丧中看到了希望。他带着圣旨来到政事堂,朱胜非尽管心中不服,也决不敢对圣旨提出异议。王伦带着宋方的新方案来到馆舍,好说歹说,金使终于表示同意,双方商定了具体的礼节。

绍兴三年十二月二十九日,即除夕的前一天,金使在宋朝馆伴使赵子画和副使杨应诚的引导下,骑马前往城南的行宫。临安城的坊郭户在战乱之余,已恢复传统的节庆。金使见到沿途仍然有断垣颓壁,但更多的还是新建的茅屋,家家户户的门前都挂着门神或钟馗的桃板、桃符,爆竹和纸炮声不绝于耳,行人们的冠帽上都悬挂着一个小小的屠苏袋,套着五色丝线结成四金鱼同心结,或是百事吉结,垂在额前。更有不少贫民乞丐三五成群,装扮成鬼、神、钟馗、钟馗小妹、判官之类,沿街乞讨。李永寿和王诩虽然都熟悉汉文化,但见到临安过年的街景,也不免感到新鲜有趣。

行宫正南的通越门已经修建一新,其上有宋高宗御笔题写,改名为丽正门。正北的双门也已改名和宁门。丽正门城楼前竖立七面大旗,中间一面最大的,与城楼一般高,称为盖天旗,浅黄色,上绣大黄龙负八卦图。旁边的两面稍小,颜色相同,分别用红丝线绣"天下太平"和"君王万岁"八字,其他四面更小,图案、颜色与盖天旗相同。这是沿袭北宋皇帝冬郊后肆赦的旧例,但两面四字旗原是皇帝仪卫中的物品,特别添加在城楼上,专为渲染节庆气氛,当然也是做给金使看的。

金使在丽正门前下马,然后进门上殿。宋高宗头戴幞头,身穿赭黄袍,里面裹着绵袍,玉装红束带,端坐在御榻上。御榻用香木做成,四脚雕刻山形,山上盘龙,靠背和扶手也彩绘五色飞龙,坐面用藤织云龙,垫上绯罗衬绵绣褥。朱胜非等宰执分立御榻左右,另有工部尚书胡松年和假吏部侍郎王伦站立殿东,神武右军都统制张俊和神武中军统制杨沂中站立殿西。张俊和杨沂中都裹着头巾,戎装佩剑。殿外站立两排身材高大的武士,执长枪和手刀。精心安排的仪卫和布置,无非是要对金使显示大宋天子的威仪。李永寿和王诩身临其境,也不免有宋方已今非昔比的感受。

金使对宋高宗行女真跪礼,他们跪左膝,蹲右膝,拱手摇肘,连着用袖自肩拂膝三次,最后用双手按右膝,说:"大金国使、元帅府议事官、安州团练使、银青光禄大夫李永寿,朝散大夫、职方郎中王诩会见殿下。"宋高宗也起立说:"你们远来,路途辛苦,朕致以慰劳之意。"李永寿和王诩起立,彼此算是完成了经过妥协的礼仪。

宋高宗用温和而亲切的口吻说:"朕蒙大金国仁义之厚,安存父兄,不胜感激之情。然而大金国使所议七事,事系敝邑存亡,势难依从。朕念二宫在远,久违昏定晨省、冬温夏清之礼,委是食不甘味,卧不安席。若是大金国得送二宫回归,使朕父母兄弟团聚如初,朕自当不吝事大之礼。今有国书,专奉大金国相、都元帅阁下。大金国使若得成两国永久之好,便是敝邑受赐,朕必有厚报。"他说完,冯益捧上一个黑漆的国书匣,由王诩代表金方接受。李永寿说:"自家们奉使远来,有劳殿下与众官人厚待,铭感不忘。唯愿和议早日成就,天下苍生蒙福,此是大金国底至意。然而上国倡议底七事,殿下若是二三其意,切恐和议难成,殿下底父兄亦难有回归之日。"

朱胜非用脚轻轻踢一下御榻,作为信号,这是外人看不出的动作。宋高宗用手轻拍一下御榻扶手,示意允许他说话,朱胜非于是说:"天子自应天承运以来,励精图治,整军经武,如今带甲数十万,控扼江、淮,已成不可动摇之势。大金国使饱读诗书,当知日寻干戈,不是好事。如今事势已非靖康、建炎之比。闻得四太子聚兵长安,似欲再犯川陕。吴玠将军亦已略备薄礼,以迎远客。唯愿大金国君臣以和为贵,以成主上圣孝之志,永息烽烟,再成盟好,此是两国之利。"宋高宗对朱胜非这番得体的话,内心还是赞许的。李永寿和王诩也终于明白,他们的出使,并不能对完颜兀术的出兵,起任何掩护的作用。

金使退殿后,宋高宗特别在殿门外安排酒食,但朱胜非等宰执并不陪伴,只是由王伦、赵子画和杨应诚三人陪食。绍兴四年(1134年)正月元旦过后,宋高宗特命章谊为大金军前奉表通问使,孙近为副使,随李永寿、王诩等北上,继续和谈。宋高宗还命令王伦单独写信给高庆裔和萧庆,其内容无非是希望他们促成和议。金使得到丰厚的礼品,而章谊等一行又携带了几部《资治通鉴》和大量木绵布、虔州麻布、龙凤茶等金人喜欢的礼品。

[贰伍]
仙人关之战

完颜兀术来到长安,会合了族叔完颜撒离喝和伪齐四川招抚使刘夔,调集各处兵马十万余人,其中一半是骑兵,组成联军。金军有七万人,设十名万夫长,他们是韩常、乌延蒲卢浑、蒲察胡盏、完颜习不主、颜盏门都、尼忙古刘合、完颜阿离补、完颜哈丹、完颜㲎英和完颜活女,其中完颜阿离补和哈丹兄弟是金朝皇族,在平定宋朝陕西的熙河路和泾原路时有战功,尼忙古刘合是新提拔的勇将。每名万夫长之下,仍然是十名千夫长的编制。伪齐军三万余人,由张中孚、张中彦、赵彬和慕容洧四名原宋朝陕西降将分别指挥。刘夔是刘豫堂弟,而居主将之任,其实是个草包,而张中孚和张中彦兄弟却是颇有谋略。

九月,完颜兀术召集军事会议,问道:"和尚原当怎生攻取?"刘夔说:"和尚原险峻,强攻必败。如今有吴璘率六千人据守,转饷艰阻,唯是缺粮。如是命张总管兄弟出兵抄掠骚扰,绝其粮道,料得不久必可攻取。下官所忧,唯是和尚原以南底仙人关险隘,吴玠已亲率重兵把截,粮草充足。"刘夔所说其实完全出自张中孚兄弟的建议,但他身为伪齐主将,又把张中孚兄弟的计谋据为己有,用以向完颜兀术卖弄。完颜兀术其实对三年前的大败,仍然心存余悸,心有余痛,听说能够不战而取和尚原,当然是求之不得的好事。他说:"既是恁地,大金军马且按兵不动,以观事势。"

刘夔几次部署张中孚等人出兵抄掠,却都被宋军击退。延捱到十一月上旬,焦躁的完颜兀术不免召刘夔和四名伪齐将责备说:"你们用兵三月,全不济事,又有甚说? 如今再与你们两月期限,若是岁末之前取不得和尚原,须是洼勃辣骇!"刘夔等五人听说要行刑敲杀,额头都流下汗珠,他们都知道完颜兀术的脾气,决不是虚声恫吓。张中彦还是聪明过人,他正打算提出与金军共同抄掠的建议,只见完颜撒离喝笑嘻嘻进入厅堂,对完颜兀术说:"据探报,吴璘昨日已是全军撤离和尚原。"完颜兀术简直不敢相信自己的听觉,进一步追问道:"可是体探得实?"完颜撒离喝说:"委是事实。"完颜兀术高兴得从座位上一跃而起,大喊道:"可命金牌使飞报御寨,教粘罕知得自家临行底言语,不是虚诳。明日便进兵和尚原!"完颜撒离喝却说:"且慢,吴玠用兵自来狙诈,须命人仔细体探,方是万全之计。"

在某种意义上说,无论是完颜兀术,还是完颜撒离喝都成了惊弓之鸟,直到吴璘军撤走后七天,两人方才在十五日进兵和尚原。当完颜兀术带兵经过二里驿、神岔口等当年惨败的地点时,不免联想起三年前的那场恶战,心里很不是滋味。他立马和尚原下,望见金军的一面三角白日大黑旗插在那块高原上,一时真是悲喜交集,他大喊一声:"待自家们登上和尚原!"他敏捷地下马,爬上那片不知死伤过多少金军将士的山崖,完颜撒离喝与众万夫长等也紧随其后。完颜兀术站立在那面大黑旗旁边,俯瞰四围的地势,无限感慨,他用手抚摸一下当年后背中箭的部位,突然爆发出怒吼:"我誓取四川,以雪当年和尚原之耻! 明日便进军仙人关。"完颜撒离喝却说:"兀术,不得鲁莽,自家们须据有大散关、和尚原一带,成可进可退之势,仔细体探。吴璘退兵,唯是因军粮不继。自家们进兵,尤须通粮道。若是粮草不足,转饷艰阻,怎生破得四川?"

完颜撒离喝的年龄虽然比完颜兀术小两岁,其实却更有谋略,完颜兀术还是听从了这个族叔的建议。从金朝天会十一年十一月到第二年正月,完颜兀术和完颜撒离喝为这次进攻作了许多准备,特别是积聚了大量粮食。完颜兀术还下令,将自己在燕京的眷属以及所有万夫长、千夫长等眷属,全部接到凤翔府城。他们认真研究了进军路线,决定在正月末,从本府的宝鸡县发兵南下。

出师前夕,完颜兀术特别举行盛宴,所有千夫长以上和伪齐的重要将领,还有他们的女眷全体出席。自己和耶律观音正坐,自完颜撒离喝夫妻以下分坐两旁。完颜兀术的正妻裴满氏已死,如今耶律观音是名正言顺的第一娘子。在她与完颜兀术的长方形食桌两旁,一面坐着完颜兀术的嫡长子完颜孛迭,汉名亨;另一面坐着耶律观音的亲生子庞显忠,他追随母亲,却并不改汉姓。两个孩子今年都是十四岁,由于耶律观音在家中的权威,庞显忠自然享受着与完颜孛迭同等的待遇。庞显忠是汉人和契丹人的混血儿,显得文静,而完颜孛迭颇有父风,显得桀骜不驯,但对耶律观音还是十分恭顺。

　　完颜兀术号称天不怕,地不怕,但在外对完颜粘罕,特别是完颜谷神却有几分畏怯。和尚原大败后,他有相当一段时间不敢见完颜粘罕,后来听说完颜粘罕的女儿由古里甲娄室的弟弟续娶,完颜粘罕怒气渐消,方才敢面见。他在家里又被耶律观音收拾得十分服帖。耶律观音不同于王癸癸,王癸癸作为王氏家族的第一号泼妇,可以在任何场合,当着亲戚、客人,甚至奴仆的面,对秦桧训斥、毒骂以至动手,而毫不留情面。耶律观音原是被完颜兀术强暴的女子,她对后夫很少有疾言厉色,但久而久之,却造就一种无形的镇慑威力,完颜兀术已经习惯于对她低声下气。这也是俗话所说,一物降一物。

　　熟知内情的人都明白,既然有耶律观音出场,今天的宴会主人就不可能是完颜兀术。事情果然不出人们的所料,完颜兀术只是满斟一杯当地所产的天禄名酒,说:"出师在即,请尔们痛饮。"就不再说话,只管大吃大嚼。耶律观音按女真习俗,辫发盘头,却裹着一领逍遥巾,上身穿白绫无领大袄子,下身穿锦裙,裙内下方套着一个细铁圈,铁圈挂着前后两条白麻布系在腰间,铁圈上又裹着绣帛,但人们光从外罩的锦裙自然是看不见的。这些都是标准的女真女子服饰,唯有逍遥巾原是汉人男子的头巾,但近些年来,女真的女子们戴头巾的风尚,就愈来愈流行。岁月似乎并没有侵逼耶律观音的容颜,她只是显得心宽体胖,更像一尊观世音菩萨。她在席间频频起立,为完颜撒离喝、众万夫长以至伪齐将领斟酒。由于裙内铁圈的羁束,耶律观音更显得步履稳重,仪态大方。她虽然文化不高,言语不雅,但祝酒词却是十分得体。她首先起立,对众人说:"兀术将奴家与众家老小召到此处,便是教尔们有进无退,只待取得四川,在成都府快活。"她用手指着下身的锦裙说:"此便是天下第一底蜀锦,只待到得成都,浑家们便可取蜀锦无数,著裙无数。"于是酒席上立即爆发出一阵笑声。耶律观音又说:"闻得四川底女子多有赛似杨……"她本想说杨玉环,却想到在场的女真人并不晓得杨玉环是谁,又改口说:"多有肥白美貌底,尔们入川后,可多行拣取。"

完颜撒离喝乘着酒兴说:"兀术如今已有一百八十五个娘子,难道你容得他另行驱掳?"耶律观音说:"奴家已与兀术设誓,如是他进得四川,奴当亲自为他拣选十个娘子。"于是满堂又爆发出喝彩声。自古以来,子女玉帛是最诱人的战争刺激。耶律观音离席,来到完颜撒离喝的食桌前,亲自为他斟酒说:"撒离喝,兀术厮杀唯是粗勇,比不得你精细,此回攻入四川,你底智计须占七分,请饮一杯酒。成功之后,奴叫兀术禀告郎主叔父,教你做元帅。"完颜撒离喝向来垂涎于这个侄媳妇,他乘机抓住耶律观音肥厚的玉腕,把酒一饮而尽,说:"我如攻入四川,当掳取十个如你一般美貌底女子。"满堂又一次爆发出更响亮的哄笑。按女真人的习俗,男女之间此类调笑是不以为嫌的。

耶律观音又到各个食桌,为十名万夫长斟酒,十名万夫长也纷纷起立接酒杯,她特别对韩常强调说:"你虽是汉儿,却最是勇猛善战,此回尤须仰仗你阵前立功,请满饮一杯!"韩常说:"男女敢不宣力!"完颜毂英听到耶律观音称赞韩常,心中不服,就大吼道:"韩十八有甚了得,此回出兵,尚需依仗我!"聪明的耶律观音立即转向完颜毂英,说:"奴家早已知得你极是悍勇,此回出兵,必是立大功!"于是完颜毂英又回嗔作喜。耶律观音还来到伪齐刘麂和四名将领桌前,为他们祝酒,她对张中孚和张中彦兄弟说:"你们甚有智计,须是用心辅助四太子,日后定有重赏!"张中孚兄弟也说:"自家们谨记夫人底厚恩,誓当尽心竭力!"

翌日,完颜兀术就率金军和伪齐军出发,先到宝鸡县,然后自大散关往西南方向迤逦行进。刘麂率慕容洧和赵彬带领一半伪齐军占守大散关、和尚原一线,负责后勤供应。张中孚兄弟率另一半伪齐军随金军南下,伪齐军在沿途不断修路,凿崖开道,列栅驻守。金军占领了凤州梁泉县城,接着又占领河池县城,然后直取仙人关东北的铁山。

再说荣州防御使吴璘戍守和尚原,屡次击破伪齐军的抄掠,却在绍兴三年十一月突然接到吴玠的军令,命令他放弃和尚原,全军退回仙人关的青野原。吴璘只能遵命撤兵,当六千将士离开这个朝夕坚守的山原时,都不免感到依恋和哀痛。吴璘特意走在队伍的最后,他临行前拔剑斫地,说:"日后自当复取和尚原!"说完,竟落下了几滴英雄泪。他挥泪上马,直驰原下,还是忍不住回眸翘首,远望着这座山原的雄姿,嗟叹不已。

吴璘率本军来到河池县城,参见川陕宣抚使司都统制吴玠,吴玠说:"据探报,金贼四太子与皇弟郎君聚大军,意欲窥伺四川。和尚原缺粮,若是全军北上把截,切恐粮草不济,难以持久,不如据仙人关待敌。"吴璘说:"放弃和尚原,直是可惜!然而亦是不得不弃。"经过几年间严酷的战争锻炼和选拔,如今吴璘和明州观察使杨政因战功卓著,威名出众,已经成为吴玠的左右手,他们的地位高于各军统制。吴玠只等吴璘到达,就立即召集众将会议,他说:"大战在即,河池县不可久驻,须是移屯仙人关,以备防拓。"大家都不可能有任何异议。

吴玠率领吴璘、杨政等将来到仙人关,几天之内,大家骑马反复勘察附近的地势。仙人关位居嘉陵江上游,有东、西双峰,夹江对峙,东崖石壁上俨然凸现出一尊仙翁,鬚眉飘动,而西峰却又似群仙列坐,所以取名仙人关。仙人关以南有一片开阔地,正便于屯兵。仙人关控扼着入蜀的水陆交通,确是兵家必争之地。

吴玠又与众将来到距离关东北约三宋里的一处坪地,他对吴璘说:"此地已取名杀金坪。"吴璘仔细环视四周地形,说:"虏人凶狠,此回老小皆住凤翔府,以示无退兵之意,志在必取四川。然而杀金坪地势开阔,前阵散漫,须是另修第二隘,以备非常。"杨政说:"小吴太尉底言语甚是,王师三万六千人,而虏军十万余,众寡不侔,目即铁山为第一隘,如杀金坪筑隘二道,仙人关便是第四隘。官军且在仙人关南驻大兵休息,分番上阵,先挫敌锐气,待虏人兵疲意沮,然后反攻,必可取胜。"吴玠同意两人的意见,他说:"如今虏兵所向不明。仙人关以西有七方关,亦是险隘,九哥不如且率兵前去把截。候得四太子进兵,然后相机行事。"吴璘在吴氏家族的同辈之中,排行第九,所以吴玠称他"九哥"。吴璘钦佩哥哥的谋划比自己周密,就应声说:"既是恁地,我明日便率军去七方关。"吴玠说:"你可率一万军马前往。"吴玠又命令杨政说:"杨太尉,你可率六千军马防拓杀金坪。"杨政应声说："小将遵命,誓当死守此地！"吴玠又分拨前军统制郭震率三千人,戍守铁山,自己率一万七千人马,作为预备兵力,驻守仙人关和关后的一片开阔地。

由于耶律观音对韩常的青睐,使完颜豁英大为不满,尽管耶律观音用花言巧语抚慰一番,完颜豁英要胜过韩常的心情还是非常急切,所以自愿率本部担任先锋。绍兴四年(1134年)二月十九日,完颜豁英兵临铁山。铁山是位于仙人关东北的险隘。完颜豁英改变以往的作战方式,利用昏黑的夜晚,亲自率军夜袭。郭震的前军疏于夜间的戒备,居然被金军突入寨栅,在混战之中,终因众寡不敌,弃寨逃遁。

完颜兀术和完颜撒离喝第二天亲自到被占领的铁山寨栅巡视,完颜豁英面带得意的微笑,特别对韩常说："韩十八,你以为此战如何？"韩常作为汉儿,只能说："豁英煞是非凡了得！"完颜撒离喝却说："袭破铁山,自是头功,然而大战在后,万不可小觑吴玠。"完颜兀术兴奋地说："豁英明日可乘胜进兵,再立大功！"张中孚说："此处地势狭隘,摆布不得大阵,大金军马恰似大蛇入竹筒,明日攻隘必是艰难。又体探得吴璘率兵驻七方关,须防他率兵前来,教大金军马首尾受敌。"完颜兀术对乌延蒲卢浑和完颜习不主两将下令："你们可率本军前去七方关,唯是阻滞南虏十日,待我破却仙人关,便是大功！"乌延蒲卢浑和完颜习不主两名万夫长当即禀命而行。完颜撒离喝说："自家们虽是占得铁山,须防南虏夜袭。"完颜兀术命令完颜阿离补说："你且率本部坚守。豁英可率本军离寨,休息一夜,明日攻南寨。"金军已经打听到宋方命名的杀金坪,却必须避讳这个不吉利的地名,所以只用南寨代表杀金坪。

再说吴玠接到郭震的败报,就立即从仙人关出发,来到杀金坪。此时,郭震率败兵也退到杀金坪,参见吴玠。吴玠站立在第一道城垒上,愤怒地说："郭震,你疏于防拓,教虏人占得铁山,有甚面目归来？"郭震只是跪在地上,连连叩头,不敢仰视。吴玠犹豫了一阵,最后还是拔出佩剑,劈下郭震的人头,厉声说："不斩郭震,何以示众,何以破敌！"他接着又低声惋叹说："郭震亦曾在和尚原等处立功,可将他厚敛,于自家底公用钱中支拨一百贯文,抚恤他底老小。"

吴玠在交锋之初,就临阵斩将,使众将深为震动,右军统制田晟上前说:"小将愿统兵夺回铁山。"其他几名统制和统领也争先恐后地请战。吴玠沉思了一会儿,说:"如今虏人占得铁山,必是严守,便是夜袭,切恐虏人居高临下,难以成功,却是再伤王师底锐气。"他命令右军统领王喜说:"王统领,你可率五百轻兵,于夜间分番鼓噪,佯攻铁山,教虏人不得休息。"又命令田晟说:"田统制,你可率本部军马,间道出奇兵,夜袭虏人铁山后底连营,以焚烧粮草为上,杀敌为下。"再命令杨政说:"大战在即,杨太尉须在杀金坪休兵,以备明日大战。"吴玠部署完毕,当夜就住宿在杀金坪的第二道城垒上。

二十日的夜晚又是一团漆黑。王喜率五百宋军利用夜色,在铁山南麓点起无数火把,鼓声不断,举行佯攻。田晟却率领右军壮士一千人,身穿黑衣,向铁山以北的金军连营发动夜袭,杀敌数百,焚烧了敌人的一部分粮草,得胜而归。金军一夜惊扰,不得休息。

二十一日,完颜兀术不管军马疲劳,仍然下令完颜毂英率部对杀金坪发起首次攻击,同时下令各部人马一面行进,一面分兵扎寨,组成连营。完颜毂英率本部人马抵达杀金坪北,由于地势狭隘,根本不容女真骑兵驰骋,完颜毂英下令全军舍马步战,按以往的攻城战惯例,首先在宋军城垒北面架设五十座炮架。炮架还未架设完毕,杨政立即挥兵出击,先用石炮、床子弩、神臂弓等向金军密集攒射,金军或死或伤,向后退却,宋军壮士四百人乘机抓着麻绳,直下城垒,用火把和油点燃了金军的炮座,然后又迅速攀缘麻绳,撤上城垒。五十个炮座顿时成了五十堆熊熊燃烧的篝火。

此时,完颜兀术、完颜撒离喝等人也骑马到前沿视察,眼看辛苦架设的炮座毁于顷刻,都气得张口结舌。完颜毂英愤怒地说:"待我亲率众儿郎,冒矢石直登南寨。"完颜兀术这次却比较沉得住气,他说:"目即不可强攻。"完颜撒离喝说:"南虏城垒甚坚,急切攻不得,待自家们扎得连珠硬寨稳当,便成进可攻、退可守之势,而自立于不败之地,然后可与南虏对阵。"完颜兀术命令完颜毂英说:"今日虽稍有不利,且退兵守寨,夜来尤须防南虏劫营。"

接连五天,金军并不攻城,只是全力修筑营寨和准备攻城器械,最后建成连珠寨四十四所,绵亘三十宋里。宋军虽然多次出动小部队,夜袭金营,由于金军防守严密,因而并不成功,无法阻止金军筑寨。金军还占据了附近的制高点,可以俯瞰杀金坪的城垒,造成了有利于攻击的态势。

再说吴璘驻军阶州七方关,他得到金军直下仙人关的急报,当即部署民兵守关,自己亲率一万军马驰援仙人关。吴璘进军不到十宋里,就遭遇乌延蒲卢浑所部金军的阻击。吴璘激励将士说:"山路狭隘,摆布不得大阵,虏骑尤是难以驰骋,两军相逢,唯是勇者胜。王师奋勇直前,远则用弓矢,近则用刀枪,必可进抵仙人关。"宋军此次发挥了步兵进行山地作战的优势,金军重甲骑兵舍马步战,动转不灵,被宋军连连击破。七天之内,吴璘率宋军昼夜转战,连杀五十多阵,终于击破乌延蒲卢浑和完颜习不主两部的阻击,行进近一百宋里,抵达仙人关,与吴玠会师。由于连续血战,吴璘所部损折近二千人,而金军死伤四千多人。吴璘援军的到达,使仙人关的宋军倍受鼓舞,士气大振。

乌延蒲卢浑和完颜习不主作为败军之将,进入营帐参见完颜兀术,他们只是行女真跪礼,不敢说话。完颜兀术厉声呼喝:"你们底军力多于吴璘,竟不得击破南虏,教他前来仙人关,待怎生说?"乌延蒲卢浑不敢回话,完颜习不主自恃是皇家的疏族,说:"山路狭隘,儿郎们唯是舍马步战,而今日南军,已非破汴京时可比,委是勇锐敢战。"他的回话更激发完颜兀术的怒火,他手头没有柳条,就举起马鞭,在两人背上猛力抽打。完颜撒离喝上前抓住完颜兀术的手,说:"蒲卢浑与习不主虽是不用命,然而大战在即,可教他们将功折罪,此亦是一说。"完颜兀术又用脚将两人踢倒在地,完颜撒离喝对两人呼喝说:"且退下!"乌延蒲卢浑和完颜习不主连滚带爬,逃出帐外。

二十七日,完颜兀术亲自指挥完颜毂英、蒲察胡盏、完颜阿离补和完颜哈丹四支金军,向杀金坪的第一道城垒发起猛攻。完颜毂英所部还是打头阵,由于五十座炮架被焚毁,金军推出炮车三十辆,向城垒上抛射炮石,同时向城垒上射箭,杨政也挥兵以矢石还击。由于宋军的矢石射程更远,使金军受到更多的损失。杨政见到金军出现混乱,立即指挥军士下城垒,与敌人短兵相接,在混战中又焚烧了二十七辆炮车。蒲察胡盏率所部增援,宋军又在矢石的掩护下,及时撤回城垒。

金军中突然传来一阵汉语的呼喊,说:"四太子请吴节使叙话!"杨政派人报告在第二道城垒上部署防务的吴玠。吴玠当即和吴璘一同来到前沿,命令军士高喊:"吴节使已到,四太子有甚言语?"金军方面高声喊道:"四太子知得吴节使骁勇善战,极是敬仰,然而赵氏已衰,不可扶持。如是吴节使归顺,大金当择善地一百里,封吴节使为王。四太子愿折箭为誓,决不食言。"宋军方面也高声喊道:"吴节使世受大宋国恩,誓以死报,岂得有二心。四太子可亲来决战!"

完颜兀术于是又下令发起进攻。金军失去炮车,只能用云梯之类强攻,却一次又一次被宋军击退。四名万夫长率所部人马轮流攻打十多次,都无法得手,而死伤累累。午后,完颜兀术又将除韩常之外的五名万夫长先后调到前沿,再轮番冲锋十多次,也都被宋军击退。眼看天色昏黑,完颜兀术只得收兵。

焦躁不安的完颜兀术连夜召集军事会议,十名万夫长,包括韩常在内,都感到束手无策。张中彦说:"依男女底意思,仙人关守御甚严,不如留些少兵力佯攻,而大军可转攻七方关与白水关,冲突入蜀。"完颜习不主说:"自家便曾前去七方关,山路险隘,尤是便于吴玠设伏。"完颜撒离喝也表示反对,说:"自大散关到此,粮道尚是无壅,若是去七方关,粮道难以保全,大金军马便有断炊之忧。"既然有女真人反对,张中彦就不敢进一步申述己见。韩常想了多时,说:"大金军攻城,长于用炮。明日且休兵一日,排办炮具与攻具,多多益善,然后可以攻取。"完颜兀术说:"便依韩十八底计议。"

二十八日,杀金坪的战场竟一片静寂,金军既不攻打,宋军也不出击,双方都为再战作准备。二十九日,金军又架设炮座,推出炮车,向城垒上抛射炮石,城上宋军也以床子弩、神臂弓、炮石等还击。双方对攻多时,金军不计死伤,仍是源源不断增添兵力,攻势不衰。吴玠和吴璘披戴厚兜鍪和重甲,冒着矢石,登城视察和督战。到下午时,负责前沿指挥的杨政对吴玠说:"虏人已是兵疲意沮,可缒军兵下城,焚得炮具。"吴玠说:"不可,王师已是两回焚得炮具,观虏人阵势,必是有备,且缓缓底。"到傍晚时分,吴玠命令右军统制田晟和左军统制张彦说:"左、右二军蓄锐已久,你们可率壮士出击,逐退虏贼到敌寨,不得深入。"于是在矢石的掩护下,两军将士或是从城上抓住麻绳直下,或是从四个门洞突出,他们手持长枪和陌刀冲锋，金军有了两次炮具和炮车被焚的教训，这次由完颜活女和完颜哈丹两部列阵迎敌，两军都停止抛射矢石，开始进行激烈的白刃战。田晟手持陌刀，率先大呼突入敌阵，右军将士鼓勇直前，击溃敌人的左翼完颜哈丹军。接着，金军右翼的完颜活女军也被左军击溃。宋军追击，直抵金军营垒，又趁着天黑收兵。

三十日，完颜兀术又接受了张中孚的献计，由完颜撒离喝居中调度，率完颜活女和颜盏门都两部，在杀金坪城垒北远处列阵。完颜兀术亲自指挥完颜阿离补、完颜哈丹和乌延蒲卢浑三部偏攻宋军城垒的东北角，而韩常指挥本部及蒲察胡盏、尼忙古刘合两部偏攻城垒的西北角，此外，完颜习不主和完颜毂英两部作为预备队。

这是宋金两军自交锋以来，战斗最激烈的一天。尽管杀金坪一带的狭窄地面，使双方都无法展开兵力，但两天之内，金军各部队都已轮流上阵，相当疲劳。金军固然伤亡很大，而宋军也死伤不小。金军这次动用了多天以来制造的所有攻城兵械，用石炮、洞子、云梯之类，在两个更狭小的角落，密集进攻，炮石满天飞，近正午时，杀金坪城垒的东、西两角就形成两个用炮石堆积的斜坡。金军的洞子，在本书第一卷已经介绍，在东、西两角共有四个，一节连着一节，冒着宋军的矢石，向着城垒不断延伸。

吴玠也及时调整部署，他命令吴璘专守东北角，杨政专守西北角，自己居中指挥。吴璘见敌人的攻势十分凶猛，就用刀划着地面，下令说："自家与众将士若是死，便须死在此地，敢退后一步底，立斩无赦！"在战斗中，他始终站在最前沿指挥。东、西两翼宋军使用威力最大的石炮，先后将金军的四个洞子击碎，部分金军接近城垒，企图用云梯登城，也被宋军用撞竿将云梯撞翻。到下午时分，韩常眼看城垒边炮石堆积的斜坡可以利用，就选拔五百名壮士，个个头戴厚重的兜鍪，只露双目，身披重甲，本人手执破阵刀，率先冲锋。不料他还未冲上斜坡，一枝流矢就射中他的左眼。韩常大叫一声，忍痛拔箭，一只血淋淋的眼球同时带出。他就地抓起一把泥土，塞进左眼眶，仍然麾兵直前。杨政眼看形势紧急，就身先士卒，从斜坡往下反冲锋。两军混战一场，宋军终于击退金军。

战斗持续到傍晚时分，完颜撒离喝感到取胜无望，就派人通知完颜兀术和韩常两军，建议收兵回寨。韩常眼痛难忍，对另外两名万夫长说：

"胡盏,刘合,今日破城无望,不如且休。"蒲察胡盏也已气馁,说:"会得。"尼忙古刘合却说:"鏖战一日,南虏已是疲惫,又城垒前底炮石已是堆积成坡,待自家率儿郎再交锋一合,如是不得取胜,回寨亦是不迟。"原来尼忙古刘合另有心计,他对汉儿韩常深受完颜兀术夫妇的青睐,居然出任西面的战阵司令,内心不服,而暗自选拔了八百名壮士,让他们养精蓄锐。直到最后时刻,才派他们出战。八百金军全部厚盔重甲,执持手刀,尼忙古刘合对他们下死令说:"此回厮杀,敢于后退一步,便皆与洼勃辣骇!"他亲自执刀,在后督战。

八百金军在尼忙古刘合的严令之下,冒着宋军的矢石,不顾死伤,终于冲上城垒,一面三角白日黑旗居然插上城头,金军受到鼓舞,蜂拥而上。杨政麾军反击,金军旗头被杀,这面黑旗掉下城头,接着又有第二面黑旗登城。杨政仍然统兵血战,此时却传来了吴玠的将令,全军撤下第一道城垒,退守第二道城垒。于是吴璘和杨政只能乘着天黑,率军边战边退。金军占领了第一道城垒,一片欢呼,却停止追击。

吴璘和杨政到第二道城垒参见吴玠,吴玠从容地解释说:"我观兵势,若是死守第一隘,王师伤亡必众,便难以持久,不如退军第二隘。军中亦有建议另择形胜之地据守,你们以为如何?"吴璘说:"虏人虽是占得第一隘,我料得其兵势已至再衰而三竭,王师据守第二隘,相机反攻,必可破敌。"杨政也说:"小吴太尉底意思甚是,王师不须另择形胜之地,唯是据守仙人关。"吴玠当夜又与吴璘、杨政等将重新安排了军事部署。

金军占领第一道城垒,使完颜兀术喜出望外,他特别嘉奖尼忙古刘合,并且慰劳韩常,赏赐两人各一套黄金酒器,他在寨中举行酒宴庆功,得意地对众人说:"明日一举破得吴玠底第二隘,然后休兵五日,长驱入川!"完颜撒离喝却没有那么乐观,他说:"攻打南虏底第二隘,必是费时费力。"由于韩常的伤势不轻,完颜兀术命令他在营寨中休养,所部人马归并尼忙古刘合统辖。

三月初一日黎明,完颜兀术和完颜撒离喝等人首先来到前沿,驻马观察宋军的守御情况。宋军的第二道城垒距离第一道城垒约二宋里,比第一道城垒更加狭窄,城上炮架林立,城后炮石堆积如山。完颜撒离喝见到这种态势,不免倒抽一口冷气。完颜兀术命令完颜毂英所部打头阵,问道:"你有甚破城底计议?"完颜毅英说:"如今亦唯是强攻。"他调集所有的石炮,向城垒上猛烈抛射炮石,命令所部精兵每人披戴两重铁甲,携带云梯冲锋,本人在后督战,见到后退的军士,就一律处斩。

在严酷的军令下,金军冒着宋军密集的矢石,犯死求生,有的也冲到城垒下,搭起云梯登城。他们用铁钩相连,鱼贯而上,但都被宋军杀退。战不多时,金军却已死伤累累。完颜兀术见完颜毅英的兵力损折过大,又下令完颜阿离补和完颜哈丹两军继续攻击。战斗持续到中午,尽管金军在城垒下横尸遍地,还是没有丝毫进展。完颜撒离喝一直在前沿驻马观察战况,他对完颜兀术说:"自家今有破敌之计。"完颜兀术的情绪已无比焦躁,说:"你何不早道来!"完颜撒离喝说:"南房在城上有三座楼橹,西楼最高。今可调发炮具,偏攻西楼。"完颜兀术于是又改派乌延蒲卢浑和完颜习不主两部上阵,由完颜习不主所部猛攻西楼。

宋军方面,有中军统领姚仲在西楼督战,在敌人无数炮石的猛击下,西楼向南倾斜,姚仲急中生智,命令军兵用丝帛和麻绳拴住楼的若干边角,居然将西楼重新拽正。金军又向西楼抛射火炮,火药球在楼上燃烧,姚仲又率领军士用水和酒坛中的米酒,将火浇灭。完颜兀术现在又把尼忙古刘合一军看成是自己的王牌。他下令尼忙古刘合接替完颜习不主,继续偏攻西楼。恶战又继续到傍晚,金军仍然没有得手。

吴玠不断上城,观察战况,他眼看敌人攻势已衰,就当机立断,下令反攻,他对吴璘和杨政说:"此回恶战,我唯是以前、右、中、左、后五军轮番上阵厮杀,而踏白、摧锋、选锋、策选锋与游奕五军却是在仙人关以南,养精蓄锐。如今可将五军生兵悉数勾抽上阵,教你们率领出战。"吴璘和杨政同声高喊:"下官遵命!"吴玠又说:"此回反攻,须是不舍昼夜,直至全胜!"吴璘和杨政又同声高喊:"会得,王师必胜!"

完颜兀术和完颜撒离喝指挥金军鏖斗了一整天,眼见再无夺取第二道城垒的可能,正在商量收兵。不料一万八千宋方的生力军,在吴璘和杨政的指挥下,大举反击,很快把疲惫不堪的金军打个落花流水。宋军一举夺回了第一道城垒,又连夜进攻金军的连珠寨。整夜激战之后,宋军夺据金军前沿的十寨。

完颜兀术等人退到了司令部所在的大寨。完颜撒离喝再无斗志,他说:"自家们不如且休。"完颜兀术却不肯认输,他说:"我在此扎得连珠寨,原是为进可攻,退可守。南人脆弱,我便是死守不退,吴玠亦是奈何不得。"只剩一只右眼的韩常也出面劝说:"依男女底意思,自家们委是胜不得吴玠。三十六计,走为上计。"完颜兀术大怒,大吼道:"你胆敢沮丧军心,若不是伤损左眼,我便当用柳条鞭背!"众万夫长见主将发怒,都不敢再说什么。

三月初二日,吴玠乘胜发动新的攻势。宋军向金军营寨发射火箭,抛射炮石,然后突入寨中,短兵交锋,接连攻破了金军十三个营寨。在乱军中,宋军发现金军一名腰系金牌的战尸,此人正是万夫长完颜哈丹。吴玠亲自审讯了几名金军战俘,听一名战俘说,金人准备移军攻七方关和白水关,其实,这只是张中彦早已被众人否定的建议,却引起吴玠的重视。他对众将说:"虏人既是别有奸谋,王师尤须先发制人,今夜务必直捣四太子与皇弟郎君底大寨,教虏人无喘息之机。"

宋军当夜还是由吴璘和杨政充当前沿指挥,向金军发起更凌厉的攻击。完颜兀术仍然亲自执刀督战,死战不退。突然,飞来一块大炮石,正中他头顶坚厚的铁兜鍪,把他打倒在地。完颜撒离喝连忙上前,把完颜兀术扶起,完颜兀术挨了重重的一击,只觉得眼前金星乱迸,耳朵嗡嗡作响,竟一时说不出话。完颜撒离喝乘机下令:"大金军马撤回大散关!"他命令完颜兀术的合扎亲兵,挟持昏头昏脑的完颜兀术上马,与自己一同逃遁。于是金人全军溃败。他们在沿途还不断受到吴玠派遣的军马的袭击,继续损兵折将。完颜兀术和完颜撒离喝逃到大散关,才惊魂甫定。

完颜兀术率领残兵回到凤翔府,见了耶律观音,竟大哭起来。耶律观音安慰说:"你常言道:'自家底敢勇,大金国第一。'如今虽败于吴玠两回,尚可上奏郎主叔父,重整旗鼓,杀败吴玠,以雪今日战败底耻辱。"不料完颜兀术却说:"可以败得两回,不可再败三回。自今以后,我誓不敢再攻四川,以免与吴玠交锋而受辱。"

仙人关之战是继和尚原之战后,又一次大捷。战后,宋廷晋升吴玠为奉宁、保静军节度使,军人得到两镇节度使的头衔,是一种特殊的、罕见的荣耀。吴璘由荣州防御使超升定国军承宣使,自杨政以下的立功将士,都得到封赏。

[贰陆]
慷 慨 请 缨

岳飞回到江州，已是绍兴三年十月初冬，他首先召集部属，商量如何派人招降李成。岳飞内心对李成充满了蔑视，但他又不能不执行皇帝的旨意，做并不乐意的事。徐庆听说如果李成归降，可以官封节度使，不免愤愤不平地说："李成只是自家们底手下败将，若是我擒得李成，便封自家甚底官爵？"岳飞只能说："徐太尉且休。"孙革说："四川有一士人王大节，日前来到军中，愿充效用。下官见得此人颇有智勇，可去伪齐当此任。"岳飞向来礼贤下士，听说是士人，立即说："既是士人，我当亲自迎见。"

孙革带着王大节来到岳飞司令部所在的茅屋，现在依岳飞的新官衔，改称制置使司兼神武后军统制司。岳飞与众将早已在外迎候，彼此作揖，将王大节迎请到屋里。王大节说："自家是蜀人，沿大江东下，途经鄂州，前来江州。闻得岳制置是贤将，愿效力麾下。贱子虽是不才，闻得伪齐皇子府招徕南士，愿前去故都开封，体探虚实，庶几稍尽许国之心。襄阳府、鄂州与江州唇齿相依，皆是大江上流重镇。依自家所料，目即襄阳难以守御，切恐岳制置须留意。若得及早统兵救援，此是上策。"岳飞说："王秀才所言极是，下官朝见官家时，亦已论及，此事尚需得朝廷指挥。下官当依王秀才所言，再上奏议，条具利害。"

彼此正在叙谈时，有军士进入报告，说："襄阳府失守，今有襄阳镇抚司属下武义大夫、荣州团练使、知随州李道单骑自张家渡过江，前来求见岳制置。"李道是汤阴县人，字行之，与岳飞同乡，原来在东京留守司时，他是桑仲部下的正将,就与岳飞、王贵、张宪、徐庆等人相识。本书第三卷已经交待,马皋在淮宁府战败,就是因为桑仲临阵撤兵南下,自成一军。后来桑仲被部下所杀,李道又成了李横的部属。岳飞听说李道前来投奔,也亲自出迎。李道见到岳飞等人,当即下跪叩头,说:"小将失守随州,与左武大夫、蔡、唐州、信阳军镇抚使牛观察,武功大夫、河南府、孟、汝、郑州镇抚副使董观察率军民三千到江北蕲州与黄州。牛观察、董观察等教小将前来,乞听岳制置节制,并乞接济食粮。"李道所说的"牛观察",就是在本书第三卷叙事中生擒过耶律马五的牛皋,"董观察"是董先,字觉民,河南府洛阳县人。古代讲究避名讳,所以李道对两人以官衔相称。牛皋和董先在北方抗金,由于身处困境,不得已曾一度暂时归降过伪齐,李横带兵北伐时,又乘机归宋,配合北伐的宋军作战。岳飞亲自将李道扶起,说:"武义李团练请起,下官见得李团练饥乏,且请用膳,然后计议。"

　　李道由王敏求接待他吃饭。岳飞继续与王大节商议去伪齐的一些细节,最后嘱咐说:"王秀才此去,尤须小心谨慎,见机行事,若是体探得虏人与伪齐虚实而归,亦是立功。下官料得李成底叛逆心肠,便是王秀才苦口婆心,切恐难以教他回心转意,平安回归便是第一。"王大节说:"会得。"岳飞命回易官李启支付王大节一些盘缠,亲自送他出军营。

　　李道吃完饭,岳飞与众将、属官再次与他面谈。李道说:"小将与岳制置是同乡,又在东京相识,久慕岳制置底威名,恨不能早日前来,执鞭随镫。"岳飞说:"下官虽叨冒制置使底差遣,然而未得朝旨,不敢擅自拘收。"他指着张宪说:"武义李团练可暂回江北,下官当命张太尉率一军前往,接济钱粮,与你们同共听候朝旨。若是伪齐军前来侵犯,下官自当与你们并力,共破贼军。"李道听说岳飞派兵到江北,又接济钱粮,感到安慰和高兴,说:"既是恁地,小将与牛、董二观察唯是感荷岳制置底恩德。"岳飞说:"自家们同是为朝廷效力,不须分彼此。下官闻得,牛、董二观察曾受刘豫底伪命,不知实有此事否?"岳飞对投降伪齐的人,内心多少有一种不信任、不喜欢的感情。李道说:"京西一带久经兵燹,食粮缺乏,牛、董二观察孤军抗敌,势穷力尽,不得已,曾受刘豫底伪命。然而李镇抚统军北上时,二人与众部曲旋即归正,多立战功。二观察骁勇,岳制置若得将他们收归麾下,异日与虏人决战,北伐中原,必能为国家显立战伐之功。"

张宪插话说："武义李团练，你自料二观察底才武，比你如何？"李道说："牛观察今年已是四十七岁，董观察今年三十三岁，二人娴习弓马。董观察驻军商州时，在山中遇猛虎，他单身直前，刺死猛虎，军中传为奇谈佳话。然而若论膂力，牛观察又在董观察之上。建炎四年，牛观察曾生擒得金虏骁将耶律马五。小将唯是敬服而已，岂足与他们为比。"众人听说牛皋和董先如此勇武，都有几分欢喜。

岳飞又问："李镇抚与翟镇抚今在甚处？"李道明白，他问的是神武左副军统制，襄阳府、郢、邓、随州镇抚使李横和河南府、孟、汝、郑州镇抚使翟琮的下落。本书第三卷曾经交待，翟兴接替闾勍，专守西京洛阳。翟兴后退守伊阳县凤牛山寨，与伪齐苦战对峙，刘豫买通他部下叛将，暗害翟兴，于是他的儿子翟琮就接任镇抚使。李道说："翟镇抚伤重，如今难以统军，军中底事，全是董观察主张。李镇抚言道，岳制置原是神武右副军统制，他是神武左副军统制，两人曾是比肩事主，他不愿听岳制置底节制。故前去洪州，参见安抚制置大使赵相公。他用双马驮载得翟镇抚，与他同行。"

岳飞听说两个败军主将不愿受自己节制，心中有几分不快。他命令张宪说："张太尉可率前军即日直赴江北，抚恤逃难军民，相机行事。王干办、李回易官可与你们同行。"自从江南西路的傅选和李山两统制所部拨隶岳飞后，岳飞命令李山出任前军副统制，傅选出任中军副统制，分别担任张宪和寇成的副手。张宪当即和李山率领前军，与李道一同渡江北上，制置使司干办公事王敏求和回易官李启也押送钱粮，与他们同行。

张宪的前军抵达蕲州城，按宋廷最近的命令，如今蕲州已正式作为岳家军的防区。牛皋和董先两军就屯驻在城西郊，临时扎下营寨。蕲州一带迭经战祸，大批耕地荒芜，人口稀少。李道先进入营寨报告，很快就与牛皋、董先等人出迎，与来客互相作揖，由李道居中介绍，统制张宪、副统制李山、第一正将张应、副将王兰、第二正将李璋、副将高林，还有王敏求和李启，都出面相识。牛皋和董先都长得身材魁伟，浓眉大眼，脸膛黑里透红，董先比牛皋略高，他的髭鬚不密，而牛皋的虬髯显得更有特色。使大家感到惊奇的，是牛皋虽然已年近五十，而神气健旺。两人虽是败兵之将,却没有一点萎靡的神态。

牛皋说:"闻得岳衙内亦在军中,何不一见?"张宪特别把岳雲从队伍中召来,岳雲抢先向牛皋和董先作揖施礼,牛皋和董先还礼。牛皋说:"闻得岳衙内近时去临安朝见,官家亲自授官。"岳雲谦逊地说:"蒙圣上洪恩,下官叨冒保义郎、阁门祗候。"李道介绍说:"岳保义惯使四十斤双铁枪,舞动如飞。"董先感到好奇地说:"请岳保义取来双枪,下官愿一睹为快。"岳雲当即将插在自己坐骑马鞍上的一对铁锥枪取来,董先掂量一下分量,又看一下这个十五岁的少年,简直难以置信。张宪见董先面露疑惑的神情,就解释说:"岳保义十二岁便从军立功。三年前讨伐李成,他使双枪,重三十六斤,如今又增重四斤。"牛皋高兴地说:"待日后看岳保义舞枪。"他和董先招呼众人入寨。岳雲说:"且请牛、董二太尉与众太尉议事,下官自当告退,归还队列。"董先一把抓住岳雲的手,说:"请岳保义与自家们同共议事。"岳雲推辞说:"岳制置有令,下官唯是队列中一战士,尊卑有别,岂得与众太尉同坐。"董先在惊奇之余,更抓住岳雲不放,说:"今日我便恭请岳保义同去堂中就坐议事。"岳雲面露尴尬之色,张宪说:"既是董太尉礼请,恭敬不如从命。"岳雲于是也随众将进入厅堂,但仍表示谦逊,不敢就坐,坚持在张宪身旁站立。牛皋感叹说:"我见得世上多少衙内,凭恃父兄,恣横骄奢,今日方见得一个真衙内!"他拉着岳雲的手,强请他在末位就坐。

牛皋谈吐慷慨,对战争前途颇有自信心,他说:"自家们唯是缺粮,所以难以守卫襄阳。如是朝廷接济得钱粮,誓当收复失地。"张宪问道:"牛、董二太尉在京西屡与虏人、伪齐搏战,深知情实。依你们之见,当怎生用兵?"董先详细地介绍了战况,他说:"伪齐兵临时强征,无非是乌合之众。李镇抚北伐之初,与翟镇抚联合,势如破竹,重占西京,斩伪齐河南尹孟邦雄。王师于今年三月兵临东京西北羊驰岗扎寨。李镇抚轻敌,不料金虏命四太子统兵,会合李成贼兵,两军在平原冲突,王师无甲,难以抵御虏骑奔冲。自此便一蹶不振。依下官之见,平原旷野,利于虏人马军,而不利于王师步兵。然而破敌亦非无策,若是步兵披戴重甲,凭恃强弓劲弩,亦可抑制虏骑。京西屡经战乱,人口锐减,农桑失业。若粮运不济,亦是难以进兵收复。"张宪说:"董太尉所言深得事理。"他又仔细询问襄阳府一带的城池、地势等各方面的情况。张宪在蕲州一带与牛皋、董先等人共同部署了防务，然后命令王敏求回报岳飞。

再说岳飞在张宪前军渡江之后，经过一夜考虑，决定前去洪州，拜见升任安抚制置大使的赵鼎。他在第二天就与孙革带领十名亲骑启程，急驰洪州，进入州城后，径赴州衙。赵鼎听说岳飞到来，为表示礼遇，亲自出迎。两人进入大堂叙谈，岳飞开门见山地说明牛皋、董先、李道等投奔自己的情况，说："下官已命本司前军统制张太尉率先渡江，措置防拓，然而亦不敢擅自拘收，须是听候朝旨。"赵鼎说："岳制置底措置甚是得体。"岳飞说："闻得李镇抚与翟镇抚径自前来，参拜赵相公。"赵鼎说："翟镇抚伤重养病，李镇抚目即便在本司。"他下令召李横出来会见。

李横过去是桑仲的部属，与岳飞也在东京相识，他没有料想到岳飞会亲自到洪州，心里有几分惊慌。他进入厅堂，向赵鼎唱喏，接着又与岳飞互相作揖。岳飞责备说："李镇抚，你不与牛观察、董观察等到蕲州，却是前来洪州，舍近就远，是甚底意思？"李横难以正面回答，他只好向岳飞下跪，说："乞岳制置宽恕！"岳飞说："下官已是理会得李镇抚底意思，然而国难深重，自家们身为大宋臣子，理当同休戚，共患难，何得分彼此。身为武将，又须以雪复仇耻为重，以兵权得失、统兵多寡为轻。"李横无言以对。赵鼎出面调解说："李镇抚既已致歉，且归家休息，你所统兵马亦须别听朝廷指挥。"李横起立，退出厅堂。

赵鼎对岳飞说："下官已知岳制置底意思，欲并统李镇抚一军。然而岳制置已是身为大将，须是知义理，武人争兵权，此是国朝祖宗所戒。"岳飞理直气壮地答覆说："下官唯愿复仇报国，统兵自是多多益善。然而下官所部，不是下官底私兵，唯是朝廷底官兵。下官早已设誓，他年他月，自当功成身退，岂得久恋兵柄。"

赵鼎无话可说，就换一个话题说："如今襄汉失守，依岳制置底意思，当怎生措置？"岳飞慷慨地说："下官已上奏朝廷，唯愿统兵收复襄汉，以报国恩。下官所以欲并统李镇抚等军，亦只为此军将士久驻襄汉，熟知地理，可以助收复之功。"赵鼎说："如今荆湖一带，北有伪齐李成侵逼，南有湖寇杨幺作乱，已成南北夹攻之势。依岳制置之见，当如何用兵？"岳飞说:"依下官底意思,先复襄汉,次破湖寇。如收复得襄汉,李成丧师远遁,杨幺失援,便难以成大患。如是大江下流严备,又以王四厢一军箝制湖寇,下官统军鼓行,必可成功。"岳飞所说的"王四厢",是指奉命讨伐杨幺的神武前军统制王瓌,他兼有捧日、天武四厢都指挥使的虚衔,故称"王四厢"。赵鼎说:"原来岳制置已有成算,下官亦当上奏,助成岳制置之功。"岳飞表示感谢,他请孙革取出地图,向赵鼎仔细介绍自己的军事计划。翌日,岳飞又和孙革匆忙返回江州。

再说在洞庭湖西鼎州(治今湖南常德)龙阳县(今湖南汉寿)和沅江县一带的湖面,盘据着以杨幺为首的盗匪,分设三十五个寨栅,共有男丁五万多人,连同妇女、老幼家属共计二十五万多人,宋时称为湖寇。

原先在北宋末年,鼎州州治武陵县所辖唐封乡水连村住着一名巫师,名叫钟相,创立一种新的教派。说自己有神灵与天通,凡是投拜他的"法",必定田蚕兴旺,生计丰裕,疾病也不须用药,可以自愈,又说他"行法",能够等贵贱,均贫富。于是除本乡本州之外,连附近澧州和峡州的百姓也纷纷投奔。钟相的名声愈来愈大,骗取的财物也愈来愈多,成了本地的大财主。他的住处名叫天子冈,使他产生了政治野心,于是就自称"天大圣",又称"钟老爷"。"等贵贱,均贫富"的口号,其实是他骗人钱财,实现政治野心的手段。现在人们理解"老爷"一词,大致是明朝,特别是清朝作为对官员和豪绅的尊称,宋人一般没有此词。信徒们尊称钟相为"老爷",大约就是钟相本人的首创,爷就是父。凡是投奔他,就称为"拜爷"和"入法"。

建炎四年二月,钟相认为时机成熟,就开始率领信徒们造反,自称楚王,妻子伊氏为皇后,改元天载。不料在两月之内,兵痞孔彦舟的队伍就攻破钟相所在的天子冈寨栅,钟相、伊氏和长子钟子昂先后被俘被杀。

钟相的天通神灵虽然被事实戳穿,但他的余部杨幺等人仍然逐渐聚集,并且转移到本州龙阳县和沅江县一带湖面,建立水寨,仰仗水军和车船,抵抗官军。杨幺名杨太,但按当地的方言,排行最小的叫"幺",人们一般称他为杨幺或杨幺郎。他自称"大圣天王",另立钟相的幼子钟子义为"太子"。

绍兴二年时，宋廷关注的中心是湖东曹成、马友、李宏和刘忠四大寇，湖西杨幺的势力不大，尚不引人注目。到四大寇被解决之后，杨幺所部就成了荆湖的腹心大患。绍兴三年，宋廷特命神武前军统制王瓛负责进剿。杨幺军发挥车船的威力，一举歼灭崔增和吴全的水军，于是声势更盛。

杨幺的大寨位于沅水入洞庭湖的下沚江口的一个岛上，名叫宝台山。两三年之内，宝台山上已经兴建了一些宫殿式的建筑，模拟宋朝，也称为大内。绍兴三年十二月，钟子义和杨幺头戴幞头，身穿全套皇帝的绵服饰，并坐在大殿金龙交床上，接受八十多名水寨头领的朝拜。这些头领仿效宋朝制度，有三人称殿帅、马帅和步帅，其他人都称统制或副统制。他们行朝拜礼，山呼万岁后，八十多人就依次坐下议事。按他们的规矩，一般每月举行两次朝拜活动。

在下沚江口北岸设寨的统制周伦说："大齐殿前太尉李成占得襄阳府后，命武翼郎康彻前来通和，自家已教康彻一行十二人来大寨，请钟太子与杨天王处分。"钟子义今年只有十九岁，粗通文字，其实没有多少主见，水寨的事其实全是杨幺作主，其次是黄诚，他作为殿帅，地位仅次于杨幺，而颇有计谋。钟子义把眼光朝向杨幺，杨幺又问黄诚："你以为如何？"黄诚说："大齐知光州许约原已遣使通和，与自家们相约，共破赵氏。如今李成底官位又大于许约，自可以礼相待，共商讨伐赵氏底大计。"

杨幺吩咐周伦说："且教康彻进大殿。"周伦把康彻一行带进大殿，康彻等此时已穿上伪齐官服，上前向钟子义和杨幺叩头，说："大齐殿前李太尉麾下武翼郎康彻参拜钟太子与杨天王。"钟子义说："少礼，请就坐议事。"有军士搬来交椅，放在面对钟子义和杨幺的位置，让康彻一人就坐。康彻说："如今李太尉已占得襄阳府，距离鄂州、荆南府近在咫尺，便成垂手可得之势。李太尉且储粮蓄锐，待来年阜昌五年，便以二十万大兵直下江南，破两浙，灭赵氏。闻得钟太子、杨天王新破赵氏王瓛大军，威震荆湖，特命下官前来通和。若得钟太子、杨天王挥水师，南北夹攻，大事必是指日可期。"

杨幺问道："如何南北夹攻？有甚条件事目？"康彻取出李成的一封书信，亲自递交给杨幺，说："下官携有李太尉底书信，其上备述通和与夹攻底事目。"杨幺识字颇少，只能把书信转交钟子义，钟子义对大家念了一遍,康彻又解释说:"钟太子、杨天王底大车船,天下无敌。若得打造新车船,于来年七月间,前往鄂州、汉阳军、蕲州、黄州一带,迎接李太尉一行人马,济渡大江,然后水陆并行,直取临安,则赵氏必亡。"

杨幺说:"若是破赵氏后,天下又当怎生划分?李太尉底信中却是无此条件。"康彻说:"李太尉奉大齐皇帝旨意,唯是与钟太子、杨天王计议灭赵氏底事。灭得赵氏,大齐天子自当与钟太子、杨天王为兄弟之国,共享天下之乐。"黄诚说:"第一紧切底事,便是分天下,不然,自家们又如何出兵?"康彻被逼无奈,只得说:"李太尉言道,若是灭得赵氏,钟太子与杨天王可据荆湖与广南立国。"黄诚说:"莫须与大齐划江为界,南北通和。"康彻奉李成的命令,凡是议论土地的问题,姑且依允,以免影响对方出兵,就说:"依得,依得,下官回归开封,自须奏禀大齐皇帝,待来年会师时,另立盟约。然而今日须教钟太子、杨天王供得依应公文,以明下官不虚此行。"杨幺环视钟子义、黄诚等众人,大家都无异议,他于是说:"请钟太子亲书公文,须声明与大齐划江为界。"钟子义就亲自写了回信,给众头领念了一遍,尽管有点文理不通,也有若干错别字,但这群头领基本上都没有什么文化,他们听后,都无异论。按宋时的惯例,这份公文就由钟子义和杨幺分别画押和用印,交付康彻。

当夜,钟子义和杨幺就在大殿上举行宴会。大殿正北安放两个食桌,东面的食桌坐着钟子义和太子妃小心奴,西面的食桌坐着杨幺和妻子田氏。其余八十多个头领依次环坐二十多桌,特别让康彻与黄诚等同坐,以示礼遇。小心奴原是开封的女艺人,宋时称为露台弟子,长得颇有姿色。原来前蔡州知州程昌寓曾去开封,接替杜充和郭仲荀,当过一阵东京留守判官,他在开封城娶小心奴为妾。此后,程昌寓又出任本地鼎州的镇抚使,在上任之际,遭杨幺部袭击,小心奴被匪军抢走,献给了钟子义。康彻见到小心奴,不禁为她的美貌所动,并且有一种似曾相识的感觉。

水寨的普通徒众忙碌一阵,为众头领和来客传杯摆碗,席上所用的,是从程昌寓官船上抢来的一套名贵的后周官窑青瓷,号称青如天,明如镜,薄如纸,声如磬。康彻是北方人,他对水寨的村坊浊酒感觉无味,却对席上各色各样的丰盛水产感到吃惊和可口,既有新鲜的鱼、虾、蚌、鳖之类,又有各种鱼干、虾干之类,还有各种鱼鲊,琳琅满目,使他大饱口福。

他不断啧啧称赞说:"如此盛宴,端的是前所未见,前所未尝。"头领们揎拳露臂,互相斟酒,严冬时节,浊酒下肚,也不免酒酣耳热,有人开始大喊:"请太子妃唱一曲艳词!"众人跟着起哄。自从小心奴被抢来水寨之后,每逢酒宴,请她唱曲已成常设的娱乐节目。小心奴身穿艳丽的绵服,头戴缕金花钗冠,站起身来,一面用箸在桌上敲节拍,一面用清亮婉转的歌喉演唱一阕近几年来流行的《玉珑璁》词:

城南路,桥南树,玉钩帘卷香横雾。新相识,旧相识,浅颦低笑,嫩红轻碧,惜,惜,惜。

刘郎去,阮郎住,为云为雨朝还暮。心相忆,空相忆,露荷心性,柳花踪迹,得,得,得。

小心奴唱完,头领们顿时迸发出一阵喝彩声,康彻也为之如痴如醉。酒宴结束后,康彻不免向水寨的人打听小心奴的来历。原来小心奴本名萧心奴,是北京大名府的女伎,而康彻原是大名府的禁兵教头,曾经几次见她露台演出。宋代的舞台往往是露天的,并且一般是临时搭建的,称露台。建炎初年,萧心奴辗转流落到开封城,取艺名小心奴。康彻在大名府失守时,随张益谦等降金,后来又成了伪齐的低等武官。康彻打听到钟太子妃姓萧,就完全肯定此人就是萧心奴。他真想在水寨多住几天,再见小心奴几面,争取能与她面谈,然而杨幺却下令请他急速回报李成,康彻只得怅然离开水寨,匆忙北归襄阳府。

康彻见到李成,向他报告在杨幺水寨的经历,并且递交了钟子义和杨幺的回信。李成称赞说:"你此回出使,处置甚是得当,我当奏禀主上,与你加官。"康彻的心里还惦念小心奴,真想再去杨幺水寨,就说:"钟子义与杨幺既已供得依应公文,男女莫须再去水寨,另供李太尉底公文。"李成笑着说:"不须,不须!待大齐军马与钟子义等会合,然后将水寨头领们尽底斩馘,并统其水军,便直下江南、两浙,不须供通与他们划江为界底文字。"康彻到此才明白李成的用心,他想了一下,就下跪叩头,说:"男女此回去水寨,方知钟子义妻小心奴原是强抢而得。男女与小心奴原是在北京有旧情,切望李太尉成全,将小心奴依旧归男女,便是李太尉底天地之恩。"他为了达到个人的目的,只能诳称自己与小心奴有旧情。李成说:"你与小心奴既有旧情,我自当成全你。"康彻万分高兴,就如捣蒜般地向李成叩头致谢。

杨幺所部歼灭崔增和吴全的水军后,有两名被俘的官兵投降杨幺,他们又从水寨中逃出,向宋朝官员报告伪齐派人联络杨幺,准备共同出兵的事。消息传到临安,引起宋廷的震惊。岳飞几次上奏,慷慨请缨,力主反攻,克复襄汉地区。宰相朱胜非支持岳飞的建议,却又有相当多的官员反对出兵。宋高宗拿不定主意,迁延到绍兴四年二月,他决定召江南西路安抚制置大使赵鼎回朝,并且命令牛皋和董先随赵鼎同来行朝。赵鼎还未到临安,宋高宗又发表他出任参知政事。

三月十一日朝会之后,宋高宗召见全体宰执以及牛皋、董先。当时知枢密院事张浚也在不久前奉召回到行朝。遭台谏官们弹劾,说他在川陕胡作非为,跋扈专恣,误国欺君,因而被罢免赋闲。于是宰执只剩下右相朱胜非、参知政事赵鼎和签书枢密院事徐俯三人。徐俯是洪州分宁县人,著名文豪黄庭坚的表外甥,在靖康末开封围城之中颇有清誉,但这次却是反对岳飞出师的最有力人物。宋高宗事先已经派宦官告知朱胜非,希望通过这次面对,解决是否出兵襄汉的问题。

先是宰执上殿,分立御榻两侧,牛皋和董先两人接着被引领上殿,向皇帝叩头,高呼"恭祝圣躬万福",然后起立。宋高宗仔细端详两人,认为不必再提以往降伪齐的旧账,就说:"卿等是国之虎臣,在京西与虏、伪厮杀,甚是宣劳,朕所眷倚。如今襄汉失陷,杨幺又欲与伪齐结连作过。依卿等底意思,当怎生措置?"董先说:"闻得杨幺与伪齐通和,下令诸贼寨,新造车船十五只,于今年六月间火急收刈早稻,七月起发,前去鄂州等处,与李成会合。臣以为先发制人,后发制于人,唯有及早用兵,破得李成,方可保江南、两浙无虞。"

宋高宗又望着牛皋,示意由他发言,牛皋激动地说:"臣与董观察等在京西与虏、伪角力,甚是艰难,万不得已,暂依刘豫,却是心向王室。官家不念旧过,臣等极是感激,誓当粉骨糜身,报效圣恩!臣底计议与董观察无二,唯是恭请陛下早降圣旨,臣愿与董观察为前驱。"徐俯插话说:"你们已是被伪齐李成所败,如今又力请出师,可有胜算?"牛皋说:"李横虽是兵不素练,仓猝出师,亦曾一举收复京西地界,兵临旧京。岳制置精通韬略,军伍严整精锐,岂是李横可比。臣与董观察见得岳制置军中将士,人心思奋,踊跃求战,唯是愿为陛下效力死战,如此军心士气,岂可多得。臣在中原,久知民心向背。虏人侵略,已有九年,兵势日渐萎靡不振,刘豫苛虐,百姓怨恨入骨。依臣之见,伪齐必灭,中原可取,全在陛下圣断,坚定不移。"

徐俯还想插话诘难,却被宋高宗制止,宋高宗对牛皋和董先两人的奏对心有所动,就说:"二卿且退殿休息,用兵是国之大计,待朕与大臣详议。"牛皋和董先只能行礼退下。宋高宗吩咐宦官冯益说:"且取岳飞底奏议,与众大臣传阅。"朱胜非等人见岳飞的奏文如下:

> 臣窃唯善观敌者,当逆知其所始;善制敌者,当先去其所恃。今外有北虏之寇攘,内有杨幺之窃发,俱为大患,上轸宸襟。然以臣观之,杨幺虽近为腹心之忧,其实外假李成,以为唇齿之援。今日之计,正当进兵襄阳,先取六郡,李成不就絷缚,则亦丧师远逃。于是加兵湖湘,以殄群盗,要不为难。而况襄阳六郡,地为险要,恢复中原,此为基本。臣今已厉兵饬士,唯俟报可,指期北向。伏乞睿断,速赐施行,庶几上流早见平定,中兴之功次第而致,不胜天下之幸。

朱胜非看后,乘机进言:"臣早曾上奏,襄阳地处上游,襟带吴、蜀。国家占据此地,则进可以蹙贼,而退可以保境。今既陷于伪齐,便是势所必取,不可稍有犹豫。"徐俯说:"襄阳底得失利害,天下共知,然而李横已败,如出师再次不利,岂不损动国威,教虏、伪益加轻视王师。陛下已决计与虏人通和,降朝旨约束诸路,并不得出兵,臣亦恐出师不利于陛下底长策。"朱胜非说:"虏人自来以和议佐攻战,李永寿等方离得行在,四太子便大举攻蜀。大宋岂得以通和而不思进取。"

徐俯说:"如今岳飞底兵籍,便是兼牛皋、董先两军,亦不过二万八千六百余人。兵少恐不济事。若要出兵,莫须教刘光世,或是另命大将。"赵鼎说:"刘光世在建炎三年、四年曾在江西,虏人底偏师渡江,刘光世不敢交一兵,发一矢,唯是拥兵远遁,如何了得。岳飞勇锐敢战,世所共知,他早已谋划复襄汉之役,胸有成竹。臣以为知上流形势利害,莫如岳飞。"朱胜非进一步强调说:"不复襄汉,陛下便不得奠安两浙;不用岳飞,便不得复襄汉。"

徐俯还想再作争辩,却被宋高宗制止,他说:"朕意已决,须命岳飞出师,然而与虏人通和底事亦不可废。此回用兵,教岳飞唯是收复襄阳府、郢、随、唐、邓州、信阳军六郡地界,不得深入伪齐地界,亦不得张皇事势,称提兵北伐,以免引惹虏人,有误议和大计。卿等可草拟三省、枢密院札,明日进呈,朕亦须亲书手诏,叮咛告诫岳飞,务在遵禀朝廷号令。"朱胜非和赵鼎连忙说:"臣等领旨!"徐俯也勉强附和说:"臣领旨!"

赵鼎说:"牛皋与董先面对已毕,可即日命他们返回江州,做岳飞制置使司统制。臣以为须另命一行朝文臣,与他们同行,到岳飞军中,宣谕慰劳,观察军情。"宋高宗说:"牛皋与董先尽忠本朝,可各赐银千两。卿等可奏举一人,前去江州。"赵鼎说:"臣闻得司农寺丞李若虚与岳飞有旧,可当此任。"宋高宗说:"既是恁地,朕明日便召李若虚面对,命李若虚速与牛皋等同去。"朱胜非说:"王璪目即驻兵鼎州,可教他依旧招捕杨幺,以为牵制。岳飞自江州出师,必是取道鄂州,可命荆湖北路安抚司勾抽统制崔邦弼、颜孝恭两军,并命荆南府镇抚司亦勾抽军马,听岳飞节制使唤,以助成功。"宋高宗说:"卿思虑详密,便依卿奏。"

朱胜非等退殿后,迅速草拟省札公文,宋高宗也亲笔写了手诏,分别在三月十三日和十四日用急递和金字牌发往江州。徐俯却因为皇帝没有采纳他的意见,引疾辞职,四月,宋高宗批准了他的辞呈。

[贰柒]
出 师 前 后

几个月来,岳飞前后上奏六次,又给朱胜非写信四封,还分别派于鹏和王敏求到行朝打听,急切地盼望着朝廷早早下令北伐,简直是望眼欲穿,度日似年,但得到的消息总是扑朔迷离,说是行朝的廷臣们意见纷争,犹豫不决。唯一给岳飞带来希望的,是朱胜非有两封亲笔回信,给岳飞以鼓励,教他耐心等待。直到绍兴四年三月下旬,岳飞几乎同时得到两个振奋人心的消息,一是临安终于递发到宋高宗的手诏和朝廷的省札,二是川陕前沿传来了吴玠军大败金军的捷报。以三省、枢密院名义所发的省札,宣布岳飞的制置使差遣中兼荆南府和鄂州、岳州,即将荆湖北路最重要的三个州府划归岳家军的战区,要求岳飞在麦熟以前,统军收复襄汉六郡,并且对钱粮供应等作了安排。但宋高宗在手诏中却是强调"追奔之际,慎无出李横所守旧界,却致引惹,有误大计。虽立奇功,必加尔罚",对这次出兵作了最严格的限制。然而按省札中的规定,唐州和信阳军其实还是在李横原来的辖区之外。由于当时金、均、房三州仍然归宋朝控制,如果收复襄汉六郡,就等于恢复了宋朝原来的京西南路的行政区划,另外还加上了原属京西北路的信阳军。

岳飞的内心尽管对宋高宗的限制有几分不快,但仍然非常珍视这个盼望已久的出兵机遇,他和孙革连夜在制置司起草奏议和公文,准备回报皇帝和朝廷。按岳飞的习惯,重要的奏议和公文虽由孙革起草,他本人还须与孙革共同推敲和修改,并且亲自誊录,以示郑重。寇成进入这间点着油灯的茅屋,向岳飞唱喏,说:"岳制置,下官与王太尉情同手足,自他统兵去广州,已是两年,虽间或有书信往还,而极是思念,不如乘此机会,上奏朝廷,召他回军。岳制置出师,亦必是可得王太尉底助力。"王经带兵去广州,其实只是大半年,却是横跨了两个年度。岳飞指着正在誊写的奏文说:"难得寇太尉念及此事,下官亦是朝夕思念,此回适中机会,已上奏朝廷,乞王太尉归军。"寇成见奏文上已经写着这件事,就用手按着额头,表示欣慰和高兴,孙革微笑着说:"此亦是人同此心,心同此理,寇太尉自可归家安卧。"寇成说:"岳制置与孙干办亦应及早安卧。"他一面说,一面向岳飞和孙革行礼告退。

不料三天之后,王经的家眷竟带着他的棺材来到了江州,原来王经已在广南病故。岳飞和众将、属官们无不伤恸,特别为王经举行吊唁仪式。岳飞问王经的妻子说:"王太尉病革之时,有甚言语?"王经的妻子说:"故夫言道,他唯是恨不得马革裹尸,却是死于炎瘴之地。他日克复中原,乞岳制置与寇太尉将他底棺木移葬于相州临漳县义成乡兴平里故土。"岳飞听后,更是泣不成声,过了好一会儿,他才发出坚定的誓言:"自家们誓当继王太尉底遗志,克定中原,长驱燕云!然后将王太尉底遗骨归葬于故里。"岳飞自己出资,请东林寺的住持僧慧海为王经做道场。

三月末,牛皋、董先和李若虚快马加鞭,赶到江州。李若虚特别重申了宋高宗手诏中的告诫,并且宣布牛皋、董先、李道等正式隶属岳飞。岳飞关切地询问:"不知李镇抚与翟镇抚甚处顿放?"李若虚明白岳飞的心意,还是想合并李横的部队,就说:"李镇抚不愿听岳制置节制,朝廷已命他底部曲改隶神武右军张节使,而翟镇抚已充江南东路兵马钤辖底闲职,教他寓居宣州养伤。李镇抚部曲虽号称一万五千之众,其实壮丁不足四千,朝廷既有指挥,鹏举亦不须引以为憾。"岳飞只能报以无可奈何的一笑,李道说:"李横不是将才,心胸褊狭,便是投归岳制置,切恐岳制置亦是难于驾驭。"大家明白,李道原来与李横同是桑仲的部曲,地位相当,后来虽然只能从属李横,但内心不服,所以这次乘机断然脱离了李横。

李若虚说:"朱、赵二相公并力保奏鹏举出师,然而他们亦教下官传言,自官家渡江以来,虽曾屡遣兵将,亦止是讨荡盗贼,未尝大举进击房、伪,鹏举此回出师,所系利害甚重,须保万全,不得教房、伪益生轻慢之心。"岳飞明白,朱胜非和赵鼎一面保举自己,一面还是对这次出兵有相当的顾虑,就用慷慨激昂的语调说:"自古交兵,难得有泰山压卵底万全之势,然而洵卿可回朝传语二相公,下官与众将士誓取襄阳府等六郡,哀兵必胜!"

李若虚说:"朱相公又教下官传言,若此举成功,便以旌节授予鹏举。"宋朝的节度使有一套特殊的旌节仪仗,授予节度使的官衔,称为建节。建节成为天下多少武人可望而不可及的宿愿。不料岳飞听后,脸上却显出几分不悦,他义正辞严地说:"朱丞相不以国士待岳飞,教岳飞深以为憾。洵卿当为岳飞善辞朱丞相,下官可以义责,不可以利驱。此举系国家社稷底安危大局,君主底大事,若是成功而不授节,难道便不当尽心竭力?拔一城而授一爵,此所以对待常人,而非所以礼遇国士!"李若虚面带敬意,起立作揖,说:"下官今日方知鹏举底国士怀抱!"

由于牛皋、董先、李道等部的并入,岳飞对本军的编制单位作了一次改组,除了保留原有的五军外,新设背嵬军作为亲军,还增设了踏白军、游奕军、选锋军和破敌军,张宪任前军统制,孙显任前军统领,徐庆任右军统制,庞荣任右军副统制,王贵任中军统制,苏坚任中军统领,牛皋任左军统制,傅选任左军副统制,寇成任后军统制,李山任后军副统制,董先任踏白军统制,姚政任游奕军统制,李道任选锋军统制,王万任破敌军统制,郭青任背嵬军同统制。各军之下仍设两将编制。霍坚任都训练。苏坚原来是董先的副手。大军出战,而军队家属还须留在江州,江北的舒州和蕲州仍属岳飞所辖的战区,岳飞与众将、属官们商议,部署姚政率游奕军二千兵力守江州,傅选率左军一千兵力守舒州,李山率后军一千兵力守蕲州。岳飞选择四月十九日吉日,亲统二万四千六百人马出师。

出兵的前夕,岳飞固然十分紧张和忙碌,岳家人其实也都有相当重的心理负担。一天夜里,李娃对岳飞说:"此回是鹏举初次秉钺专征,朝廷底委寄甚重。目即又值炎夏时节,暑气逼人,奴家忧心你底目疾发作,有误军事。奴家已是备得眼药,出师之后,须是每日洗目。"岳飞只是深情地望着妻子,心里有难以言喻的感激之情,他转念多病的姚氏,不免有一种很深的负疚感,就动情地说:"妈妈近时多有病痛,我做儿子不孝,未得朝夕伏侍,出征之后,全是仰仗孝娥与众家人关照。"李娃说:"会得,鹏举须以朝廷大事为重,安心出征,莫以阿姑为念,奴与家人自当精心看觑。"

岳飞说:"既是恁地,孝娥便受自家一拜。"

李娃连忙拦阻,说:"孝敬阿姑,自是奴家底本份,鹏举不得如此。"她停顿一会儿,又转换话题说:"去年娟儿十五岁,自家们已是为她行得笄礼。今年张衙内与祥祥已是十六岁,鹏举出师之前,当择吉日为他们行冠礼。"当时男子十五岁到二十岁,女子十四岁出嫁或十五岁而未嫁,要举行冠礼和笄礼,冠礼俗称裹头,用以庆祝和标志成年,此项礼节的一个重要内容,就是给他们授予表字。岳飞说:"祥祥年幼,不如待出兵胜捷之后,再行冠礼。"李娃说:"此是阿姑底意思,她喜爱娟儿,欲教祥祥娶新妇,早得孙儿。"岳飞说:"我以为娟儿当与张衙内议亲。"岳飞有自己的想法,张宗本和巩岫娟是两个忠臣的遗孤,自己的儿子既然安排在军阵之中,不免有个三长两短,如果与巩岫娟成亲,有可能误了女方的终身幸福。李娃说:"奴家岂不明鹏举底心意,然而娟儿与祥祥,堪称青梅竹马,奴家已知得娟儿底心意,而阿姑执意教祥祥与娟儿议亲,鹏举亦不得违背母命。"岳飞只能叹一口气,不再发表意见。李娃又说:"奴亦知鹏举底意思,祥祥不得早于张衙内议亲。奴家已与姆姆体探得,陈知州有一女,亦是行年十六,资质庄重,相貌秀丽。可在行冠礼之后,同共议亲事。"岳飞听说准备让张宗本与江州知州陈子卿的女儿结亲,感到高兴,说:"张招抚是文士,陈知州亦是文士,两家议亲,门当户对,足以慰张招抚底忠魂。然而张衙内与娟儿皆是忠臣遗孤,婚礼不得简慢,可在冠礼后定帖。张衙内何时迎娶,须是六嫂做主,教媒人与陈知州商议。祥祥须待凯旋之后成婚。"

宋时举行冠礼和笄礼并不讲究生日,而是讲究吉日。张宗本生日是四月十五日,正好是吉日,于是就将庆祝生日和举行冠礼合并在一天。岳雲的生日较晚,是六月九日,为了方便,也与张宗本同时举行冠礼。随着岳飞官位的升迁,俸禄自然愈来愈优厚,皇帝为了表示殊恩,还不时有赏赐,但岳飞仍然保持节俭的生活,不许家人铺张。宋代的冠礼和笄礼除了宫廷以外,即使是官宦之家,也并不讲究排场,一般不请亲戚,只是本家人关起门来,举行简单的仪式。但今天为了张宗本的生日,岳家破例地在军营中的一排茅屋举行宴会,除了制置司属官、各军统制、统领、各将正将、副将和李若虚之外,还有江州知州陈子卿和夫人,也应邀前来赴会,其实带有相亲的意思。按媒人居中传话,如果陈子卿夫妇对张宗本满意,在冠礼之后,双方就交换草帖和定帖,有了定帖,男女双方就算订婚,只待日后办迎娶手续了。宴会男女有别,女子数比男子数少得多,除岳家的女眷外,只有如寇成、王经、于鹏、郭青等张所旧部的女眷,应邀前来。女子们只参加生日宴会,不参加冠礼,女子们的宴会主角当然是姚氏、李娃和陈子卿夫人,但李娃特别把张宗本的义母芮红奴推到比自己更加重要的地位,让她与陈子卿的夫人同座。

冠礼开始,张宗本和岳雲都身穿簇新的绿纱袍,两件丝质袍都是岳家女眷夜以继日缝制的,腰系勒帛,脚穿素履,头顶梳成儿童的双髻。张宗本首先东向而坐,寇成手持一顶绿头巾,西向站立。今天特别请陈子卿担任司仪,他致词说:"四月吉日,冠礼适时。弃尔幼志,顺尔成德。昭告厥字,君子攸宜。永受保之,介尔景福。"然后取篦给张宗本梳头绾髻,寇成上前,给张宗本戴上头巾,陈子卿说:"今授字曰子忠。"张宗本起立作揖,说:"小子不敏,敢不祗奉!"接着,寇成又分别为张宗本换戴帽和幞头。陈子卿为张宗本送上一卮酒,张宗本跪受,起立后一饮而尽,冠礼就算完成。岳雲接着也举行同样的仪式,由李若虚任司仪,张宪前后给岳雲分别戴上头巾、帽和幞头,由李若虚宣布:"今授字曰应祥。"

冠礼结束后,岳飞邀陈子卿等人入筵席。张宗本和岳雲分别穿梭于各个食桌,为众人斟酒,执后辈之礼。岳飞等张宗本斟酒走后,就低声问陈子卿:"如何?"陈子卿带着感叹的语调说:"忠良有后,是自家底佳婿,今日方见岳制置底节义与苦心!"岳飞说:"张衙内颇有张招抚底风采,日后必是成才!"

张宗本和岳雲还须到女眷们的筵席上敬酒。陈子卿的夫人姓杜,有命妇宜人的封号,她见到张宗本,更是执着他的手,乐不可支,简直不知说什么好。等张宗本走后,她特别为芮红奴斟酒,说:"感荷芮孺人,养育得一个好少年!"芮红奴毕竟还是一个不识字的村妇,遇到这种场面,真不知怎么酬酢。李娃在旁说:"奴家底姆姆生就菩萨心肠,得此义子,亦是上苍底厚报。唯愿与杜宜人底掌上明珠早成佳偶。"杜宜人高兴地说:"自家们当去繁就简,不须用草帖子,明日便互换定帖。"芮红奴也高兴地说:"今日便是杜宜人一言为定。"整个筵席上欢声笑语不断。

尽可能隆重和热烈的冠礼和生日宴会，无疑是有一个成人们心照不宣的主题，这就是表示对张宗本之父张所的敬意和怀念。然而对此感受最深的，却是巩岫娟。依今人的标准，她其实尚未成年。按古代的礼俗，她举行笄礼之后，成了一个等待出嫁的少女，她与张宗本和岳雲的接触，再也不能像以往那样无拘无束，那样随便。愈是如此，她对岳雲就愈有一种更强烈的爱欲，愈是渴望哪怕是与他说一句话，或是看上一眼，而真与岳雲接触时，也就更多了一种羞怯感，不敢多说，也不敢多看。李娃对她尤其慈爱，也猜透她的心思，所以对她与岳雲定亲的事，从不隐瞒，总是私下及时通报她。

巩岫娟作为闺女，现在只能独住一小间茅屋。李娃担心她孤独，就安排六岁的岳安娘与她同住。夜深人静，岳安娘早已熟睡，而巩岫娟却辗转反侧，怎么也睡不着。她因为人们怀念张所，不免由此及彼，怀念自己的生父巩义方。她品味着岳家人，特别是李娃对自己无微不至的厚爱，又不免想到了心上人的远征。从理智上说，她渴望岳雲能在这次前所未有的军事征讨中立功，但从感情上说，她又真舍不得岳雲出战。万千思绪，各种甜酸苦辣的滋味，袭扰着她，她自己也无法说清楚是什么样的复杂感情和心境。突然，军营里传来了通常的刁斗声，巩岫娟再也无法克制自己的感情，产生了非常强烈的抒情欲望，就穿着细麻衣起床，点亮了油灯，写下一首诗：

> 干戈满天地，
> 杀气撼江城。
> 刁斗森壁垒，
> 皓月逐行营。
> 雄师旦夕出，
> 故园待洗兵。
> 少女愁无寐，
> 总是别离情。
> 何日平胡虏，
> 良人罢远征。

最后两句完全是照抄李白的诗，她认为这两句最能代表自己此时此刻的心情，写完之后，反复吟诵几遍，又忍不住啜泣起来，独自呆呆地坐了一会儿，再回到床上，还是难以入睡。巩岫娟思忖多时，她真想把这首诗笺马上送给岳雲，但又羞于亲自递交。她几次三番企图打消这种念头，然而渴望未婚夫理解自己的迫切心情，又根本无法抑勒，她终于下了决心，一定要在出征之前，把诗笺交付岳雲。她决定让弟妹转交诗笺，认为岳雷年龄已大，羞于派他做这种差使，就只能在岳安娘和岳霖两人中选一。她又权衡一下，岳安娘聪明伶俐，比较多嘴饶舌，相形之下，岳霖却比较纯厚老实，平时少言寡语。于是巩岫娟就看中了最小的弟弟去办理这件事。

　　岳家军出征前的准备和操练十分紧张，岳飞和张宪都不在家吃晚饭，唯有岳雲代表父亲，每天操演完毕，还是回家陪伴姚氏等家人。姚氏如今多病，大半时间是躺在床上，长孙的归家和伏侍，对她当然是一种重要的精神安慰。岳银铃、李娃、芮红奴、高芸香和巩岫娟只要有空，也总是聚集在她的卧室，这间卧室也是茅屋。但巩岫娟每次见到岳雲进屋，总是行礼道"万福"，然后回避。十六日夜，岳雲才回家，就来到祖母的卧室，代替父亲行孝道。姚氏近来身体不好，但每次估计到岳雲快回家，就赶紧起床，强坐在交椅上，以免儿子和孙子为自己的健康操心。岳雲向祖母和长辈行礼，他发现今晚巩岫娟不在屋里，也不好意思询问什么，只是照旧问候祖母和长辈。

　　大家正坐着说些闲话，只见岳霖进入卧室，他手里拿着一张折叠的纸。芮红奴好奇地叫着小名问道："三宝，你手中持底是甚物事？"岳霖用稚嫩的嗓音说："娟儿教我送与哥哥，而不得与他人说破。"于是卧室里迸发出一阵大笑，连病痛的姚氏也笑得合不拢嘴。岳雲却脸涨得通红，不敢接收这张纸笺。李娃感到不能让儿子难堪，就用眼神向姚氏示意，姚氏用眼神表示完全同意。李娃就吩咐说："祥祥，娟儿自小与你相伴，如今已是定亲，男女之间，不得过于疏远，而况你出战在即。"她接着又吩咐岳霖说："速将此纸付与祥祥！"岳霖乖乖地把信交给岳雲，岳雲只能红着脸接受。姚氏说："此亦是老身思虑不周，五新妇可教娟儿与祥祥相聚数日。"岳雲尴尬地说："孙儿须在此孝敬婆婆！"芮红奴说："阿姑自有自家们伏侍。"她向李娃使了个眼色。李娃起立，用命令的口吻说："祥祥，随我前去！"岳雲还是难堪地僵立着。姚氏说："祥祥，家中不得有许多礼数，可随你妈妈前去。"李娃抓住岳雲的手,把他拉到巩岫娟的卧室,并且招呼岳安娘到自己身边,对巩岫娟和岳雲宣布说:"阿姑言道,教你们不得过于疏远,且相聚数日。"说完,就带着岳安娘离开,岳雲和巩岫娟只能含羞向李娃行礼道别。

此时此刻,一对小情人既有千言万语,却一时说不出一句话,过去是两小无猜,如今却是无比拘束。两人在一盏小油灯旁沉默对坐,偶尔四目对视,又互相羞赧地低下头。岳雲终于想起刚才岳霖传送的纸笺,就从袖里取出来,仔细地阅读和品味。巩岫娟偷偷地看了岳雲几眼,好不容易想到了话题,说:"奴家与你底言语,俱在诗中。"岳雲突然联想到当年的事,说:"高四姑与张太尉新婚之后,便送他投军。三年离别,万千酸辛,我至今尚忆得她为思念张太尉,不知私下落了多少相思泪。不料今日亦见得娟儿底心意,与高四姑相同。"巩岫娟说:"奴家今日方知,大凡征战,男儿有战场之苦,厮杀之险,而女子亦有离别之痛,相思之哀。唯愿阿爹早日统军荡平漠北,然后净洗甲兵,天下永无军事。"说完,竟悲泣起来,岳雲也不知说什么好,他呆愣了片刻,还是为巩岫娟递去一方手帕。巩岫娟用手帕擦拭着泪水,突然,她起身站立,用庄重的神态和语调对岳雲说:"唯愿你此去多立战功,为奴底阿爹报仇,奴当在家代阿爹与你尽孝,静候捷报!"

十八日已是出师的前一天,傍晚时分,岳飞和张宪特别早些时候归家,准备与家人最后一次共进晚餐。不料姚氏当天发烧,根本无法与大家共餐。她事先已经作了布置。岳飞和张宪来到厅堂,就由芮红奴出面说:"伯伯,今日阿姑昏倦,已是安卧,她教奴家传言,伯伯不须入内请安,今晚及时休息,明日全力措置出兵事宜,不须告辞。"岳飞听后,转而着急地问李娃:"我料得妈妈或是有病痛,你与自家是夫妻,不得瞒昧。"芮红奴却出面袒护李娃,说:"阿姑是一家之主,她既有言语,姆姆岂得不遵。"

岳飞不想再与芮红奴费口舌,就径奔姚氏卧室,不料却有岳银铃在门外拦阻,她低声说:"妈妈已自安睡,五郎不得惊扰妈妈。"岳飞着急地问:"妈妈莫非有病痛?"岳银铃说:"妈妈唯是思睡,别无病痛。她教五郎全心措置军事,不得以妈妈为念。"岳飞说:"二姐瞒昧我,岂不教我乱了方寸。"岳银铃正色地说:"奴家岂得欺诳五郎。"岳飞说:"既是恁地,且教我进去见妈妈一回,亦可安心。"岳银铃说:"妈妈既有言语,五郎岂得违忤。"岳飞被逼无奈,只得下跪哀求,说:"我唯是求二姐通一线路。"双方正在僵持不下,姚氏却从屋里出来,用略加训斥的口气说:"五郎,你一身系大军之重,如何可不安心军务。听老身底言语,待凯旋而归,母子方得会面。"说完,就拉岳银铃进屋,然后关上房门。岳飞只得掉着眼泪,接连叩头九次,起身离开。

晚饭后,岳飞夫妻回到卧室,岳飞开始厉声追问李娃:"妈妈怎生底,实道来?"李娃对此早有精神准备,她用委婉的口吻说:"阿姑今日直是有小疾,然而阿姑底意思,便是教你不得辜负朝廷委寄,不得以她底小疾为念。鹏举若是孝顺,须是念阿姑底苦心,努力戎事。"岳飞再无话说,只是向妻子长揖,用恳切的语调说:"我去之后,全仗孝娥与众家人伏侍妈妈,请受我一拜!"李娃还礼说:"奴家与众人敢不尽心竭力。"翌日清晨,岳飞吃了早饭,向众女眷长揖告别,再三委托和叮咛了关照姚氏的事,又来到姚氏卧室门前,眼眶噙着泪水,下跪叩头,接连轻声说了几句:"不孝子告辞妈妈!"然后与张宪、岳云径赴教场。

岳家军的十军,除傅选和李山率领左军和后军的一部,事先已经出屯江北的舒州和蕲州之外,全体在教场列成方阵。由于朝廷的布帛供应及时,全军都已换了新军装,在初夏的灼热阳光照耀下,从军衣到旗帜,是一片新鲜的绯红色,与明亮的兵刃互相辉映,十军之前各有一面绣本军军号黑字的军旗。如今皇帝亲赐的"精忠岳飞"旗当然成了本军的大纛,矗立在土坛上,由都训练霍坚亲率军士们杀猪羊,行军祭,干办公事李廷珪念"恭行天讨,殄寇克敌"的祝文。岳飞接着下坛,骑上皇帝亲赐的铁鬃骓,手执铁挝,以军礼入教场,干办公事于鹏、孙革和王敏求也都执剑,骑马紧随。

在岳飞的脑海中,九年前宗泽在北京大名府教场阅兵,慷慨许国和赴难的场面,始终是最使他感恸和激动的往事之一。他今天效仿当年的宗泽,不断向将士们高喊:"我今日当与诸君敌忾同仇,赴汤蹈火,有进无退,誓复襄汉!"各军都分别齐声回报以"哀兵必胜",悲壮慷慨的呐喊声震荡长空,撼动大地。阅兵结束,岳飞下马,登上土坛,亲自挥舞"精忠"旗,于是以张宪和孙显的前军为先导,九军依次出发,唯有姚政的游奕军留驻。

李若虚和以陈子卿为首的江州地方官都在土坛上，目睹出师的壮举，个个感叹不已。陈子卿兴奋地说："今日方见得王师如此雄盛，必是锐不可当，旗开得胜，马到成功！"李若虚却联想到当年开封陷落，亲弟殉难的悲惨日子，不免落下几滴泪，他动情地说："如是八年前有此良将，有此雄师，岂得有靖康之耻！"岳飞等背嵬亲军出动时，就与李若虚等人告别，李若虚说："下官离行在之前，君相尚以出师为忧，今日得见鹏举底用兵行师，又有何忧！"岳飞严肃地说："吴节使已在仙人关痛击四太子，大振国威。下官料得此回与伪齐军周旋，必是胜券在握，然而亦不可轻敌。"陈子卿说："下官在江州，自当看觑岳制置全军老小，专候捷报。"岳飞说："感荷陈知州。"他与文官们互相行礼告别，然后下坛上马，和四名干办官、都训练霍坚一同随背嵬军出发。李若虚、陈子卿等人直到看九军全部启程，才离开教场。李若虚在翌日赶回临安。

四月下旬，岳家军抵达大江中游的重镇鄂州（今湖北武汉市武昌），并不入城，而是从城东郊径渡大江。担任联络的于鹏和李廷珪先期急驰，来到鄂州城里，向知州兼荆湖北路安抚使刘洪道通报。按照朝旨，荆湖北路属下崔邦弼和颜孝恭两军须临时归岳飞节制，而荆南镇抚使解潜也须派兵暂归岳飞节制。刘洪道已早有准备，他带着崔邦弼和颜孝恭两军，随于鹏到江岸会师。崔邦弼一军有三千人马，颜孝恭一军有两千人马。由于荆南镇抚使解潜的军队还未到达，李廷珪又马不停蹄，前往催促。

岳家军的前、右、中、左、后五军已经依次渡江，岳飞本人正准备亲率背嵬军上船，却得到金字牌传递的宋高宗手诏。岳飞心中一惊，他认为一切都已就绪，皇帝似乎没有另发手诏的必要，他最担心的，是此时此刻接到不准出兵的圣旨。岳飞想了一下，就命令踏白、选锋和破敌三军接踵渡江，背嵬亲军暂时停留大江南岸。在江岸的一片草地，岳飞临时举行了向东遥拜，跪领圣旨的仪式。接着开拆，手诏中说："朕尝闻卿奏，称王贵、张宪、徐庆数立战效，深可倚办。方今正赖将佐竭力奋死，助卿报国，以济事功，理宜先有以旌赏之。其王贵等各赐捻金线战袍一领，金束带一条。"岳飞读后，立即吩咐将金字牌递到的三套战袍和金束带先送过对江。

于鹏和刘洪道等人也在此时赶到江边，与岳飞相见。经于鹏居中介绍，岳飞与刘洪道互相作揖，而崔邦弼和颜孝恭向岳飞唱喏。双方就站立江边叙谈，刘洪道说："岳制置行军辛劳，下官聊备杯盘与薄酒，欲与岳制置洗尘饯行。"岳飞说："感激刘安抚底厚意，下官王命在身，须是急速济江，待日后凯旋，再入城拜会。"刘洪道说："既是恁地，下官恭敬不如从命。国家患难至深，如今已见否极泰来，西有吴节使，东有岳制置，俱是国之干城，下官极是仰慕，今日方得一见。"岳飞说："吴节使威震南北，而下官委是不足以当此。"刘洪道说："岳制置不须过谦。五年前，下官受命守明州，不能与城池共存亡，以致全州百姓惨遭屠戮，至今深以为恨，深以为悔，唯愿稍赎罪愆。虏人南侵，已是十年，今日方见岳制置出师反攻，系国家荣辱安危甚重，下官义当全力相助。"岳飞也知道刘洪道五年前放弃明州城的事，现在见刘洪道诚恳悔过，才真正对他有了好感，说："改过不吝，便是君子。下官此回出师，亦是仰仗刘安抚全力应援。"

刘洪道吩咐崔邦弼和颜孝恭说："如今你们便隶属岳制置底麾下，须是恭听号令，效力用命！"两统制说："会得！"岳飞说："第一便是严守军律，不得骚扰百姓，践踏禾稼。"两人又说："小将遵命！"岳飞当即命令两人："待我统军济渡后，你们率本军接续济渡。"他和刘洪道作揖告别，与于鹏、孙革、王敏求、霍坚登上渡船。

渡船缓慢地摇到江心，于鹏望着浩荡的江水，突然感慨地说："宗留守病革时三呼'过河'，自家们六年前弃旧京渡江，尚是记忆犹新，今日方得重新渡江！"岳飞也激昂地说："此回不擒逆贼，不复旧境，委是愧对宗留守、张招抚底忠魂，岳飞誓不再涉大江！"

[贰捌]
克复襄汉

岳家军的第一个攻击目标,就是位于最南端的郢州(治今湖北钟祥市)。五月初五,岳家军沿汉水东岸北上,兵临郢州城下。这是一个石城,西傍汉水沿岸的山岗,成为天然屏障,城北有雄楚门,城东有行春门,城南开两门,东面是宣风门,西面是富水门,城外环绕着护城濠。伪齐任命的知州名叫荆超,他原是北宋皇宫的班直,骁勇强悍,号称万人敌,所以刘豫和李成特别委以最前沿的重任,还另派一个文官刘楫出任州治长寿知县,充当谋主。由于粮食供应和运输困难,最初,荆超部下只有一千人马。但到四月末,城里积聚的粮草已相当丰足,为了准备七月出兵,伪齐陡然增兵,集结了上万兵马。其中还包括一名女真千夫长,名叫尼忙古合喜,他是万夫长尼忙古刘合的弟弟,率领由女真、渤海、契丹和奚人混合编组的一支七百人的队伍,其实是有给伪齐军壮胆的意味。

岳飞事先派人到郢州侦察多次,对州城的防御情况已了如指掌。他抵达后,立即展开兵力,命令董先的踏白军、李道的选锋军和崔邦弼、颜孝恭军屯兵在城北,准备阻击北方增援的敌人,又命令王贵的中军屯驻城北雄楚门一带,牛皋的左军屯驻城东行春门一带,自己亲统其他五军屯城南。部署已定,时值正午,岳飞和一部分将领、属官就一面吃干粮,一面骑马环城侦察。他们从城南一直来到东北角,岳飞举马鞭指着其上的一座敌楼说:"如今州城水涸濠浅,城墙不高,便是不用云梯,军士们亦可累肩而登。我见得此城东北角尤是低矮,若用火炮、火箭焚敌楼,然后命军兵累肩登城,鱼贯而入,必可破城。"他对徐庆说:"徐太尉可率右军埋伏此处,待各军攻城时,你率本军偏攻东北。"徐庆满怀信心地说:"下官遵令,誓当统本部率先突入城中。"

岳飞回到城南,已是下午,他命令张宪说:"伪齐底军兵,俱是中原赤子,张太尉可率轻骑先到城下劝降,先礼后兵。"张宪得令,就率五十名重甲骑士,其中包括岳雲,直驰富水门下,他们齐声高喊:"请城上底将士叙话!"不一会儿,荆超、刘楫和尼忙古合喜都登上城头。张宪单骑逼近城下,大声说:"城上底将士听自家言语,尔们本受圣朝厚恩,不幸遭虏人威胁,驱从刘豫。如今王师兵临城下,尔们当知逆顺,及早归正,方是正理。朝廷亦当不念旧过,另与优恩。"刘楫害怕张宪这番话影响军心,就在城上高喊:"今日便是各事其主,不须妄言。郢州城兵精粮足,有金汤之固,你们些少兵力,怎生破得?"他话音刚落,荆超就弯弓搭箭,瞄准张宪发射。张宪眼明手快,持铁锏拨落箭矢,拨马驰回。岳雲却乘机飞马直前,向城上回发一箭,然后也拨马驰回。荆超眼看一箭向自己射来,急忙躲避,却正中右肩。他被众人救下城去,拔箭敷药。荆超向来自恃骁勇无敌,今天却当众出乖露丑,他咬牙切齿地说:"他日当擒得射箭底人,碎尸万段!"

张宪回营向岳飞报告,并且说:"今日岳保义射敌立功。"岳飞说:"儿子唯是射箭而已,岂得言功。"他吩咐孙革说:"此事不得记功。"有李启进来报告说:"粮运迟缓,如今军中粮食仅得供明日两餐,下官当亲去催粮。"岳飞说:"你且速去!"张宪说:"粮食不济,切恐难以攻城。"岳飞斩钉截铁地说:"两餐饭便足可攻城,当下令军中,以明日巳时破贼!"他命令寇成说:"寇太尉,你可率后军潜行,到郢州城东北,如是徐太尉底右军入城,你便统本军继援。"他又下令崔邦弼和颜孝恭两军,如果敌军出北城逃跑,就进行拦击。

五月六日,当骄阳初升时,岳家军就从南、东、北三面开始攻城。岳飞亲自在城南督战,张宪和孙显分统前军,进攻富水门和宣风门。交战双方互相用矢石对攻,突然一大块炮石落在岳飞的面前,距离不过二尺左右,在他身旁的于鹏、孙革、王敏求、霍坚等人都为之惊避,岳飞的脚却纹丝不动,他坚定地说:"不须惊,我便在此号令各军,不得后退一步!"

荆超、刘楫和尼忙古合喜到各个城门视察战况,刘楫对荆超说:"我观赵氏军伍在城南兵势最为厚重,自家们须在城南督战,以防有失。"荆超说:"我亦是此意思。"他把重兵都调集到城南两门。双方交战约一个时辰,徐庆的右军突然投入战斗,密集的火炮和火箭,立即将郢州城东北的角楼燃烧成一个大火柱。右军将士很快踏着齐膝深的濠水,冲到城边,不用云梯,熟练地组成人梯,踏肩登城。他们在城头杀散敌人,向西方和南方扩张战果。徐庆和庞荣登城,又麾兵下城,突入城里,寇成也率后军接踵而入。由于城防已被突破,岳家军在城北、城东和城南也相继乘胜登城。将士们按事先传达的命令大喊:"归正底不杀!"于是许多伪齐军纷纷扔下器甲,坐在地上投降。

尼忙古合喜率领几百金军,企图从城北突围逃跑,他们好不容易冲出城外,却被王贵指挥中军,用密集的箭雨将他们射杀。荆超无法突围,他在混战中又中了几箭,且战且退,最后退到了城西的山岗上,眼看大势已去,只能投崖自尽。到正午时,战斗完全停止,岳家军终于收复了郢州城。

岳飞进入州衙,有军士将被俘的刘楫押来。刘楫面如死灰,只是跪在地上不断地叩头,说:"乞岳制置恕我一命,便是再生父母!"岳飞愤怒地说:"若是你昨日劝得荆超归正,便有多少生灵免于锋镝之戮,如今已是罪不容诛!"刘楫强辩说:"只为虏人合喜孛堇在城驱迫,自家们不得归正。"岳飞说:"合喜虏军不过数百人,你与荆超如是诚心归正,正可杀了他们,然后出城投拜。事已至此,你尚是鼓如簧之舌巧辩!"他厉声下令:"将这厮逆贼推出,南向斩首,号令城门,以为叛国投敌之戒!"当即有一群军兵把刘楫押出州衙,按岳飞的军令处置。

众将到州衙向岳飞交差,个个面露喜色,李道用手按额,高兴地说:"初战告捷,便似滚汤泼雪,岳制置煞是用兵如神!"岳飞说:"用兵须知强弱、坚瑕。昔年唐太宗用兵,观察敌阵,便知其何处是强,何处是弱,亲统马军乘敌之弱,又出阵后反击,敌人无不溃败。攻敌之瑕,则坚者亦瑕,善攻者,敌不知所守。此回徐、寇二太尉统军攻敌之瑕,便能一举破贼。然而初战虽是告捷,须知骄兵必败,万不可因此轻敌。"他下令休兵三天,部署城防,释放少量敌俘,让他们分别携带劝降书,前去襄阳府(治今湖北襄樊市)和随州(治今湖北随州市)。

岳飞一面休兵,一面派人前去襄阳府和随州探听敌情,他与众将商议下一步的进兵方略。将领们有两种意见,有的主张先攻襄阳府,有的主张先攻随州。张宪说:"下官以为,如今已有初胜底军威,逆贼底重兵在襄阳府,而不在随州。下官不才,愿分军前去随州。"岳飞说:"此亦是一说,不知哪个太尉愿与张太尉并力?"徐庆应声说:"下官愿与张太尉同行。"岳飞对李道、崔邦弼和颜孝恭说:"李太尉久在随州,熟知地理,可与崔、颜二太尉率本部军马同去。群龙不可无首,众太尉须听张太尉底号令!于干办亦当随行,以便及时关报机宜。"徐庆等五人不约而同地应答:"遵令!"张宪说:"郢州与随州之间,有大洪山,山势高峻,不利行军,不如取道襄阳府宜城县界,然后东向。"岳飞说:"此说正合我意。分兵本是兵家所忌,然而依目今兵势,便是全军去随州,亦须防襄阳府贼兵增援,或威逼郢州。不如先进军襄阳府宜城县,然后分兵。占得县城,一足以拱护郢州,二得以阻绝李成救援随州。众太尉以为何如?"众人再无异议。

岳飞当即命令王贵的中军和王万的破敌军为前锋,自己统大军继进,守宜城县的伪齐军闻风而逃,王贵和王万两军兵不血刃,收复了县城,而张宪等军就在宜城县界与岳飞分兵。岳飞的大军占守宜城县城,与九十宋里外襄阳府城的敌军对峙。

岳飞盼望着张宪等五军早日攻破随州,得以与自己合力北上,不料于鹏却飞骑来到宜城县,传来了张宪攻随州城不利的报告。岳飞沉思片刻,他盘算着命令王贵统各军守宜城县,自己亲率背嵬军前去增援。不料牛皋说:"下官知得随州城地势,愿率本军前往,必可一鼓荡平。"众人都用怀疑的目光瞧着牛皋,认为张宪和徐庆都是本军第一等战将,他们无法攻破随州,牛皋何以就能马到成功? 岳飞问道:"牛太尉有甚计谋?"牛皋说:"下官亦曾去随州,此州城周长仅四里有余,李太尉任知州时,曾调发夫役,修浚得城高濠深,此便是难以强攻。下官去后,须是相度形势,以巧计破城。"岳飞说:"便请牛太尉一行。"牛皋当天率左军出发,却只带了三天口粮,这又使众人感到惊奇,难道牛皋真有决胜的把握。

牛皋走后,岳飞又得到探报,说是李成率军北遁,襄阳府已经成了一座空城。众人为此议论纷纷,大家普遍担心其中有诈谋。岳飞说:"王师以迅雷不及掩耳之势,一举破得郢州,李成惶恐,以为难于支撑,便乘我分兵攻随州之机,仓惶逃遁,以免蹈荆超底覆辙,此并无可疑。王师不得迟疑，当以大军鼓行，进兵襄阳府。"岳飞立即下令全军启程，五月十七日，岳家军进入襄阳府城，但也不免感叹此地因久经兵燹，城市显得十分凋敝。岳飞当即部署一部分兵力在城外汉水之滨扎寨。

再说牛皋率左军抵达涢水北岸的随州城下，张宪等将出寨迎接。牛皋坐定，就问道："张太尉，近日可攻城否？"张宪说："唯是因初攻不利，士卒伤亡，自家们便暂停攻城，修造炮具、云梯等，以备再次攻城。"牛皋转问李道："李太尉，你动用夫役，修浚城濠，当知得甚处易攻，甚处易守？"李道说："随州五门，唯是南门土墙稍低，北门最厚，然而官兵初攻南门，贼兵防拓甚严，因而不得利。"牛皋说："此便是攻敌之所必备，张太尉何不用声东击西之术？"他的一句话，提醒了张宪，张宪说："李太尉可在城南门多设炮具，示贼兵以欲攻之状，崔、颜二太尉可率本军把截城东、西，我当与牛、徐二太尉专攻城北。"他与徐庆、牛皋商量了一阵，决定在前半夜将前、右、左三军转移到城北。

五月十八日天色未明，在随州城北，岳家军的四十具炮架就开始向城头大量抛掷炮石，军兵们用事先准备好的大批土袋，很快填平了五处城濠。日光微熹时，在激越的鼓声和喊声中，十八座云梯先后搭上城头，前军和左军将士分别从城门东、西强行登城。岳云作为前军第一批冲锋部队，手挟双铁锥枪，连爬带蹿，首先跳上城头，他抡枪接连刺杀几名敌人，又率领众战士杀下城头，打开北门，于是前军、左军和右军如潮水般涌入城里。

伪齐知州王嵩一直以为岳家军的攻击重点是在城南，当他慌忙调集机动兵力赶到城北时，败势已经无可挽回。在喊杀声中，伪齐军不是扔下兵器投拜，就是企图从州城东、南、西三个方向突围。然而崔邦弼、李道和颜孝恭三军却分别部署在城外阻击，于是五千伪齐军全部成了瓮中之鳖，不死即降。战到辰时，伪齐军已被全歼，而王嵩被活捉。张宪按照岳飞事先的部署，命令崔邦弼军驻守随州，自己和另外四个统制带兵前来襄阳府，与岳飞会合。岳飞命令孙革审讯王嵩，然后将他在襄阳市中处斩。

五月下旬，时值盛暑，襄阳府一带连着下雨，陆路运输倍加困难，荆湖南、北路和江南西路的三路转运司临时调发舟船，上溯汉水运粮，又因舟船数少，运输量有限。于是，岳家军只能暂驻在襄阳府一带休整，等待粮食的运输和积贮。由于军粮不足，岳飞下令说："郢、随二州底战俘近万数，俱是中原赤子，他们被驱迫上阵，岂得杀戮凌辱。然而如今军中粮食不足，若不放令逐便，切恐难以供养。不如告以朝廷底恩德，教他们归乡，便是愿归伪齐军中，他日厮杀时，亦可做内应。"他与众将、属官分别主持此项工作，于是一批又一批俘虏都欢呼而去。

李廷珪终于引领荆南府、归、峡州、荆门、公安军镇抚使司的统制辛太，率领一千二百乡兵，来到了襄阳府。辛太到襄阳府衙，见岳飞唱喏，岳飞说："辛统制远来辛苦。李成虽是引军逃遁，如今探得伪齐添差番贼并两河签军，已到新野等地与唐、邓州屯驻，目即似有举兵反扑之意。"辛太说："小将不才，初到前方，寸功未立，此回若是举兵决战，小将愿为前驱。"岳飞听辛太言语慷慨，有几分高兴，说："辛统制初到，且休兵数日。我当随辛统制同去，犒劳镇抚司军兵。"他与李启、李廷珪、霍坚来到辛太军中，发现这支军队虽然是乡兵，却已经过军训，就军容和素质而言，与正兵相差不大。岳飞慰劳众军士，并且再三强调了军纪，说："你们虽是民兵，既已受我节制，便须受军纪约束，不得违反，违反底必斩无赦！若是立功，亦当与各军同受封赏。目即休整，亦须日日演练，不得稍有懈怠，以待大战。"岳飞命令霍坚暂时就留在辛太军中，帮助操练。

岳家军攻敌不备，闪击郢州的成功，震动了刘豫的小朝廷。李成带兵逃到邓州（治今河南邓州市），向刘豫请求援军。刘豫的兵力事实上也已到捉襟见肘的地步，自从仙人关大败后，一部分伪齐军必须分驻在大散关、和尚原等处要隘，以防吴玠军进攻。剩余的兵力又早已大部分分拨到襄汉一带，归李成统率。刘豫与伪齐大臣们紧急商议，只能向金朝求救。金朝元帅府的成员大多沉湎酒色，何况又值夏季，他们不耐酷热，都在北方避暑，完颜兀术在仙人关大败之余，一时意气消沉。他们都不愿统兵南下，在接到刘豫求援的急报后，就由完颜讹里朵下令，在金军中抽调一万五千名汉儿和南人过河，暂归刘豫指挥。刘豫又马上将他们派遣到邓州一带，隶属李成。李成利用这些汉儿和南人剃头、辫髪、左衽的特点，对外大肆张扬，说是大金军马十万已经过河，专门是为了迎战岳家军，用以为自己壮胆。尽管如此，李成还是怯于与岳家军交锋，按他本人的想法，只是打算守住邓州等地，然而刘豫却下令李成必须进兵，击败岳飞，重新占据襄阳府等三郡,仍然按原计划,争取在七月与杨幺会师鄂州。李成无可奈何,只能率领三万五千人马,号称三十万,南下反扑。

五月二十七日,岳飞召集众将和属官会议,他说:"今探得李成行将举兵前来决战,众太尉以为当如何迎敌?"王贵说:"今体探得,李成虽是号称三十万大军,其实不足四万,亦可谓兵势厚重。王师除伤亡并驻守外,可出战之士约二万二千人,然而行伍精练,又非李成底乌合之众可比。下官以为,守城不如野战,官军以逸待劳,痛加剿戮,必可取胜。"王万说:"下官相度地势,汉水北有邓城县,县东清水河一带正当敌冲,愿统本军为前驱,掩击贼马。"岳飞也仔细视察过襄阳府一带地形,城北汉水以北另有一条支流,称清水河,曲折北向,就对王万说:"王太尉可与荆南镇抚司辛统制统军前去,择高坡地扎立硬寨,以逸待劳。待贼军前来冲突,我当发兵增援。"岳飞又另外命令董先说:"董太尉可率踏白军进驻邓城县,与王太尉军互为犄角。"董先和王万当即率踏白、破敌两军,与辛太的荆南镇抚司一千二百乡兵同行。岳飞为了激励士气,特别对这三军将士先进行犒赏。

王万和辛太两军来到在清水河西岸,选择一处高坡地扎寨,准备迎敌。六月三日,有探事人报告王万和辛太说:"如今李成大军已集结襄江北新野市,决欲进犯。"新野在古代原有县、州、郡的建置,唐代废并入邓州,宋时则作为一个不算行政区划的小市。王万立即飞报岳飞。当夜王万正在寨里睡觉,突然有第一正将张玘和霍坚进入报告,说:"辛太竟率本军逃遁出寨。"王万大怒,立即与霍坚率二十名骑士追赶,命令张玘率本部军兵随后,第二将正将高青率本部守寨。王万在暗夜里终于追上了逃兵,他率骑士拦阻逃兵的去路,大声喊道:"辛统制,你往哪里去?"辛太只能觍颜说:"军兵劳苦,我欲暂回宜都县休息。"宜都县属峡州,当时是解潜镇抚使司的所在地。王万愤怒地说:"大战在即,辛统制欲临阵逃脱,臣子之义、武将之责又在甚处?"辛太到此也只能歪理说三分:"我唯是听命于解镇抚,你岂能管得!"王万心想,如果与辛太发生冲突,对未来的战事未必有利,就大声规劝说:"须知朝廷底军法无情,请辛统制三思,若是率军回寨,下官自当做一床锦被,与辛统制遮掩。"辛太说:"我意已决,请王太尉开一线路,便是感恩不尽。"王万犹豫了一下,就下令二十骑让开一条路,却命令部兵在路边大喊:"愿厮杀底、愿立功底,可留在本军,誓与你们同生死!"他们的呐喊果然发生效应,很多乡兵都自愿留下,最后辛太只是率领了约四百人,狼狈逃回,其余约八百名乡兵都随王万回寨。王万对留下者激励一番,并且正式把他们分别编入本军的两将。

岳飞接到王万的报告,就命令背嵬军同统制郭青率自己的亲军一千人到前沿增援,自己亲率大军,渡过汉水,准备策应。

六月五日,李成率军进入襄阳府界,一面在邓州和襄阳府的交界扎寨,一面命令部将王彦先和李序率领一万人为前锋,沿清水河南下,发动试探性的攻势。王万和郭青共有四千人马,他们决定依托坚寨,进行抵抗。王彦先也是伪齐的一员勇将,早先是泼皮无赖出身,号称王爪角。他亲率伪齐军向岳家军的营寨发起六次冲锋,都被密集的矢石击退,伤亡不轻。李序对王彦先说:"赵氏军居高临下,守寨甚坚,待自家统兵绕出寨后,腹背夹击。"王彦先说:"会得。"于是李序分兵攻击岳家军营寨的后部,接连三次冲锋,仍然被岳家军的矢石击退,根本无法逼近寨栅。

当伪齐军攻势衰竭之际,岳飞却亲自指挥各军,分进合击,向伪齐军大举反攻。王万和郭青也乘机挥兵出寨。伪齐军顿时被打个落花流水,溃不成军,很多军兵扔下器甲,坐地投拜。王彦先和李序率领残兵败将,沿清水河逃遁,又先后遭董先踏白军和李道选锋军的截杀,最后只剩下不足三千人,逃回李成的大寨。

六月六日,岳飞率大军越过清水河,沿着汉水支流襄河西岸,北向挺进,寻求与李成决战。在中途与李成军遭遇,双方都在岸边列阵。众将纷纷向岳飞请战,愿为前锋。岳飞带着轻蔑的微笑,对众将说:"李成此贼屡败于官兵,我以为他败后须是有所长进,岂知疏暗如旧。步卒之利在于阻险,马军之利在于平旷,岂知那厮逆贼左列马军于河岸,右列步卒于平地,此便是败势。"他先命令王贵说:"王太尉可选三千长枪步卒,先击李成底马军。"又命令牛皋说:"牛太尉可选三千马军,先攻李成步卒。"再命令张宪和徐庆两将说:"张、徐二太尉可率本军突击李成底阵后。"

岳飞才部署完兵力,李成军却抢先发动进攻,他的左翼骑兵沿着河岸,右翼步兵踏着平地,开始进犯岳家军阵的两角。岳飞指挥军队,用强弓硬弩击退两路敌人的冲锋。王贵和牛皋就乘机分兵两路反击。王贵率领长枪步兵,在鼓声和喊杀声中,猛击敌骑,先刺敌马,后杀敌兵,伪齐的骑兵被挤成一团,乱作一团,很多人和马被拥挤到河里,激起无数浪花。与此同时,李成的步兵也遭牛皋的骑兵冲击,溃不成军。张宪和徐庆两军又同时向敌人阵后发动攻击,岳云跨下父亲的逐电骠,手执双枪,作为前锋部队的一员,第一个大呼陷阵。岳飞亲统各军,在王贵和牛皋两军之后,接踵进击。李成眼看大势已去,就率二百名亲骑率先逃遁,伪齐举军奔溃,横尸二十余里。岳家军追击,乘胜夺取了敌人在邓州和襄阳府交界的营寨。李成的反扑,到此就完全失败。

岳飞在战后将辛太临阵逃脱的事上奏宋廷,而辛太却也同时谎报,说自己统兵先收复襄阳府。宋廷经过调查,最后决定免于死刑,将辛太罢黜,留在荆南府镇抚司将功折罪。

岳家军大败伪齐李成军后,由于军粮不足,只能暂时停止继续追击,返回襄阳府城。岳飞接到朝廷的省札,就立即召集众将和属官会议。他取出省札,请众人传阅,张宪说:"朝廷闻知虏、伪军集结,便生惶恐之意,教自家们详度事机,审料敌情,其意是持重用兵,唯是保守襄阳府、郢、随州三郡,而唐、邓州、信阳军可弃而不攻。然而依下官底意思,此回北征,岂得半途而废,邓州等三郡决可攻取。"众人纷纷附议张宪,没有一人表示反对。王贵说:"岂但可攻取邓州等三郡,若是乘胜,直是可以长驱旧京开封。"

岳飞说:"此亦是人同此心,心同此理,若是弃邓州等三郡于不顾,便有惭于臣职。然而既是朝廷明令不得取襄汉六郡之外一寸土,自家们亦须谨遵主上圣旨。今日之事,不患难于攻战,而患难于把截。京西一带久经战祸,地荒人稀,城郭隳废,而粮饷难于运输,屯驻不得大军。沿边若是些少兵力把截,又忧虏、伪乘虚,卷土重来。"张宪说:"如是大军回江州,襄汉六郡便有得而复失之虞,如是大军屯驻鄂州,分兵防守各州,便是无虞。"王贵说:"大军驻鄂州,虽是可以兵势相援,漕运相济,然而如是谋进取,莫须招集民众,兴置营田,此是长久足食之计。"

岳飞等众人把意见都发表以后,就说:"下官当以众太尉聚议底意思,上奏朝廷。如今已近七月,秋高马肥,正是虏人善战底时节。探得金虏万夫长刘合孛堇已统兵渡河,李成虽是兵败,却在邓州一带扎立硬寨,刘豫又勾抽陕西之兵前来,意欲负隅顽抗。取三郡,势须以邓州为重,而不与虏、伪大战,便不得攻取邓州。"他望了望王贵和张宪,又继续说:"我近日目疾复发,难以上阵。此回攻取邓州,便请王、张二太尉统兵前往。自今命王太尉任本司提举一行事务,张太尉任同提举一行事务。自后我如是不在军,便由王、张二太尉代策代行,主张军事,众太尉须是听王、张二太尉底号令!"他说完,就用眼神向徐庆示意,徐庆连忙说:"下官遵命,愿听王、张二太尉底号令!"于是众人也纷纷作同样的表态。岳飞最后说:"此回攻取邓州等三郡,便听王、张二太尉悉心谋划。"

岳飞正式宣布王贵和张宪可以代自己统兵,是考虑了很久的事。出征之前,使岳飞受刺激最深,最感痛心的,还是忠孝不能两全的问题。自从岳翻死后,家中没有儿子兼侍老母,而姚氏的身体眼看一天不如一天,岳飞怀着对母亲十分罪疚的心理踏上征途,每当稍有片刻闲暇,他总是思念着远方的母亲。岳飞反复考虑,决定一旦此战胜利后,就向皇帝提出辞呈,以便在母亲在世的最后一段时间里,稍尽孝道。他思考由谁接替自己,统率神武后军,无非是从王贵、张宪和徐庆三人之中挑选,认为王贵的谋略稍强,但有时胆气不足,张宪的果敢足以弥补王贵的缺点,而徐庆在谋略方面又稍次于张宪。于是今天就特别提出王贵和张宪两人。岳飞每逢征战,总是亲临前沿,身先士卒,但今天却借口眼病,让王贵和张宪代替自己统兵,去进行夺取全胜的最关键性一战。既可考验两人的用兵方略,也可提高两人在军中的威望。

会议结束后,岳飞又请于鹏和孙革帮自己一同草拟对宋高宗的上奏,还是按以往的惯例,在三人共同修改后,由岳飞亲自誊写。奏疏中最关键的一段议论如下:

> 臣窃观金贼、刘豫皆有可取之理。金贼累年之间,贪婪横逆,无所不至,今所爱惟金帛、子女,志已骄堕。刘豫僭臣贼子,虽以俭约结民,而人心终不忘宋德。攻讨之谋,正不宜缓。苟岁月迁延,使得修治城壁,添兵聚粮,而后取之,必倍费力。陛下渊谋远略,非臣所知,以臣自料,如及此时,以精兵二十万直捣中原,恢复故疆,民心效顺,诚易为力。此则国家长久之策也,在陛下睿断耳。

孙革说:"岳制置虽是如此议论,切恐朝廷难以俞允。"于鹏说:"身为臣子,义当听命于君父。然而吴节使大胜四太子于仙人关,若是此回又大破虏、伪屯邓州底大兵,乘胜长驱东京,端的并无阻难。弃此良机,极是可惜!"岳飞听着两人的议论,只是保持沉默,他想了一下,又说:"自家莫须另与朱相公、赵参政修书,力促朝廷乘机用兵。"于鹏和孙革都表示赞成,于是他们又共同起草了给朱胜非和赵鼎的书信,还是由岳飞亲自誊录。三人在油灯下,一直工作了大半夜。

由于岳飞的授任,王贵和张宪全权负责和组织对邓州的进攻。两人根据探报,研究了一个军事方案,召集众将讨论,而岳飞这次却完全放手,有意不参加会议。王贵首先说:"今探得虏人万夫长刘合孛堇统八千精骑,摆布邓州西北,另有逆贼李成军三万人,共扎得硬寨三十四座,兵势厚重。众太尉以为,当如何用兵?"徐庆说:"邓州一带是平原之地,虏骑得以驰突。官军少马,以步军为主,须是以步击骑,如破得虏骑,李成乌合之众便无足虑。"董先说:"依下官之议,此回大战,自当正兵与奇兵并用,各军分进合击,不得教虏、伪兵败之后,退入硬寨坚守。"王万说:"下官愿统本军,在交兵之际,一举焚荡敌寨,使敌人有后顾之忧。"经过大家讨论,进攻方案的酝酿更加成熟,王贵和张宪找到岳飞,准备汇报,岳飞却有意不听,只是说:"下官眼疾,既是教二太尉主张,便请二太尉悉力施行。"

七月十二日,王贵统率中军、右军、左军、后军和背嵬军作为正兵,取道光化县,向邓州西北方向挺进,而张宪统率前军、踏白军、选锋军、破敌军和颜孝恭军作为奇兵,另外取道邓城县横林镇,也向同一目标隐蔽行进。

十五日,王贵的军队抵达邓州城西北三十宋里,离开敌寨约四宋里,开始列阵讨战,并且在阵前树立了"精忠岳飞"的大纛。李成本人向来以伪齐第一个能征惯战的勇将自居,但今天遇到的对手是岳家军,又特别是在襄阳府大败之余,心中不免怯战。金军万夫长尼忙古刘合这次奉命支援伪齐,却怀着一种要为弟弟尼忙古合喜复仇的心理。他上次随着完颜兀术攻打仙人关,虽然吃了败仗,却认为邓州的地势不比仙人关,自己所统的精锐骑兵完全可以施展威力,将岳家军打败。按照金与伪齐的尊卑关系,双方组成联军,尼忙古刘合自然位居李成之上,而李成内心怯战,也乐于让尼忙古刘合全权负责,自己听对方的指挥,即使战败,也可以不承担罪责。当军士向两人报告敌情时,李成还是建议说:"古兵法云,避其锐气,击其惰归。如今岳飞乘胜而来,锐气方张,自家们且在寨中休兵,待岳飞军锐气稍堕,然后出击。"尼忙古刘合却说:"大金用兵,唯知在平原旷野,以铁骑扫荡,无有不胜。"李成当然只能同意金军万夫长的意见,与他整军出寨列阵。

尼忙古刘合见到岳家军列成方阵,就吩咐李成说:"南虏兵少,你可率齐军与岳飞合战,我当率铁骑绕出敌阵之后,腹背夹攻,必可取胜。"他当即与李成分兵,从正面和侧后两面进攻。岳家军对敌人的进攻早有预料,王贵本人和牛皋负责前阵正面指挥,而由徐庆和寇成负责后阵侧后指挥,郭青率背嵬军作为机动后备兵力。岳家军使用床子弩、神臂弓、石炮等,向来犯之敌攒射。正面进攻的伪齐军当然缺乏战斗力,尽管李成亲自执刀督战,伪齐军还是稍一接触,略有死伤,就立即后退。然而侧后的金军骑兵却相当顽强,第一次冲锋失败,大批重甲骑兵死在锋镝之下,尼忙古刘合又接着发动了第二次冲锋。金军屡败屡战,冲锋不辍。当第四次冲锋时,有几百金军骑兵竟冒着骤雨般的矢石,逼近了岳家军的方阵,徐庆立即亲率长枪手和刀斧手突出阵前,先击敌马,后杀敌兵,终于将敌骑击退,金军还是无法突破阵角。

双方激战正酣,张宪统兵及时赶到战场。张宪的军队分兵三路,由董先率踏白军,王万率破敌军分东、西突入兵力空虚的敌寨,纵火焚烧;而张宪则亲统前军、李道的选锋军和颜孝恭军向尼忙古刘合的金军骑兵侧翼发起突击。岳家军集中了各军的骑兵四千人,由张宪亲自率领,临时组成突击的前锋,而步兵则随后冲杀。杨再兴等八个义兄弟全部编组在骑兵部队。岳雲舞动双铁锥枪,跨下逐电骠,飞驰在骑兵的最前列,他迎面遭遇两名敌骑,持刀搏战,被他用双枪同时将两人刺杀。岳家军的骑兵蓄锐已久,难得有这次与敌人精骑交锋的机会,不胜技痒,双方刚一接触,就立即显示了勇猛善战的优势。岳雲、杨再兴等人冲锋在前,所向披靡。

王贵此时也马上组织反击,他命令徐庆、寇成和郭青三军攻击金军,而自己与牛皋率中军和左军反击伪齐军。伪齐军本无斗志,听说营寨遭受攻击,就立即乱成一团,溃不成军。唯有尼忙古刘合指挥的金军,虽然遭受两面夹攻,仍然进行顽抗。结果是八千金军大部被杀,尼忙古刘合本人中了三箭,率几百骑狼狈逃遁。他不敢回邓州城,而是径奔开封城。

在大获全胜之后,岳家军就占据敌寨休整,并且连夜打扫战场,收拾战利品,大批金军的战马当然是最可贵的战利品。王贵和张宪对李道和颜孝恭下令说:"如今大局已定,邓州旦夕可下,然而唐州与信阳军尚有敌人盘据,唯是兵少,易于攻取。二太尉可率本军歇泊一夜,明日便前去二州军。李太尉率本军取唐州,颜太尉率本军会合随州崔太尉军,同取信阳军。"李道和颜孝恭在十六日就各率本军启程,而王贵和张宪却在同日向邓州城进兵。

再说李成率领败兵,逃进邓州城。伪齐邓州知州高仲把李成迎入州衙,李成对战争前途全无信心,但他向来十分高傲,不愿对高仲有任何表露,他说:"此回与大金刘合孛董并力,不期迎战不利。高太尉可率军马在此坚守,待自家去开封,面奏官家,发兵前来,里外夹攻,必可转败为胜。高太尉若能守得邓州三十日,便是大功。"高仲说:"大齐底人马,大半集结于邓州,不知李太尉前去开封乞援兵,又可勾抽得多少人马?依下官之议,唯有乞大金元帅府发遣大兵前来,方得转败为胜。"李成说:"此议甚是,你可统各军在此坚守,待自家亲自星夜前去开封。"高仲完全明白,李成经历两次大败,已成惊弓之鸟,只是急于逃遁,但高仲又有另外一种想法,认为邓州城里粮草充足,可以坚守相当时间,等待金朝大军救援,这正是自己立大功的机遇,就说:"既是恁地,且请李太尉急速前去开封,自家当统兵在此坚守。我料得岳飞亦是转饷艰难,不得在邓州城下持久。唯愿大金人马及早前来,共成破敌大功。"李成匆匆吃了晚饭,带着二百骑,连夜出邓州城,逃奔开封。

王贵和张宪兵临邓州城下,当即部署兵力,命令徐庆的右军驻东门,寇成的后军驻南门,牛皋的左军和董先的踏白军驻北门,而两人亲统其他四军驻西门,因为按照事先的侦察,邓州城西可以作为突破口。高仲在城上巡视,发现岳家军在四门的兵力部署有多有少,决定向城东的敌军发动一次突击。当天下午,四千伪齐军在饱餐之后出城,向徐庆的右军进攻。徐庆早有准备,立即麾兵迎战,他挥舞铁鞭,纵马冲锋在前,右军战士也鼓勇直前,很快就击败敌人,出城的伪齐军大部投降。牛皋和董先得知城东的战事,也当机立断,由董先率领踏白军前来增援。然而董先的部队还未到达战场,城东战斗已经胜利结束。高仲派兵出战,反而弄巧成拙,使城里的伪齐军更加人心惶惶,没有斗志。

十七日,岳家军就在邓州西门发起攻城战。五十座炮具向城上大量抛射石块,另外还用火炮抛射火药球,焚烧城楼。在阵阵擂鼓声和喊杀声中,大批步兵冒着敌人的矢石,拥向城壁,开始用云梯攻城。岳云还是编在第一批冲锋的战士之中,他又是捷足先登,第一个冲上城头,挥舞双枪,刺死敌方的旗头。紧接着又与战士们杀下城头,打开西门。王贵和张宪亲率大军,从西门源源拥入。由于城西的进攻得手,北门的牛皋和董先两军也紧接着攻入州城。伪齐军到此已成瓮中之鳖,大部分将士都纷纷扔掉器甲,坐地投降。高仲率领残兵,企图逃出东门,却被堵截的徐庆右军活捉。邓州三天的战斗,使伪齐军的主力遭受了毁灭性的打击。

再说李道率领选锋军前往唐州。唐州州治泌阳县(今河南唐河)城位于泌水和醴水的交汇处,由于城垣残破,伪齐在占领唐州后,就将州治北移到比阳县(今河南泌阳)北中阳山附近的何家寨与刘家寨一带,取名新唐州。新唐州成为伪齐襄汉六郡军粮的转运站,但最近因为前沿战事紧急,屯兵只有一千人,军粮储备也不多。李道率选锋军迅速占领泌阳和比阳两县城,向何家寨和刘家寨进兵。何家寨和刘家寨正好位于今南阳盆地和黄淮平原之间的交通孔道,原先有何、刘两家大族保聚居民,垒石筑成两个小城,何家寨在西北,而刘家寨在东南,相距约有三宋里。两寨在城外开凿濠沟,各有东、西两扇城门,城门上架设吊桥。现在伪齐唐州知州李由和通判许登各率五百人,分守两寨。

七月二十一日,李道的选锋军抵达何家寨和刘家寨前扎营。李道和众将官环视两城的形势,不免感叹说:"二寨虽小,却是城坚难攻,莫须乞王、张二太尉统大兵前来。"第一正将舒继明却说:"杀鸡焉用牛刀,下官明日必当统兵攻取。"第二正将郭进是在经历绍兴二年莫邪关之战后,被岳飞破格提拔的,他说:"明日李太尉且驻兵二寨之间,以防贼兵互为救应,下官当与舒正将并力,攻何家寨西门。"李道虽然隶属岳飞的时间不长,也得知这两名正将的骁勇,他多少有自知之明,认为此战的成功,还须仰仗这两员勇将,就说:"便依二太尉之议,我明日统一千人马,在何家寨东门外把截,以防贼兵应援、逃窜。破城之功,全仗二太尉。"

翌日清晨,舒继明和郭进骑马带兵来到何家寨的西门下,舒继明手持斩马刀,郭进手持鸦项枪,命令军士大喊劝降:"王师已是大破邓州底店、伪数万大兵,何家寨唯是弹丸之地,些少兵力,怎生抵拒王师,何不开门投拜!"不料城上却飞来一阵乱箭,并不应答。舒继明望了望郭进,两人同时下马,由军兵递来两面圆盾,舒继明下令说:"不顾死伤,且随我与郭正将立功!"在鼓声中,六百名头戴厚重兜鍪,身披重甲的精兵,携带麻布土袋和云梯,冒着城上的矢石,径奔城下,他们纷纷扔下麻布土袋,填平几处濠沟,于是十二座云梯先后搭上城头,舒继明和郭进两人率先冲上城头,向敌人刀劈枪刺,所向无前,军士们也鼓勇登城,他们占领城头后,就迅速放下吊桥,并且杀下城去,打开西门,后续部队又接着突入寨中。李由眼看败局无可挽回,就率领残兵败将放下吊桥,打开东门,企图逃遁,李道指挥军士却在东门外向逃敌发射强弓劲弩,使伪齐军无路可逃。战斗进行到巳时,就胜利结束,李由等伪齐官员也都被俘。

二十三日,岳家军趁热打铁,又向刘家寨发起攻击,李道命令李由等俘虏到刘家寨西门前劝降。李由在门前大声喊叫:"大势已去,守寨徒劳无益,唯是使生灵枉遭杀戮,不如出降,王师必当宽贷。"通判许登命令伪齐军回答:"且稍待片时,容自家们出城投拜。"李道听后,吩咐军队停止攻城的准备。不料许登却打开东门,放下吊桥,率领军队逃遁。他们逃跑不过两三宋里,就遭遇岳家军的伏兵,舒继明和郭进分别挥兵从南北包围合击,伪齐兵纷纷投降,而许登还是当了俘虏。唐州之战到此就胜利结束。

在选锋军收复唐州的当天,崔邦弼的部队也攻占了信阳军城。原来崔邦弼奉命驻守随州,他得到岳飞的指令,命他率领本军屯驻在本州与信阳军的交界处,准备收复信阳军。崔邦弼正打算发兵,有军士报告,说本州南部大洪山有僧兵五百,在海澄法师的带领下,自愿协助官兵,今已到达南门外。崔邦弼不曾料想到大洪山中还有这样一支僧兵,他喜出望外,亲自出城门迎接。

海澄法师其实就是本书第二卷中已经交待的宋朝宗室赵不尤。八年前,他率领一支辎重车队,前往汲县,为河北西路招抚司都统制王彦军运送冬服等给养,遭受金军袭击。赵不尤身受重伤,只能躲在民间养伤,辗转流离。他自知得罪朝廷,不能为宋高宗所容,而北方的大好河山又很快沦陷,最后就来到大洪山,削发为僧。然而大洪山的僧众处在乱世,也根本无法安心修行。当伪齐军占领随州和郢州之后,大批百姓逃到山里。十多所僧寺就只能先后设寨,保护寺院和逃难的百姓,海澄又被推举为首领。伪齐虽然占领了两州,其政治权力却无法深入大洪山。荆超和王嵩曾经几次派人到大洪山,要海澄法师等投拜,却被十多个僧寺寨一致拒绝。但由于山区消息闭塞,海澄很晚才得知宋将岳飞的大军重新收复故土。海澄初次听到故人岳飞的名字,不禁落下眼泪。他接连几夜不能安卧,最后还是决定率领僧兵,配合官军,共同收复失地。这次有五百僧人自愿随他前来。

崔邦弼将海澄一行迎入州衙,海澄进一步说明来意,但他还是不愿对崔邦弼讲述自己的身世和往事,只是说:"小僧与岳制置有旧,离别八年,如今岳制置已是威名远扬,小僧虽是超脱尘世,亦得以庆幸。"崔邦弼问道:"敢问长老俗家尊姓大名? 自家亦得以关报岳制置。"海澄笑着说:"崔太尉不须关报,待日后便知。"崔邦弼说:"下官奉岳制置底指挥,当于近日出兵,先去本州与信阳军交界处屯兵,以图恢复信阳军。"海澄说:"本州与信阳军界首多山,然而刘豫兵少,未得在界首把截,唯是占守军城。待自家僧众潜入军城,到时与崔太尉军里应外合。"崔邦弼十分高兴,他用手加额,说:"既是恁地,破信阳军城便在旦夕,唯是有劳长老与众阇黎!"他起立作揖致谢,海澄也合掌还礼。海澄与众僧兵仅在随州休息一天,就三五成群,分散前往信阳军城。

崔邦弼一面出兵,一面以紧急公文传送襄阳府城,他很快得到岳飞的回文,命令他的部队立即向信阳军城进兵,不须等待颜孝恭军的增援。二十三日,崔邦弼带两千人马,抵达信阳军军治信阳县城。县城位于淮水支流浉水的东北岸,开四门,南门称浉阳门,西门称临浉门,都是在浉水之滨,北门称望淮门,其实距离北面的淮水约有三十余宋里,东门称迎熹门。崔邦弼认为南门和西门濒临浉水,地段狭隘,就指挥军马在望淮门外,用一半兵力列阵,另一半兵力扎营。伪齐信阳知军田汝平和通判谢元升的部兵仅有六百人,他们得知宋军集结望淮门,就急忙登上城头,部署防守。

突然，海澄抡动铁笔刀，率领五百僧兵从背后杀来，将伪齐军打一个措手不及。僧兵们打开城门，并且冲上城楼，将田汝平、谢元升等人一举擒获。海澄挥舞铁笔刀，将城头上的伪齐旗帜砍倒。崔邦弼在远处望见信阳县城旗倒门开，料到必定是海澄的僧兵们成功，就麾兵直前，不费吹灰之力，夺回了信阳县城。

再说王贵、张宪等率大军占领邓州城后，张宪建议说："自家根勘敌俘数十人，皆言道，目即刘豫兵少，便是东南与陕西两处，亦难以防拓，东京唯余二、三千老弱人马。自家们若是乘机以精骑直捣东京，刘豫父子必可成擒。"众将都纷纷附议，徐庆说："此回俘虏贼兵甚众，若是选愿归正底百人做向导，王师改换伪齐底旌旗服色，倍道兼程前去，刘豫必是猝不及防。"众人拍手叫好，唯有王贵一人表示反对，他说："众太尉岂不知官家御札与朝廷指挥，教自家们不得取邓、唐州、信阳军界外一寸土。如是不遵号令，虽立奇功，必加重罚。"张宪说："兵家所贵，乘机投隙，间不容髪。孙子言道：'将在军，君命有所不受。'"徐庆更加激昂，说："岳制置不在军，自家们正可便宜行事，若是官家降罚，我愿一人独自承当。"王贵却坚决不同意。彼此争执了一阵，王贵最后说："岳制置唯是授命我与张太尉统兵决战，收复邓州三郡，未曾授命自家们进军旧京。且请张、徐二太尉去襄阳禀覆岳制置，我统大兵前往唐州何家寨。若是岳制置依允，自家们便即刻发兵北上，不容稍有迟疑。"众人听王贵如此说，也只能表示同意。于是张宪委托孙显代统前军，徐庆委托庞荣代统右军，两人率领二百骑急驰襄阳府城，张宪特别命令岳雲同行。

张宪和徐庆急匆匆进入襄阳府衙，他们熟悉岳飞的办事规矩，让岳雲在外等候，因为岳飞只是命儿子做一名战士，不让他参加军务议论。两人径入，参见岳飞，备述他们的军事方案。四名干办公事和都训练霍坚也在座。岳飞听后，只是长吁一声，他取出了刚递发到前沿的御旨和朝廷省札，给两人传阅，说："自家与孙、于二干办一夜辛苦，上奏上书，然而朝廷既是重申严令，自家们尚需遵禀。"徐庆仍然表示不服，说："此是痛失良机！"岳飞说："二太尉须记得，八年前我不服王彦底军令，此后蒙宗留守宽贷，尚留得我一个人头。一犯岂得再犯。"他转头望着孙革说："当年便是孙干办议罪,以为我依军法当斩。"张宪和徐庆再也不好说什么,岳飞又用无奈的口吻说:"王师苦战三月,亦是疲劳,而又转饷艰阻,不如且休。待日后兵精粮足,然后长驱中原,此亦是稳当底长策。"

张宪和徐庆只能发出轻微的叹息。张宪突然联想到李纲,说:"如是李相公主持朝政,岂得容刘豫逆贼苟延残喘。"于鹏说:"昨日得李相公书信,备述勉励王师立功之意。可惜他如今闲居福州长乐县,有志不得伸,有才不得展。"岳飞又对张宪和徐庆说:"既是朝廷命我回师鄂州,江州军中老小十余万人,移居鄂州,岂是易事。二太尉且休息一日,便与于、李二干办启程,前去江州,与游奕军姚太尉同共措置,起发老小到鄂州。我须在鄂州坐衙,不得再去江州。"张宪和徐庆同声说:"遵命!"岳飞对张宪说:"自家们原议凯旋归得江州,便与张衙内、儿子同时成亲,如今我既是归不得江州,张衙内底婚事须是相机行事,便请妈妈、姆姆与张太尉做主。"他想了一下,又对李廷珪说:"出师之前,我曾与东林寺慧海长老辞行。此回须是请李干办传书信一封,以致请安底意思,另请慧海长老纠合江州诸寺观,为阵亡王师官兵做道场,便是虏、伪底战死怨魂,亦须为他们另做道场。"李廷珪说:"会得!"

徐庆见岳飞的事务已经处置得差不多,就说:"自家们此回与岳保义同来,他在外等候参拜。"张宪说:"自北伐以来,岳保义勇冠三军,屡建奇功,军士们因此便叫他'赢官人'。"岳飞把眉头一皱,说:"教军中不得如此称呼,儿子乳臭未干,岂不滋长他骄慢怠惰之心!张太尉,儿子既在你军中,你尤须严加管教,切不可稍有纵容。"徐庆说:"岳制置且安心,下官与岳保义同行,邓州大战,他虽是军功第一,而盛誉之下,却是恭谨谦虚如初。"孙革说:"国朝之制,帅臣子弟可充幕府底书写机宜文字。当年宗留守便是教儿子任属官,人人以为称职。"岳飞说:"儿子年幼,岂得与当年底宗宣教相提并论。"他为了对宗泽父子表示尊敬,对宗颖就以当年的宣教郎官衔相称。孙革说:"然而下官以为,自今议论军事,岳保义在旁侍奉阿爹,亦是无可非议。"岳飞不再说什么,他对文士的意见向来是尊重的。岳飞把岳雲召入,稍予表扬,而重在告诫,最后命令他随张宪等人同去江州。

岳飞得到了唐州和信阳军的捷报后,开始部署新复州军的防守。他任命武翼郎、前军第一正将张应改任邓州知州,修武郎、破敌军第二正将高青改任唐州知州,武显郎、选锋军第一正将舒继明改任信阳知军。由于高青祖贯唐州方城县,而舒继明祖贯信阳军罗山县,岳飞特别命令他们守卫故土。襄汉六郡的首府当然是襄阳府,宋廷特别派遣武功大夫张旦到岳飞军中,出任知府兼前沿四郡安抚使,岳飞另外命令牛皋和李道分别率左军和选锋军驻襄阳府,兼任前沿四郡安抚副使和都统制。四州府还都配置一些文官。

当王贵接到公文,率领大军返回襄阳府后,岳飞当众宣布了新的任命,并且对负责前沿防守的文武官说:"襄汉一带虽是土地膏腴,然而久罹兵火,人烟稀少,野无耕农,市无贩商。此回大军自鄂州到襄阳府,便见得七百里间,长途莽莽,杳无居民,军粮转运艰难,以此前沿四府、州、军难以屯驻重兵。全仗众官人以轻兵把截,抚绥百姓,兴置营田。杜工部诗云:'便下襄阳向洛阳。'日后进取旧京与中原,前沿四郡正是基本,切望众官人宣力!"张旦、牛皋等人都同声应答:"下官等敢不效命!"

[贰玖] 移驻鄂州

七月二十六日，正当岳飞忙于准备大军班师去鄂州的各种事务时，干办公事王敏求向岳飞报告："今有江东、淮西刘宣抚麾下郦统制率五千人马，到得府城，言道奉朝命前来犄角。"犄角是宋时的行阵术语，比喻两军协同配合作战。原来刘光世听说宋廷命令岳飞出兵，收复襄汉，就装模作样上奏，说自己愿带兵收复襄汉。宋高宗因此就命令刘光世出兵五千，增援岳飞。岳飞听说郦琼的军队到来，不由发出一阵轻蔑的冷笑，说："五年前，自家便已领受刘光世底犄角，不料今日又是故伎重演。"一些将领也愤愤不平地说："襄汉已见平定，郦琼却是执意逗遛，行军三月。"唯独孙革说："不可，自家们与刘光世、郦琼同朝为臣，国难当前，唯有齐心合力。刘光世无臣子同僚之义，自家们不得以不义待不义，何况郦琼又是岳制置底同乡。"他的话提醒了岳飞，岳飞起立，向孙革作揖说："幸得孙干办以大义劝谕！"他当即率领部属，亲自到城门口出迎。

郦琼原先只是为了敷衍塞责，所以故意在路途缓慢行军，他认为，只要到达襄阳城，自己就可以给刘光世交差，刘光世也可以对朝廷交差。郦琼万万没有料到，他的将士居然受到岳家军的盛情接待。岳飞特别亲自慰劳和犒赏他的部曲，并且设宴招待。在筵席上，郦琼不免询问了一些军情和战况，岳家军的将领们作了些并不夸大的介绍，使郦琼深感敬服，他说："岳制置底用兵行师，直是天下少见，以此所向克捷，立得大功。"岳飞说："下官唯是秉承君相睿旨，恢复得区区六郡，何得言功。唯愿他年他月，与刘相公同共举兵北伐，收复得自家们底相州故里，直指燕雲，方得稍释天下人底重责，于臣子底职事亦自无惭。"

他的话使郦琼不免面带愧色，郦琼说："下官部曲千里远涉到此，而寸功未立，不知甚处尚有敌情，下官底部曲愿备驱策。"岳飞说："主上与朝廷命我不得取六郡之外寸土，如今六郡全复，委是别无敌情。然而本军将士知有刘相公军为后援，所以能成此薄效，郦太尉军亦非无功。下官自当上奏，乞主上特降睿旨，与郦太尉军先行推赏。唯愿他时长驱中原，自家得与刘相公犄角，共成大功。"郦琼为此深受感动，他离席向岳飞长揖，说："凡事可一而不可再，可再而不可三。五年前在承、泰州，今日在襄阳府，我不得与岳制置并力，此后决无第三回！"岳飞也连忙起身还礼，说："郦太尉不得如此，自家与郦太尉有乡亲之义，如今故土沦陷，自今后唯有同心同德，同袍同泽，共赴国难，报效国家。"

郦琼还席就座后，又对岳飞感慨说："如今主上恩养得五、六大帅，若是人人如岳制置，又何愁强敌不灭。下官在刘相公麾下数年。每当发兵，刘相公必是身居千百里外，美其名曰'持重'，用兵行师，唯是委任王德与下官。幸有一小捷，却是刘相公升官。"岳飞知道郦琼是刘光世的心腹，未曾料想到他对主帅还有许多不满和牢骚，却不便应答。郦琼补充说："岳制置每战必亲临行阵，所以士卒用命。"岳飞当然知道军中的很多积弊，想乘机规劝一下郦琼，就说："武将亲临行阵，固可以激励军兵，然而军中诸多积弊，如徇私将亲故窜名战士之中，虚报军功，黩货无厌，掊克军士，私役军士之类，皆足以使部曲离心离德，临阵便难以效力。国家养兵数十万，原以为安民，而军伍所至，奸淫掳掠，形同盗贼，端的教人痛心。"郦琼听后，沉默不语，他的内心敬佩岳飞，也承认岳飞的谈话切中要害，但是，如果将刘光世与岳飞比较，他还是宁愿当刘光世的部属，而不愿当岳飞的部属，不愿受岳飞军纪的严格约束。事实上，刘光世军中的诸多积弊，当然也有郦琼的一份。三天之后，郦琼就辞别岳家军众将，率本军返回江东池州。

岳飞盼望一见的海澄法师，随崔邦弼来到了襄阳府城。当岳飞与海澄法师，即赵不尤初见时，都不由洒下了几滴英雄泪，两人行礼之后，只是长久地互相握住对方的手，泪眼对着泪眼，八年的辛酸和思念，其实有太多太多的话，需要互诉衷肠，而一时却无语凝噎。岳飞安排和海澄通宵长谈,规劝他还俗,并且谈了自己准备请求辞职的原委,他不叫对方的法名,而以排行"八六"相称,说:"下官当年被奸臣罢官,逐出军营,孤子一身,狼狈羁旅,幸得八六太尉与张招抚恩重如山,方有今日,自是没齿难忘。八六太尉是帝室之胄,文武皆资,下官愿上奏官家,将本军交付八六太尉,料得本军将士必是踊跃听命,原在麾下执鞭随镫。八六太尉若得独当方面之重,有王贵、张宪、徐庆等勇将辅助,异日决可成中兴之功,光复祖业,而名垂青史。"

赵不尤被岳飞的真挚情谊所感动,他长叹一声,说:"岳制置尚不知祖宗底许多家法,大宋立国一百八十年,你知得曾有统兵立功底宗室?便以建炎初年底往事而论,你当知得宗室十五太尉死于非命。我九死一生,到得大洪山,遁入空门,原是万念俱灰。然而伪齐占据郢、随二州,眼见得山河破碎,百姓涂炭,复仇报国之心便不能自已。我此回到襄阳,原是为一见故人,以慰渴想,既蒙岳制置如此深情,自家愿留髪还俗,做得麾下一个部曲,听凭驱使。如是官家俞允岳制置离军,自家亦愿在王、张二太尉底属下,决无二心。岳制置切不可上奏,建议自家主张此军。若是上此奏,必是败坏岳制置与自家底功名,败坏中兴大业。"赵不尤虽然不能径情直遂地说穿宋朝对宗室的猜忌和防范,但他列举了建炎初赵叔向被杀的实例,也足以使岳飞恍然大悟。岳飞一时张口结舌,简直不知再说什么才好。赵不尤进一步强调说:"岳制置上奏,唯是关报僧兵并力复信阳军,切不可建议自家到神武后军任职。自家建炎以来底行藏,待我上奏官家。"岳飞到此也心领神会,再无话说。

岳家军凯旋回鄂州。鄂州按宋人的说法,是大江上游(其实应为长江中游)的重镇。宋代的鄂州城不大,相传是三国时孙吴所建,是座北枕大江,南面因山筑垒的石城,周环近三宋里,只开三个城门,城东称武昌门,城南称望泽门,城西称清远门。但石城之南,其实已成鄂州的主要居民区,住着几万坊郭户,市肆居屋,鳞次栉比,人称南草市。宋时鄂州城的建筑,最有名的是位于黄鹤山上的南楼,建筑宏伟,可以俯瞰南湖和南草市。北宋黄庭坚曾赋诗说,"四顾山光接水光,凭栏十里芰荷香"。"江东、湖北行画图,鄂州南楼天下无"。唐朝十分著名的黄鹤楼此时却已毁坏。刘洪道得知岳家军要屯驻本州,显得十分殷勤和热情,他主动将位于石城山麓的州衙腾出,让给岳飞,作为制置使司,并且亲自规划了神武后军的军营设施,安排一部分军队驻城里,一部分军队驻城郊江岸。

八月仲秋,当岳家军分批乘船渡江,抵达鄂州城东郊时,当地的百姓设香花鼓乐,欢迎大军。这支军队经历了前后五个月的奔波和征战,绯红的军装已相当敝旧,却显得精神振奋,士气昂扬。刘洪道亲自到江边迎接岳飞,他说:"岳制置大兵屯驻鄂州,直是本州底造化。下官今夜聊备薄酒,为众将庆功。"岳飞却回绝说:"王师唯是收复襄汉六郡故地,若是庆功,岂不教有识之士嗤笑。况且乱离之后,百姓艰困,官府尤须撙节浮费。然而下官与众将、属官误蒙刘安抚厚爱,唯有感激而已。"刘洪道听后,愈加敬服,感叹说:"下官已是久闻岳制置底贤名,以为是一国之将,然而今日方知,岳制置煞是天下之将。"在古人的概念里,所谓"天下之将"的层次当然比"一国之将"更高。

由于大军新驻一个地方,各种各样的杂务尤其繁冗,岳飞与众将、属官接连几天,忙于安置部队,并且还要准备十多万军队家属的安顿。虽然刘洪道已经腾出了旧州衙,但岳飞还是按照以往的规矩,只要有军士露宿,自己决不进制置司夜卧。一天,岳飞接到报告,说老母姚氏与全家,从江州乘船溯流七百宋里,由于顺风,居然只用三天时间,已经来到鄂州。岳飞就急忙去江岸迎接。

由于急递及时传送捷报,在张宪、徐庆、岳雲等到达江州之前,姚政的游奕军和全体军属已经得知收复襄汉的喜讯。张宪到达江州后,和岳雲径奔岳家,首先当然是拜见姚氏。姚氏最近腿脚疼痛,基本上只能卧床,但听到张宪和孙子回来,也异常兴奋,一定要起坐接见。岳雲向长辈们分别叩头后,就对姚氏说:"阿爹叫孙儿传语婆婆,大军须移屯鄂州,他不得前来伏侍,唯是教孙儿尽孝。"姚氏笑着说:"老身自有你二姑、六婶等伏侍,唯是娟儿,日夜求神拜佛,望眼欲穿,今日方见得你立功而归。你须听婆婆底言语,且伏侍娟儿数日,便是与老身尽孝。"姚氏又转向张宪说:"张太尉,你与五郎离江州五月,唯有高四姐与五新妇最为辛劳。他们尚须抚恤将士们底老小,问候疾病,日日忙碌,不得休息。不知你与五郎又怎生酬谢贤妻?"张宪又特别向李娃、岳银铃、芮红奴、高芸香等人逐一长揖,表示敬意和感谢。

在祖母和李娃的强迫命令下,岳雲和巩岫娟一对未婚小夫妻单独相聚。现在巩岫娟的心境已非离别时可比,满脸是幸福的喜悦,却仍然带着十二分少女的羞怯。她要岳雲为自己不厌其烦地详述历次战斗的经过,并且还不时插话追问,岳雲说:"自家自邓州战胜后,到得襄阳府。阿爹言道,官家圣恩优渥,我未曾做得无品与从九品武官,又年未成人,便径自超擢正九品保义郎。国家官爵俸禄有限,岂得滥冒,而况军兵们奋身血战立功,亦仅得升一、二、三官资。此回我所得战功,如是不报,则是有负圣恩;若是皆报,便是有负众将士。以此唯是报随州底军功。"巩岫娟向来对自己的义父敬佩得五体投地,但今天却不免感到太委屈了自己的未婚夫,而又不好说三道四,岳雲觉察到巩岫娟脸色的变化,就劝解说:"此亦是阿爹底苦心,方今军中弊倖不一,做大将、统制底,将自家底亲故窜名军中,滥报战功,侥冒官爵,比比皆是。阿爹亦是为力矫此弊。自家们须体谅阿爹。"巩岫娟经岳雲劝说,方才回嗔作喜,说:"官爵唯是身外底事,祥祥平安归家,便是第一可喜。"

张宪向姚氏和芮红奴转述了岳飞对张宗本婚事的意见,岳家通过媒人与陈子卿家协商,最后决定在岳家人离开江州前,举行婚礼,男方的家长本来应当是岳飞,现在只能由张宪代表。陈子卿夫妇舍不得女儿离开,建议张宗本就住在江州,但张宗本却无论如何也不愿与岳家人,特别是义母芮红奴分别。双方达成妥协,张宗本在婚后,与芮红奴在江州暂住半年。芮红奴本来也不肯离开家人,特别是病痛的姚氏,经岳家人再三解劝,才勉强同意。张宪和徐庆、姚政、于鹏、李廷珪等人经过商量和安排,由他和岳雲率领船队,带着将领们的眷属,先去鄂州,而其他四人则率游奕军,护送军属,从陆路前往鄂州。

当岳飞和众将、属官来到鄂州城东郊江岸时,近千名的家眷和军士,已经在张宪和李娃的组织下登岸,女子们都戴着盖头,大家步行进城。李娃事先也准备了一些简陋的竹轿,用以搭载姚氏等老弱。此类竹轿其实就是用两条长竿,中间缝一块麻布,让坐轿人半躺在布上,由两名军士扛抬。岳飞见到母亲,就立即下马,吩咐岳雲和自己替换军士,儿子在前,自己在后,亲自抬轿。大家进城东武昌门,来到新设的制置司。这里是宽敞的旧州衙,当然非江州军营的茅屋可比。岳飞亲自背负母亲,直入事先准备好的卧室。他撇开一切事务,只是侍候母亲,直到姚氏安寝,方才回到自己的卧室。

岳雷和岳霖两个孩子都已安睡,李娃正在那里等待着丈夫,她发现岳飞的脸色相当难看,就问道:"鹏举为甚事烦恼?"岳飞说:"妈妈病痛加剧,教我心如刀绞。"他停顿了一会儿,又向李娃长揖,说:"我离家五、六个月,孝娥伏侍阿姑,抚育子女,又须关照将士们底老小,极是辛苦,请受我一拜。"李娃也还礼说:"鹏举不负朝廷委寄之重,亦足以教奴家快意。"岳飞说:"唯有一事,尚须有劳孝娥,教你不得休息。"李娃问道:"甚事?"岳飞说:"孝娥须为我草奏,乞官家俞允我辞职离军,伏侍老母。"李娃估计宋高宗不可能批准岳飞辞职,她望着丈夫欲哭无泪的神情,还是决定对此事不作劝解和评论,她取来文房四宝,在油灯下沉思片刻,又抬头对岳飞说:"鹏举如是乞辞职离军,岂不有负圣恩,须是以告假为名,方是顺理成章。"岳飞用感谢的口气说:"孝娥所言极是,此是我思虑不周。"李娃当即草拟奏稿,由岳飞修改誊录,奏文如下:

> 臣辄具危恳,仰渎睿聪。臣愚戆之迹,奋身单微,初无尺寸之先容,独赖圣明之特眷,虽捐躯致命,曾不足以仰酬恩遇之丝毫,思报之心,宁有穷已。臣近者奉命收复襄汉,去家远涉六月余日。臣老母姚氏年几七十,侵染疾病,连月未安。近复腿脚注痛,起止艰难,别无兼侍,以奉汤药。人子之心,实难安处。伏望圣慈察臣悃愊,无他规避,暂乞许臣在假,以全侍养之奉。将本军人马,权暂令统制官王贵、张宪主管。候臣老母稍安,依旧管干职事,恭听驱策,结草衔环,誓图报效。冒犯雷霆之威,臣无任战惧激切之至。

等岳飞写完奏文,已值深夜。李娃招呼岳飞上床,她说:"祥祥与娟儿底婚礼,亦须及早。"给岳云和巩岫娟完婚,当然是李娃心中最牵挂的事,岳飞说:"张衙内与娟儿、祥祥情同手足,待姆姆与他到鄂州,再行合卺大礼。"

[叁零]
壮 怀 激 烈

宋高宗九年以来,一直得着恐金顽症,不管他嘴上怎么说,内心却是恐惧金人,根深蒂固,牢不可拔。他虽然听从朱胜非和赵鼎的建议,命岳飞出兵,而心里却不免如十五个吊桶,七上八下。尽管前有吴玠在仙人关大败金军主力的捷报,宋高宗内心却认为,吴玠军可以在山地大败敌人,而对岳飞军能否在平原地区与金军交锋,并无胜算。襄汉前沿传来一份又一份捷报,而宋高宗却一次又一次地做着可怕的噩梦。张婕妤和吴才人为着使皇帝宽心,也不知用了多少花言巧语,宫里的求神问卜几乎从未间断,仍然无法减轻皇帝的忧心。八月八日,天色未明,宋高宗又是被一场噩梦惊醒,躺在他身边的吴才人只能娇声软语,进行劝解。只听得阁外有冯益高声喊道:"启奏官家,岳飞命王贵、张宪统兵到邓州,大败番、伪军数万,已收复得邓州,唐州与信阳军亦是旦夕可下。"皇帝和吴才人听后,同时笑逐颜开,吴才人笑着说:"官家,可知观音大士煞是灵验!"宋高宗说:"岳飞在平旷之地破得番兵,朕自此便可高枕无忧。"

宋高宗和吴才人兴奋地起床,并且召来了张婕妤,一同进早膳。几年以来,尽管宦官们仍然千方百计,为皇帝搜求民间美女,但新入宫的女子总不合宋高宗的意,张婕妤和吴才人的恩宠地位还是相当稳固。吴才人又另外有一套奉承皇帝的巧媚工夫,居然慢慢地接近于同张婕妤并驾齐驱。两个明争暗斗的女子,又挟带着赵瑗和赵璩两皇子。宋高宗对这两个孩子,有着一种自己也无法说清楚的感情,时而有几分喜欢,时而又有几分疑忌。他时而认为,隆祐太后生前对自己说梦,是列祖列宗的圣旨,自己无论如何必须尊奉,时而又觉得,两个孩子分明是一种倒霉和晦气,阻碍着自己亲子的出生。今天早上,宋高宗的心境特别好,所以召八岁的赵瑗和五岁的赵璩陪同自己用膳。赵璩入宫还只有四个月,当然被吴才人视若掌上之珍,是她与张婕妤斗法的一件看家法宝。前面早已交待,按宋宫的规矩,皇帝和皇子之间,本可按民间的通常称呼,如阿爹、儿子之类,以表示亲切,但宋高宗不愿正式立皇储,所以规定两个孩子必须称呼他"官家",而自称"臣"。两个养母与孩子之间也不得以母子相称。孩子称呼养母为"张娘子"和"吴娘子",而皇帝和养母依排行分别称呼孩子为"五八郎"和"八一郎"。

赵瑗和赵璩向宋高宗跪拜叩头,口称"臣瑗、臣璩恭祝官家圣躬万福",宋高宗兴致特别高,居然亲手把两个孩子拉起来。今早五人共用一个长方食桌,皇帝居中朝南,东边是张婕妤、赵瑗坐在食桌的东方,面朝西,而吴才人与赵璩则和前两人相对而坐。食桌上各色可口的点心、米糕、羹汤之类,摆得琳琅满目,惹得两个孩子十分口馋。但他们却按照养母的嘱咐,端端正正、老老实实地坐着,目不斜视,等到皇帝举箸后,两个养母才动箸给孩子挑食。宋高宗高兴地向两个孩子发问:"你们可知岳飞在襄汉大捷?"赵璩抢先说:"此是官家圣明,岳飞秉承圣算,方得有此大捷。"宋高宗当然明白,这是出自吴才人所教,就转头对吴才人发出会意的微笑。赵瑗说:"待臣他年长大,愿代官家出征,迎得二圣回归。"宋高宗听后,反而有几分不快,说:"此事不须你做,你唯是日后进资善堂读书。"张婕妤立即觉察到养子失言,她没有料想到,赵瑗今天并未按自己事先的调教说话,而居然自作主张,自说自话。她想了一会儿,就为养子弥补说:"不料一个孩儿,竟有如此豪言壮语,足见对官家底至诚孝心。"宋高宗听后,又回嗔作喜。

用完早膳后,宋高宗前去朝会,而张婕妤带着赵瑗回阁。赵瑗进宫之初,张婕妤只是单纯把他当作自己夺取后位的资本,但三年相处,感情日深,彼此已到了相依为命的地步。张婕妤一直是用自己的温情和柔情疼爱赵瑗,诱导赵瑗,从来不舍得训斥过一句。但是,今天赵瑗言语的失误,却是给张婕妤带来很大的精神打击,在她看来,这是自己败给了吴才人。回阁以后,张婕妤屏去宫女,开始破例地训斥养子:"自今以往,五八郎不得胡言乱语!"赵瑗自然根本无法领悟养母的深意,他问道:"甚底是胡言乱语?"张婕妤反而被孩子问得张口结舌,她停顿了好一会儿,才说:"官家不喜底,便是胡言乱语。奴家教你怎生言语,你便怎生言语,不得另外撰造言语!"话音刚落,两串断线珍珠般的眼泪竟下意识地流下面颊。赵瑗疼爱养母,他举起小手抚摸张婕妤的泪脸,连声安慰说:"张娘子莫哭!张娘子莫哭!孩儿自今后不得另外撰造言语!"

孩子的真情反而深深刺中了张婕妤感情的痛处,她紧紧地搂住赵瑗,竟泣不成声。几个月来,自从赵璩进宫后,她表面上一如既往,对待赵璩也相当亲切自然,而内心却蕴积了过多的辛酸和委屈,一时之间,竟完全倾泻出来。赵瑗见到养母哭泣,也哇哇地哭起来。张婕妤听到养子的哭声,又敏感到不妙,连忙收敛了眼泪,哄着赵瑗,为他擦干泪水,又千叮万嘱说:"今日奴家与五八郎相对而哭,万万不得泄漏,教他人知晓。"赵瑗再三保证说:"便是我见得亲生父母,亦不可泄漏。"张婕妤方才放心。

再说宋高宗在朝会以后,又紧接着召全体宰执面对。在徐俯罢官后,胡松年新任签书枢密院事,他出使时抗论不挠,颇得士论好评。宰相朱胜非和参知政事赵鼎由于力主出师,并且保奏岳飞,已得到完全成功,更有一种扬眉吐气之感。宋高宗说:"朕虽是素闻岳飞行军极有纪律,未知他能大破虏、伪军,此亦是二卿奏举用将之功。"朱胜非说:"陛下睿聪圣算,坚定不移,臣等唯是仰承而已。"胡松年说:"唯是岳飞有纪律,所以能破贼。若号令不明,士卒不整,方自治不暇,缓急安能成功?"

宋高宗说:"将臣立功,朕岂得吝于重赏。卿等可拟一节镇,与岳飞建节。"胡松年说:"臣等已是计议,广南西路融州清远军尚无人建节。依祖宗故事,节度使可先授小镇,然后中镇,最后大镇。"按照宋朝的制度,一些州规定为节度州,或称节镇,要另设一个节度使的军名,被授予节度使虚衔者,只是遥领节度使的军名,而并不去本州赴任。另外,在节度州中还有大镇、中镇和小镇的等级差别。宋高宗说:"甚是!便授予岳飞清远军节度使,可下学士院起草建节制词,命太常寺排办旌节。日后岳飞立功,可移中镇、大镇,或依韩世忠等例,授两镇节度使。"

朱胜非说:"据岳飞底申状,宗室不尤率僧兵与官军同共收复信阳军。不尤在建炎初曾得公罪,不知当如何处置?"按当时法律,官员犯罪,可分公罪和私罪两种。赵不尤在建炎初不服朝命，擅自带兵支援王彦，就算是公罪。宋高宗还没有见到岳飞和赵不尤本人的相关上奏，但对"不尤"的名字却十分熟悉，就扭头问张去为："可有不尤底奏疏？"张去为说："方到，未及进呈。"说着，就取来赵不尤的奏疏，摊在御案上，宋高宗看了一遍，他说："不尤忠节可嘉，当年底公罪与免案问，可教他在岳飞军中任副将，日后立功，另加封赏。"朱胜非等说："臣等领旨。"宋高宗想了一下，还是不妥，又补充说："国朝祖宗之法，宗室不宜从军。卿等可关报岳飞，不尤在神武后军，日后如欲升擢差遣，如正将、统领、统制等，须得朕专降处分。"朱胜非等人已经明白皇帝的用意，又同声说："臣等领旨。"宋高宗一面说，一面心里想："不尤如是久在军中，难防变生不测，待日后教他离军。"

赵鼎说："此回岳飞军擒伪齐知州、通判等官员五十人，又俘千夫长、渤海人杨得胜以下番兵二百余人，莫须将他们押解行在，行献捷之礼。"朱胜非说："不可，襄汉六郡本是大宋堂奥之地，若是献捷，岂非取笑于虏人。俟他年他月，中原尽复，陛下大驾复归汴京，然后可行此礼。"朱胜非的驳斥，使赵鼎内心产生几分不快，但又不好再说什么，宋高宗说："闻得伪齐知邓州高仲当李成大败之余，犹复抗拒王命，可将他与番兵押到临安市中斩馘，以儆效尤。自余伪齐官员待朕亲自案问，然后降旨贳贷，以行仁政，收揽河南人心。"

朱胜非等认为奏事已毕，准备下殿，不料宋高宗又说："岳飞复襄汉，粘罕闻知，必怒。卿等须讲究防秋，倘虏人尚敢南来，朕当亲率诸军迎敌，如若远避泛海，又何以立国？"胡松年说："臣等已下令诸将，严密防拓，必是有备无患。如虏人再犯，须教他们片甲不留。"宋高宗说："然而依朕所料，南北终归于和，天下方得太平。朕亦当一面严备，一面遣使。今年吴玠与岳飞先后大捷，教虏人不得轻视大宋，尤是利于议和。"胡松年说："臣误膺陛下器使，曾出使北疆，备知虏人并无言和诚意。而况陛下又遣章谊、孙近出使，近日方归，亦是未得要领。"宋高宗说："若要和议成功，自须频遣使节。卿等可各举四人姓名，待朕亲擢。"朱胜非和赵鼎连忙说："臣等领旨。"胡松年望了他们一眼，也只好说："臣领旨。"

再说岳家军移屯鄂州,杂事繁冗,岳飞自从上告假奏后,就把军务尽量委托王贵和张宪处置,自己却腾出较多的时间和精力,服侍老母。刘洪道听说姚氏得病,为她请来了一些名医。岳飞不让岳银铃、李娃等插手,自己成天为母亲煎药,精心调理。姚氏的病痛也稍有好转。

一天,岳飞正在家服侍老母,张宪春风满面,进入姚氏卧室,对岳飞和女眷们说:"朝廷特封岳制置为清远军节度使,今命李寺丞乘船前来鄂州授节。"用一个不确切的比方,宋时授予武将节度使,就如现代授予元帅军衔一样,是无上荣耀的事。女眷们情不自禁地发出一阵欢呼,岳飞却面露尴尬和不安的神色,他已隐约地感到,朝廷没有批准自己的辞呈。岳飞上奏告假的事,岳飞不准李娃泄漏,姚氏不知真情,她高兴地说:"老身不料五郎竟做得节度使。此是官家天地之恩,五郎唯有尽忠报国。"她见岳飞不安地僵立着,就吩咐说:"李寺丞是故人,五郎岂得简慢,可速去迎接。"岳飞不得已,只得向母亲告辞,前去会见李若虚。

宋朝的节度使有一套特殊的仪仗,称为旌节,共计五类八件,包括龙、虎红缯门旗两面,画白虎的红缯旌一面,其上有涂金的铜螭头和涂金饰,用红丝作旆的节一杆,其上有涂金铜叶,有黑漆木圆盘三层,麾枪两枝,豹尾两枝,这是用赤黄色的麻布作假豹尾。八件仪仗一律用黑漆木杠。为了表示旌节的威严,凡是朝廷发出的旌节不准横倒,必须竖立行进,凡是遇着影响竖立行进的建筑,就只能拆除,而无倒节礼。凡被授予旌节者,必须在公宇私室专设"节堂"。每月的朔、望两天的次日,须去节堂行祭节礼,号称"衙日"。所以李若虚将这套旌节从临安传送到鄂州,是很不容易的。消息传开,不但是岳家军的将士,就是鄂州的百姓都为之欢腾。迄今为止,如刘光世、韩世忠、张俊三大将早已建节,而川陕的吴玠也已在四年前建节,现在本军的主帅又得到了节度使的头衔,方得以跻身与诸大将平起平坐的地位。大家都把岳飞建节的事,视为本军本地的无上荣光。李若虚由于鄂州西门与岳飞的节度使军名相同,他有意命船队停泊在鹦鹉洲一带江堤,然后率领一行执擎人员,特别从鄂州城西清远门进入制置使司。沿途所至,军民纷纷拥来,夹道观瞻和欢呼。刘洪道闻讯,也特别赶到制置使司祝贺。

岳飞等人出迎李若虚,大家到大堂就坐。李若虚说:"下官此回携老小前来,只为奉朝旨,赴任制置司参议官。自今以往,自家便与众太尉朝夕相处,共商军事,共济国事。"岳飞高兴地说:"下官仰慕洵卿已久,不啻饥渴,今日煞是喜出望外,切望洵卿日后不吝赐教。料得李相公闻知洵卿到鄂州,亦当欣喜。"李若虚说:"下官离行在前,已是修书与李相公。"

岳飞说:"下官已是上奏,乞许告假,侍奉老母,将本军人马,权暂令王、张二太尉主管,不知朝旨如何?"众人都不知道岳飞上奏告假的事,不免大吃一惊,王贵首先说:"岳制置使不得,下官与张太尉主张不得一军。"其他人也纷纷附议,李若虚说:"下官离行朝时,尚未知鹏举上奏乞假。舟船到江州暂泊时,方得朝廷急旨,以为如今正值防秋,已体探得虏、伪有大举侵犯之意,不允鹏举在假,并不得再有陈请。"他说着,就取出三省、枢密院的省札,递给岳飞。岳飞看后,沉默不语。李若虚又说:"官家特授鹏举清远军节度使,如今下官已将告命与旌节执擎到鄂州,请鹏举祗受。"说完,就从晕锦裱韬中将官告取出,官告有十七张绫纸,贯着一根玳瑁轴。李若虚解开了紫色丝带,说:"请岳制置遥拜,跪领圣旨。"岳飞当即东向跪拜,李若虚念了官告中由学士院代皇帝书写的晋升节度使制词。制词是用骈体文写成的,骈四俪六,对仗工整,把岳飞的军功大加赞扬,宣布岳飞晋升为清远军节度使、荆湖北路、荆、襄、潭州制置使。

李若虚念完,岳飞谢恩起立,对李若虚说:"下官误辱圣恩,岂得叨冒宠荣,委是惶恐,不敢祗受。唯望洵卿察下官至诚,实非矫饰。下官自当上奏辞免。"他说完,又将官告插入晕锦裱韬中,双手交付刘洪道,说:"刘安抚,乞将此告命暂归鄂州军资库寄纳。"刘洪道迟疑了一下,还是用双手接过官告,说:"下官察岳制置底至诚,暂时受纳官告。然而官家圣恩浩荡,不得反汗,切恐岳制置亦难以辞免。"李若虚说:"下官持旌节到此,极是不易,如今执擎人从在外等候授节。既是岳制置不受,亦须另设节堂,候他日官家下恩诏,另行授节礼。"岳飞面有难色,他又用眼睛望着刘洪道,刘洪道对于鹏、孙革等人说:"国朝制度,旌节不得寄纳,请诸干办在制置司设节堂。"于鹏、孙革等人用响亮的声音回答:"会得!"

岳飞与家人进晚餐,发现晚餐比往常丰富,桌上不但多了一些鱼肉荤腥,而且主食也是南方少有的麦面炊饼、汤饼之类,另外还有在岳家食桌上绝迹的酒。他已经多少明白了家人的意思。姚氏的精神显然比以往健旺,她破例给儿子斟上半盏米酒,说:"五郎,今夜须稍破酒戒,饮半盏节度酒。"岳飞起立说:"妈妈赐酒,儿子岂得不饮。然而官家既是另有酒戒,儿子亦不敢破戒。"李娃马上起立说:"既是恁地,奴家便代鹏举饮阿姑所赐节度酒。"她举盏把酒一饮而尽。姚氏笑着说:"便是五新妇知书达理!"在食桌上,大家都兴奋言笑,唯独岳飞沉默不语。姚氏又吩咐岳飞说:"五郎伏侍老身多日,李参议初到鄂州,五郎须知礼仪,明日可陪伴李参议游历鄂州名胜,稍事休息。"高芸香笑着说:"南楼天下闻名,距此甚近,而岳制置整日忙碌,未得去一回。"岳银铃说:"五郎,明日妈妈不须你伏侍。"张宪说:"岳制置自从到鄂州,未有一日休息,明日底军中事务,下官当与王太尉理会。"岳家军的将领们当然无不渴望岳飞立即接受旌节,大家把建节看成是提高神武后军在军界地位的大事。今晚岳家人的活动,正是张宪的主意,而由姚氏主持,岳飞当然不好表示反对。姚氏在饭后又叮嘱岳飞:"既是官家有旨,不许五郎告假,五郎便须尊奉。老身底疾病渐愈,自有二妮等照应,不须你整日看觑。"

当夜鄂州下起了大雨,然而到早饭过后,却是雨过天晴,天空万里澄碧,偶尔飘浮几朵白云。岳飞和于鹏、孙革陪伴李若虚,在鄂州城中游览,他们首先从制置司往南,来到南楼,大家啧啧赞叹南楼的壮丽和宏伟,从楼头下瞰南湖和南草市的秀美风光。接着,又走回头路,来到制置司北面的北榭。北榭正好与南楼相对,也是鄂州城的著名建筑。于鹏和孙革又引领岳飞和李若虚西行,先后来到烟波亭和江汉亭。于鹏介绍说:"此二亭俯瞰大江与汉水,景物最佳。"宋时的大江水是浩浩荡荡的清流,而汉水更是澄澈可鉴,大家从山上凭栏北望,益发感觉锦绣山河的明媚动人,不觉心旷神怡。李若虚手指北方,动情地说:"江之北便是河,河之北便是燕山,十年征战,万千劫难,他年他月,誓须收拾旧河山!鹏举底区区旌节,何足为重,何足为贵,然而须以社稷底安危存亡为重,万姓底休戚祸福为贵!"岳飞只是默默地听着,并不应答。大家又沿着原路回到北榭,岳飞突然吩咐取来文房四宝,孙革问道:"岳制置必是心有所感,欲赋诗以言志?"岳飞也并不答话,他当着三人的面,在一张本州蒲圻县所产的纸笺上,以澎湃的心潮,挥笔写下了一阕《满江红》词:

> 怒发冲冠,凭阑处,潇潇雨歇。抬望眼,仰天长啸,壮怀激烈。三

十功名尘与土,八千里路云和月。莫等闲白了少年头,空悲切!

靖康耻,犹未雪;臣子恨,何时灭?驾长车踏破,贺兰山缺。壮志饥餐胡虏肉,笑谈渴饮匈奴血。待从头收拾旧山河,朝天阙。

李若虚看后,激动地说:"鹏举忠愤激烈之豪情,慷慨报国之壮志,流自肺腑,溢于言表,煞是千古绝唱!"通音律的于鹏反复吟唱几遍,说:"世俗所传底《满江红》曲律,尚不足以尽岳制置底壮怀,待下官另行谱曲。"于鹏被这阕词的激情所感染,突如其来的灵感,使他很快为这阕《满江红》谱出了新曲。于鹏又用新曲对大家吟唱,孙革拍手叫绝,说:"唐人军中便有凯歌、从军行,下官最喜岑嘉州底凯歌,'洗兵鱼海云迎阵,秣马龙堆月照营',如今岳制置底《满江红》便当做本军底长歌,用以激励士气斗志。"

当晚岳云带回了父亲所写的词笺,他说:"如今有紧切军情,阿爹、张太尉正与众将会食。"他展开了《满江红》的纸笺,高芸香第一个表示惊叹:"煞是雄武大将军底襟怀!苏东坡底'大江东去','人生如梦,一樽还酹江月'至今传唱不衰,却是文士墨客底情愫。"姚氏和岳银铃不识字,由李娃为他们边念边解释。巩岫娟说:"此是阿爹底墨宝,当由奴保管。"李娃朝姚氏望了一眼,就小心把词笺折叠好,交付巩岫娟,说:"此墨宝自当由娟儿保管。"

晚饭后,李娃就在油灯下,用《满江红》词教岳雷、岳安娘和岳霖三个孩子识字。她最后安顿了三个孩子睡觉,一个人在房中感觉寂寞,就想找高芸香说话,她来到高芸香卧室门口,只见房门已经关闭,里面传出了张宪的说话声,就只能退回自己卧室,静候着丈夫,然而岳飞却迟迟不归。李娃心潮涌动,她取出一方白绸手帕,用娟秀的楷书写下了丈夫的《满江红》和自己在六年前创作的《秦楼月》词。岳飞终于在三更时回到卧室,他发现妻子未睡,就用抱歉的口吻说:"有劳孝娥久候!我唯是与李参议、孙干办上奏。"李娃说:"莫非又须请缨?"岳飞点头首肯,他见到油灯旁边的那幅手帕,就低头仔细欣赏妻子的书法,然后把手帕小心地折叠好,交付妻子保管,用深沉的语调说:"此是孝娥底心声,亦是天下营妇底心声!我自当长以为念。"李娃的眼睛里闪着泪光,却没有滴下泪来,她说:"奴家自与鹏举结缡六载,相聚之日苦少,而分离之时苦多,所以在此守候丈夫,不忍独卧。唯愿天下早见太平,自家们亦得以寄情山水,游戏林泉,闲云野鹤,了得余生,岂不是好!"

当年冬天,岳家军将士在新的屯驻地坐未暖席,又很快离别鄂州城,开始了新的出征。